KB244624

신문명 지향론

신문명 지향론

신문명 지향론

김 정 의 지음

혜안

역사는 돌고 도는가? 아니면 진보하는가?
해묵은 화두에 매달려 세월이 흘러갔다

　역사를 관찰해 보면 역사에는 흥망성쇠가 있음이 발견된다. 그러나 큰 틀에서 보면 역사는 늘 새로운 문명을 지향하였다. 그러기에 총체적으로 보아서 선사문화보다는 고대문명이, 고대문명보다는 중세문명이, 중세문명보다는 근세문명이, 근세문명보다는 근대문명이, 근대문명보다는 현대문명이 더 발전한 문명이라고 생각된다. 이처럼 다음 문명은 앞시대 문화의 축적 위에서 앞시대의 문명을 딛고 발달해 온 것이다. 따라서 미래문명은 현대문명의 기반 위에서 현대문명을 딛고 더욱 진보할 것이다. 혹 정신적인 문명은 몰라도 적이도 물질적인 문명에서는 그렇다고 생각된다. 그리고 총체적인 문명에서도 그렇다고 생각된다.

　작금 우리 시대인은 오만불손하다는 느낌이 자주 인다. 마치 패러다임의 전환기 의식을 갖고 우리 시대인만이 변화를 능동적으로 선도하고 적응하는 걸로 알지만 사실은 과거인도 그 시대의 상황에서 최선을 다하여 인식의 틀을 바꾸고자 거듭 노력하였다. 그러기에 일신 일일신 우일신(日新日新又日新)이라는 말이 생명력을 갖고 전해오는 것이다. 역사라는 강물은 숱한 우여곡절의 흐름 속에서도 인간이 주체가 되어 불연(不然)과 조화를 이루며 신문명을 지향해 왔다고 믿는다. 여기에 용기를 얻어 역사에서의 신문명 지향성을 규명하고 싶었다. 그리고 이를 통하여 다가오고 있는 미래 형성의 징후를 살펴보고 싶었다. 그래서 『신문명 지향론』을 집필하기로 마음을 굳히고 주변 분들에게 이 같은 의도를 이야기하였다. 주사위는 던져진 것이다.

막상 작업을 시작하니 지은이로서는 역부족인 점이 한두 가지가 아니었다. 그래도 누군가는 이 문제에 사명감을 갖고 나서야 한다는 만용으로 집필을 멈추지 않았다. 집필중에는 아쉬운 대로 우선 다각·다면적인 12개의 주제를 '신문명 지향론'에 초점을 맞춰 전체적인 통일성을 갖추려고 시도하였다. 그러나 결과는 미비한 채로 『신문명 지향론』을 상재하게 되었다. 이것이 지은이의 한계다. 그래서 이를 보완하고자 다른 분들의 글 12편을 갈려서 부편으로 실었다. 이젠 강호제현의 질정을 기다릴 뿐이다. 원컨대 뼈아픈 편달이 있길 바란다. 그리고 이를 계기로 우리 나라에서도 '한국문명' 내지는 '신문명 지향론'이라는 표현이 자연스럽게 사용되는 날이 당도했으면 좋겠다. 이것이 지은이의 속마음이다.

끝으로 어려울 땐 물론이고 평상시에도 늘 힘이 되어 준 안해와 집필 과정에서 조언을 아끼지 않은 한국 문명학회 회원 여러분, 그리고 기꺼이 출판을 맡아주신 혜안의 오일주 사장님, 교열작업을 자기 일처럼 도와준 강은경·김현숙·박진훈·정혜정 선생에게 감사드린다. 이분들이 아니었으면 『신문명 지향론』은 햇빛을 볼 수 없었을 것이다. 거듭 고마움을 드린다.

4333년 1월 17일
김정의 씀

신문명 지향론
차 례

제1장 문명사론의 관점 추이

1. 머리말

현재 세계사의 동향으로 볼 때 우리에게 절실히 요망되는 사관은 과연 무엇인가? 우리에게 절실히 요망되는 사관과 그 사관의 관점 추이(推移)를 제대로 아는 것이 우리 스스로의 좌표와 미래를 설정하는 데 긴요한 키워드가 되리라고 생각된다. 이에 개략적이나마 근대 이래의 사관의 커다란 흐름을 점검해 보고자 한다.

근대 이래 세계를 풍미한 사관은 독일의 랑케(Ranke) 사학, 러시아의 유물사학, 프랑스의 아날(Annales) 사학, 영국의 문명사학, 미국의 자유사학 등이다. 그것은 모두 자기 민족과 국가의 역사 바탕 위에서 생성된 사관의 산물이었다. 물론 한국에도 한국 나름의 역사적인 바탕이 있다. 그리고 그 바탕 위에서 자생적인 사학이 성립되었고 외래사학은 외래사학 나름으로 자생사학에 일정한 영향을 끼쳤다.

이처럼 현대문명의 거대한 조류를 동반한 사관들은 한국적 상황에 작용해 왔으며, 그것을 우리가 선택하든 혹은 그렇지 않든 간에 우리의 생활이 현대문명의 한 단면인 것은 확실하다. 현대문명의 특징이 무엇이며 그것이 우리의 역사적 현실에 어떻게 작용하는가를 통찰하여 볼 때, 현대문명과 한국적 상황과의 괴리를 극복하기 위해 스스로 그 극복책을 모색해 왔다고 볼 수 있다.[1] 이와 같이 자생사관과 외래사관은 서로 융화되어 새로운 사관을 창출하며 끊임없이 발전적인 미래사를 설계하고 있는 것이다. 거기엔 민족·계급·세계모순의 해결 방안으로 지역갈등 해소와 민족통일, 인

---

1) 차하순, 「현대문명의 한국적 상황」, 『역사와 지성』, 탐구당, 1973, 146~150쪽 참조.

권신장과 민주복지사회 건설, 인간성 회복을 통한 지구촌의 공동번영과 환경보전의 비전(vision)이 분명히 설정되어 있다.[2] 현재는 이 같은 한국사의 추동력을 살려서 문명사적인 관점에서 한국사를 인식할 사관의 설정이 절실히 요망된다고 하겠다. 이것이 산 역사학이고 현대적 실학(實學)의 한 과업이라고 생각한다.[3]

따라서 문명사론의 관점 추이를 눈여겨보는 것은 새로운 2000년대의 즈믄해를 엮어 가는 데 필수적인 자세라고 믿는다.

2. 문명·진보관의 생성

16세기 프랑스의 사상가 보댕(Jean Bodin : 1530~1596)은 인류가 황금시대를 경험한 연후엔 어쩔 수 없이 퇴보하게 된다는 통념을 거부하였다. 인간은 많은 오류에도 불구하고 새것을 찾아 전진하는 의지를 갖고 있기 때문에 인간의 상황은 역사와 더불어 개선될 수밖에 없다고 보았던 것이다. 그는 『역사의 방법』에서 흥망성쇠가 있는 것은 사실이지만 쇠하고 망하면 한 문명이 그대로 완전히 끝나는 것이 아니라 반드시 새롭게 성하고 흥하는 일이 뒤따른다고 믿었다.[4]

이에 대하여 18세기 이탈리아의 역사철학자 비코(Vico Giambattista : 1668~1744)는 『새로운 과학(New Science)』에서 역사를 보는 관점으로 인간 본질의 문화사관을 제창하였다. 즉 한 나라가 일어날 때에는 반드시 어떤 야만적 원시성을 동반하는데, 거기서 일단 문명의 꽃이 피었다가 그 꽃은 점차 시들어 썩어 버리게 된다고 보았다.[5] 그가 말하는 신들의 시대→ 영웅들의 시대→ 인간들의 시대처럼 규칙적이고 전형적인 인류의 경로는

---

2) 김정의, 「미래문명사의 바램」, 『한국문명사』, 혜안, 1999, 258~272쪽 참조.
3) 원유한, 「한국실학 이해시각의 확대를 위한 일 시론」, 『동국역사교육』 5, 1997, 48~
  55쪽 참조.
4) 김동길, 「위기에 선 현대문명」, 『역사의 발자취』, 지학사, 1985, 143쪽.
5) 김동길, 위의 글.

혼란에서 질서로, 야만적이고 영웅적인 관습에서 보다 합리화되고 문명화
된 관습으로 진행해 가는 한 진보이다. 그러나 이것은 목적이나 완성이 결
여된 진보이다.[6] 이러한 발전은 진보적이거나 구원적인 것이 아니며, 그렇
다고 해서 단순히 순환적이고 자연적인 것도 아니다.[7] 다행히도 진보 논의
는 여기서 멈추지 않고 계속되었다.

프랑스의 대표적 계몽사상가인 볼테르(Voltaire : 1694~1778)는 최초로
역사철학을 창시하였다. 인간적인 중국문명과 물리학 혁명에 영향받은 그
는 문명이란 과학과 기술, 도덕과 법률, 교역과 산업 등의 진보적 발전을
의미한다고 정의하고, 이러한 진보를 가로막는 두 개의 커다란 방해물은
독단적인 종교와 전쟁이라고 단언하였다. 그러나 그는 진보의 이념을 지나
치게 강조하기에는 너무나 현명했다. 그는 이성이 지배하지 못하는 우연이
나 퇴보기에 의해 좌절되기도 하는 온건한 진보를 신봉했다.[8]

콩도르세(Condorcet : 1743~1794)도 인간이란 축적된 유산에 의해 자연
스럽게 진보해 간다는 진보사관을 피력하였다. 그는 과학적 발명(예를 들
면 나침반과 총)을 통하여 매우 중요한 진보가 이루어진 시대가 가장 극심
한 대학살의 시대였다는 모순적인 사실을 발견하였지만 이러한 사실 때문
에 '인간 유기체의 필연적 결과'인 인간의 자연적 선에 관한 낙관론을 철회
하지는 않았다.[9] 그렇지만 가장 계몽된 국가들의 문명화된 야만주의에 대
해 과학적 진보가 아무런 희망도 약속해 주지 못한다는 사실을 자각하는
데는 불과 몇 세대밖에 걸리지 않았다.[10]

콩도르세에 매료된 생시몽(Saint-Simon)은 생리학의 토대 위에서 과학
철학을 체계화하고자 하였다. 실증과학에 입각한 그의 도덕원리는 모든 사
람은 노동해야 한다는 것이었다.[11] 한편 실증과학의 진보로 말미암아 인류

---

6) Karl Löwith 지음, 이한우 옮김, 「비코」, 『역사의 의미』, 문예출판사, 1993, 200쪽.
7) Karl Löwith 지음, 위의 책, 177쪽.
8) Karl Löwith 지음, 「볼테르」, 위의 책, 158~173쪽 참조.
9) Condorcet, *Outlines of an Historycal View of the Progress of the Human Mind*, 1793, 355쪽.
10) Karl Löwith 지음, 「진보 대 섭리」, 앞의 책, 148쪽.
11) 최갑수, 「생시몽의 사회사상」, 『민석홍박사화갑기념사학논총』, 삼영사, 1985, 489쪽.

의 생산능력은 무한히 증대되고 분배문제도 자동적으로 해결되리라고 보았다. 즉 가장 수가 많고 가장 가난한 계급의 지적·정신적·물질적 개선은 생산력의 증대에 의해 원천적으로 보장된다[12]고 봄으로써 초기 사회주의[13]의 원류를 이뤘다.

독일의 헤겔(G. W. F. Hegel : 1770~1831)은 역사는 자유가 그 속에서 전개해 나가는 과정이라고 보고, 신앙의 눈을 이성의 눈으로 번역하였으며 1500년간 신성시되었던 역사신학을 세속적인 역사철학으로 끌어내렸다. 그는 이성적 진보는 역사의 전 경로에 이미 확립되어 있는 원리를 궁극적으로 실현하는 방향으로 나아간다고 규정하였다. 단적인 예로 『역사철학강의(Lecture on the Philosophy of history)』에서 그는 "우리는 변화와 사건의 장대한 광경을 본다"라고 진보관의 일단을 피력하였다.[14]

이 같은 여러 형태의 진보관은 콩트(A. Comte : 1798~1857)와 뷰리(John B. Bury : 1861~1927)의 과학적인 사고 단계에 이르러 그 입지가 확고해졌다. 콩트는 인류의 진보사를 종교적 세계인식에서 형이상학적 세계인식의 전환으로, 형이상학적 세계인식에서 실증적 세계인식의 전환으로 설명하였다.[15] 그리하여 서구문명의 과학적 단계에서 최종적인 성숙에 도달하는 전체적인 역사적 연속성을 통하여 그 진보적 과정을 해명함으로써 발전(development)과 진보(progression) 사관을 굳혔다.[16] 뷰리 또한 진보라는 개념을 역사의식 속에 투입하였다. 그는 『진보의 이념』에서 사람들은 신의 섭리로부터 독립하고 나서야 진보이론을 만들 수 있게 되었다[17]고 하면서 "역사는 과학이다. 그 이상의 것도 이하의 것도 아니다"라고 선언하였다.[18]

---

12) 최갑수, 위의 글, 507쪽.
13) 사회주의는 이기심을 인간의 가장 주요한 동기로 파악하는 자유주의의 인간관을 거부하고 경쟁이 사회조직의 기초임을 부정하는 반면, 인간이 기본적으로 사회성을 지니며 따라서 협동이 특히 경제부문을 중심으로 해서 생활의 전 영역으로 확대되어야 한다고 주장한다(최갑수, 위의 글, 487쪽).
14) Karl Löwith 지음, 「헤겔」, 앞의 책, 85~95쪽 참조.
15) 박이문, 『문명의 미래와 생태학적 세계관』, 당대, 1998, 258쪽.
16) Karl Löwith 지음, 앞의 책, 108~109쪽.
17) J. B. Bury, *The Idea of Progress*, New York, 1932, 22·73쪽.

한편 근대사학의 창시자인 랑케(Leopold von Ranke : 1795~1886)는 진보사관을 랑케 특유의 발전개념으로 성립시켰다. 개체는 그 내부에 보편성을 지닌다고 전제하고, 개별성과 개별적 발전에 최선의 의미를 부여함으로써 역사주의를 창출, 19세기를 역사주의의 세기로 만든 것이다.[19] 이는 일찍이 유럽이 체험한 최대의 정신혁명에 해당한다고 평가되고 있다. 그는 일반적인 의미의 진보라는 것은, 물질적 세계에서는 인정되나 도덕이나 문화 등의 정신적인 세계에서는 다만 외연적(外延的) 보급만이 인정될 수 있을 뿐 질적인 향상은 인정될 수 없다고 하여, 진보에 대하여 회의적인 면을 보였다.[20]

랑케 사학에 반발한 부르크하르트(J. Burckhardt : 1818~1897)는 역사를 문화적 배경에서 종합하려는 문화사관을 확립하였다. 연속성(continuity)을 역사의 유일한 원리로 터득[21]한 그는 민족의 정신적 소산과 각 시대의 민족정신(Volksgeist)을 발견하는 데 몰두하여 랑케보다 훨씬 더 정확하게 총체적인 역사발전을 통찰하였다.[22]

전체적으로 보아 계몽주의 시대와 역사주의 시대에는 특정한 문명의 죽음보다는 역사는 진보하고 인간은 점차 향상하고 있다는 견해를 더 선호하였다.[23] 당시의 유럽인들은 이성을 길잡이로 삼아 인간과 우주와 문명을 관찰하였다. 그들은 자기들의 시대를 첨단이라고 생각하고 유럽만을 중심으로 문명을 풀이하려고 하였다. 이 점에서는 버클(Thomas Buckle : 1821~1862)도 예외가 아니었다. 그는 『영국문명사(History of Civilization in

---

18) 차하순, 「객관과 주관의 대립」, 『인문연구논집』 8, 서강대 인문과학연구소, 1975, 98쪽.

19) 17~18세기의 계몽주의 시대가 비역사적인 세기라고 한다면 19세기는 '역사주의 세기'라고 할 수 있다. 전문과학으로서의 역사학이 확립되기 시작한 것은 바로 이 때부터라고 할 수 있다(홍한유, 「서양의 역사관」, 『역사란 무엇인가』, 고려대출판부, 1981, 49쪽).

20) 길현모, 「랑케사관의 성격과 위치」, 『인문연구논집』 8, 서강대 인문과학연구소, 1975, 39~86쪽 참조.

21) Karl Löwith 지음, 「부르크 하르트」, 앞의 책, 44~45쪽.

22) 차하순, 「객관과 주관의 대립」, 102~109쪽 참조.

23) 김동길, 「위기에 선 현대문명」, 144쪽.

England)』에서 역사학도 과학이 될 수 있다고 확신하고 역사가 일정한 법칙에 따라 발전한다[24]는 주장을 유럽을 중심으로 구체적으로 실증하였다.[25]

이에 반기를 든 것이 19세기 러시아의 다닐레프스키(Nikolai Danilevski : 1822~1865)였다. 그는 유럽문명이 문명 전체를 결코 대표하는 것이 아니라고 역설하고 열두 개의 문명 형태를 설정하였다.[26] 그리고 러시아는 유럽문화의 일부가 아닐 뿐 아니라 그와는 별개로 생존을 유지해 왔다고 주장함으로써 러시아와 슬라브족의 독자성 내지는 자주성을 강조하였다.[27] 그는 역사연구의 진정한 단위란 문명이 되어야 한다는 사실을 밝히고, 문명의 개념을 다음과 같이 설명하였다. 즉 역사·문화 형태의 발전 과정을 다년생 화초에 비유하면서, 어느 문명이나 꽃이 피고 열매가 맺히는 기간은 비교적 짧은데 그 꽃피는 계절이 문명의 개화기로서 수명은 대체로 400년 내지 600년이며 유럽문명은 문화적 자만으로 문명의 자멸을 초래하고 있다고 보았다.[28] 여기서 주목되는 것은 문화의 개명진보 상태가 문명이라는 정의이다.

3. 문명사관의 갈래

다닐레프스키의 문명사관 이론은 슈펭글러(Oswald Spengler : 1880~1936), 토인비(Arnold J. Toynbee : 1889~1975), 베버(Alfred Weber) 등에게 계승되었다.

---

24) 홍한유, 「서양의 역사관」, 54쪽.
25) B. Croce 지음, 이상신 옮김, 『역사의 이론과 역사』, 삼영사, 1978, 43쪽.
26) 다닐레프스키가 말하는 열두 개의 문명 형태는 이집트, 지나, 고 셈(아시리아=바빌로니아=페니키아), 인도(힌두), 이란, 헤브류, 그리스, 로마, 신 셈(아라비아), 유럽(=게르만=로만), 멕시코, 페루를 일컫는다(이양기, 『문명론이란 무엇인가』, 영남대출판부, 1986, 75쪽).
27) 이양기, 위의 책, 74쪽.
28) 김동길, 「위기에 선 현대문명」, 145쪽.

슈펭글러는 문화를 하나의 유기체적인 존재로 파악하고, 문화에서 그 영적인 것이 사라지고 유기체로서의 활동이 없어졌을 때 문화는 곧 문명이 된다고 보았다.[29] 즉 가능성이 내포되어 있거나 그것을 실현하고 있는 동안의 상태의 것은 문화이고, 가능성이 완전히 실현되어 노출고정 상태의 문화는 문명이 된다[30]고 정의하였다. 그는 모든 문화란 생겨나서 성숙하고 시들어 버리는, 결코 반복하지 않는 자신의 고유한 표현 가능성을 가지고 있다고 보았다. 가장 높은 서열의 생물체인 이 문화들은 꽃이 들판에서 피어나듯 고귀한 무목적성 속에서 성장한다고 전제하고, 이 문화들은 들판 위의 꽃처럼 괴테의 살아 있는 자연에 속하고 뉴턴의 죽은 자연에는 속하지 않는다고 설명하였다.[31] 이어서 문명은 무언가 항상 운동 속에 있는 것, 끊임없이 '앞으로' 나아가는 것을 지시한다고 언급하고,[32] 『서구의 몰락(Der Untergang des Abendlandes)』을 통하여 문명의 생사를 풀이하는 하나의 과학을 창설하였다. 그리고 문명을 예언할 수도 있다고 보고 유럽문명의 몰락을 단정하여 큰 반향을 불러일으켰다.[33] 그는 "세계사는 세계를 심판하는 법정이다(Die Weltgeschichte ist das Weltgericht)"[34]라는 명문 구로 자신의 저서를 끝맺음으로써 유럽문명의 몰락을 의심할 바 없는 세계사의 심판으로 간주하였다.

토인비는 『역사의 연구(A Study of History)』를 통하여 문명의 생성과 붕괴 과정을 설명하면서 그 동안 역사에서는 21개 내지는 23개의 문명이 생성되었는데[35] 지금은 5개 문명권이 존속되고 있다고 설명하였다. 그가

---

29) 슈펭글러는 그가 분류한 여덟 개의 고등문화(문명)를 전부 조사하지는 못했다. 그는 서구와 그리스·로마, 아라비아의 세 문명은 소상하게, 이집트·인도·중국 문명은 객관적으로 검토했지만 바빌로니아·멕시코 문명의 경우는 손도 대지 못했다(이양기, 앞의 책, 92쪽).

30) 홍한유, 「서양의 역사관」, 59쪽 참조.

31) Oswald Spengler, *The Decline of the West* vol.1, 1920, 28쪽.

32) Norbert Elias 지음, 박미애 옮김, 『문명화과정(Ⅰ)』, 한길사, 1996, 107쪽.

33) 홍한유, 「서양의 역사관」, 146쪽.

34) 이 말은 쉴러가 처음으로 사용하고 그 후에도 헤겔에 의해 가끔 사용되기도 하였지만 원래는 구약성서의 한 예언적 견해에서 비롯된 것이다(Karl Löwith 지음, 앞의 책, 29쪽).

말하는 5개 문명권이란 서유럽문명, 동유럽문명, 동아시아문명, 인도문명, 아랍문명을 가리킨다.36) 그는 모든 문명을 창조적인 제1단계와 쇠퇴하는 제2단계로 나누고, 1단계는 도전하고 응전하면(Challenge and Response) 계속되나, 만약 실패하면 2단계로 가게 된다고 하였다. 문명은 발생−성장−쇠퇴−해체−소멸의 주기를 갖는데, 특히 문명의 말기에는 400년간의 고난의 시기가 있다고 보았다. 이 고난의 시기에는 소수의 지배자, 내적 프롤레타리아트, 외적 프롤레타리아트의 3자 대립관계가 형성되며 여기에서 새로운 문명이 잉태한다고 보았다.37) 이러한 점에서 그의 문명사관은 슈펭글러와는 달리 문명 구제의 가능성을 전망하는 새로운 세계사학을 성립시켰다. 그리고 슈펭글러와 마르크스의 결정론적 사관에 반대하여 인간 및 인간사회의 자유로운 결단과 행위에 의한 역사·문화의 형성을 강조하였다.38) 이러한 사고는 그가 20세기의 가장 기름진 토막, 영국에서 살고 갔기에 나왔다는 견해도 있다.39) 어떤 인간도 시대와 환경을 초월할 수는 없다는 평범한 진리를 상기하면 이 견해는 설득력이 있다고 보겠다. 여기에서 우리가 간과할 수 없는 것은 동아시아문명은 한국문명을 포함한 중국과 일본문명을 일컫는다는 점이다. 우리가 우리의 문화를 문명이라고 명명하지 못하고 주저하고 있을 때 토인비는 한국문명을 적시하였던 것이다. 이는 문명사가로서의 탁견임에 틀림없겠다.

---

35) 토인비가 말하는 21개의 문명권이란 이집트, 은(殷), 인더스, 미노스, 수메르, 마야, 유카테크, 멕시코, 히타이트, 시리아, 바빌론, 이란, 아랍, 중국, 한국·일본, 인도, 힌두, 헬레네, 정교기독교, 러시아, 서구 문명을 일컫는다[Arnold J. Toynbee 지음, 강기철 옮김, 『역사의 연구(Ⅰ)』, 현대사상사, 1979, 650쪽 <표 Ⅴ> 참조]. 그리고 23개의 문명권에는 안데스와 중국의 진·한 문명이 추가된다(이양기, 앞의 책, 67쪽).

36) 토인비가 말하는 현재 존속하고 있는 5개 문명권은 기독교문명, 동방정교문명, 유교문명, 힌두교문명, 회교(이슬람)문명으로 불리기도 한다.

37) 문명의 해체기에는 소수의 지배자가 세계국가의 철학을 만들어 내고, 내적 프롤레타리아트는 고등종교와 세계교회를 만들어 내며, 외적 프롤레타리아트는 전투단체를 만든다고 보았다. 그리고 이들 3자의 만남은 사회적 분열과 문명의 해체로 끝나는 게 아니라 재생으로 직결되어 새로운 문명을 탄생시킨다고 주장하였다(이양기, 앞의 책, 137~141쪽).

38) Karl Löwith 지음, 앞의 책, 27쪽 역자 주 23.

39) 김동길, 「위기에 선 현대문명」, 146쪽.

베버도 문화사회학의 고유 대상을 문명이라고 생각하였다. 그것은 다닐 레프스키나 슈펭글러, 솔로킨 등이 지향한 대상과 동일한 것이었다. 슈펭글러가 '고급문화'라 했고 토인비가 '문명'이라 부른 이 대상을 베버는 '역사체(Geschicht Körper)'라고 했다. 그가 역사체라고 부른 문명이란 하나의 거대한 사회문화적 통일체이다.[40] 그것은 인간의 역사적 생이 큰 결정체로서, 정치적 단위인 국가나 자연적인 집단인 민족을 포함하고 그들이 지닌 문화까지도 통일하는 것이다. 그의 말을 빌면 지리적으로, 문화적으로, 그리고 사건들의 연결로 이어진 거대한 통일체이다. 이와 같은 문명은 두 가지 구성 요소로 대별되는데, 하나는 사회적인 것이고 다른 하나는 정신문화적인 것이다. 이 두 가지의 서로 다른 영역이 종합 통일되어서 각각의 문명이 형성된다. 그런데 그는 다시 사회적인 영역과의 관계에 유의하면서 정신문화 영역 속에 '기술=과학적인 것'과 '정신=문화적인 것'이 있음을 밝혔다. 이를 근거로 기술=과학적인 것은 문명과정으로, 정신=문화적인 것은 문화운동으로 구분하여 크게 주목을 받았다. 그에 의하면, 기술=과학적인 것은 보편타당하므로 다양한 문화권을 통하여 계승되어 연속적·누적적으로 진보가 가능했지만, 정신=문화적인 것은 혼의 표현으로서 만인에게 타당한 선재(先在)하는 것이 없으므로 특정한 조건 아래서 특정한 시기에 일회적으로만 이루어졌을 뿐이다.[41]

슈펭글러·토인비·베버의 문명사관에 대하여 슈바이처(Albert S. Schweitzer : 1875~1965)는 문화와 문명은 굳이 구별할 것이 못 되며, 습관에 의하여 조성된 용어에 지나지 않는다고 보았다. 이 용어의 사용습관이란, 지역적 환경에 의한 것으로 자연을 극복하여 풍부한 물질을 추구하였던 데서 문화와 문명을 종합적으로 문명이라고 표현하였을 따름이라는 것이다. 그러므로 문화와 문명을 동의어로 볼 것을 주장하였다.[42]

---

40) 베버는 역사체로서로서 서구문명 이외에 이집트, 바빌로니아, 인도, 중국, 페르시아, 유대, 그리스·로마, 비잔틴, 이슬람 문화의 10개를 들고 있다(이양기, 앞의 책, 103쪽).
41) 이양기, 위의 책, 101~120쪽 참조.
42) 김정의, 「한국사의 문명사적 인식」, 252쪽.

한편 헤겔의 변증법을 『자본론(Capital)』에 응용한 마르크스(Karl H. Marx : 1818~1883)는 모든 역사는 최종적인 세계혁명과 세계변혁을 향해 움직여 가는 경제적 과정 속으로 흡수된다는 '사적(史的)유물론'을 주장하였다. 그에 따르면, 부르주아 계급은 생산품을 팔기 위해 문명 상태에 진입하지 못한 민족들조차 강제적으로 문명 속에 편입시키며, 이들에게 자본주의적 생산양식을 채택하도록 강요하였다. 그 결과 서구문명은 '자신의 주문(呪文)으로 불러들인 지옥의 위력을 더 이상 통제하지 못하게 된 마술사처럼' 교환과 생산의 거대한 수단을 주술로 불러들였다고 비판하였다.43)

다윈(Charles R. Darwin : 1809~1882)의 영향을 받은 많은 사회과학자들은 사회적 발전과정을 생물학적 진화의 관점에서 보고 현재와 과거와의 유기적 관련을 탐구하였다. 그 결과 역사를 진보와 진화의 관점에서 바라보는 역사관을 강하게 굳혔다.44) 더욱이 로빈슨(James H. Robinson : 1863~1936)은 『새로운 역사(The New History)』에서 진화론적 역사관 위에 서서 역사지식이 일반적인 인간의 향상과 사회의 진보를 위한 도구가 될 것으로 희망하고 교육을 통한 역사지식의 보급을 주장하였다. 그러나 사회의 혁신과 인류의 진보에 도움이 되는 수단적 지식을 강조한 나머지 사실의 왜곡 및 현재주의에 빠졌다는 비판을 받기도 하였다.45)

이돈화(李敦化 : 1884~1950)는 '사람성무궁주의'를 제창하였다.46) '사람성무궁주의'는 한울의 자존·자율적 창조작용과 무위이화(無爲而化) 원리를 진화론에 접목시킨 것으로서, 본래부터 인간성의 능력이 무궁하다는 것이다. 우주는 인간과 일원성 존재로서 태초부터 자기창조 능력에 의하여 점차 현재의 형체와 정신으로 현상화되었기 때문에 사람성 역시 우주의 무궁한 진화의 위력을 지니게 되었다고 하였다. 이러한 주장은 인간의 활동이 진보·향상을 지속해야 한다는 뜻을 내포하고 있다. 간과할 수 없는

---

43) Karl Löwith 지음, 앞의 책, 59~84쪽 참조.
44) Christophe Canto & Odile Falin 지음, 김승욱 옮김, 『인간은 미래를 어떻게 상상해 왔는가』, 자작나무, 1997, 142쪽.
45) 차하순, 「객관과 주관의 대립」, 136~145쪽 참조.
46) 이돈화, 「시대정신에 합일되는 사람성무궁주의」, 『개벽』 17, 1921, 5쪽.

것은, 대우주의 총화를 위해 인간은 당연히 진화작용을 계속해야 한다는 논리[47]인데 이는 문명사관을 근원에서 해명했다는 점에서 주목된다.

한편 산타나야(George Santanaya : 1863~1952)는 이색적인 진화의 논리를 폈다. 진화는 변화에 달려 있는 것이 아니라 기억에 달려 있다고 본 것이다. 변화가 절대적이라면 더 이상 개선해야 할 것은 존재하지 않으며, 개선 가능한 방향을 알 수도 없다고 하였다. 그는 "역사를 배우십시오. 그렇지 않으면 다시 그런 일이 일어났을 때 처음에 일어났던 일을 까마득히 기억하지 못할 것입니다"라고 하였다.[48] 즉 사람은 예리한 이성을 가지고 과거를 잘 기억하는 것이 진보와 자기 실현에 유리하다는 것이다.[49] 이는 역사를 소중히 인식하고 필요할 때 적재적소에 활용하는 것이 진보의 지름길이라는 말에 다름아니다.

아날 학파의 선구자인 페브르(Febvre : 1878~1956)는 문명이란 말을 새롭게 『아날(Annales)』[50]의 표지에 등장시켜 정신문명의 위기의식을 강조하였다.[51] 그러나 그의 후계자인 브로델(Fernand Braudel : 1902~1985)은 물질문명의 측면에서 역사는 언제나 위기를 극복해 왔고 미래에도 항상 그러할 것이라는 낙관적 세계관인 '장기지속'을 피력하였다.[52] 브로델은 이 점을 강조하였다. 대개의 역사가들은 어떤 식으로 변화했느냐에 관심을 기울였다. 즉 경제적·정치적으로 어떻게 변화해서 오늘에 이르게 되었는가의 측면을 중시한 것이나. 그런데 그는 인간의 삶은 생각보다 변화가 심하지 않다고 보았다. 변화하지 않는 측면이 훨씬 더 크다는 것이다. 그래서

---

47) 황선희, 「동학사상의 인본주의 성격」, 『동학사상』 3, 1998, 148쪽.

48) Michael Macrone 지음, 이충호 옮김, 「과거를 기억할 수 없는 사람은 과거를 반복하게 된다」, 『유레카, 유레카!』, 세종서적, 1996, 373쪽.

49) Michael Macrone 지음, 위의 글, 375쪽.

50) Annales은 우리 말로 연보를 뜻한다.

51) 1946년 Annales은 새로운 부제명 Annales. Economies. Societes. Civilisations으로 다시 출발하였다(김응종, 『아날학파』, 민음사, 1991, 85쪽). 1994년 아날 학파는 역사학과 사회과학이 겪고 있는 각각의 위기를 의식하여 그 적극적인 대응책으로서 부제명을 '역사와 사회과학'으로 다시 바꿨다(전수연, 「아날학파와 역사학의 파편화?」, 『학림』 17, 연세대 사학연구회, 1996, 235~236쪽 참조).

52) Braudel, *Civilisation material, Economie et Capitalisme II*, Paris, 1979, 353쪽.

인간을 이해할 때는 변화하지 않는 측면을 동시에 보아야 한다고 했다. 이
것이야말로 발상의 전환이다.53) 이를 위해 브로델 자신은 바다의 이미지를
이용해 자신의 사관을 설명하곤 했다. 우리가 보는 물결이나 파도는 바다
의 제일 위에 있는 것일 뿐 그것만이 바다의 전부가 아니라는 것이다. 그
밑에는 해류라는 흐름이 있고 그보다 더 밑에는 심해의 거대한 물이 존재
한다. 심해는 거의 움직이지 않고 햇볕도 들지 않는다. 브로델은 이렇게 역
사의 흐름을 물결에 비유했다. 높은 물결이나 파도가 아무리 장대해 보여
도 한 차례 폭풍우가 지나고 나면 다시 잠잠해지는 것처럼 전쟁과 같은 대
사건도 30~40년, 길어야 60~70년 동안 영향을 미치는 데 그친다는 것이
다.54) 그는 세계사를 보는 독특한 시각인 삼분할 체제를 선보이기도 하였
다. 이 삼분할 체제를 피라미드 식으로 나타내면 제일 위층이 자본주의, 중
간층이 경제, 아래층이 물질문명 혹은 물질생활이다.55)

　이와 같이 그 동안 문명사관을 선도해 왔던 중심권은 20세기 중반에 이
르자 유럽에서 아메리카 대륙으로 넘어갔다.56) 번스(Edward M. Burns)와
랠프(Philip L. Ralph)는 고대부터 현대까지의 문명을 위한 인간의 노력을
『세계문명사(WORLD CIVILIZATIONS)』에 집약시켰다. 그들은 뉴턴(S. I.
Newton : 1642~1727)과 다윈, 아인슈타인(A. Einstein : 1879~1955)을 이
해하는 것이 프랑스 왕들의 업적을 아는 것보다 전체 역사의 진행 과정에
서 볼 때 훨씬 가치가 있다고 주장함으로써 역사를 보는 관점을 일신시켰
다. 그들은 대부분의 인간 진보를 지적 성장과 인권에 대한 존중 정도에서
찾았고, 이를 바탕으로 미래에는 좀더 발전된 문명을 이룰 수 있다는 희망
을 발견했다.57)

　어쨌든 역사와 문화, 문명을 풀이하는 인간의 태도가 시대를 따라 변천
하는 사실만은 의심의 여지가 없다. 그러나 이들의 문명사관은 그 후 세계

---

53) 주경철, 「삶과 불변의 역사」, 『문명 그리고 화두』, 열린사회아카데미, 1998, 19쪽.
54) 주경철, 위의 글, 13쪽.
55) 주경철, 위의 글, 15쪽.
56) Christophe Canto & Odile Falin, 앞의 책, 32쪽.
57) Edward McNall Burns and Philip Lee Ralph, *WORLD CIVILIZATIONS 2*,
　　Toronto, 1964, 21~23쪽.

인들에게 심대한 영향을 끼쳤다. 문명의 몰락을 경계하는 한편 문명의 보존 및 발전을 꾀하는 데 구미인의 지혜를 모으는 계기가 되었다. 뿐만 아니라 구미 이외의 각국은 보편사의 독단에서 벗어나서 독자적인 문명의 생성 및 발전을 모색하는 작업에 일정한 이론을 구비하는 계기가 되었다.[58]

4. 맺음말

이상에서 문명사론의 관점 추이의 대강을 살펴보았다.

계몽주의의 산물로 생성된 근대의 문명·진보론은, 보댕이 문명론을 제기한 이래 비코를 거쳐 볼테르에 이르러 문명관으로서 자리를 잡았다. 이어 문명·진보론은 콩도르세, 생시몽, 헤겔의 논의를 거쳐 드디어 콩트, 뷰리에 이르러 그 입지를 확고히 다졌다. 콩트는 서구문명의 과학적 단계에서 최종적인 성숙에 도달하는 전체적인 역사적 연속성을 통하여 그 진보적 과정을 해명함으로써, 뷰리는 신의 섭리에서 독립되고 나서야 진보의 이론을 만들 수 있게 되었다고 함으로써 진보사관을 굳혔다.

이렇게 축적된 문명론적인 진보사관을 토대로 랑케는 역사주의를 꽃피웠다. 여기에 부르크하르트와 버클이 가세하여 역사주의를 더욱 풍성하게 하였다. 그러나 이러한 문명론이 유럽을 중심으로 하고 있다는 점에 다닐레프스키는 크게 반발하고, 유럽사의 시야를 세계사로 넓혀 인류사에서 독창적으로 개화한 여러 문명권의 역사를 각각 총체적으로 추구하는 문명사관을 제창, 문명·진보론의 획기적인 전기를 이루었다.

다닐레프스키가 주창한 문명사관은 슈펭글러, 토인비, 베버로 이어졌다. 거대한 사회문화적인 통일체의 대상을 슈펭글러는 '고급문화', 토인비는 '문명', 베버는 '역사체'라고 명명했다. 그리고 이러한 문명을 생명체로 생각하여, 자연처럼 춘하추동 혹은 생로병사의 주기를 갖는다고 보았다. 물론

---

58) 김정의, 「한국사의 문명사적 인식」, 252쪽.

구체적으로 들어가면 그들의 견해는 각자 매우 달랐다. 다만 문명사관으로 역사를 해명하려 했다는 점에서 공통되었을 뿐이다. 문명사관의 해명에는 슈바이처와 마르크스도 일정한 기여를 하였다. 그러나 다윈이 진화론을 설파한 이후에는 역사에 진화론적인 경향이 크게 작용하기 시작하였다. 로빈슨, 이돈화, 산타나야의 예가 바로 그렇다고 볼 수 있다.

문명사관의 맥락은 대체로 이 같은 단계를 밟으며 발전하였으나, 페브르와 브로델로 이어지는 아날 학파가 등장한 이래 역사학은 파편화되기 시작하였다. 그야말로 각개 약진이 시작된 느낌마저 든다. 이는 계몽주의와 역사주의를 넘어선 이른바 감성주의, 실존주의, 포스트모더니즘의 영향이라고도 보겠다. 문명사관이 문명사관만의 세계가 아니고, 그 진로도 거대한 사조의 한 부분이라는 것을 알 수 있는 대목이라고 하겠다.

그렇다 하더라도 계몽주의 시대에 생성된 문명·진보관은 19세기 말에 문명사관으로의 도약을 이룩하였고, 앞으로 전개될 21세기에는 인류공동체를 지향하는 자성적 문명론이 대두되어 문명사관은 그 위력을 더욱 발휘하게 될 것으로 전망된다.

제2장 한국사의 문명사적 관점

1. 한국사의 문명사적 관점

문화란 두말 할 것도 없이 인간의 정신적·신체적 노동의 총체를 일컫는다. 보다 정확히 말하자면 인간의 의식적 노동의 총체이다.[1] 그래서 자연은 신이 창조하였고, 문화는 인간이 이루었다고 한다. 따라서 인간의 지나온 발자취 중에서도 문화를 개선하는 데 기여한 활동만이 역사가 되는 셈이다. 즉 인간의 끊임없는 문화 축적과 그 과정에서 이뤄진 새로운 도약을 위한 문화의 모순 극복활동이 역사라는 말이 된다. 인간의 역사란 문화의 재창조 과정에 다름아닌 것이다.[2]

이 같은 문화의 창조적인 축적과 재생성 활동이 극대화되면 어느 시점에 가선 독특한 개성을 갖추게 되고 밀도가 높아져서 드디어 문화의 꽃을 피우게 된다. 그 문화의 꽃이 바로 문명이다. 따라서 문명이란 정체성을 갖춘 밀도 높은 창조적 문화를 일긷는다. 그렇다면 한국사에서도 문명단계가 있었던가? 세계사 속에서는 많은 문명이 생성·발전되었지만 한국사에서 문명이 생성·발전되었는가를 둘러싸고는 견해가 분분하다. 부분적으로 인정하는 학자와 총체적으로 인정하는 학자로 갈려 있는 것이다. 여기서 유의할 것은 역사에서 말하는 한민족의 문화란 총체적인 문화를 지칭하는 것이지 부분적인 것이 아니라는 점이다.[3] 여하튼 고대사회도 훌륭한 문명

---

1) 강영계, 「문화침투와 주체성의 문제」, 『문명의 전환과 한국문화』, 철학과현실사, 1997, 331쪽.

2) 김철준, 『한국문화사론』, 지식산업사, 1976, 77~82쪽 참조.

3) Lamprecht, Burckhardt, Thierry, Michelet 등의 역사학자는 역사를 문화의 총체로 파악하고자 하였다(차하순, 「객관과 주관의 대립」, 『인문연구논집』 8, 서강대 인문과학연구소, 1975, 92쪽).

상태라고 인정하는 경우와 몇 가지 분야에서만 문화의 문명상태이므로 총체적으로 문명단계라고 보기는 어렵다는 의견이 엇갈리고 있다. 즉 고구려의 고분벽화, 역사 편술, 무사도, 광개토대왕릉비, 대제국 경영, 거문고, 평양성 축조,[4] 백제의 산수문전, 무령왕릉, 미륵반가사유상,[5] 토목·건축술, 백제금동용봉봉래산향로,[6] 신라의 천마총, 화백회의, 가야금, 화랑도,[7] 금관, 첨성대[8] 등의 독자적인 문화 창조활동을 높게 평가할 수 있지만 그것은 그 분야에서의 개화일 뿐이라는 것이다. 랑케의 말대로 그 시대의 신과 직결되어 있다는 것이다(Unmittelbar).[9] 한편에선 그 정도면 총체적으로 평가해도 훌륭한 문명단계일 뿐만 아니라 고대사회 자체에서 중세사회로

---

4) 한국의 대표적인 성인 평양성(대성산성)은 매우 견고한 산성으로 성벽의 총길이는 9,284m나 된다(리용태, 『우리나라 중세과학기술사』, 과학백과사전종합출판사, 1990, 17쪽).

5) 앙드레 말로는 "일본이 만약 바다 속으로 가라앉는다 할 적에 나는 백제관음상을 건지겠노라"라고 피력하였다(최성자, 「국보 중 국보 '금동용봉봉래산향로' 취재기」, 『한국의 멋·맛·소리』, 혜안, 1995, 47쪽에서 최종현 교수의 글 재인용).

6) 신광섭 관장은 "발굴운이 좋았습니다(1993년 12월 12일 부여에서 발굴). 기적적이라고 할 수밖에 없어요. 금동용봉봉래산향로는 국보 중의 국보입니다. 이제 고고학도로서 더 이상 여한이 없습니다"라고 하였고(위의 글, 52쪽), 안휘준 교수는 "이 향로는 백제의 공예만 보여주는 것이 아닙니다. 문화와 예술, 종교와 사상, 과학기술과 제조기법 등이 함축 융화된 것으로 단일 작품으로는 최고의 걸작입니다"라고 예찬하였다(위의 글, 33쪽).

7) "흔히 말하기를 한국의 고유사상을 화랑도라고 한다. 최치원이란 분이 우리의 고유사상 가운데는 유·불·도가 다 포함되었다고 말함으로써 우리 고유사상의 입장을 밝히고 독특하고 편협한 것이 아니고 유·불·도라는 세계사상에 조화를 이룬 것이라고 갈파한 그분의 선지(先知)에 감탄하지 않을 수 없다"(이항령, 「한국사상의 원류」, 『신인간』 5·6월호, 1977, 32~33쪽).

8) 야나기 무네요시(柳宗悅)는 6세기에서 대략 9세기의 이르는 400년간을 동양문명의 황금기라고 전제하고 "신라는 불법(佛法)의 신라다운 경력을 내딛기 시작했다. 신라 23대 법흥왕 초년의 일이다. 진흥왕, 진지왕, 진평왕 3대를 거쳐 선덕여왕에 이를 무렵, 신라는 저 분황사를 가졌고 첨성대를 쌓는 문명을 일으켰다"라고 설파하였다(柳宗悅, 「석불사의 조각에 대하여」, 『예술』 1919년 6월호 ; 柳宗悅 지음, 심우성 옮김, 『조선을 생각한다』, 학고재, 1996, 26~69쪽 참조).

9) Leopold von Ranke, *Über die Epochen der Neueren Geschichte*, Stuttgart, 1954, s.7 ; George G. Iggers and Konrad von Moltke ed., *The Theory and Practice of History by Leopold von Ranke*, New York, 1973, 38쪽 ; 길현모, 「랑케사관의 성격과 위치」, 『인문연구논집』 8, 서강대 인문과학연구소, 1975, 51·63쪽 참조.

도약할 수 있는 전환능력까지 있었다고 보기도 한다.[10] 사정은 중세사회에서도 마찬가지다. 황금문화라고 칭해지던 신라통일기의 불국사, 석굴암,[11] 정토종, 이두, 성덕대왕신종, 목판인쇄본, 해상활동[12]이나 해동성국이라 불린 발해의 상경도읍, 중앙관제, 정혜공주묘 벽화와 고려의 정치제도, 서경전역,[13] 금속활자,[14] 해인사 장경판고,[15] 상감청자, 천태종, 제지술, 서적출판도 같은 차원이다.[16] 근세(조선)사회 또한 천문과학, 한글,[17] 아악,[18] 거북선, 종묘, 창덕궁, 경복궁, 수원화성,[19] 성리학, 시조, 서화, 농학, 의학, 실록 편찬,[20] 분청사기, 화폐, 실학,[21] 선비정신 등에서 개명되어 대단히 밀

---

10) 김철준,『한국문화사론』, 1976, 29쪽.

11) 불국사와 석굴암은 UNESCO에 의하여 인류가 보전해야 할 세계문화유산으로 지정되었다(1995년 12월).

12) 라이샤워 교수는 장보고를 세계 역사상 가장 찬란했던 '해양상업제국의 무역왕자'라고 예찬했다(E. O. Reischauer, *Ennin's Travels in Tang China*, 1972/1995, New York).

13) "역사상으로 보아서 묘청이라는 중을 '요승(妖僧)'이라고 규정짓고 있지만 우리가 냉정히 생각해 볼 때 중국문명에 도취해서 자기의 고유사상을 상실하고 있던 그 때 그만큼 자주성을 발양했다 하는 것은 우리가 칭찬할 만한 일이라고 생각하는 것이다"(이항령,「한국사상의 원류」, 36쪽).

14) "우리 민족이 세계 인류문화에 이바지한 것 중에서 가장 으뜸으로 손 꼽힐 것이 곧 금속활자의 발명이다"(손보기,『금속활자와 인쇄술』, 세종대왕기념사업회, 1976, 3쪽).

15) UNESCO에 의하여 인류가 보전해야 할 세계문화유산으로 지정되었다(1995년 12월).

16) 고려인 스스로의 문명론을 들어보자. 먼저 북송이 정복왕주인 금에 망한 뒤 금에 사신으로 파견된 고려의 진화는 "송은 이미 쇠퇴하고 북방 오랑캐는 아직 미개하니, 앉아서 기다려라, 문명의 아침은 동방 하늘을 빛내고자 한다"[『매호유고(梅湖遺稿)』시(詩) 봉사입금(奉使入金)]라고 노래했고, 고려 말 성리학이 전개될 시기에는 생원 박초가 배불을 논하여 역시 소중화적인 문명우월론을 전개했다[『고려사』권33, 김자수전(金子粹傳)].

17) 한글은 우리 민족의 슬기를 자랑할 만한 가장 중요한 민족의 유산이다(허웅,『한글과 민족문화』, 세종대왕기념사업회, 1974, 3~4쪽). 뿐만 아니라 한글의 원본인 훈민정음은 1997년 10월 UNESCO에 의하여 인류가 보전해야 될 세계기록유산으로 선정되었다(『조선일보』1997년 10월 2일자 기사).

18) 안확은「세계인이 흠모하는 조선의 아악」을『별곤건』12·13호(1928년 5월)에 발표하여 아악의 우수성을 논증하였다.

19) 종묘는 1995년 12월 UNESCO가 인류가 보전해야 할 세계문화유산의 하나로 지정하였고 창덕궁과 수원화성도 1997년 6월 27일 파리의 UNESCO 본부에서 열린 제21차 세계 유산위원회 의장단 회의에서 세계유산목록에 등재를 권고키로 결정했다(『조선일보』1997년 6월 28일자 기사).

도 높은 문화를 향유했다.[22] 이 중 단연 으뜸은 한글이다. 시간이 갈수록 새 생명은 번쩍이고 있는 것이다.[23]

　그러나 선인들은 이에 안주하지 않았다. 18세기 후반 서구문명과 접촉한 후 서양에 대한 낙관적 인식을 배경으로 북학론과 중국원류설에 연계되면서 서기(西器) 수용을 둘러싸고 서명응(1716~1787), 황윤석(1729~1791), 홍양호(1724~1802), 신후담(1702~1761) 등 실학자들 간에 활발한 논의가 이루어졌다.[24] 서교(西敎 : 천주교)에 대해서는 부정적 인식이 강했던 것이 사실이지만 그 위험성이 크게 부각되지는 않았으므로 서교와 분리해서 서기만을 선택적으로 수용할 수 있다는 분위기가 형성될 수 있었던 것이다. 그리고 정약용(1762~1836)의 「기예론」 설파는 계속적인 새로운 과학기술 연마의 필요성을 제고하였다.[25]

　이러한 전통은 19세기 초·중반에는 이규경(1788~1860), 최한기(1803~1877) 등의 서학수용론으로 나타났다.[26] 이규경은 도기(道器)의 논리를 통해 서양의 형이하학을 수용할 것[27]을 주장한 반면, 최한기는 실용(實用)의 관점에서 서양의 기술뿐만 아니라 제도와 예교 등까지도 수용 대상에 포함시켰다. 그는 모든 문명을 상대화시켜 비교 가능한 대상으로 설정하고

---

20) 『조선왕조실록』은 훈민정음과 더불어 1997년 10월 UNESCO에 의하여 인류가 보전해야 할 세계기록유산으로 선정되었다(『조선일보』 1997년 10월 2일자).
21) 실학자인 정약용이나 박지원은 조선을 소중화 문명국으로 보고 긍지를 가졌다. 그들은 화(華)란 전통시대의 동아시아 세계에서는 최상의 문명을 일컫는 것으로 보았다. 따라서 화의 추구는 최상의 문명을 달성하고자 하는 희구이다(조영록, 「조선의 소중화관」, 『역사학보』 149, 1996, 131~132쪽 참조).
22) 김철준, 『한국문화사론』, 1976, 35~38쪽 참조.
23) 한국이 새 문명을 창건함에는 반드시 한글에 힘입은 바 많을 것이다(문일평, 「사안으로 본 조선」, 『역사는 무엇을 가르쳐 주는가』, 벽호, 1994, 134쪽 재인용).
24) 노대환, 「19세기 전반 서양인식의 변화와 서기수용론」, 『한국사연구』 95, 1996, 111쪽.
25) 정약용, 「기예론」, 『여유당전서』 권11.
26) 서학의 수용 문제와 관련된 논저는 山口正之, 『朝鮮西學史』, 雄山閣, 1967 ; 이원순, 『조선서학사연구』, 일지사, 1986 ; 강재언, 『조선의 서학사』, 민음사, 1990 ; 정옥자, 「19세기 척사론의 역사적 위상」, 『한국학보』 78, 1995 ; 차기진, 『성호학파의 서학인식과 척사론에 대한 인식』, 한국정신문화연구원 한국학대학원 박사학위논문, 1996 ; 노대환, 「19세기 전반 서양인식의 변화와 서기수용론」, 『한국사연구』 95, 1996 등이 있다.
27) 「용기변증설」, 『오주연문장전산고』 권9.

서양인들의 이성을 인정함으로써 형이하학의 부분에서만 서양의 문명을 인정하는 태도에서 벗어나 위정자들에게 다른 나라의 좋은 정치제도와 법제도를 연구, 수용하도록 촉구하였던 것이다.[28] 최한기에게 있어서 천하는 이미 중국 중심의 화이론적 천하가 아니고, 선행 실학파에서 보여준 서양 세계의 존재를 확인하는 단계를 넘어서서 동양과 서양의 활발한 교류와 상호협력을 통하여 하나의 지구적 세계로 일체화를 추구하는 것이었다고 할 수 있겠다.[29]

그러나 서세동점에 위기의식을 느낀 최제우(1824~1864)는 고유신앙에 바탕을 두고 유·불·선을 종합하고 기독교까지 수용하여 동학을 창도하였다(1860).[30] 이로써 우리 나라는 문명 가늠의 3요소인 도시·문자·종교를 모두 충족시키게 되었다.[31] 또한 동학의 창도에서 한국근대사의 기점을 찾으려는 학자들이 나타나고 있어 관련학계의 주목을 끌고 있다.[32] 여하튼 새로운 종교인 동학은 창도 이후 무위이화(無爲而化)의 교리[33]로 독자적인 근대화운동이 일어날 때마다 선도적인 역할을 담당함으로써 민족사의 진운에 크게 기여하였다.[34]

한편 개항이 되자 좀더 구체적으로 문명상태를 갈구하며 미래를 꿈꾸는 개화파 인사들이 등장했다. 유길준(1856~1914)은 「경쟁론」에서 문명관을

---

28) 『명남루수록』 ; 노대환, 「19세기 전반 서양인식의 변화와 서기수용론」, 135~137쪽.

29) 금장태, 「최한기 철학의 근대적 성격」, 『한국실학사상연구』, 집문당, 1987, 281쪽.

30) 이현희, 「동학사상의 태동」, 『동학혁명사론』, 대광서림, 1994, 9~22쪽 ; 신용하, 「동학사상의 역사적 배경」, 『한국사상』 22, 한국사상연구회, 1995, 8쪽.

31) 인류문명의 탄생을 가늠하는 지표로서 흔히 도시·문자·종교를 든다(오금성, 1997년 5월 30일, 서울대학교 문화관에서 개최된 제40회 전국역사학대회 개회사).

32) 분단 이후, 근대의 출발점에 대해 북한학계에서는 제너럴 셔어먼 호 사건(1866)에서 찾고, 남한학계는 강화도조약(1876)에 두는 것을 정설처럼 여겨 왔다. 이처럼 남북한이 모두 근대사의 출발을 대상 국가만 달랐지 외세에 두었다는 사실에서 민족의 자존에 상처가 있어 왔다. 그런데 동학혁명100주년기념 각종 학술대회에서 대체로 동학의 창도(1860)를 한국근대사의 기점으로 삼고자 하는 새로운 경향이 나타나 주목을 끌었다.

33) 「논학문」, 『동경대전』.

34) 동학은 동학민중혁명운동, 갑진개화운동, 3·1민주혁명, 신문화운동, 3·1재현운동에서 선구적·중추적 역할을 담당하였다(동학혁명100주년기념사업회, 『동학혁명100년사』 상·하권, 1994 참조).

한국사에 접목하는 날을 희구했고, 박영효(1861~1939)는 「개화소」에서 오늘의 국제정세 등 8개항의 조목을 들어 문명개화의 방안을 상소하였다.[35] 그리고 서재필(1866~1951)은 『대조선독립협회회보』에서 문명진보의 지름길을 교육을 통해 닦고자 계몽활동을 폈다.[36] 여기에 동학도 가세하였다. 동학은 갑진개화운동(1904)과 『만세보』(1906~1907)를 통하여 개명진보의 문명관을 뚜렷이 전개하였다.[37] 그러나 반론도 만만치 않았다. 개화란 무엇인가. 미개한 민족이나 종족이 문을 열고 문명화한다는 뜻이 아닌가. 그렇다면 그 용어 자체에 이미 가치평가가 들어 있는 것은 아닌가. 이 용어에 관한 허구성과 문제점을 김윤식(1835~1922)은 1891년 2월 「개화설」에서 다음과 같이 지적하였다.

나는 일찍이 개화설을 매우 이상하게 여겼다. 개화란 변방 미개민족의 거친 풍속이 서구의 풍속을 듣고 점차 고쳐 나가는 것을 말하는 것인데 우리 동토(東土)는 문명의 땅이니 어떻게 다시 개화하겠는가? 갑신제적(甲申諸賊 : 김옥균 등 급진개화파)이 서구를 높이고 요순을 깎아내려 공·맹을 폄하하고 유교의 도리를 야만이라 일컬어 도를 바꾸려 하며 개화라 하니 이것이 천리(天理)가 멸절하고 모자와 신발이 바뀌는 것과 같다.

이렇게 온건개화파로 분류되는 인물조차 일본과 서양에 대해 일방적으로 경도되었던 것이 아니고 조선의 문화적 자부심과 유교에 대한 긍지를

---

35) 박영효의 「개화소」 8개 조목은 다음과 같다[박영효, 「개화소」, 『일본외교문서(21)』, 일본외무성장판].
　　1. 오늘의 국제정세
　　2. 법 기강을 세워 백성과 나라를 편안케 할 일
　　3. 경제로써 나라와 백성을 부강하게 할 일
　　4. 보건위생에 힘써서 백성을 건강하게 할 일
　　5. 무비 강화와 백성을 보호하고 나라를 지킬 일
　　6. 백성에게 재덕무예를 가르쳐 나라의 근본을 튼튼하게 할 일
　　7. 정치를 바르게 하여 백성과 나라를 안정케 할 일
　　8. 백성에게 응분의 자유를 줌으로써 나라의 원기를 기르게 할 일
36) 『대조선독립협회회보』 1896년 11월 30일자.
37) 김정의, 「동학의 문명관」(동학학회 추계학술대회 주제발표문), 1999.11.19.

잃지 않고 있었다.[38] 그러니 이항로(1792~1868), 기정진(1798~1876), 김
평묵(1819~1888), 최익현(1833~1906), 유인석(1842~1915) 등 춘추대의
(春秋大義)를 지향한 위정척사파의 척화론은 더 말할 것도 없었다.[39] 그들
은 조선과 중국을 문명국가인 화(華)라고 하고, 일본과 서양을 야만국가인
이(夷)라고 하여 존화양이(尊華攘夷)를 강조했다.[40]

이러한 찬반의 와중에서 구한말의 조국은 개명이 아니라 일제의 식민지
나락으로 빠져들었다.[41] 이제 한국의 전통문화는 거듭나는 축적이 아니라
빠른 속도로 해체되는 지경에 이르렀다.[42] 한국사상 초유의 문화전환능력
의 위기감이 팽배한 것이다.[43] 그런 가운데에서도 박은식(1859~1926), 신
채호(1880~1936), 문일평(1888~1939), 정인보(1892~?) 같은 민족지사들은
민족혼을 잃지 않고 전통문화가 소생하는 광복의 날을 위한 이념 창출에 나
섰다.[44] 이는 독립운동의 신선한 정신사적인 에너지 공급원이었다. 드디어
1919년 민주혁명의 횃불이 연이어 일어났다. 「2·8독립선언서」에서는,

> 4천 3백 년의 장구한 역사를 갖고 있는 한민족은 실로 세계에서 가장 오래 된
> 문명민족 중의 하나이다.

라고 선언하여 유구한 문명민족의 자긍심을 일깨웠고,[45] 「대한독립여자선

---

38) 정옥자, 「개화론의 문제점」, 『역사 에세이』, 문이당, 1996, 180~181쪽 참조.
39) 김정의, 「유학사상사의 이해」, 『한국사의 이해』, 형설출판사, 1985, 146쪽.
40) 구종서, 「조선조 말의 근대적 정치스펙트럼」, 『윤종영교장정년퇴임기념 한국사교육
　　논총』, 무악실학회, 1999, 547쪽.
41) 1905년 11월 17일 외교권을, 1907년 7월 25일에는 군사권을 각각 일제에게 박탈당했
　　고, 1910년 8월 29일에는 국권마저 강탈당함으로써 일제의 식민지로 전락하였다(신석
　　호 외, 『한국현대사 9』, 신구문화사, 1972, 214~252쪽).
42) 홍이섭, 「근대 한국의 문명사적 위치」, 『신태양』 1958년 5월호/『홍이섭전집(6)』, 연세
　　대출판부, 1994, 119~130쪽 참조.
43) 김철준, 『한국문화사론』, 36쪽.
44) 박은식의 '혼', 정인보의 '얼', 신채호의 '낭가사상', 최남선의 '조선정신', 문일평의 '조
　　선심'은 비록 표현은 다르지만 민족의 역사적 발견이라는 점에서 국권회복을 갈망하
　　는 민족적 요구에 응할 수 있는 사관에서 나온 것이다(강세구, 「한국인의 역사인식」,
　　『한국문명사』, 혜안, 1999, 53쪽).
45) 조항래, 「대한민국임시정부와 순국선열」, 『한국독립운동과 순국선열』(세종문화회관

언서」에서는,

> 대한동포는 5천년 문명역사와 2천만 신성민족이기 때문에 3천리 강토를 지킬 만한 독립자존의 능력이 있다.

라고 선포하여 한국인의 역사가 문명의 역사라는 점을 다시금 분명히 밝힘으로써 한국인의 역사의식과 민족의식을 강하게 드러냈다.[46] 또한 최남선(1890~1957)은 「조선독립선언서」를 통하여,

> 아아, 새 하늘과 새 땅이 눈 앞에 펼쳐지누나. 힘의 시대는 가고 도의의 시대가 오누나. 지나간 세기를 통하여 깎고 다듬어 키워 온 인도적 정신이, 바야흐로 새 문명의 서광을 인류의 역사 위에 던지기 시작하누나. 새 봄이 온 누리에 찾아들어 만물의 소생을 재촉하누나.[47]

라고 감격에 겨워 선언하였다. 참으로 엄청난 민족문화 잠재력의 당당한 표출이었다. 드디어 한국인들은 대한민국임시정부를 수립하였다. 이는 훗날 한국사에서 현대문명의 기점으로까지 평가되기도 하는 역사적인 운동이었다.[48] 이를 계기로 한국인의 문명의식은 범접할 수 없는 민족의 자긍심으로 가득 차게 되었다. 그것은 파리강화회의에 보내는 유림들의 장서에서도 확인된다.[49]

대회의실에서 한국민족운동사연구회와 한국일보사가 공동주최한 '순국선열의 날' 제정기념 학술회의의 논문집), 1997.11.15, 12쪽.

46) 박용옥, 「대한독립여자선언서 연구」, 『한국민족운동사연구』 14, 1996, 172~176쪽 참조(이 논문에서 「대한여자독립선언서」의 발표일이 1919년 2월로 논증되었다).

47) 이 문장은 1919년 3월 1일 발표된 최남선의 국한문 혼용체로 된 「조선독립선언서」를 김동길이 한글전용체로 고친 것이다(김동길, 「한글 독립선언문」, 『연세와 한글』, 연세대, 1992, 39쪽).

48) 김정의, 「현대문명」, 『신편 한국문명사의 이해』, 혜안, 1997, 199쪽.

49) 1919년 3·1운동이 폭발하자 곽종석을 대표로 파리강화회의에 보내는 장서를 작성하여 영남유림들이 이에 서명하였다(황묘희, 「유학사상사」, 『신편 한국문명사의 이해』, 혜안, 1997, 327쪽).

한국은 4천년 역사를 지닌 문명의 나라로 정치 원리와 능력이 있으므로 일본의 간섭은 부당하다.[50]

그런가 하면 『동아일보』는 1922년 10월 5일 조선소년군이 창립되자 사설을 통하여 '조선소년군의 조직 강건한 정신 건장한 신체'라는 제목으로 위대한 문명이 펼쳐질 기대감을 이렇게 드러냈다.

우리는 이 조직이 조선 전 도에 퍼지고 이 훈련이 전 소년계에 미쳐 장차 조선 민중의 전부가 그 의기에 터하여 강중함이 태산과 같고 그 신체의 건장함이 교목과 같기를 바란다. 이러한 민족, 이러한 민중이면 그간에 자연히 위대한 문명, 위대한 사회가 발생될 것이다. 아! 소년군의 조직, 사소한 시험과 같으나 그 실 영향력은 가히 그 크기를 측정하기 어렵다.[51]

이 같은 분위기에 영향받은 안확(1886~1946)은 민족사를 발전적·민주적으로 인식하고[52] 문명사관에 입각하여 1923년 주로 정치사 관계의 내용을 『조선문명사』라는 제목으로 체계적으로 서술·간행하였다. 남북국시대를 대분립시대로 표기한 것이나, 신라통일기를 대신라라고 표기한 것은 그의 문명사관의 관점을 잘 읽을 수 있는 부분들이다. 그의 '문명사론' 제창은 한 마디로 국권을 회복해야 한다는 절박한 심정에서 비롯된 독립사관에서 나온 것이라 하겠다.[53]

이승만(1875~1965)도 독립운동 기간 중 기회만 있으면 문명부강의 달성을 새로운 국가건설의 이념으로 제시하고 여러 경로를 통하여 그의 의중을 피력하였다.[54] 김구(1876~1949) 역시 문명국가의 건설을 지상과제로 여기고 독립운동을 전개하였다.[55]

이를 뒷받침하는 문명사관은 암흑의 절정기에서 홍이섭(1914~1974)에

---

50) 황묘희, 위의 글.
51) 『동아일보』 1922년 10월 8일자.
52) 이태진, 「안확」, 『한국사 시민강좌』 5, 일조각, 1989, 151쪽.
53) 강세구, 「한국인의 역사인식」, 53쪽.
54) 유영익, 「이승만의 건국이상」, 『한국사 시민강좌』 17, 일조각, 1995, 19~22쪽 참조.
55) 김구 지음, 도진순 주해, 「나의 소원」, 『백범일지』, 돌베개, 1997, 431~433쪽 참조.

의하여 그 토양이 확실하게 배양되었다. 한국 과학기술사의 종합적 체계화를 첫 시도한 것이다.56) 그는 전통문화의 기반 위에 문명진보에 대한 구체적인 사례를『조선과학사』(1944)를 통해 학술적으로 구명하여 미래사회의 진행 방향을 탁월하게 통찰·제시하였다.57) 이 학문적인 업적은 국망 상태에 있던 한국인에게 희망과 자존심을 지켜준 것으로 무엇보다도 소중한 유산이 되었다.58)

이처럼 문명을 갈구하는 선인들의 의지는 헛되지 않았다. 마침내 조국을 되찾고 전통문화를 되살렸다. 그러나 이번에는 조국이 분단되어 내전을 겪고(1950~1953) 냉전상태가 지속되었다. 남북한은 서로 전통문화의 적자임을 내세워 정통성을 수립하고자 경쟁하였다. 북한은 그들 나름대로 인민평등에 입각한 주체사상을 세웠고,59) 남한은 자유민주사상을 기저로 해서 과학을 신봉하는 경제건설에 박차를 가하였다. 외래문화를 전통문화에 과감히 접목한 남한은 비약적인 민족에너지의 확대 재생산을 불러왔다.60) 이에 힘입어 6월대항쟁(1987)이 성취됨으로써 현대적인 민주화의 서곡이 울렸다. 그렇게도 바라던 새로운 문명의 먼동이 터온 것이다. 이는 한국문화의 꽃이 개화되기 시작했음을 뜻하는 것이었다. 한국 현대문명의 도래였다.

2. 한국 현대문명의 개화

1990년대는 한국사상 한국 현대문명의 거대한 도약을 목격한 역사적인

---

56) 문중량,「한국과학기술사의 종합적 체계화의 첫 시도」,『역사와 현실』13, 한국역사연구회, 1994/원유한 엮음,『홍이섭의 삶과 역사학』, 혜안, 1995, 63~76쪽 참조.
57) 김철준,「홍이섭선생의 역사학」,『나라사랑』18, 1975, 22~29쪽 ; 이한우,「역사학」,『우리의 학맥과 학풍』, 문예출판사, 1995, 159~161쪽.
58) '홍이섭교수전집' 간행에 참여했던 이인재 교수의 조언으로 암흑의 절정기 부분을 문명사적 인식 범주의 중요한 시간대로 설정할 수 있었다(1996년 12월 2일, 행원역사연구실에서 이인재 교수의 견해 녹취). 김종봉,「과학기술사」,『신편 한국문명사의 이해』, 혜안, 1997, 256쪽 참조.
59) 정창현,「북한」,『한국역사입문』, 풀빛, 1996, 730~749쪽 참조.
60) 동아일보사 편,『현대사를 어떻게 볼 것인가(4)』, 동아일보사, 1990, 275~412쪽 참조.

시기이다. 조선총독부 건물을 철거하고 경복궁을 복원한 것은 민족정기 회
복의 상징이었다.[61] 가시적으로 1인당 국민소득 10,000$의 선진국시대를
열었고, 우리의 자본과 기술로 통신위성을 하늘에 올려 명실공히 정보통신
시대를 열었다.[62] 뿐만 아니라 대통령직선제의 문민시대를 구가하며 지방
자치의 원년을 기록하기도 하였다. 외교적으로는 UN 안전보장이사회의
비상임이사국과 경제사회이사회의 이사국에 선임되었고 OECD에도 가입
하였다.[63] 경제력 총규모는 세계 11위권에 진입했고,[64] 자동차·선박·건
설·컴퓨터·가전제품 등의 해외시장 점유율은 날로 높아가고 있다. 현대
문명의 총아인 반도체에서는 세계 1위의 수출국이 되었고, CDMA에서도
실용개발의 종주국이 되어[65] 수출 러시를 이루고 있다.[66] 전 국민을 대상
으로 의료보험이 실시되고,[67] 루스벨트 국제 장애인상 첫 수상국도 되었
다.[68] 한의학은 본래의 명성을 되찾았고, 생명공학에선 퀴놀론계 항생제

---

61) 여기에 대해서는 반론도 많았지만 찬론을 꺾을 수는 없었다. 신용하도 "이것은 민족
  정기를 되살리고 미래의 발전의 정신적·문화적 원동력을 만들며 바로 문화건국의 사
  업이 되는 역사적 의의를 가진 것"이라고 긍정적으로 평가했다(신용하, 「철거의 역사
  적 의의」, 『한국일보』 1996년 7월 1일자).
62) 1995년 통신위성의 발사와 초고속 정보통신망의 구축은 비록 산업화에는 늦었지만
  정보화에는 앞서겠다는 의욕을 현실화시킨 장거였다(김종봉, 「과학기술사」, 257쪽).
63) OECD 가입에 대하여 사회 일각에서는 냉소적인 기류가 잔존하고 있다. "돈암동 아
  파트 눈가림 시공 밝혀져. 이러고도 OECD 가입 자랑할지……"(「팔면봉」, 『조선일보』
  1997년 5월 16일자).
64) 김연광, 「속 꽉찬 강소국으로」, 『조선일보』 1994년 12월 22일자. WEF(스위스 제네바
  의 세계경제포럼)에 의하면 1997년에는 국가경쟁력이 21위로 하락하여 경종을 울리고
  있다(최준석, 『조선일보』 1997년 5월 22일자 기사). 그러나 미국 상무부는 한국이 오
  는 2010년까지 세계 7대 경제대국으로 성장할 것이라고 전망했다(「G8 정상회담 이후
  의 세계」, 『한국경제신문』 1997년 6월 23일자 사설).
65) 이충웅, 「지금은 기가 들썩거리는 중 곧 힘찬 기운이 몰려온다」, 『신동아』 453, 1997
  년 6월호, 594~595쪽 참조.
66) 윤진식, 「국산 CDMA 수출 러시」, 『한국경제신문』 1997년 6월 18일자.
67) 국민연금은 1988년 사업장 근로자들로부터 시작하여 1996년 7월부터 농어촌 자영자
  도 가입하여 현재 총 786만 명이 가입해 있다. 내년 7월 도시 자영자 890만 명이 가입
  하면 전 국민 국민연금시대가 열리게 된다. 하지만 2033년이면 국민연금 기금이 고갈
  될 것이라는 우려의 시각도 있다(『조선일보』 1997년 5월 17일자 기사).
68) 강영우, 『아버지와 아들의 꿈』, 생명의말씀사, 1998, 203쪽.

등 신종 의약품을 개발하여 기술수출에 쾌거를 올리고 있다.[69] 최근 이영욱은 오메가 천체를 발견하고 위성은하의 충돌·합병을 통해 은하계가 형성된다는 은하계 형성의 비밀을 결정적으로 규명하여 세계 천문학계에 개가를 올렸다.[70] 그 밖에 식혜캔이 콜라의 소비량을 능가하고, 김치는 국제규격으로 공인되었다. 한국인들의 진취적인 기상은 세계 거의 모든 나라에 진출하기에 이르렀고, 2002년 월드컵대회의 한·일 공동개최 유치를 성공시킨 데 이어 국제적인 공식명칭도 '2002 FIFA WORLDCUP KOREA-JAPAN'으로 성사시켰다.[71] 또한 제24회 서울올림픽대회를 성공적으로 개최했고, 태권도를 2000년에 개최되는 제27회 시드니 올림픽대회의 정식종목으로 채택시켰다.

한국인들은 서구적인 아파트 생활에서도 온돌의 전통문화를 발전시켰고, 신식 혼례식에서도 폐백의식을 지켰다. 한글은 거의 전 국민이 체득하고, 한국어를 세계인의 국제어로 만드는 데도 게을리하지 않았다. UNESCO에서는 한글을 최우수 글로 선정하고 문맹퇴치에 가장 많은 노력을 한 나라에게 매년 KS상(King Sejong Prize)을 한글날인 10월 9일 수여하고 있다.[72] 한국화(韓國畵) 전시회가 잇따르는가 하면 판소리 영화도 선풍을 일으켰다. 가극「명성황후」는 세계무대에 거듭 올려져 계속적으로 갈채를 받았다.[73] 그리고 명절에만 전통한복이 눈에 띄었으나 이제는 평상시에도 생활한복이 눈에 띄기 시작하였다. 천대받던 신토불이가 도처에서 대접받으며 민족의 자긍심을 일깨운 것이다.

아울러 세계적으로 산업개발에 따른 환경파손이 심각한 현안으로 떠오르자 우리도 지구촌 시대에 발맞춰 보다 진보된 환경과학기술의 개발에 박차를 가하고 있다. 즉 2000년까지 과학기술을 선진국 수준으로 끌어올리기 위해 지난 1992년부터 11개 분야에 걸쳐 G7 프로젝트를 기획, 추진하였

---

69) 『조선일보』 1997년 5월 19일자.
70) 『조선일보』 1999년 11월 4일자.
71) 『조선일보』 1996년 11월 8일자.
72) 『조선일보』 1996년 10월 9일자.
73) 1998년 8월 1일 21시, MBC TV, 뉴스 데스크, 4659371.

다. 이 가운데 환경공학기술 개발사업에 4,315억 원을 투자한 것[74]은 세계모순을 극복하려는 민족적 의지로 볼 수 있겠다.

이 같은 새로운 문명의 도약기에 때맞춰 이한빈은 『문명국의 비전』을 출간했고, 홍우는 결실의 문명을 부제로 하여 『동학문명』을 펴냈으며, 김형국은 「삶의 질 중시하는 문명국 건설」을 설파하였다.[75] 그리고 박현은 『100문 100답 한국사 산책』을 통하여 우리 역사를 주제별로 문명사관에 입각해서 해명하려고 시도하였다.[76] 이들 문명사관은 김철준·이기백 등의 영향을 일정하게 받았다. 그들은 한국인의 문화능력을 여러 측면에서 실증적으로 규명, 그 때마다 신문·잡지에 기고하여 저간의 사학 풍토에 일신을 기했다.[77] 정체적인 식민사관을 발전·진보·문화·자유사관의 틀로 재구성하는 데 커다란 공적을 남긴 것이다.

한편 일단의 역사학자들에 의하여 광복 후 최초로 '한국문명사'를 표제로 부각시킨 『한국문명사의 이해』가 출간되었다. 그들은 한국 문명학회를 조직하여 한국사를 단순한 정치경제사나 문화사적 시각으로 보는 것을 뛰어넘어 총체적 범주로서의 문명사로 고찰하고 세계문명 속에서의 한국문명의 실체를 밝히고자 계속적으로 문명사관의 정립에 심혈을 기울이고 있다.[78] 또한 동학학회도 다음과 같이 대안문명의 기치를 내걸고 발기하였다.

---

74) 문정호, 「환경기술 개발의 과제」, 『한국경제신문』 1996년 10월 12일자.
75) 김형국, 「삶의 질 중시하는 문명국 건설」, 『주간조선』 1992년 10월 22일자.
76) 박현, 『100문 100답 한국사 산책』, 백산서당, 1994 참조.
77) 강세구, 「한국인의 역사인식」, 56쪽.
78) 1997년에는 1995년에 펴낸 『한국문명사의 이해』를 좀더 문명사관이 책 전체를 관류할 수 있도록 전면 개정하여 『신편 한국문명사의 이해』를 출간하였다. 책머리에 글은 아예 앞의 「한국사의 문명사적 인식」을 전재하고 「한국문명사 서설」, 「미래사의 바램」, 「과학기술사」, 「주변문명사의 이해」 등을 새롭게 넣었다. 집필진은 강세구(한국사학), 김미경(한국사학), 김재순(한국사학), 김정의(역사학), 김종봉(정보과학), 김창진(정치학), 김철준(한국사학), 김현숙(동양사학), 박영자(미술사학), 신수정(역사학), 신양선(서지학), 안유림(한국사학), 오봉혁(동양사학), 오일순(한국사학), 원유한(역사학), 윤종영(역사교육학), 이원명(한국사학), 이인재(한국사학), 이은희(한국사학), 정영회(한국사학), 최금숙(여성학), 최용(한국사학), 홍이섭(역사학), 황묘희(역사학) 등 각 분야의 전공학자 24명이 참여하였다(김정의, 『신편 한국문명사의 이해』, 혜안, 1997, 455~456쪽).

우리는 지금까지 온갖 외래사상에 현혹되어 안으로 자기 성찰을 방기한 결과, 동학의 대안문명적 가치에 대한 가능성을 잠시 망각한 현실을 개탄하면서 제3 천년의 밀레니엄을 이끌어갈 동학학회 시작을 선언하는 바이다.[79]

고무적인 것은 한국의 대안문명에 대해서 펠리프 페르난데스-아메스토 (Pelipe Fernández-Armesto)도 이미 『밀레니엄(Millennium)』에서 합당한 평가를 내렸다는 점이다. 그는 한국의 비약적인 발전을 금세기 최상의 발전모델로 자리매김하는 데 주저하지 않았다.[80] 특기해 둘 것은 이태진의 「소빙기(1500~1750) 천변재이 연구와 『조선왕조실록』 - global history의 한 장 - 」은 한국사를 세계사로 격상시킨 쾌거의 논문이었다. 이로써 세계사적인 '17세기 위기론'설을 뒷받침하였다.[81] 이는 한국사의 사료를 바탕으로 세계사적인 해석을 시도하여 개가를 올린 본보기로 평가되었다.[82]

이제 한국인들의 한국형 문화는 설 땅을 얻었다. 비록 현재는 국제통화기금(IMF) 관리체제로 어려움을 겪고 있긴 하지만 그래도 1990년대는 한국문명이 다시금 세계사로의 새로운 도약을 이루기 시작한 기념비적인 시기로서 역사에 길이 남을 것이다.

3. 한국 미래문명의 전망

맥도날드(MacDonald)는 "유럽인들이 숲속을 누비며 살고 있을 때 한국

---

79) (가칭)동학학회 발기준비위원회, 「동학학회 발기 취지문」, 1998.7.21.

80) "세계 도처에서 다른 잠재력으로 '새로 산업화하고 있는 국가들'에게는, 한국이 그들의 색깔에 따라 고무적이거나 위협을 주는 하나의 눈부신 본보기였다. 남한은 아시아의 태평양 가장자리에서 분명히 특수한 능력을 과시한-아니면 적어도 이례적인 위업을 달성한-하나의 싱싱한 증거다. 제3세계 상태에서 나름대로 기도한 산업화를 그만큼 성공시킨 나라는 세계 어느 나라에서도 찾아볼 수 없다"[Felipe Fernández-Armesto 지음, 허종열 옮김, 「태평양의 도전」, 『밀레니엄(하)』, 한국경제신문사, 1997, 428쪽].

81) 이태진, 「소빙기(1500~1750) 천변재이 연구와 『조선왕조실록』 - global history의 한 장 - 」, 『역사학보』 149, 1996, 203~236쪽 참조.

82) 박성래·소광섭·김연옥, 「이태진 교수의 '소빙기 연구'에 관한 논의」, 『역사학보』 149, 1996, 237~265쪽 참조.

은 이미 고도의 생활문화를 누렸고, 경제대국 일본이 자랑하는 문화치고 그 뿌리가 한국이 아닌 것이 없으며,83) 중국이 이론의 여지가 없이 세계 최고의 문화를 누릴 때 그들은 한국을 가리켜 문화선진국이라고 말했다"84)고 한국문화를 예찬했다. 남이 말한다고 덩달아 따를 필요야 없겠지만 그것은 사실이 아닌가. 확실히 식민사관의 피해는 상상을 초월하여 우리의 자긍심에 깊은 상처를 남겼다. 그렇다고 언제까지 식민사관의 수렁에서 허우적거릴 것인가?

우리는 이제 내심 문명인임을 자각하고, 문명인에 어울리는 사고와 행동을 해야 할 것이다. 오랫동안 식민사관의 피해로 훼손된 민족의 기백을 회복하여 민족의 생기를 구가하여야 할 것이다. 일제는 한국의 역사를 정체성, 반도성, 나태성, 분열성 등 온갖 해괴망칙한 못된 것으로 치장하여 매도했지만,85) 한국인들은 광복 반세기 만에 분단 속에서도 엄청난 민족정기의 폭발을 발휘하여 놀라운 성장을 거듭하였다. 드디어 현대문명의 단계로 접어들었다. 이로써 일본인의 식민사관이 터무니 없는 그릇된 관점이었음이 여실히 입증된 것이다.

이제까지의 식민사관을 극복하려고 했던 사관들에서 벗어나 현 시점의 문명개화기에 합당한 정도에서 한국사를 바라보아야 할 때가 왔다. 크로체(B. Croce)도 모든 '진정한 역사란 현재의 역사(Jede wahre Geschichte ist Gesc-hichte der Gegenwart / True history is contemporary history)'86)라고 정의한 바 있다. 현재의 문명단계의 시각에서 한국사를 바라본다면 한국사는 크게 달라질 것이고, 또 과거사에는 현재에 유용한 보고가 가득한 만큼 그것을 살리면 과거사이지만 현재의 역사로 살아나게(re-animation)될 것이다.

오늘의 한국 현대문명은 하늘에서 떨어진 문명이 아니다. 한국사의 유구

---

83) 여기에 대해서는 손제하, 하일식 옮김, 『우리가 일본에 전하여 준 고대 하이테크 100가지』, 일빛, 1996이 참조된다.
84) 김정의, 「현대문명」, 『신편 한국문명사의 이해』, 혜안, 1997, 223쪽 재인용.
85) 김정의, 「민족사의 바른 정립」, 『역사의 시공을 넘나들며』, 혜안, 1995, 121쪽.
86) B. Croce 지음, 이상신 옮김, 『역사의 이론과 역사』, 1978, 11쪽 ; 윤혜원, 「역사이론」, 『사학개론』, 수도출판사, 1973, 109쪽 재인용.

한 전통, 그 문화축적의 기반 위에서 가능했던 것이다. 이 사실이 어떻게 현재에 와 닿는가?[87] 그것만 알면 한국사는 역사로서의 가치를 충실히 해낸 것임이 자명해질 것이다. 그리고 오늘을 바로 알고 내일을 설계하기 위해서도 카아(E. H. Carr)의 말처럼 과거의 우리 역사와 부단히 대화를 해야 할 것이다. 거기에서 한국적인 문명사의 진행에 필요한 충전을 공급받아야 할 것이다. 우리에게는 이 같은 역사의 의미를 내면화시켜 생동(vibrate)하는 삶을 만들도록 분발하는 자세가 요망된다. 딜타이(Dilthey)도 역사가 있는 곳에 모든 종류의 의미가 있다[88]고 설파했었다.

그렇다고 외래문화를 부정하는 것은 옳다고 할 수 없다. 외래문화의 부단한 섭취·소화가 우리 문명을 더욱 살찌우게 할 것임도 분명하기 때문이다. 지금은 혼자 사는 고립된 시대가 아니고 함께 어우러져 사는 개방화된 지구촌시대다. 환경문제에 대하여 다른 나라와 더불어 함께 고민하고 대처하는 자세는 그 좋은 예이다. 이처럼 보편적인 한국문명의 필요에 의해서 비판적으로 수용하고 창조적으로 종합하는 것을 전제로 해야 할 것이다.[89] 환언한다면 한국인은 한국적인 문명을 꽃피우는 것이 세계문명에 기여하는 지름길이다. 가장 한국적인 것이 가장 세계적이라는 명제를 한국인은 명심해야 할 것이다. 세계화도 한국적인 의견 수렴을 구심점으로 삼고 나설 때만 한국사에도 유익하고 세계사에도 보탬이 되는 바람직한 것이 될 것이다.[90]

한국인에겐 광복 반세기 만에 여러 문명과 발맞추어 한국사를 문명사적 관점에서 이해하고 인식하려는 그 입지 자체가 귀중한 것이다. 우리는 여기서 자만하지 말고 늘 신선한 문명의 꽃을 끊임없이 피우도록 계속 분발하여야 할 것이다. 역사에는 문명의 꽃을 피웠다가 곧 시들어 버린 문명도 많다. 자만은 금물이다. 우리가 꽃피운 한국 현대문명은 앞으로 우리가 어

---

87) J. H. Robinson, *The New History*, 1965, 78쪽.
88) Wilhelm Dilthey, *Pattern and Meaning in History in Our Time*, H. P. Rickman, 1962, 162쪽.
89) 엄정식, 「민족문화와 민족적 자아」, 『문화철학』, 철학과현실사, 1995, 159쪽.
90) 홍일식, 「21세기가 요구하는 사상」, 『한국인에게 무엇이 있는가』, 정신세계사, 1996, 182쪽 ; 오일순, 「역사란 무엇인가」, 『신편 한국문명사의 이해』, 혜안, 1997, 36쪽 참조.

떻게 가꾸어 나가느냐에 따라 운명을 달리할 것이다. 여기서 전혀 간과할 수 없는 점은 최근 정세로 미루어 볼 때나 한국의 역사적인 발자취로 미루어 볼 때 안보의식의 확립이 무엇보다도 중요하다는 것이다. 이를 바탕으로 두 개의 한국과 주변국들과의 관계개선을 능동적으로 돈독히 하여 민족통일의 과업을 차질없이 진척시켜야 할 것이다.[91] 그리고 남을 배려하며 자기 실현에 힘쓰는 건실한 생활을 할 때에 비로소 한국문명은 생명력을 갖는다. 피땀으로 이룬 문명개화를 소중히 키우는 것은 우리들의 책무이다. 문명을 이루기는 어려워도 파멸로 이끄는 것은 너무나 간단한 것이다. 지금 당하고 있는 국제통화기금 관리체제는 그 좋은 예일 것이다. 이를 인식하여 미래 비전을 세우고 그 달성에 매진할 때만 그 비전이 현실로 다가올 것이다. 미래는 여전히 꿈꾸는 자의 몫이다. 그러나 황당한 장밋빛 청사진만으로 우리의 역사가 발전하는 것이 아님도 잊어선 안 되겠다.

결론적으로 말해서 오늘의 한국문화를 문명상태로 확인한 이상, 한국사를 문명사적 관점으로 바라보려는 것은 너무나 당연한 발상의 전환이다. 문명사관으로 바라보면 한국사는 역동적인 역사가 될 것이고, 오늘의 삶을 자유의지의 문명인으로서 살고자 하는 의식을 싹틔우게 될 것이다. 아울러 과거 불행의 산물로 형성된 미·중·일·러 4강의 이해관계에 연계된 한반도의 비극을 이제 역으로 이용, 한국문명을 기층으로 4강의 문명을 통합하는 새로운 태평양시대의 주역이 되고자 하는 의식을 키우게 될 것이다. 나아가 2000년대 미래[92]에는 더욱 내실있는 문명을 이루어 한국인의 삶의 질을 높이고, 인류문화에 기여하는 세계문명인으로서 더불어 사는 보람을 깨우칠 것으로 기대된다.

(김정의, 「한국사의 문명사적 관점론」, 『학산김정학박사송수기념
한국사학논총』, 학연문화사, 1999)

---

91) 김유남, 「이익사회와 통일론」, 『두 개의 한국과 주변국들』, 도서출판 훈민정음, 1996, 96~129쪽 참조.
92) 여기서 말하는 2000년대란 21세기를 포함한 30세기까지의 1000년간의 미래를 염두에 두고 표현한 시대구분상의 용어이다.

제3장 한국사의 신문명 지향

1. 한국인의 원초 규명

우리 민족의 원조상은 누구인가. 그들은 언제부터 이 땅에 살게 되었을까. 그리고 어떻게 발전하며 살고 있었을까 등의 숱한 궁금증이 관련 학계의 꾸준한 노력으로 서서히 풀리고 있다.

지금으로부터 수백만 년 전 현재의 인간과 유사한 모습의 고인류가 지구상에 등장하였다. 그들은 엉거주춤한 자세로 두 발로 서툴게 서서 걷는 것으로부터 인간의 세계를 구축하기 시작하였다. 장구한 세월이 흐름에 따라 곧게 서서 걷기에 이르렀고 앞발은 손의 기능으로 진화되었다. 손은 돌멩이나 막대기를 사용하여 먹거리를 구하는 데 이바지하였고 도구를 만드는 데도 도움이 되었다. 특히 불의 사용은 만물의 영장으로 발돋음하는 데 결정적인 분기점이 되었다.

한반도를 비롯한 동아시아 일대에서 고인류가 활동을 시작한 것은 약 70만 년 전부터로 보인다. 그것은 덕천 승리산 동굴과 단양 상시 바위그늘 유적에서 발굴된 곧선사람과 슬기슬기사람의 특징을 지니는 화석에서 확인되었다. 여기에는 그들이 사용하던 우둥불의 흔적도 보이고 있다. 그리고 청원 두루봉 동굴과 평양 만달리 유적 등에서는 슬기슬기사람의 화석이 발굴되어 고인류가 점차 진화되면서 이 땅에 퍼져 살고 있었음을 밝혀 주었다.

이 시대는 뗀석기를 만들 수 있는 도구 제작기술 정도로 보아 구석기시대로 분류되고, 인간의 생활 형태나 문화 정도로 보아서는 무리사회, 원시사회 등으로 지칭된다.

동아시아에서 구석기시대인이 활동할 때의 무대는 중국과 한반도 및 일본열도가 육지로 연결되어 있었다. 이 일대에 살고 있던 구석기시대인은 인류 공통의 조상일 것이라고 추정되어 왔다. 그러나 최근에 이르러서는 그들이 우리 조상의 직계조상이라는 정설에 아직 회의적인 견해가 존재하지만, 점차로 한민족(韓民族)의 조상이라고 진단하는 견해가 설득력을 얻어 가고 있다.

고인류는 지금으로부터 약 4만 년 전 현재의 인간과 골격이 같은 현생인류로 진화되었다. 그 동안 지구는 빙기와 간빙기를 거듭하였다. 사람이 쾌적하게 살 수 있는 기간은 간빙기가 적당하다. 마지막 빙기가 지나가고 간빙기가 오자 중석기시대를 거쳐 지금으로부터 약 8000년 전에 신석기시대로 넘어갔다. 도구 제작기술이 구석기시대보다 발전하여 간석기를 만들고 토기를 만들어 사용하는 것도 가능해졌다. 그들은 씨족사회를 형성하여 주된 생업경제를 채집생활에서 농경정착생활로 발전시켰다. 아이를 공동으로 키우고, 먹거리를 공동으로 생산하고 공동으로 분배하고 소비하는 원시공동체생활을 영위하였다. 구성원은 각자의 역할만 다를 뿐 평등사회였다.

고아시아인으로 간주되는 신석기시대인은 구석기시대인과는 달리 지금의 한민족의 모체였다는 데 대하여 대체로 견해가 일치되고 있다.

2. 한국문명의 기반을 마련한 고대사

고조선은 청동기문화가 보급되면서 최초로 세워진 초기 국가로 단군 건국의 기록은 우리 민족의 전통과 문화의 정신적 지주가 되어 왔다. 고조선은 서간도와 한반도를 중심으로 요서지방까지 세력을 뻗치며 크게 성장하였으나, 우세한 철기문화를 지닌 대륙의 한(漢)과의 투쟁에서 패하여 우리 민족의 발전이 저해되었다.

철기문화가 보급되면서 간도대륙과 한반도 각처에 많은 초기 국가가 성립되었다. 북쪽에서는 부여, 고구려, 동예, 옥저 등의 국가가 성립하였고, 남쪽에서도 삼한지역에 여러 작은 나라가 성립하였다. 철제 농기구에 의해 농경방법이 발달하여 농업은 기간산업의 자리를 굳혔고, 초기 국가들은 점차 정치제도를 정비하여 고대왕국의 터전을 마련하였다.

드디어 철기문화의 기반 위에서 고구려·백제·신라·가야의 사국이 성립되었다. 사국은 같은 민족이 세운 나라이지만, 건국 시기, 지리적 위치, 경제발전 및 대외관계 등에서 서로 다른 성격을 나타내면서 성장하였다. 특히 고구려는 이민족의 침략을 막는 방파제 구실을 하였다.

사국시대는 새로운 문화를 창조하고자 하는 인간의 힘이 여러 모로 발휘되던 시대로, 사회원리를 중시하고 엄격한 계층사회인 동시에 친족 중심의 사회를 형성하였다.

특히 사국시대에 고대왕국의 발전 기운을 타고 의욕적인 창작문화가 이룩되었다. 불교를 받아들이면서 국민의 사상을 통합하고, 그 속에서 세련된 귀족예술과 불교예술이 각각의 개성을 지니고 발달하게 되었다. 이러한 사국문화는 일본에 전해져 일본 고대문화의 성립에 이바지하기도 하였다.

이에 자족하지 않고 사국은 각기 자국의 총력을 동원하여 서로 통일의 주역이 되기 위하여 간단없는 항쟁을 펼쳤다. 이 시기는 크게 3단계로 구분되는데, 제1기(5세기)는 북중국과 우호관계를 맺은 고구려가 소수림왕 때 국력을 정비하여 광개토대왕, 장수왕, 문자명왕 때까지 사국 항쟁의 주도권을 쥐고 있던 시기이고, 제2기(6세기)는 가장 뒤떨어져 있던 신라가 법흥왕, 진흥왕대를 거치면서 가야를 정복하고, 북쪽으로도 국토를 확장하여 한강 유역에 진출하는 약 100년간의 시기이며, 제3기(7세기)는 신라가 수·당과 연결하여 백제·고구려를 멸망시킬 때까지의 시기이다. 간과할 수 없는 것은 당시의 국제관계(돌궐 - 고구려 - 백제 - 왜 : 수·당 - 신라)에서 신라는 정책상 당의 세력을 이용하였지만 백제와 고구려를 각각 660년과 668년에 멸한 후 당이 신라까지도 직속령으로 하려 하여 이른바 민족멸망의 위기에 처하게 되자, 이번에는 고구려와 백제의 부흥운동군을 지원하여 이들과 함께 이민족 국가인 당의 세력을 자주적으로 물리쳤다고 하는 점이다(676).

이로써 화랑도정신이 투철한 신라가 대동강과 원산만까지의 한반도를 확보하고, 고구려의 옛땅인 간도대륙에서 건국한 발해(698)와 대칭하여 남북국시대를 열게 되었다.

3. 한국문명을 줄기잡은 중세사

신라는 안으로 사국의 항쟁을 끝내고, 고구려 유민이 세운 발해와 더불어 남북국시대를 열었다. 강한 통일세력으로서 이민족에 대하여 자주국가의 전통을 마련하게 된 신라는 신라 고유의 문화전통을 기반으로 고구려·백제·가야의 문화를 융합하여 새로운 민족문화의 토대를 확립하는 데 주력하였다.

예술에서는 불교신앙을 바탕으로 하여 균형과 조화 넘치는 조형미술이 찬란히 발달하였다. 특히 신라인의 뛰어난 예술성이 발휘된 석조의 불탑과 불상은 지금도 많이 전해오고 있다. 그 중에서도 석굴암의 많은 불상조각과 불국사의 석가탑과 다보탑은 대표적인 걸작으로 평가되고 있다. 대외활동도 활발하여 당에는 신라인들의 집단거주지도 생겼다.

그러나 100여 년 간의 전성기가 끝나고 8세기 후반에 이르러 신라의 지배계급인 진골들이 왕위를 둘러싸고 싸움을 하면서부터 신라사회는 하대의 혼란기로 들어섰다. 진골의 보수적인 지배에 대하여 6두품의 반발이 있었으나 성공하지 못하였고, 지방에서는 호족들의 독립적인 세력이 성장하여 갔다. 이 때 개인의 심성 도야를 강조하는 선종이 유행하여 호족 사이에 환영을 받아 9산의 종파로 발전되었다. 이리하여 신라는 혼란 속에서 민족의 분열을 맞게 되었고, 결국 예성강 유역의 해상세력을 배경으로 한 호족 출신인 왕건(王建)에 의해 병합되었다(935). 그러므로 고려의 건국은 결국 이들 지방세력의 승리의 산물이라 할 수 있다.

한편 신라와 대칭되어 대조영에 의하여 건국된 발해(698)는 고구려 유민이 중심이 되어 말갈족을 지배하면서 옛 고구려 땅의 대부분을 차지하게 되었다. 문화도 고구려의 문화를 바탕으로 하여 당의 문화를 수용하면서 해동성국으로 발전하였고, 후에 이 지역에서 활동하는 여러 민족들의 문화적 기반을 이룩하여 주었다. 발해와 신라는 대체로 대립관계에 놓여 있어

문화교류가 적었으나, 각각 새로운 역사발전을 위하여 여러 분야에 걸쳐서 노력을 기울였다.

민족을 재통일하고 거란에게 패망한 발해 유민까지 받아들인 고려는 심기일전하여 전통문화에 기반한 새로운 자기 문화의 특성을 구축하였다.

첫째, 신라통일기까지가 전형적인 귀족사회이고 조선이 관료제사회라고 한다면 고려는 진골 귀족사회에서 조선의 양반 관료제사회로 넘어가는 과도기 형태인 문벌 귀족사회라 할 수 있다. 고려의 지배계층은 고려사회의 정치질서 개편에 많은 공헌을 한 신라계통의 귀족들과 주로 개경에 가까운 지방의 호족 출신자로서 점차 중앙의 정치무대에 등장한 사람들로 구성되었다. 신라의 지배세력이 왕실의 진골 중심이었던 데 반하여, 고려는 이성문벌이 지배하는 사회였다. 이들의 호적은 평민과는 별도로 작성되었고 원래 호족이던 때의 출신지를 본관으로 정하였으며, 이는 그들 세력을 가늠하는 표준이 되었다. 또한 이들은 혼인을 통하여 자기 가문의 세력을 확장하려 하였다. 왕실의 외척이 되는 길은 가문의 영예이며 정권장악의 지름길이 되었기 때문이다. 현종 때의 김은부(안산 김씨), 문종 때의 이자연(인주 이씨), 예종과 인종 때의 이자겸(인주 이씨) 등의 외척이 고려의 정치를 좌우한 것이 그 좋은 예이다.

둘째, 합좌기구가 많이 존속하였다는 점이다. 도병마사, 중방, 장군방 등 국가 중대사를 문·무관들이 모여서 토의 결정하는 고대사회의 유풍이 남아 있었다.

셋째, 사상적인 측면에서 보더라도 성종 이후에는 불교와 유교가 상호보완하는 관계로 되고 있었다. 유교는 정치계를, 불교는 정신계를 지배하였다. 인종 때의 유명한 유학자인 김부식 자신이 불교사원을 가지고 있었다는 사실은 좋은 예이다.

또 다른 하나는 왕족 사이에서 고대사회의 유풍인 근친혼이 자주 행하여졌다는 점 등이다.

한편 고려사회를 이해하는 데 간과할 수 없는 또 하나의 중요한 사실은 정치·사회·문화의 활동이 전 시대의 혈족적 관념이나 종교적 테두리에서 어느 정도 벗어남으로써 문화의 폭이 넓어지고 중세적인 지성이 확립되었다는 점이다. 그리하여 유학과 한문학이 크게 발달하고 대장경의 간행, 실록의 편찬, 개인문집의 출판 등 기록에 의한 문화활동이 크게 확대되었음을 주목해야 할 것이다.

고려는 성종 때 이르러 최승로의 시무 28조를 받아들여 유교적 중앙집권화를 이룸으로써 초기의 호족세력을 통합하였다. 또한 종래의 불교문화 위에 유교문화가 융합되는 현상이 일어났다.

그러므로 성종을 기점으로 하여 그 이전의 사회는 호족세력의 통합과 왕권강화를 위한 시기로 이해해야 할 것이다. 특히 광종 때의 노비안검법(956)과 과거제도(958)가 그러하다. 그리고 이러한 중앙집권화를 배경으로 사회적·문화적 혁신이 일어나게 되어 민족의식이 고조되고 문화가 발달하였다.

이렇게 문화적 기반을 마련한 고려는 이민족인 거란의 침입을 막아 낼 수 있었다. 또한 성종 때부터 비롯된 제도의 정비와 전통적인 불교와 신흥하는 유교문화의 복합은 문종을 전후한 시기에 절정에 달하여 문화의 전성기를 맞았다. 이 시기는 벽란도를 통한 국제무역이 활발하였으며, 학문과 예술도 크게 발전하였다. 그러나 그 뒤 밖으로 금(金)의 압력을 받는데다가 안으로는 문벌 귀족사회의 모순이 폭발하여 이자겸의 난(1126), 묘청의 난(1135), 무신정변(1170) 같은 내란이 잇달아 일어나게 되었다.

이와 같은 사회의 동요가 근본적으로 수습되기 전에 몽골족의 침입(1231~1270)을 받아 고려는 그 지배를 받게 되었다. 이 몽골지배기에 사회개혁을 시도한 인물이 충선왕으로, 사림원을 설치하여 신진사대부(경제적으로는 중·소 지주층이며 향리 출신)를 등용하였으나, 세력기반이 약하여 실패하였다. 원나라가 쇠약해질 무렵 공민왕이 반원정책을 추진하면서 전민변정도감을 설치하여 사회개혁을 실시하려 하였으나, 역시 원의 그늘에서 성장한 권문세족의 반대로 실패하고 말았다.

이 무렵 사회가 혼란한데다가 이 틈을 타서 쳐들어온 홍건적, 왜구의 침입으로 국가가 위기에 처하게 되자 국민들은 무인에 대한 기대가 커지게 되었다. 이러한 시기에 혜성과 같이 나타나 국민의 신망을 한몸에 모은 인물이 이성계였다. 그는 그 동안 지방에서 성장하고 있던 신진사대부(중·소 지주층)와 손을 잡고 위화도회군(1388)을 통하여 결정적으로 군사권을 장악한 다음 무력으로 권문세가를 타도하고 과전법(科田法 : 1391, 급전도감)을 실시하여 새로운 왕조의 경제적 기반을 마련하였다. 이렇게 해서 성립된 왕조가 조선이다.

4. 밀도 높은 한국문명을 창출한 근세사

조선왕조는 고려 말기 사회의 모순을 극복하고 이민족의 침입을 막아내자는 역사적 사명 위에서 성립되었다. 그 역사적 사명을 수행한 주체세력은 고려 후기에 성장한 중간계층(신진사대부)이었다. 이들은 성리학에 정통한 관료들이었다. 성리학은 철학과 윤리적인 면이 강조된 유학으로서, 고려 말의 몽골침입 이후 정치철학의 빈곤과 윤리적 무질서를 극복하기 위하여 받아들인 것이었다. 이 성리학은 조선에 들어오면서 국가의 강력한 정치·교육이념으로 대두되었다.

조선의 제도개혁은 15세기(태종~성종)에 일단락되어, 성종 때 통치의 기틀이 된 기본법전인 『경국대전』이 완성되었다. 그리하여 민생을 안정시키고 민족의 자주성을 높여 민족문화의 황금시대를 이루게 되었다. 이 시기에는 민족문화의 정수인 훈민정음이 창제되었으며, 예술 분야에서도 자기 개성을 지닌 진취적이고 실용적인 작품이 창작되었다. 또한 고려 말에 들어온 사라센 및 중국 과학기술의 영향을 받아서 천문·기상·역법·의학·활자 등의 분야에서 높은 수준의 기술문화를 이룩하고, 각 분야의 전통문화를 국가사업으로 정리하였다.

한편 15세기 사회는 세습신분을 양인(良人)과 천인(賤人)으로 나눈 이원제 사회로서, 양인의 경우에는 국가에 대한 권리와 의무를 동시에 가지며 능력에 따라 사회적 지위를 높일 수 있었다.

그러나 16세기(연산군~선조)에 접어들어 양반이라는 세습신분이 형성되면서부터 사회가 재편성되기 시작하였다.

즉 16세기에는 사림(士林 : 왕도정치·향촌자치를 주장)이라고 불리는 새로운 정치세력이 등장하여 중앙의 훈구세력(勳舊勢力 : 패도정치·중앙집권을 주장)과 정치적 갈등을 일으켜 몇 차례의 사화(士禍)를 초래하였다. 사림은 거듭된 사화로 큰 타격을 입었지만 그 세력이 점점 커져 16세기 중엽에는 드디어 사림정권이 성립하였다. 그런데 일단 사림이 승리를 거두자 다시 그 내부에 갈등이 일어나 사림세력은 둘로 나뉘어 경쟁하기 시작하였다.

이는 조선사회 구조의 모순에 기인하는 것이었다. 즉 세습신분으로 고정화된 양반들은 관료가 되어야만 비로소 사회적 지위를 확보하고 과전(科田)을 지급받아 지주로서 경제적 기반을 보장받을 수 있었다. 그런데 양반의 수적 증가에 비하여 관직은 제한되어 있었고 토지 또한 한정되어 있었기 때문에 자연히 이들 사이에는 분열이 일어날 수밖에 없었던 것이다.

그리하여 양반들은 자기네들의 세력을 유지하기 위한 수단으로 서원(書院)을 세워 자기세력의 교육과 단결을 도모하고 향촌에는 향약(鄕約)을 만들어 농민을 통제하고 유향소(留鄕所 : 조선 후기는 鄕廳)에 참여하여 수령을 견제하고 족벌을 만들어 척신의 위업을 높였으며, 각종 계(契)를 조직하였다. 한편 이러한 영향을 받아 성리학도 사화 이후에 주리파와 주기파로 분리 발전되고 있었는데, 이를 이이(李珥)가 집대성하였다.

이렇게 16세기에는 향촌 사림이 성리학적 원칙을 내세우면서 정치·사회·문화를 이끌어 도덕문화를 꽃피웠으나 성리학적 이상을 추구하는 과정에서 국방강화와 대외정책에서는 효과적인 정책을 실시하지 못하였다. 게다가 집권세력의 양분으로 국력이 집약되지 못하였을 때 일본과 여진족의 침입을 받게 되었다.

일본의 침략으로 조선은 한때 곤경에 빠졌으나, 수군(水軍)의 연승과 전국적으로 일어난 의병의 활약으로 왜군을 몰아냈다.

그 후 광해군 때에 전란의 피해를 복구하고, 명·청 교체기의 대륙정세를 이용하여 중립외교정책을 취하면서 부국강병의 개혁정치를 펴나갔다.

그러나 유교적 대의명분을 내세우는 사림의 반발로 인조반정이 일어나고, 친명반청(親明反淸)의 외교정책을 채택하였다. 그 결과 두 차례의 호란(胡亂)을 겪었다.

왜란과 호란의 양란을 겪는 동안 우리 민족은 자기 반성에서 오는 새로운 사회에 대한 희망과 발전에 대한 의지를 갖게 되었다. 즉 임란과 호란의 국난을 극복한 조선왕조 안에서는 현실에 대한 반성이 일게 되었고, 새 사회로의 방향을 찾으려는 움직임이 각층에서 일어나게 되었던 것이다.

당시의 집권층인 서인 벌열(西人閥閱)은 군사제도를 재정비하여 국방을 강화하고 재정문제와 민생의 안정을 위하여 세제를 개혁(인조 : 영정법, 광해군~숙종 : 대동법, 영조 : 균역법)하였다. 또한 이앙법과 견종법을 확대 실시하고 수리시설을 확충하는 등 단위면적당 수확량을 높이고자 노력하였다.

이리하여 어느 정도 민생이 안정되고 국가수입이 늘어나게 되었으며, 새로운 영농기술의 보급으로 노동력은 절감되고 수확량은 늘게 되어, 한 사람이 넓은 면적을 경작하는 광작(廣作)이 이루어지는 등 적지않은 사회변화를 가져오게 되었다.

그러나 이들 집권층의 개혁은 성공하지 못했다. 왜냐하면 당시 사회의 근원적인 병폐는 수취제도의 모순보다는 토지제도 자체에 있었으며, 농업을 위주로 한 산업체제에 있었기 때문이다. 즉 당시 집권층인 서인 벌열은 수취제도를 개편하여 중간관리들의 부조리를 없애고 효율적으로 세금을 거두어들임으로써, 국가재정을 튼튼히 하는 동시에 농민들의 부담을 줄이려고 하였다. 그러나 근원적인 모순인 지주·전호제(地主·佃戶制)의 개혁에는 손을 대지 못하였다. 이는 그들 자신이 대지주였기 때문이다.

한편 집권층의 이러한 노력은 사회변화와 연결되었다. 위에서 언급하였듯이 농촌에서는 광작의 보급으로 부농이 나타나는가 하면, 토지를 잃은 소작인은 유랑민이 되어 도시의 외곽지대로 흘러가 행상을 하며 연명하기도 하고 화전민이나 광산노동자로 전락하기도 하였다. 또 대동법의 실시로 공물 청부업자인 공인(貢人)이 나타나서 조선 후기 상공업 발달을 촉진시켰다. 이러한 상황 속에서 도매상인이 출현하고 금속화폐가 전국적으로 유통되었으며 청·왜 등과의 무역도 활발해지고 독립수공업자도 발생하게 되었다. 이러한 움직임은 조선사회가 근대지향적인 사회로 성장해 가고 있음을 말해주는 징후들이었다.

그러나 집권층은 이러한 사회변화를 발전적인 방향으로 수습해 나가는 구심점이 되지 못하였다. 이들은 오히려 자유상공업을 억제하려 하였으며, 성리학적 지도이념 아래에서 조선 초기의 농본사회체제를 유지하려 하였다. 결국 이들의 개혁은 실패하였고, 궁핍한 재정에 쫓긴 나머지 최고 신분인 양반을 파는 납속책(納粟策)도 서슴지 않게 되어 사회신분질서의 혼란을 초래하였다.

이에 반하여 재야세력은 부국강병과 민생안정을 지향하는 근원적인 개혁안을 내놓았는데 이것이 곧 경세치용학파(중농학파)의 토지제도 개혁을 통한 이상국가 건설론이며, 이용후생학파(중상학파＝북학파)의 상공업과 기술의 육성을 통한 부국안민론이었다. 이러한 학문을 실학이라고 부른다. 실학은 성리학적 지도이념의 한계성이 노출되면서 자기 전통에 대한 반성과 극복의 길이 모색되고, 서양문물의 전래와 함께 새로운 창조의 기운이 움트기 시작하는 사회분위기 속에서 일어났다.

실학은 유교주의적 기반에서 완전히 벗어나지는 못하였으나, 당시의 사회모순을 구체적으로 지적하고 그 대안을 제시한 근대지향적인 학문이었다. 그러나 이들 주장은 집권층의 무관심으로 초야에 묻히고 말았다. 이는 정약용이 전남 강진으로 유배되어 18년간이나 귀양살이를 한 것으로 미루어 보더라도 알 수 있는 일이다. 한편 실학의 영향으로 종래 양반을 중심으로 했던 예술활동에도 평민들의 참여가 활발해지고 자기 것에 대한 추구열도 높아지게 되었다.

영·정조 시대에 이르러서는 강력한 왕권을 바탕으로 약간의 개혁이 시도되었으나 근본적인 사회혁신(실학파의 주장)은 이루지 못하고 말았다. 탕평책이 그 대표적인 예라고 할 수 있는데, 이는 각 파를 무마하기 위한 임시 조치였을 뿐, 근원적인 문제(경세치용학파·이용후생학파의 주장)는 해결할 수 없었다. 이에 따라 19세기(순조 이후)에 접어들어 왕권이 약화되면서 노론 일파의 극심한 세도정치(사화의 세련된 형태가 당쟁이라면, 당쟁이 고질화된 단계는 세도정치라 부를 수 있겠다)가 등장하여 삼정(田政・軍政・還穀)의 문란은 극에 달하였다. 정부에서는 암행어사를 파견하고 삼정이정청(현재의 세제개혁위원회에 해당한다)을 설치하여 이를 시정하려 하였으나 역시 같은 이유로 실패하고 말았다. 이에 농민들은 자신의 문제를 스스로 해결할 수밖에 없게 되어 서로를 돕기 위한 계(牛契・農具契・堤堰契・軍布契 등)를 조직하고 굶주림을 이기기 위하여 구황식물(감자・고구마)을 재배하기에 이르렀다. 이제 국가재정과 농민경제는 파탄 상태에 직면하게 되었다.

한편 이전부터 진행되던 신분의 동요는 양반중심의 지배체제에 커다란 위기를 초래하였다. 이러한 분위기 속에서 농민들의 의식이 점차 높아져 곳곳에서 적극적인 반항을 시도하는 민중항쟁이 발생하였다.

이 때 밖으로부터는 천주교와 함께 서양의 세력이 위협을 가하게 되었다. 이러한 혼란 속에서 농민들은 새로운 정신적 위안을 찾고자 하여 종교계에 새로운 기운이 일어나게 되었는데, 천주교의 보급과 도교의 유행이 그것이었다. 한편 대내적 혼란과 대외적 위험을 극복하고자 민족적・민중적 성격을 띤 동학민중혁명운동이 일어나게 되었다(1860).

5. 모진 시련을 극복한 근대사

대원군은 부국강병을 위한 개혁(서원 철폐, 의정부와 삼군부의 부활, 호포제・사창제의 실시 등)을 시도하였다. 그러나 그의 개혁도 역시 사회의 근원적인 모순을 해결하는 것은 아니었다. 그가 열망한 것은 조선 초기(15세기)의 강력한 왕권으로 복귀하는 것이었을 뿐이다. 단적인 예를 든다면 그는 당쟁이나 세도정치의 원인을 서원(書院)에서 찾고 서원을 철폐하였다. 그러나 그는 서원의 폐단만을 보았을 뿐 '왜 서원이 성행하게 되었는가?' 하는 근본적인 문제에는 눈을 돌리지 못하였다. 그 이면에 도사리고 있는 사회·경제적 모순(실학자들이 주장하였던)을 찾아내지 못하였던 것이다. 그는 결국 '조선 초기로 돌아가자'는 공허한 슬로건만 남겼을 뿐이다.

이렇게 또 한 번의 개혁 기회를 상실한 조선왕조는 끝내 자체 내에서 사회개혁의 출구를 찾지 못하고 말았다.

때마침 이 시기는 산업혁명이 완료되어 근대국가로 성장한 서양세력이 동양으로 침투해 들어오고 있었다(西勢東漸). 구체제의 아시아 국가들은 그들 앞에서 잠시도 지탱하지 못하고, 동남 아시아의 곳곳은 유럽 제국의 식민지가 되어 갔다. 최후까지 버티던 청(淸)도 19세기(1840년 아편전쟁 이후)에 들어오면서 결국 비참하게 패배하여 반식민지화의 길을 걷게 되었다.

우리 나라도 예외가 아니었다. 이를 간파한 최제우는 서학에 대응하기 위하여 동학을 개창하였다(1860). 이는 우리 역사에서 민족 주체적으로 봉건의 틀을 깨고 근대의 큰 획을 긋는 분기점이 되었다. 이후 동학은 반외세·반봉건 민중항쟁을 줄기차게 전개하여 민족운동의 구심을 이루며 근대사 진행에 견인차가 되었다. 그럼에도 불구하고 우리 나라는 비록 서양세력에 침식되어 반식민지화는 안 되었으나 병자호란 이후 종주국으로 행세하고 있던 청과 메이지 유신(1868)으로 급속히 근대화의 길을 걷고 있던 일본, 그리고 피요트로 대제 때 청의 강희제와 네르친스크 조약(1689)을 체결한 이래 부동항을 얻고자 꾸준히 남하정책을 시도하고 있던 러시아 간의 쟁탈지로 전락하게 되었다.

대원군에 의해 굳게 닫혔던 우리의 문호는 그의 실각과 함께 일본에 처음으로 개방되었다(1876년 강화도조약, 1882년 미·영·독, 1884년 러·이, 1886년 프랑스). 이후 일본세력이 우세하게 되었으나, 1882년에 일어난 임오군란은 뜻하지 않게 청세력의 진출을 초래하였다. 청의 우위는 동학민중혁명운동을 발단으로 하여 청일전쟁(1894~1895)이 발발할 무렵까지 지속되었다. 이 기간 중에 청의 세력을 축출하기 위하여 우리의 개화세력(김옥균, 박영효 등)이 일본과 손을 잡고 쿠데타(1884년 갑신정변)를 일으켰으나 실패하였다.

일본은 청일전쟁을 승리로 이끄는 동시에 갑오개혁(1894~1895)을 계기로 식민지 쟁탈의 주도권을 장악할 기틀을 마련하였으나 이번에는 러시아의 도전을 받게 되었다.

삼국간섭(러·독·프)으로 인한 친러내각의 형성(1895년 8월 이완용·이범진 입각)이 그것이었다. 일본은 미우라를 파견하여 을미사변(명성황후 시해사건 1895년 10월)을 일으켜 이에 대항하고, 다시 러시아는 아관파천(1896년 2월)으로 맞섰다.

일본과 러시아 간의 이러한 각축은 드디어 러일전쟁(1904~1905)으로 폭발하였다. 이 전쟁에서 일본이 러시아의 발틱 함대를 격파하고 승리함으로써 조선은 형식적인 절차를 거쳐 일본의 식민지로 떨어지고 말았다(1910년 8월 경술국치).

그러나 이 시기의 흐름을 이해하는 데 간과할 수 없는 중요한 사실은 개항 이후의 외세침략에 대응한 우리 민족의 애국운동이다. 이 운동은 크게 세 갈래로 구분되는데, 북학파 실학사상에 기반을 두고 외국문물을 받아들여 근대화를 추진하려 한 개화운동, 전통적 유교문화를 고수하려 한 위정척사운동(개항반대운동 : 이항로·최익현, 개화시책 반대운동 : 이만손·홍재학), 그리고 농민을 주축으로 하는 동학민중혁명운동이 그것이다.

이 세 갈래 운동은 서로 대립하며 자주·개혁을 제대로 이루지 못하고 오히려 외세에 이용당하기도 하였으나, 우리의 개화 과정에서 각각 중요한 몫을 차지했음은 누구도 부정할 수 없는 사실이다. 왜냐하면 이들의 목적은 하나같이 순수한 애국정신에서 비롯되었기 때문이다. 이 애국운동들이 청일전쟁 이후 차츰 하나로 합류되면서 구국운동으로 발전한 것으로 미루어 보더라도 알 수 있다.

일본은 1910년부터 1919년까지 헌병경찰정치를 감행하여 한국에 대한 지배권을 다졌다. 그러나 한민족은 이 같은 질곡 상태에 굴하지 않고 세계 사상 유래가 없는 전 민족적인 3·1민주혁명의 횃불을 높이 들었다.

6. 격동 속에 약진하는 현대문명

일제는 열화와 같은 3·1민주혁명에 부딪쳐 표면적인 호도책으로서 문화정책을 표방하였다. 그러나 실질적으로는 그들이 의도하는 식민정책을 전혀 누그러뜨리지 않고 더욱 강화시켜 나갔다. 그리하여 1920년부터 1930년까지는 본격적인 경제적 착취(산미증산정책·공업화정책)에 나서서 우리 나라를 원료공급지화·상품시장화하였으며, 1931년 만주를 점령하면서부터는 대륙침략을 획책하여 마침내 태평양전쟁(1941)을 일으켰다. 이 무렵부터 1945년 패퇴하기까지 그들은 우리 민족의 말살을 노리는 악랄한 정책(창씨개명, 한국어 폐지, 신사참배, 황국신민서사 강요, 징병, 징용 등)을 행하였다.

이에 맞서 우리 민족은 헌신적으로 독립항쟁에 나섰다. 3·1민주혁명은 민족성원 저마다에게 독립에 대한 커다란 자신감을 안겨주어, 그 결실을 맺기 위해 활동을 구체화하기 시작하였다. 우선 무엇보다도 정부 수립이 긴요하였다. 임시정부를 수립하려는 움직임은 3·1민주혁명을 전후로 한 시기에 이미 민족지도자와 종교인 사이에 싹트고 있었다. 상해를 중심으로 하는 임시정부 수립계획 외에도 천도교인이 중심이 된 국내외 5개 처에서도 임시정부가 수립되거나 될 단계에 있었다. 그 가운데 가장 조직적이고 민중적 지지와 합의에 기초하여 세워진 임정은 상해와 러시아 영토, 그리고 서울지역에 수립된 임시정부였다. 이에 정통정부의 성립이 중요과제로 등장하여 어느 정부가 유일정부로서의 정통성을 획득할 것인가가 큰 문제로 부상하였다.

이 과제를 국민의 여망 속에 주체적으로 풀어나간 것이 상해임시정부였다. 즉 시베리아에서 선포된 노령정부(露領政府)와 서울에서 선포된 한성정부를 1919년 9월까지 흡수통합시키는 데 성공하였다.

이제 명실상부한 정통정부를 성립시키고, 정식 대통령으로 이승만을 선출하였다. 8장 25개조로 이루어진 임시헌법도 만들었다. 이 임시헌법은 그 후 환국까지 정치적·사회적 변화에 따라 4차의 개정을 거쳤으나 그 기본 이념과 체재는 그대로 유지되어 조국광복운동의 기본법이 되었다.

상해의 대한민국임시정부는 민족독립에 대한 여망에 부응하고, 공화제를 지향하는 세계사적 진운과 보조를 같이한 대한민국 최초의 정통정부였다. 따라서 현대사의 기점에 대해서는 여러 설이 있지만 3·1민주혁명이 타당하다고 보겠다. 임정 수립 후 약 80년의 경륜은 곧 우리 나라 민주정치의 산 역사이며, 숱하게 명멸한 800여 주역들의 공사간 애국애족의 열망은 바로 오늘날 대한민국의 초석과 원동력이 되었다.

임시정부는 국내외의 각종 항일운동단체와 민족운동자를 규합·재조직하여 항일역량을 증대시키면서 1920년대의 모든 독립운동을 주도하고, 1930년대 이후의 항일전선을 구축, 중국정부와 연계하면서 항일항쟁을 계속하였다. 이와 같은 활동 중 중요활동은 군사와 외교의 양면 활동이었다.

임시정부를 정신적 지주로 하여 전개된 항일항쟁의 무대는 국내외가 따로 없었다. 다만 국내에서는 일제의 직접 통치로 인하여 대체로 온건노선을 표방하였다면 국외는 무장항쟁 등 강경노선이 주류를 이루었다. 3·1민주혁명 후 국내에서는 소년운동, 언론운동, 야학운동 등 실력양성운동이 주류를 이루어 마침내 6·10만세운동, 신간회운동, 광주학생운동으로 표출되었다. 1930년대로 넘어가자 이는 민중의 생존권항쟁과 반전항쟁으로 전개되었다. 그 발전으로서 1940년대에 통일전선운동이 확산되고, 1944년 8월에는 여운형을 중심으로 건국동맹이 결성되어 항일항쟁을 조직적으로 선도하였다.

국외에서의 항일항쟁은 처음부터 치열하였다. 의병전쟁의 전통을 계승한 서로군정서군, 북로군정서군, 광복군총영 등의 독립군은 1920년대 초 간도대륙 도처에서 혁혁한 전과를 올렸다. 이에 자신을 얻어 정의부·신민부·주만참의부로 통합되면서 1930년대 초까지 독립군의 항일전은 계속되었다. 그 후 1930년대 중반까지 외교활동 및 개인적 테러에 치중하던 독립운동단체들은 중일전쟁을 계기로 민족주의운동 중심의 한국광복운동단체연합회와 사회주의운동 중심의 조선민족전선연맹의 양대 진영을 형성하였다. 1939년 한국광복운동단체연합회의 김구와 조선민족전선연맹의 김원봉은 전국연합전선협회의 통합을 모색하였다.

윤봉길의거 이후 상해를 떠나 중국 국민당정부의 후원 아래 남경, 항주, 가흥, 진강, 장사, 광동, 유주, 기강 등지로 전전하던 임시정부는 1940년 중경에 정착하였다. 임시정부는 자체의 노력과 장개석정부의 지원을 받으며 그 위상을 점차 강화시켜 나갔다. 이에 임시정부와 대립관계에 있었던 민족전선연맹 계열이 1941년 임시정부에 합류함으로써 민족진영은 대동통합을 이루는 데 성공하였다.

상설 무장부대의 창설도 실현되었다. 1938년 조선의용대가 무한에서, 1940년 한국광복군이 중경에서 창설되었다. 광복군은 조선의용대 잔류 세력을 편입시켜(1942) 점차 부대의 면모를 갖추어 나갔다.

한편 1941년 공산주의자들에 의하여 결성된 화북조선청년연합회는 1942년 통일전선적 성격을 강화하여 김두봉을 중심으로 화북조선독립동맹으로 발족하였다. 독립동맹의 발족과 함께 국민당 지구를 탈출해 온 조선의용대 화북지대 의용대원들은 일본군과 화남·화중 지방 도처에서 격전을 벌였다.

1945년에 접어들면서 국외의 무장부대는 국내진공작전을 추진하였다. 중국에서 광복군은 미국 OSS 부대와 함께 국내침투를 위한 특수훈련을 받았다. 조선의용군은 국내진공을 결정하고 출동준비에 착수하였다. 소련에서는 동북항일연군의 조선인 유격대원들이 조직한 조선공작단의 일부 진용이 8월 9일 이래 소련군과 함께 국경과 북한지방의 동북 해안으로 진격하였다.

독립에 확신을 갖게 되자 임시정부, 재만한인조국광복회, 화북조선독립동맹, 건국동맹 등은 각기 독립국가의 건국방안으로 건국강령을 채택하였다. 강령은 구체적인 각론에서는 조금씩 달랐으나 보통선거에 기초한 민주공화국 수립, 민족반역자 처단, 토지국유화, 대생산기관 국영화, 남녀평등, 의무교육, 8시간노동 등 총론 분야에서는 대체적으로 의견이 일치하고 있었다.

한민족은 35년간에 걸친 민족적 시련을 극복하고 1945년 마침내 광복을 맞았다. 광복 직후 자주민주국가를 건설하려는 민족운동이 고양되었다. 그러나 미·소의 분할점령과 이념을 달리하는 정부가 38선을 분계선으로 남과 북에 각각 수립되어 국토와 민족이 분단되었다. 급기야 1950년 민족분단의 불안정을 토대로 한국전쟁이 발발하여 무고한 인명이 살상되고 한반도 전체는 초토화되었다. 거기에 민족분단과 남북의 이질화는 더욱 심화되었다.

전쟁 이후 북한은 독자적 사회주의 건설을 추진하고, 중·소 대립 이후에는 이를 더욱 강화하였다. 북한은 이러한 사회주의 건설 과정에서 수령·당·인민의 삼위일체 주체사상을 확립하였다. 최근엔 미·소 냉전체제가 해체하고 동구 사회주의권이 급격히 몰락한데다 설상가상으로 김일성이 사망하고(1994), 적대관계에 있는 남한이 소련·중국과 선린관계를 맺는 등 여러 가지 어려움에 처한 속에서 전 인민을 더욱 공고한 주체사상으로 무장시키고 있다.

전쟁 이후 남한은 민중에 의한 민주주의 발전이 거시적으로 계속되었다. 먼저 이승만정권이 독재화의 길을 걷다가 1960년 4월혁명으로 붕괴되었다. 다음 해 5월 군사정변으로 출범한 박정희정권은 경제성장과 새마을운동에서 성과가 있었지만 시월유신과 군사독재의 폐단으로 인하여 드디어 10·26사태로 종언을 고했다. 이 때 군부는 국민의 민주화 갈망을 외면하고 12·12군사쿠데타로 안개정국을 연출하다가 5·17조치를 단행하였다. 이에 광주민중항쟁이 일어나자 신군부는 무장군인을 투입하여 무자비하게 이를 진압하고 전두환 군사정권을 창출하였다. 그러나 민중의 저항은 굽힘없이 계속되어 1987년 마침내 6월대항쟁으로 직선제개헌을 쟁취하여 여소야대의 제6공화정을 수립하였다. 그러나 여전히 군사정권의 잔폐가 남아 있었으므로 1992년 선거혁명을 통하여 숙원이던 문민정부를 수립하였다. 김영삼 문민정부는 출범 초기에 개혁·사정·실명화 등을 단행하여 국민의식을 고양하였다. 뒤이어 정권을 이어받은 김대중 국민의 정부도 사정개혁을 계속적으로 추진하며 국제통화기금 관리체제를 극복하기 위하여 구조조정을 대대적으로 시행함으로써 새로운 문명국가로 발돋움하는 데 크게 기여하였다.

 이렇게 보면 한국현대사는 갈등과 대립, 독재와 혼란의 악순환이었다. 그러나 그와 같은 격동 속에서 경제성장, 문화창달, 인권신장 등을 통해 꾸준한 발전을 거듭하였다. 한국현대사는 비록 외면적으로는 갈등과 대립, 독재와 혼란의 악순환을 거듭하고 있었지만 그 내부에서는 민중이 주체가 되어 자유를 보다 확대하고, 보다 인간다운 삶을 영위할 수 있도록 인권이 신장되고 있었던 것이다.

 따라서 민족적 과제인 개혁과 통일도 한국사의 생동적인 진행 과정으로 보아 희망적이다. 우리에겐 민족적 시야에서 진취적이고 통일지향적 관점으로 오늘을 살도록 요망되고 있다. 남과 북의 주민이 유구한 민족문화에 바탕을 두고 통일지향적 삶을 산다면 통일은 시간 문제일 뿐 기어코 우리 시대에 달성될 것이다.

(김정의, 「시대사는 어느 만큼이나 이해해야 하나」,
『역사의 시공을 넘나들며』, 혜안, 1995)

제4장 한국문명사의 바른 정립

1. 머리말

우리가 인생을 살아가는 데 최종적으로 부딪치는 본질적인 문제는 '인간의 삶이란 무엇인가'라는 의문이다. 따라서 오늘을 살고 있는 우리들에게 최대의 과제는 인생이란 무엇인가를 풀고자 하는 데 있다. 이 문제를 풀기 위하여 우리는 누구인가를 먼저 알아야 한다. 우리가 누구인가를 안다면 인간의 삶이란 무엇인가를 터득하게 될 것이기 때문이다. 과연 우리는 누구인가? 이 문제를 해결하는 열쇠가 바로 역사이다. 우리가 걸어온 길, 즉 우리 조상이 걸어온 길을 뒤돌아보면 우리가 어떤 사람이라는 정체성(正體性 : Identity)이 드러난다. 따라서 크로체(Croce)는 "모든 역사는 현재의 역사"라고 언급했고 카아(Carr)는 "역사는 과거와 현재 사이의 끊임없는 대화"라고 말했던 것이다.

그럼 오늘 우리가 부딪치는 문제는 무엇인가? 그것은 이른바 일제가 파놓은 우심하게 왜곡된 식민사관의 수렁 속에서 탈출하는 일이다. 여기에서 시급히 벗어나 우리의 발자취를 바르게 더듬어 보는 데서만 우리의 정체를 바르게 인식하게 되기 때문이다. 바른 인식 위에 원형대로 복원하는 역사의 재구성이 절실한 소이가 여기에 있다. 이를 위하여 일찍부터 민족사학, 실증사학, 사회경제사학이 나름대로의 사명을 띠고 일정한 발전을 거듭해 왔다. 그러나 이들은 서로간에 일장일단이 드러났다. 민족사학은 민족의 주체사관 형성에 기여했지만 국수적이라는 비난을 면치 못했고, 실증사학은 역사를 사실대로 인식하는 과학적인 연구태도에 크게 기여했지만 민족혼을 저버린 시체 해부라는 비난을 면치 못했다. 사회경제사학 역시 사회의 구조적인 기층 연구에 큰 공을 세웠지만 계층간의 투쟁을 유도시킨다는 비난을 면치 못했다.

그러나 이들은 대국적인 견지에서 볼 때 어느 한 쪽만을 강조하기 어려운 것이다. 이들 삼면의 사학의 성과를 종합하는 것이 민족사 발전에 참다운 도움이 될 것이다. 민중을 기층으로 민족사의 발전적 자취를 실증적으로 고찰함으로써 역사를 진전시키는 것이 크게 바람직할 것이다.

2. 한국사 발전원동력의 고유소

어느 나라 역사에나 반드시 그 나라만의 독특한 체취가 있기 마련이다. 그래서 이들 체취를 말하는 재담들이 난무한다.

한 사람의 영국인은 우직하고, 두 사람의 영국인은 스포츠를 하고, 세 사람의 영국인은 대영제국을 만든다.

한 사람의 독일인은 철학을 쓰고, 두 사람의 독일인은 교향악을 연주하고, 세 사람의 독일인은 전쟁을 한다.

한 사람의 한국인은 묵묵히 일을 하고, 두 사람의 한국인은 우국충정을 토로하고, 세 사람의 한국인은 새마을운동을 한다.

또 이런 것도 있다.

영국인은 걸으면서 생각하고, 프랑스인은 생각하고 나서 뛴다. 그리고 스페인 사람은 뛰고 나서 생각한다. 그러나 한국 사람은 뛰면서 생각한다.

이런 것들은 모두가 그 민족의 어떤 체취, 즉 고통스러운 역사적 사실에도 영향 받음이 없이 존재하는 특성을 말한 것이다. 이들은 물론 해학에 찬 재담임에 틀림없다. 그러나 이러한 공통(共通)의 사고방식은 자기의 현실문제를 해결해 나가려는 열쇠를 잡고자 할 때 없어서는 안 될 요소이다. 그러므로 우리가 감정에 치우치지 않고 여유있는 태도로 우리 역사의 특성을 깨우친다는 것은 민족적인 적성을 바르게 터득하여 우리 민족의 오늘과 앞날의 생활을 바르게 발전시키는 슬기가 될 것이다. 그렇다면 과연 우리 민족의 특성은 무엇인가? 이 고유소를 터득한다면 한국사 발전의 원동력은 선명하게 밝혀지는 것이다. 일본인을 높이고 한국인을 조롱하는 재담으로 이런 것이 있다.

　일본인은 먼지와 같아 하나 하나로는 미미한 존재이지만, 이들 먼지가 모여 찰흙같이 뭉친다.

　한국인은 모래와 같이 하나 하나로는 단단하지만, 여럿이 모이면 모래알처럼 흐트러져 버린다.

　이 재담은 실로 악의에 찬 것이다. 그러나 이 말을 차분히 분석해 보면 그 행간을 통해서 진실이 드러난다. 분명 먼지와 모래는 차이가 있다. 먼지는 그야말로 먼지다. 아무리 먼지가 모여 찰흙이 되었다고 해 봤자 찰흙으로 만드는 그릇은 도기일 뿐이다. 여기에 반하여 모래는 한알 한알로도 단단하지만 그것으로 만들어지는 콘크리트는 도기에 비유할 것이 아니다. 마치 김유신을 촉매제(시멘트)로 화랑도(모래)가 굳게 뭉쳐(콘크리트) 삼국통일을 완성하는 장면이 연상된다. 여기에 비해 일본인은 이른바 그들의 국왕을 중심으로 무신(먼지)들이 신복(찰흙)하여 위대한 국가(도기)를 건설했다고 자부했지만 실로 그 국가는 도기가 박살나는 듯 약했었다.
　여기에서도 우리는 우리 본질의 일단을 알 수 있다. 한국인은 한사람 한사람이 주체적이다. 그 한 사람이 모여 커다란 협동력을 발휘하여 독창적인 발전을 거듭하여 왔다. 물론 때로는 소용돌이치고 때로는 역류하기도 하고, 때로는 급류로 흐르고 때로는 고이기도 했지만, 전체적으로 보아 한국사는 꾸준히 발전적으로 흘러왔다. 이 흐름 속에서 드러난 자주성·협동성·근면성·창의성·발전성의 요소야말로 우리 민족사의 값진 고유소가 되는 것이다. 일제는 한국인에게 이 고유소가 있는 한 식민정치가 불가능하다는 사실을 간파하고 이를 말살하고자 우리 민족 고유소의 반대개념을 설정하여 이른바 타율성·분열성·나태성·모방성·정체성이라는 식민사관을 이식하는 데 노심초사함으로써 우리 민족사의 행진에 결정적인 해독을 끼쳤다.

3. 우리 민족의 문화역량

타일러(E. B. Tylor)는 "문화란 인간이 사회성원으로서 획득한 생활능력을 말하는 것이고, 그 생활능력의 축적이며 복합적인 생활양식"이라고 정의하였다. 문화란 생활능력의 결함을 계속적으로 극복해 나가고 사회모순을 항상 극복해 나가는 능력이라는 뜻이다.

김철준 선생의 견해를 빌린다면, 한 문화가 어떠한 번영을 가져왔다고 하여도 장래에의 발전성을 갖지 못한다던지 자기 특성이 없다고 하면 그것은 역사적인 안목에서 볼 때 어떤 의미도 없다. 특성이 없는 것에 발전성이 있을 수 없고 발전성이 없는 문화에는 어떠한 특성도 수립되지 않는다. 그러한 의미에서 한국사는 수많은 좌절과 실패를 거듭하면서도 마침내 지기 역시의 의미를 찾았다는 점에서 생명력이 약동하는 역사라고 볼 수 있다.

앞시대의 사가들은 과거 문화에 대한 비판이 준엄하였는데, 그것은 자기 문화를 비판할 정신적 자신감과 비판하고도 남는 자기 전통에 대한 신뢰가 있었기 때문이다. 『동국통감』이나 『동사강목』 같은 사서를 통해서 철저한 자기비판을 가한 것도 그러한 자신과 신조에 기초한 것이었다.

또 우리 민족에게 넘치는 '멋'도 그 많은 역사적 경험을 통하여 축적한 문화총량에 대한 자신에서 온 것이라고 할 수 있다. 성삼문이 형장에 끌려가면서도 "擊鼓催人命 西風日欲斜 黃泉無客店 今夜宿誰家"라는 시를 읊은 데서도 멋이 느껴지고, 안중근 의사가 사형을 앞두고 쓴 "見利思義 見危授命"이란 휘호에 찍은 약손가락이 잘린 손바닥 지문의 낙관(落款)에서도 형언할 수 없는 극치의 숭고한 멋이 발견된다. 또 신윤복이나 김홍도가 그린 풍속화에 보이는 해학과 풍자에서도 깊이 있는 멋이 발견된다. 실로 우리의 민족사는 자부심을 갖기에 족하다.

더욱이 우리 민족은 일찍이 자주적으로 청동기문화를 이루었고, 철기문화로 전환하여 외세와 대항하면서도 고대왕국(四國)의 건설에 성공한 바 있다. 신라가 고대문화 안에서 다음 단계의 중세문화를 담당할 계층(6두품·호족·선종 세력)을 양성하고, 고려가 새로운 조선문화의 담당자(사대부)들을 양성하여 역성(易性)혁명을 가능케 할 수 있는 전환 능력을 보유했다는 것은 문화전통을 붕괴시키지 않을 만한 민족적 역량을 가지고 있었음을 증명한다.

또한 고려가 『삼국사기』를 통하여 고대문화를 정리하고, 조선이 『고려사』로써 고려를 바르게 정리하였다는 것은 뒤에 오는 나라가 앞서의 문화를 계승할 능력이 충분하였음을 말해 준다. 세계의 역사를 보면 당시에는 번영하였으나 그 다음 문화를 계승할 능력이 없어 민족을 망하게 한 문화의 예가 수도 없이 많다.

우리의 민족사는 초기국가시대보다는 사국시대가, 사국시대보다는 남북국시대가, 남북국시대보다는 고려시대가, 고려시대보다는 조선시대의 문화의 폭과 질이 향상되었다. 그럼에도 불구하고 초기국가시대보다는 삼국시대가, 삼국시대보다는 남북국시대(신라와 발해의 대칭시대) 문화가 발전하였다는 점은 인정하지만 그 후에는 남북국시대보다는 고려가, 고려보다는 조선의 문화가 그 수준에서 계속 떨어진다고 보는 것은 크게 잘못된 견해다.

실은 시간이 흐름에 따라 좀더 세련되고 자신감 넘치는 여유있는 문화축적활동이 전개되었다. 신라 진골귀족의 독점적인 문화 향유보다는 고려시대 문벌귀족들의 저변화된 문화창조 능력을 높이 사야 할 것이며, 더욱이 조선 사림들의 정신적인 측면에서의 고도의 문화생활은 크게 귀감이 되는 발전의 면모였던 것이다. 예컨대 성리학을 완성한 퇴계 이황의 업적에 대해서는 한결같이 높이 평가한다. 그러나 이황의 업적은 이황 한 사람만의 공적이 아니다. 당시의 문헌들을 살펴보면, 이황이 다른 선비들과 논쟁을 벌이는 장면이 많이 등장하는데 이는 이황과 맞서 대등하게 논리를 전개할 수 있는 선비가 많았다는 뜻이고, 그만큼 당대의 문화수준이 높았음을 말한다. 그런데 어떻게 조선문화가 퇴보했다고 할 수 있겠는가. 조선문화는 중세문화로서는 당대의 어느 나라와 비교하여도 알찬 우수한 문화였음을 알아야 한다. 이것은 물론 앞시대로부터 축적된 문화의 기반 위에서 가능했던 것이다.

우리 민족의 통사는 역사 주역의 폭만 보아도 진골 < 6두품·호족 < 문·무인 < 사대부 < 중인 < 농·상민으로 시대가 흐름에 따라 계속 확대되어 왔다. 이는 헤겔(Hegel)도 말했듯이 역사의 발전은 '세계정신(世界精神)인 자유의 확대'라는 개념에서 보아도 일치하는 것이다.

다만 우리의 민족사는 문화의 밀도가 높아 중세문화로서의 자기 능력과 자기 자신을 가진 것이 근대적 성장을 늦추어 민족적 패배를 경험하게 하였고 식민지근대화로의 전락이라는 결과를 가져왔음을 잊어서는 안 될 것이다.

4. 맺음말

우리는 스스로도 반성을 게을리해서는 안 되겠다. 식민사관에 의한 민족사의 훼손이 너무 심해 그를 바로잡는 데 광복 후 반세기를 보냈다. 현재 한국사의 발전은 한국사 연구자들의 사명감 어린 연구로 진전을 거듭하고 있고, 진취적이고 문화역량 높은 우리의 민족사를 찾아 역사를 재구성하는 성과는 일취월장하고 있다. 현재 한국사는 매년 수정판이 거듭 나와도 새로운 연구업적을 미처 반영하지 못할 정도이다. 이는 즐거운 비명이다.

그러나 한 가지 경계해야 할 점은 작금 민족주체성을 너무 강조한 나머지 우리 것에 대한 국수주의적 과장이 행여 있지나 않는가 하는 것이다. 이는 비현실적인 자만심을 높여 현실 파악에 오차를 일으키기 쉬우며 세계 속의 대한민국을 사는 현대에 누구에게도 이롭지 못하다. 일본이 왜곡

한다고 해서 우리도 과장한다면 이는 피차의 불행이 될 것이다. 우리는 고대로부터의 문화전달자였다는 금도(襟度)를 갖고 좀더 성숙한 역사를 기록해야 한다. 오히려 우리의 단점이나 부끄러운 부분까지 직시하는 것이 안정복에서 보듯이 자신과 용기와 저력을 가진 자만의 슬기로운 자세라는 점을 깨달아야 할 것이다.

우리는 민족사관이나 사회경제사관, 그리고 식민사관까지도 보다 높은 곳에서 살펴보는 단계에 이르렀다. 이제 한국사는 이제까지의 연구업적을 기반으로 민족사학·실증사학·사회경제사학을 융합한 새로운 사관, 즉 민중을 기층으로 한 민족사의 발전적 발자취를 실증적으로 연구하는 사관으로 정립해야 한다.

이러한 차원에서 민족적 긍지를 갖고 우리의 역사를 전반적으로 재조명할 것을 제언한다.

(김정의, 「민족사의 바른 정립」, 『행원』9, 1985)

제5장 동학의 문명관

1. 머리말

문화는 공간적 차이, 문명은 시간적 진보의 차원에서 선명하게 구분된다. 그런데 문명은 적어도 문자·도시·종교를 구성 요소로 하고 있다. 그럼 한국은 문명을 이루었는가? 문자와 도시는 확실한데 종교가 취약점은 아닌가? 물론 불교를 집대성하고 성리학을 완성했다는 것은 자랑스러운 일이다. 그런데 어찌된 영문인지 개운치 않다. 왜일까? 아무리 집대성하고 완성했다 해도 그것은 원초적으로 외래수입품이기 때문이다. 여기에 민족 자존의 문제가 있는 것이다.

그런데 우리들에겐 동학이라는 종교, 그것도 인내천(人乃天)이라는 종지(宗旨)를 갖춘 고등종교를 갖고 있다. 불교에는 자비(慈悲), 유교에는 인의(仁義), 기독교에는 사랑이 있다. 우리 나라에서는 1860년 최제우가 시천주(侍天主)에 터한 "사람 섬기기를 한울님 섬기듯 하라(事人如天)"는 경지에 이른 동학을 창도하였다. 동학의 교리를 살펴보면, 이는 민족종교를 뛰어넘어 인류구원의 이상을 갖춘 보편적 고등종교임이 명백하다. 그렇다면 한국은 문명의 제 조건을 두루 갖춘 문명단계의 나라라는 사실이 부수적으로 드러난다.

어쨌든 이와 같은 동학사상은 한민족에게 커다란 중심사상이다. 또한 동학의 역사는 창도 후 동학민중혁명운동, 갑진개화운동, 3·1민주혁명을 주도함으로써 한국역사의 중추를 형성하였다. 이 동학의 사상이나 운동에는 현대의 눈으로 보아도 전혀 손색 없는 문명관이 발견된다. 그 문명관은 정신적인 측면과 물질적인 측면에서 모두 근대적 요소를 갖추고 있고 미래지향적이다. 그것은 인간존중, 자연외경(自然畏敬), 개명진보의 문명관에 잘 나타나 있다. 그러나 동학이 우려한 대로 서구문물이 봇물처럼 유입된 작금 각자위심(各者爲心)이 만연함으로써 인간성은 말살되고, 생태계는 파괴되고, 군사기술·공해산업은 난무하여 지구존망의 기로에 이르게 되었다.

이 같은 시점에서 새로운 즈믄해를 맞으며 동학의 문명관을 조망해 보는 것은 인간성을 근원적으로 회복하고, 연결된 고리로서의 생태계에 대한 외경심을 되찾고, 평화산업을 이룩하는 데 일정한 도움이 될 것으로 생각된다.

2. 인간존중 문명관

우리 민족은 오랜 옛날부터 고유사상인 천신신앙(天神信仰)을 갖고 고대 - 중세 - 근세를 거치면서 유·불·선을 수용하였다.[1] 근세 후기에는 서세동점(西勢東漸)의 흐름과 천주교가 전래되는 혼란 속에서 불안과 희망이 뒤섞였다. 이러한 상황에서 민족적인 전통사상의 바탕 위에 이제까지의 모든 종교사상을 수용한 새로운 종교가 탄생했으니 이것이 곧 동학(東學)이다. 이는 분명 새로운 문명개벽(文明開闢)의 출발을 알리는 신호가 되었다.

동학은 수운 최제우(水雲崔濟愚 : 1824~1864)가 신(ᄒᆞ놀님, 한울님, 天

---

1) 동학은 한국 고유사상을 기저로 유·불·선과 기독교 교리까지 수용하여 창도하였다. 그런데 한국 고유사상은 도대체 무엇일까. 그것은 신채호의 소론에 의하면 낭가사상(郎家思想 : 花郎道)이다. 그런데 이 화랑도도 고유사상에 기저를 두고 유·불·선을 종합하여 만들었음을 알 수 있다. 여기서 말하는 고유사상을 최치원(崔致遠 : 857 ~?)은 「난랑비 서(鸞郎碑序)」에서 '현묘지도(玄妙之道)'라고 지적하였다. 그렇다면 '현묘지도'란 과연 무엇일까. 그것이 동학에서 말하는 천신사상과 일맥상통하는 것은 아닐까. 마침 이선근(李瑄根)은 그의 『화랑도 연구』에서 동학사상이 화랑도에서 연원되었다고 주장하였다. 이제 무엇인가 감이 잡힐 것 같다. 동학의 천신사상이 바로 한국의 고유사상이다. 따라서 그것은 필시 화랑도와 상통하고 더 소급하면 현묘지도, 즉 개천(開天) 시의 '홍익인간' 내지는 '이화세계(理化世界)'에 가서 맥이 닿지 않을까 생각한다.

主)2)의 계시를 받아 1860년 4월 5일3) 창도한 데서 비롯된다.4) 이 해가 바로 포덕(布德) 원년이다. 그는 한울님의 말씀을 빌어 동학이 창도되던 당시의 시점을 '개벽 후 오만년'으로 규정하였다. 그리고 창도를 '다시개벽'을 이끌 만고에 없는 무극대도(無極大道)로 확신하였다. 『동경대전』에 의하면 한울님께서 수운에게 천도(天道)를 내리면서,

나의 마음이 곧 네 마음이니라(曰吾心則汝心也)5)

라고 깨우쳐 줬다 한다. 수운은 이 말을 듣고 정신에 기운이 들고 밝고 밝은 광명을 얻었다. 그리하여 다음 해에는 무극대도의 이치가 시천주(侍天主 : 한울님을 모신다)임을 터득하고 온 누리에 널리 포덕하기 시작하였다. 포덕한 지 3년째 되던 해(1863) 해월 최시형(海月崔時亨 : 1829~1898)에게 도통(道統)을 전수하고 체포되어 다음 해에 순도(殉道) 당하였다. 그 동안 수운은 「용담가(龍潭歌)」, 「교훈가(敎訓歌)」, 「포덕문(布德文)」 등을 펴냈다.6)

전술한 것처럼 수운이 득도한 기본이념은 시천주 사상이다. 수운은 스스로 시천주 개념을 다음과 같이 설명하였다.

'시(侍)'라는 것은 안에 신령이 있고 밖에 기화가 있어 온 세상 사람이 각각 알아서 옮기지 않는 것이요, '주(主)'라는 것은 존칭해서 부모와 더불어 같이 섬긴다.7)

---

2) 동학의 신(神) 호칭은 'ᄒᆞ놀님(한울님)'이고 한자로 표기할 때 '천주(天主)'라고 번역해서 쓴다(표영삼, 「동학의 종교사상」, 『동학연구』 창간호, 경주 : 한국동학학회, 1997, 114쪽).

3) 천도교에서는 최제우가 동학을 창도한 원년을 기원 원년으로 삼고 '포덕(布德)'이라는 기원을 사용해 오고 있다. 따라서 올해(단기 4333년, 서기 2000년)는 포덕 141년에 해당된다.

4) 오지영, 『동학사』, 영창서관, 1940, 19~22쪽.

5) 「논학문」, 『동경대전』, 28쪽.

6) 오익제, 「동학사상의 태동」, 『동학혁명100년사(상)』, 동학혁명100주년기념사업회, 1994, 111~112쪽.

‘한울님을 모신다’는 것은 바로 한울님의 전능과 전지가 통할 수 있는 종교의 경지인 것이다.[8] 이 시천주 사상은 제2세 교주 최시형에 의하여 양천주(養天主)로 재해석되고 인시천(人是天)[9]을 명제로 하는 사인여천(事人如天) 사상으로 발전되었다.[10] 제3세 교주 의암 손병희(義菴孫秉熙 : 1861~1922)는 이를 근대적인 개념으로서 인내천(人乃天) 사상으로 표현하였다.[11]

시천주의 단어가 뜻하듯이 사람은 한울님을 모시고 섬기는 위치에 있으므로 한울님은 항상 사람보다 높고 위대하며 사람은 한울님보다 낮은 존재임이 명백하다. 그러나 동학에서는 한울님을 내재적(內在的)인 신으로 여겼다.

> 나는 도시 믿지 말고 한울님을 믿었어라. 네 몸에 모셨으니 사근취원(捨近取遠)하단 말가.[12]

수운의 이 표현 안에는 인간의 존엄성과 평등성의 의미가 충분히 함축되어 있다. 수운은 그의 생활에서 평등사상을 실천하였다. 부인도 한울님이라 하여 여성평등 개념을 실천에 옮겼다. 즉 득도 이후 최초의 포교대상을 바로 자신의 부인으로 삼고, 도의 경지에 이르기 위해 부인에 대하여 지극한 공경을 다하였다. 또 두 여비(女婢)를 해방시켜 한 사람은 며느리로 삼고 한 사람은 자기 딸로 삼았다.

수운은 이러한 여성에 대한 자신의 인식을 ‘가화론(家和論)’으로써 피력

---

7) 「논학문」, 『동경대전』, 34쪽.
8) 최동희, 「한국 전통신앙과 동학」, 『동학혁명100년사(상)』, 동학혁명100주년기념사업회, 1994, 87쪽.
9) "사람이 바로 한울이요 한울이 바로 사람이다. 사람 밖에 한울이 없고 한울 밖에 사람이 없느니라. 마음은 어느 곳에 있는가 한울에 있고, 한울은 어느 곳에 있는가 마음에 있느니라. 그러므로 마음이 곧 한울이요 한울이 곧 마음이니, 마음 밖에 한울이 없고 한울 밖에 마음이 없느니라"(「천지인・귀신・음양」, 『동경대전』, 268쪽).
10) 황선희, 『한국근대사상과 민족운동 Ⅰ』, 혜안, 1996, 70쪽.
11) 이돈화, 『천도교창건사』, 천도교중앙종리원, 1933, 66쪽.
12) 「교훈가」, 『동경대전』, 142쪽.

하고 있다. 수운의 '가화론'은 가정이 화목해야 도의 경지에 이를 수 있으니 가정의 화순을 위해 노력해야 한다는 것이다. 특히 그는 가도가 화순치 못한 것을 가장의 잘못이라고 보았다. 가정을 버리고서는 도와 덕이 있을 수 없으며 도를 얻기 위해서는 가화가 필수임을 가르친 것이다. 이 때 가정의 화순은 남편이 부인에게 성심으로 대함으로써 얻을 수 있고, 이것이 부족하면 더욱 성의를 다하여 부인을 공경함으로써 가화를 얻으라고 강조하였다.13)

그리고 수운은 "부하고 귀한 사람 이전 시절 빈천이요 빈하고 천한 사람 오는 시절 부귀로세"14)라고 후천개벽문명을 제시함으로써 민중에게 강한 희망을 안겨주고 인간의 존엄성과 평등을 강조하였다. 즉 반상(班常), 노주(奴主), 적서(嫡庶), 남녀(男女)의 차별을 부정하는 인간평등사상을 창출한 것이다.15) 이는 모든 사람이 한울님이니 인간이 누려야 할 권리는 누구도 침해하거나 박탈할 수 없다는 인간존중 문명관에 바탕을 둔 것이다. 그것은 구체적으로 봉건적인 신분차별을 타파한 인간평등사상 내지는 인간존중 문명관을 제고한 것이라 하겠다.16)

같은 차원에서 최제우는 제자들에게 참된 상하귀천은 부(富)와 교육과 사회적 배경과 지위 같은 것이 아니라 도덕적 인격에 의존해야 하는 것이며, 모든 사람을 동등하게 존경해야 한다고 가르쳤다.17) 이처럼 당시 민중이 요구하는 열망이 무엇인가를 알고 출발한 동학은 일반 민중으로부터 환영을 받았고 그 기반은 바로 인간존중의 문명관이었던 것이다.

수운은 '시천주' 사상을 계속 키워 나갔다.

입도한 세상사람 그 날부터 군자되어, 무위이화될 것이니 지상 신선(地上神仙) 네 아니냐.18)

---

13) 황묘희, 「수운 최제우의 여성관」, 『동학연구』 3, 경주 : 한국동학학회, 1998, 103쪽.
14) 「교훈기」.
15) 황묘희, 앞의 글, 106쪽.
16) 황묘희, 위의 글, 103쪽.
17) 백세명, 『동학사상과 천도교』, 동학사, 1956, 122~123쪽.
18) 「교훈가」.

마음 속에 한울님을 모시는 신자가 되기만 하면 군자나 지상 신선이 될 수 있음을 노래한 것이다. 그는 동학교도들과 작별을 고하고 피신을 하면서도 '시천주'의 기본사상을 "열석 자 지극하면 만권 시서 무엇하리"[19]라고 하면서 13자의 주문(呪文)[20]을 다음과 같이 설파하여 한울님을 모신다는 강력한 의지를 표명하였다.

시천주조화정영세불망만사지(侍天主造化定永世不忘萬事知)[21]

이 13자의 주문 속에는 한울님을 정성껏 받들고 따른다는 경천(敬天)과 존천(尊天)의 의미가 담겨져 있다.[22]

'나의 마음이 곧 네 마음이다', '시천주'의 사상을 통해 수운이 드디어 모든 인간을 한울님과 같은 반열에 올려 놓았음을 알 수 있다. 앞서도 언급하였듯이 스스로 여비를 해방하여 며느리와 딸로 삼았던 그의 대각(大覺)은 이제껏 인간 이하의 대우를 받아오던 소년과 여성에게도 해방의 소식으로 받아들여졌다. 실제로 해월은 수운의 '사인여천(事人如天 : 한울님을 섬기듯 사람을 섬겨라)' 가르침을 소개하고 발전시켜 어린이나 여성에게도 '사인여천'의 이념을 행하였다.[23] 특히 최제우의 가화론을 부화부순(夫和婦順)으로 승화시켰다. 그는 부화부순을 도의 근본으로 여겼는데 이는 부부를 우주의 주체로 보았기 때문이다.[24] 한편 김기전은 어린이에게도 존댓말을 쓰기 시작했고,[25] 방정환은 아예 어린아이라는 명칭을 '어린이'라는

---

19) 「교훈가」.

20) 주문은 원래 21자로 되어 있는데 8자로 되어 있는 앞구절(至氣今至願爲大降)과 13자로 되어 있는 뒷구절로 나뉘어져 있다(「논학문」, 『동경대전』).

21) 「주문」, 『동경대전』, 70쪽. "한울님을 모시면 조화가 이루어지고 한울님을 길이 잊지 않으면 만사가 깨달아진다"(최동희, 「한국 전통신앙과 동학」, 87쪽).

22) 우주는 지기로써 구성되었고 인간은 천주를 모시고 있으며 세계는 장차 지혜로운 방향으로 나아간다[이항령, 「동학의 우주관」, 『동학혁명100년사(상)』, 동학혁명100주년 기념사업회, 1994, 195쪽].

23) 오지영, 『동학사』, 대광문화사, 1984, 79쪽.

24) 『해월선생법설주해』, 132쪽.

25) 김석범, 「나의 아버지 소춘 김기전」, 『신인간』 547, 신인간사, 1996, 44쪽.

존칭어로 널리 보급하여 모든 이가 어린아이를 '어린이'라고 부르는 풍토를 조성하는 데 크게 기여하였다.[26] 이는 모든 사람을 존경하라는 동학의 이념을 구현한 것에 다름아니다.

이처럼 동학은 '나의 마음이 곧 너의 마음'에서 창도하여 '시천주' 사상을 교리로 삼았으니 '사인여천'은 동학의 당연한 귀결점이 될 수밖에 없었다. 따라서 '사인여천'은 근대적인 인간존중 문명관의 본지(本旨)라고 할 수 있다.

3. 자연외경 문명관

자연(自然)의 본태는 우주에 저절로 태연스럽게 있을 수밖에 없는 필연적인 모습으로, 여기에 더하지도 않고 덜하지도 않고 있는 그대로 있게 하는 것이다.[27] 그런데 한국은 오랫동안 자연의 본태에 손상을 입히지 않고 인간과 자연이 서로 의지하며 조화를 이루며 살아 왔다.

이러한 자연중심적인 일원론적 비전을 깔고 있는 한국의 전통사상을 축으로 역시 같은 비전을 깔고 있는 유·불·선을 창조적으로 종합하여 창도된 동학은 생태학적 세계관의 모델이 될 수 있는 잠재력을 갖고 있다. 동학은 본질적으로 자연외경(自然畏敬) 문명관을 지니고 있음이 도처에서 발견되기 때문이다.

우선 동학은 그 교지가 '시천주'이다. 최시형 때 이를 발전시킨 것이 '양천주(養天主)'이다.

> 내 또한 오장(五臟)이 있거니 어찌 물욕을 모르리오마는 내 이를 하지 않는 것은 한울을 양(養)하지 못할까 두려워하노라. …… 그러므로 내 평생에 외식(外飾)을 피하고 내실을 주(主)하는 것은 오로지 한울을 양함에 유감이 없기를 기함이니라.[28]

---

26) 김정의, 『한국의 소년운동』, 혜안, 1999, 58쪽.
27) 배영기, 「동학과 생명 세계관의 조명」, 『신인간』 588, 신인간사, 1999, 27쪽.
28) 이돈화, 『천도교창건사』, 천도교중앙종리원, 1933, 98~99쪽.

양천주는 한울의 마음을 기르는 것으로 해석할 수 있다. 다시 말하면 최제우의 수심정기(守心正氣)를 마음을 바르게 정하는 것으로 풀이한 것이다.[29] 좀더 구체화하여 보면 수심은 정신적 윤리도덕인 성(誠)에 기준한 마음자세이고, 정기는 한울님과 모든 사물에 대한 예(禮)의 태도로서 경(敬)에 비중을 둔 신적(身的) 태도라고 할 수 있는데,[30] 이를 승화시킨 것이 양천주라고 볼 수 있다.

해월은 양천을 위해 이천식천(以天食天)이 필요하다고 설파하였다.

> 이천식천은 천지의 대법이라. 물물(物物)이 또한 나의 동포(同胞)며, 물물이 또한 한울의 표현(表顯)이니 물(物)을 공경함은 한울을 공경함이며, 한울을 양하는 것이니 천지신명이 물(物)로 더불어 추이(推移)하는지라, 제군은 물(物)을 식(食)함을 천(天)을 식함으로 알며 인(人)이 내(來)함을 천이 내함으로 알라.[31]

이는 범천론(汎天論)적 발상으로, 한울로써 한울을 먹는다는 이 매우 역설적인 표현은 한울인 사람이 한울인 물질을 먹는 경지를 일컬음이다. 즉 그는 생명의 물질적 그물망을 이해하고 이를 합리화했던 것이다. 즉 '대인접물(待人接物)'에서 올바른 접물 또는 물질적 관계 형성은 모심에 있고, 모심에는 한울님을 모심만 연상하나 모심의 대상은 한울님뿐 아니라 사람과 사물도 포함된다는 사실을 상기할 필요가 있다는 것이다.[32]

그래서 양천은 무엇보다 우선 먹어야 함을 역설하였다.

> 한울은 사람에 의지하고 사람은 먹는 데 의지하나니, 만사를 안다는 것은 밥 한 그릇을 먹는 이치를 아는 데 있느니라.[33]

---

29) 황선희, 『한국근대사상과 민족운동 Ⅰ』, 혜안, 1996, 77쪽.
30) 황선희, 「동학사상의 인본주의 성격」, 『동학연구』 3, 경주 : 한국동학학회, 1998, 136쪽.
31) 오지영, 앞의 책, 68쪽.
32) 이돈화, 『천도교창건사』, 17쪽 ; 오문환, 「동학의 생명사상, 영생과 생명의 그물망」, 『신인간』 586, 신인간사, 1999, 22쪽.
33) 「양천주」, 『해월신사법설』, "天依人人依食萬事知食一碗".

이 말은 양천의 정곡을 찌른 것으로 평가할 수 있겠다. 먹지 않고는 살수 없기 때문이다. 따라서 '생명은 먹거리'라고 할 수 있다. 그리고 밥 한 그릇이 내놓일 때까지를 잠시만 생각해도 식고(食告)를 아니할 수 없게 될 것이다. 그래서 동학에서는 식고를 생활화하였다.

뿐만 아니라 동학에서는 삼경(三敬)사상을 중시하였다. 삼경사상은 경천(敬天)·경인(敬人)·경물(敬物) 사상을 일컫는 것으로, 이 가운데 경천과 경인은 인내천(人乃天)에서 보는 것처럼 신앙의 대상으로서 당연히 중요시하지만 경물은 그렇게 생각 못하는 경우가 있다. 그러나 경물사상이 한울의 본체인 지기(至氣)라는 본질에서 나온 것임을 인식한다면 이 또한 빼놓을 수 없는 중요한 사상임을 알 수 있겠다. 동학의 우주관은 지기에서 비롯되는데 이를 신앙화하면 한울 중심의 시천주요, 철학화하면 인간중심적 천인합일(天人合一)이요, 윤리화하면 십무천 등으로 나타난다고 볼 수 있다. 따라서 경물은 물의 본질을 규명하는 기초가 되는 것이다.[34] 이처럼 최시형은 자연계의 천지만물에 대해서 나무 하나, 풀 포기 하나도 모두 시천주라고 설교하고, 그것을 몸소 실천했다.[35]

최시형은 이러한 경물사상의 실천강령으로 다음과 같은 십무천(十毋天)을 당부하였다.

1. 한울님을 속이지 말라(毋欺天)
2. 한울님을 거만하게 대하지 말라(毋慢天)
3. 한울님을 상하게 하지 말라(毋傷天)
4. 한울님을 어지럽게 하지 말라(毋亂天)
5. 한울님을 일찍 죽게 하지 말라(毋夭天)
6. 한울님을 더럽히지 말라(毋汚天)
7. 한울님을 주리게 하지 말라(毋餒天)
8. 한울님을 허물어지게 하지 말라(毋壞天)
9. 한울님을 싫어하게 하지 말라(毋厭天)

---

34) 배영기, 앞의 글, 28~29쪽.
35) 신일철, 앞의 책, 112쪽.

10. 한울님을 굴하게 하지 말라(毋屈天)[36]

천·인·물의 삼위일체 사상으로 볼 때 십무천은 한울인 자연에 대해 거짓말하지 말고 거만하지 말며, 상처내지 말고 어지럽히지 말며, 죽이지 말고 더럽히지 말며, 주리게 하지 말고 허물어지게도 하지 말며, 싫어하거나 굴복시키지 말 것 등을 표어식(標語式)으로 제시한 것으로, 오늘날 입장에서도 '자연외경 실천강령'으로 삼아도 손색이 없을 것이다.

또한 최시형은 "천지 즉 부모요, 부모 즉 천지"[37]라고 했고, "부모의 포태가 천지의 포태이고 따라서 사람이 어렸을 때에 어머니의 젖을 빠는 것은 곧 천지의 젖을 빠는 것이요, 자라서 오곡을 먹는 것은 또한 천지의 젖을 먹는 것과 같다"[38]고 하였다. 이와 같이 경·효·성의 대상은 사람만이 아니고 천지만물도 마찬가지여서 부모와 같이 존재하며 함께 먹고 마시고 숨쉬고 입는 것으로 이해하였다. 자연도 이처럼 지기(至氣)로 운행하니 어찌 경(敬)하지 않을 수 있겠냐는 것이다.[39]

최시형은 그의 자연외경사상을 다른 표현을 통해서도 매우 이해하기 쉽고 설득력있게 설파하였다. "만물이 시천주 아님이 없으니 능히 이 이치를 알면 살생은 금치 아니해도 자연히 금해지리라"[40] 또는 "제비의 알을 깨치지 아니한 뒤에라야 봉황이 와서 거동하고, 초목의 싹을 꺾지 아니한 뒤에라야 산림이 무성하리라"[41]라고 언급하기도 하였다. 그런가 하면 절묘한 비유법으로 "땅은 어머니의 젖가슴"[42]이라고 말하기도 하였다. 그렇게 본다면 어찌 어머니의 젖가슴인 땅에 쓰레기를 버릴 수 있겠는가? 이 모두를 지기지명(至氣至命)의 차원에서 본 것이다. 더욱이,

---

36) 홍장화,『천도교 교리와 사상』, 천도교중앙총부, 1990, 234~235쪽.
37)「대인접물」,『해월신사법설』.
38)「대인접물」,『해월신사법설』.
39) 배영기, 앞의 글, 29쪽.
40)「대인접물」,『해월신사법설』.
41)「대인접물」,『해월신사법설』.
42)「대인접물」,『해월신사법설』.

우리 사람이 태어난 것은 한울님의 영기를 모시고 태어난 것이요, 우리 사람
이 사는 것도 또한 한울님의 영기를 모시고 사는 것이니, 어찌 반드시 사람만이
홀로 한울님을 모셨다 이르리오. 천지만물이 다 한울님을 모시지 않는 것이 없
느니라. 저 새소리도 또한 시천주의 소리니라.[43]

라고 새소리마저 시천주의 소리라고 말한 것은 환경 내지는 자연생태계의
중요성을 깨우치는 데 더없는 요체라고 생각된다. 「내수도문」에서도,

1. 집에 숫물이나 아무 물이나 땅에 부을 때는 멀리 뿌리지 말며, 가래침을 뱉
   지 말며, 코를 멀리 풀지 말며, 침과 코가 땅에 떨어지거든 닦아 없애옵소
   서. 또한 침을 멀리 뱉고, 코를 멀리 풀고, 물을 멀리 뿌리면 곧 천지 부모님
   얼굴에 뱉는 것이니 부디 그리 알고 조심하옵소서.
1. 먹던 밥에 새 밥을 섞지 말고, 먹던 국을 새 국에 섞지 말고, 먹던 김치를
   새 김치에 섞지 말고, 먹던 반찬을 새 반찬에 섞지 말고, 먹던 밥과 국을 김
   치와 장과 반찬 등절은 따로 두었다가 시장하거든 먹되 고하지 말고, 그저
   먹습니다 하옵소서.
1. 조석(朝夕)할 때에 새 물에다가 쌀 다섯 번 씻어 안치고, 밥 해서 풀 때에
   국이나 장이나 김치나 한 그릇 놓고 하옵소서.
1. 금 난 그릇에 먹지 말고, 이 빠진 그릇에 먹지 말고, 살생하지 말고, 삼시를
   부모님 처사와 같이 받드옵소서.[44]

라고 하여 생태학적 세계관으로 패러다임의 전환을 예견하면서 위생관념,
환경오염, 음식물 찌꺼기 관리, 근대적 식생활, 환경생활습관의 개선 등에
대한 책임을 강조한 것은 오늘날 우리들의 환경교육의 지침으로 삼아도
무난할 것이다. 이처럼 그는 이미 100여 년 전에 위생사상 내지는 자연외
경의 문명관을 적절히 표출하였다. 여기에다 「도결(道訣)」에서 언급한 것
처럼 모든 자연물은 한울의 조화(造化)로 순리대로 움직일 때 비로소 영물
(靈物)이니 유기체로서 살았다고 할 수 있다고 '영성생명론'을 주창한 것이

---

43) 「영부 주문」, 『해월신사법설』.
44) 「내수도문」, 『동학서』.

나,45) 그러므로 "한 생물도 무고히 해치지 말라. 이는 한울님을 상하는 것이다"라고 자연애호심을 가르친 것은 경청할 만하다.46) 뿐만 아니라 생명 생성의 근원인 물의 중요성도 깨우쳤다. 그래서 모든 의식(儀式)의 제수(祭需)도 청수(淸水) 한 그릇만으로 간소화시켰다.

이같이 후천개벽을 자연외경에서 찾으려는 최시형의 혜안은 새로운 인류문명사의 하나의 큰 획을 그은 역사(役事)였음이 자명하다. 드디어 근대적 자연 재발견이 비롯된 것이다.

한편 이돈화는 최제우의 지기일원론(至氣一元論)과 베르그송의 생명철학이 인간관에서 맥을 같이하고 있음을 확인하고 근대인의 열망에 인내천사상이 일조할 수 있음을 표명하였다.47) 그러나 이원론적인 서구문명은 이를 무시하고 자연정복에 혈안이 되었다가 지금과 같은 지구존망의 위기를 맞이하였다. 따라서 「동학학회 발기 취지문」에서

> 동학은 130여 년 전 이미 서구 근대정신의 자기파멸의 필연성을 내다보았다. 자연에 대한 수탈, 그것에 매개된 인간중심적 가치관, 물질적 동기에 기반한 합리성 등에 의한 인간성의 황폐화와 극심한 사회적 균열과 해체현상은 서구 근대사상에 내재된 본질적 한계의 불가피한 표출이었다. 더욱이 생태계의 훼손에 따른 환경파괴로 인해 인류문명의 지속 가능성에 대한 심각한 회의와 함께 파국적 결말에 대한 두려움에서 벗어날 수 없게 한다. 동학은 이러한 인류문명의 파국적 상황에 대한 대안적 문명의 원천이 될 수 있으며, 다른 한편으로는 분단민족의 화해와 해원상생(解冤相生)의 장전(章典)으로 되새김될 수 있다.48)

라고 선언한 것은, 실로 시의적절한 대안문명의 선언이라고 판단된다. 이제 세계는 한울촌시대이다. 지구 한 곳이 오염되면 전 세계가 이상기온을 일으켜 전 세계를 덮친다.49) 최시형은 일찍이 이를 예언했건만 세계는 외

---

45) 오문환, 「동학의 생명사상, 영생과 생명의 그물망」, 『신인간』 586, 1999, 25~26쪽.
46) 신일철, 『동학사상의 이해』, 사회비평사, 1995, 112쪽.
47) 이돈화, 『신인철학』, 천도교중앙총부, 1982, 72쪽.
48) 「동학학회 발기 취지문」(1998년 10월 28일 선언)/김정의, 『한국문명사』, 혜안, 1999, 271쪽.

면하였다. 그 결과 지구의 기온은 최시형 생존시보다 약 0.7℃ 상승하였다. 0.7℃를 가벼이 볼 수 없는 것은 지구 전체의 평균온도가 지금보다 2℃만 상승해도 남·북극의 빙산이 녹으면서 지구의 1/3이 수몰되기 때문이다. 반대로 2℃가 내려가면 지구는 새로운 빙하시대를 맞아 거의 모든 생물은 멸종의 위기에 처하게 된다.[50]

이제 환경문제는 서양의 기계적·과학적·분석적·도구적·이분법적 생명관으로는 해결이 어려운 지경에 이르렀다. 동학의 천지인합일, 상생적 생명, 경물사상, 영성생명론에 이르지 않고는 병든 지구를 치유하기 난해할 것이다. 이를 해결하기 위해서도 필히 동학의 자연외경 문명관으로 시선을 돌려야 하리라고 생각된다.

4. 개명진보 문명관

지난 한 세기 동안 상상을 초월한 한국의 변화가 근대화를 뜻하고, 근대화가 서양화를 의미하고, 서양이 근본적 타자, 즉 이질성을 상징한다면 이 이질성을 어떤 측면에서, 즉 우리가 갖고 있는 무엇에 비추어 설명할 수 있는가? 우리의 근대화가 서양화를 뜻한다면, 우리에게 서양이란 새로운 과학지식과 기술, 의복양식, 교육내용, 민주정치, 자유와 평등사상 등을 뜻할 것이다.[51] 이러한 일반적인 생각은 그 동안 민족 구성원으로서의 자존에 상처를 입혀온 것이 사실이다. 근래 이러한 상처에 대한 대안으로서 우리가 갖고 있는 것에 비추어 이를 설명하려는 움직임이 나타나기 시작했다. 그 선도적인 역할을 한 것이 동학의 재해석이다. 한국적인 것이 가장 세계적이라면 사상에서도 동학사상이 가장 세계적인 사상이 될 수 있다고 여긴 것이다. 때맞춰 일단의 학자들은 근대화의 기점을 제너럴 셔어먼 호 사건(1866)에 두는 북한이나, 강화도조약(1876)에 두는 남한학계 모두 대상

---

49) 배영기, 앞의 글, 32쪽.
50) 박정기, 『어느 할아버지의 평범한 문명 이야기』, 삶과꿈, 1995, 205쪽.
51) 박이문, 『문명의 미래와 생태학적 세계관』, 당대, 1997, 91쪽.

국가만 달랐지 외세침략에 두고 있다는 사실에서 문제가 있다고 지적하고 민족적인 근대화의 출발을 동학의 창도(1860)에서 찾고자 하는 경향을 보였다.[52] 이는 분명 진일보된 자세라고 볼 수 있다.

하나의 사회와 문화는 관념적, 즉 사상적일 수밖에 없는 세계관뿐만 아니라 기술적 측면을 반드시 내포한다. 그런데 기술적 측면은 동양이나 서양, 사회주의나 자본주의와 같이 이념을 달리하는 사회에서도 보편적으로 사용할 수 있다. 그렇다면 서양의 과학기술은 서양의 세계관과 분리하여 수용할 수 있는 것이 아닌가?[53] 따라서 동학의 이념을 그대로 지키면서 한국에 필요하다고 생각되는 서양문명을 선별적으로 수용할 수 있는 방도를 모색하였다. 즉 동도서기(東道西器)적인 발상을 한 것이다. 이 때 동학은 창도시부터 이미 최제우에 의해서 조화(造化), 무위이화(無爲而化), 불연기연(不然其然)[54] 등 일원론적 진보관을 마련해 놓고 있었다. 이처럼 동학은 그들의 전통에서 근원적으로 진보관을 지니고 있었다.

동학은 이 같은 근원적인 진화론에 기저한 개명·진보의 필요성을 일찍부터 제시하고 있었다. 최시형은 '용시용활(用時用活)' 설법에서,

> 대개 도는 용시용활하는 데 있나니 때와 짝하여 나가지 않으면 이는 죽은 물건과 다름이 없느니라. 하물며 우리 도는 만대의 미래에 표준함에 있어서 앞서 때를 짓고 때를 쓰지 않으면 안 될 것은 선사의 가르치는 바다.[55]

라고 용시용활의 변용 진보관을 토로하였다. 동학은 용시용활론을 원용하여 동학민중혁명운동 때는 보국안민책을 내놓았다. 이를 이어 제3세 교주 손병희는 진보회를 조직하고 갑진개화운동을 통하여 하루에 16만 회원이

---

52) 김정의, 「한국사의 문명사적 인식론」, 『실학사상연구』 9, 무악실학회, 1997, 23쪽.
53) 김정의, 위의 글, 91~92쪽.
54) 온갖 사물은 보이는 바대로의 그러한 측면, 즉 기연이 있고 그렇지 않음을 살펴보면 헤아리기 어려운 측면인 불연이 있다. 기연은 보이는 현상을 말하는 것이고 불연은 보이지 않고 헤아리기 어려운 측면으로서 본체를 가리키는 것이다(정혜정, 「수운의 불연기연과 화엄사상」 초고본, 1999, 6쪽).
55) 이돈화, 『천도교창건사』, 25쪽.

일제히 단발을 하고 흰 옷을 검은색으로 염색 착용하는 등 혁신운동을 전개하였다.56) 또한 1903년에는 '삼전론'을 제창하였다. 삼전론은 눈앞에서 전개되는 무력전쟁의 대결을 보면서 도전(道戰)·재전(財戰)·언전(言戰), 즉 사상전·경제전·외교전의 세 가지 전쟁을 새로 대두된 '무병(無兵)의 난'이라 하여 개화·자강의 국권개혁안으로 제시한 것이다.57) 그는 이 가운데 언전을 실천하기 위해 동학·천도교의 기관지로 『만세보』를 창간하고(1906), 오세창·이인직 등의 필진을 내세워 개명·진보의 필요성을 구체적으로 계몽하고 나섰다. 그래서 창간호 사설 첫 단락부터 이 사실을 분명히 밝히고 나섰다.

> 만세보(萬歲報)라 명칭한 신문은 하(何)를 위하여 작(作)함이뇨, 아한(我韓) 인민의 지식 계발(啓發)키를 위하여 작함이라. 희(噫)라, 사회를 조직하여 국가를 형성함이 시대의 변천을 수(隨)하여 인민 지식을 계발하여 야매(野昧)한 견문(見聞)으로 문명(文明)에 진(進)케 하며……58)

신문 창간의 목표를 개명진보된 문명을 이루는 데 두었음을 밝히고 있다. 이어서 "전국 2천만 동포의 뇌수(腦髓)를 일조(一朝)에 벽개(劈開)하고 문명한 신공기(新空氣)를 제호(醍醐)와 여히 관주(灌注)하여도 기 부족함을 유감됨으로 생각할 시대이라"59)고 분발하고 있다. 계속해서

> 오제(吾儕)는 신문사업을 경기(經紀)하는 자이로되 승두세리(蠅頭細利)를 모취(謀取)함도 아니오 양초성예(梁楚聲譽)를 희망함도 아니오 단(但)히 인민 뇌수의 문명 공기를 관주코자 하는 열심적(熱心的)에 유출(流出)함이니 오제의 열심은 오제의 필설(筆舌)로 자창(自唱)키 불가하거니와……60)

---

56) 이현희, 『동학혁명과 민중』, 대광서림, 1985, 119쪽.
57) 신일철, 앞의 책, 174쪽.
58) 『만세보』 1906년 6월 17일자 사설.
59) 위와 같음.
60) 위와 같음.

라고 하여 인민의 의식을 개명·진보의 문명사상으로 무장시키고자 하는 『만세보』의 의도를 거듭 천명하였다.

한편 『만세보』는 문명적으로 만기(萬機)를 일신한 나라는 반드시 부강해진 것이 현실이니 이들 나라가 어떻게 문명을 이루었는지 그 원인을 알아내고 우리도 개명진보의 방도를 찾을 것을 주장하였다.[61] 또한 진보주의가 자리잡을 수 있도록 사회환경을 조성할 것[62]도 주장하는 등 나라의 문명개화에로의 진보에 매우 적극적이었다. 『만세보』는 기회만 있으면 반상차별 철폐, 준비시대, 국가학, 위생개론 등 정치 내지는 사회계몽의 기사를 게재하여 언론보국에 적극적이었다. 실제로 범국민운동인 국채보상운동에도 적극적으로 참여하였다. 이토록 『만세보』는 동학사상을 근간으로 개화사상을 접목하여 새로운 동학문명을 변용·창출하고자 진력하였다. 그것은 국가의 진운은 물론 동학의 생동력을 더욱 활성화시키는 데 일정한 기여를 하였다.

이는 20세기 들어 이돈화(李敦化 : 1884~1950)가 제창한 '사람성무궁주의'로도 입증된다. '사람성무궁주의'는 한울의 자존·자율적 창조작용과 무위이화(無爲而化) 원리를 진화론에 접목시킨 것으로, 본래부터 인간성의 능력이 무궁하다는 주장이다. 우주는 인간과 일원성 존재로서 태초부터 자기창조 능력에 의하여 점차 현재의 형체와 정신으로 현상화되었기 때문에 사람성 역시 우주의 무궁한 진화위력을 지니게 되었다는 것이다.[63] 이 주장에는 인간의 활동이 진보·향상을 지속해야 한다는 뜻이 내포되어 있다. 또한 이돈화는 인내천에 관한 인간격(人間格)에 대해,

현재 인간 전체 안에서 우주격(宇宙格)은 볼 수 없고 우주격은 영원한 신비로 전혀 인간 또는 미래인간을 통하여 얼마든지 향상될 만한 격이다. 우리는 이런 의미의 인간격을 가리켜 인내천이라 하는 것이다.[64]

---

61) 『만세보』 1906년 7월 3일자 논설.
62) 『만세보』 1906년 6월 29일자 논설.
63) 황선희, 앞의 글, 148쪽.
64) 이돈화, 『신인철학』, 53쪽.

라고 논증하였다. 이러한 인내천에 함의된 변용·진보관은 동학이 서구의 개명·진보관을 능동적으로 수용할 수 있는 이론틀을 제공해 주었다고 생각된다. 간과할 수 없는 것은 인간이 완전한 우주격을 향하여 당연히 진화작용을 계속해야 한다는 논리인데, 인간의 진보·문명관을 근원에서 해명했다는 점에서 주목된다.[65]

그러기에 동학은 기본적인 노선에서는 외래적인 것을 배척하는 입장을 취하면서도 배타적인 국수주의에 빠지지 않고 서구문명에 대해서 개방적이었던 것이다. 이러한 이중성은 서구화에 대한 사상의 혼란 또는 갈등에서 온 것일 수도 있겠으나 오히려 동학의 건전성을 반증한다고 보는 것이 옳겠다. 따라서 서구적 근대화로 자기 변혁을 수행하면서도, 자기 동일성과 연속성을 유지하기 위하여 자기를 상실하지 않고 문명종합적 근대화를 수행하는 길만이 동학의 현대화를 완수하는 것이 되니, 이는 오늘의 천도교에도 타당한 논리가 되겠다.

5. 맺음말

이상에서 동학의 문명관을 조망해 보았다.

동학은 창도 이래 무엇보다도 인간존중문명관을 발전시켰다. 서구적인 이원론적 인권신장이 아니라 한울과 땅과 인간을 이은 천지인 합일로서의 근원적인 인간존중인 것이다. 최제우가 득도한 무극대도는 시천주 신앙으로 나타났다. 시천주 신앙은 최시형 때에 이르러 양천주로 발전되고, 이어서 사인여천으로 나타났다. 그리고 손병희 때에 이르러 인내천 사상으로 완성되었다. '사람이 곧 한울이다'라는 높은 경지로 인간을 끌어올린 것이다. 여기서 남녀노소, 신분 간의 갈등이 사라지고 모든 인간을 한울과 같은 반열에 올림으로써 서로 성·경·신으로 경대하는 인간존중 문명관이 확고하게 자리잡게 되었다. 그래서 동학은 신분차별 철폐에 앞장섰고, 또 소

---

65) 김정의, 『한국문명사』, 424쪽.

년운동·여성운동을 지속적으로 전개하여 인간존중 사회를 만드는 데 신명을 바쳤다.

둘째, 동학은 자연외경 문명관을 발전시켰다. 인간의 생명은 말할 것도 없고 모든 자연물도 경대하는 사회건설을 위하여 그러한 교리를 발전시킨 것이다. 자연과의 연계고리로서 인간을 설정하고, 자연은 정복의 대상이 아니라 천지부모라고 하는 법설에서 보듯이 천지인을 일치시킴으로써 자연외경 문명관을 확립하였다. 특히 최시형은 기회 있을 적마다 자연존중을 설법하였다. 새 소리마저 시천주의 소리로 비유할 정도였다. 뿐만 아니라 땅을 어머니의 젖가슴에 비유하기도 하여 자연외경 문명관의 극치를 이루었다.

셋째로 동학은 개명진보 문명관에도 등한하지 않았다. 동학의 교리인 '무위이화'의 진보관이나 '불연기연'의 정신을 원용한 것이다. 서구적인 세계관이나 기술문명을 매도만 한 것이 아니라 개방적인 차원에서 선별적으로 수용하는 데 의연하게 앞장섰다. 그래서 개화당과 접목하여 현상적으로도 문명개화에 이바지한 것은, 동학은 동학대로 생동감을 유지·확장하고 조국도 근대적으로 문명화시키는 데 기여하였다.

따라서 인간존중 문명관, 자연외경 문명관, 개명진보 문명관 등 동학의 문명관은 다같이 한국을 총체적인 신문명으로 변화시키는 데 중추적인 역할을 할 것으로 생각된다.

요컨대 동학의 문명관은 한국인의 자유의지에 의한 선택 여하에 따라서는 새 즈믄해의 미래문명 창출에도 원동력으로 작용할 것으로 전망된다.

(김정의, 「동학의 문명관」, 동학학회 추계학술세미나
'동학의 세계관', 1999)

제6장 동학문명을 통해 본 소년운동

1. 머리말

한국근대의 역사는 동학의 역사와 그 궤를 같이한 경우가 많았다. 반외세・반봉건의 민족지향적・근대지향적인 역사가 그러하였다. 이와 같은 현상은 동학민중혁명운동에서 절정을 이루어 한국근대사를 자주적・근대적으로 인식시키는 데 일정한 공헌을 하였다. 따라서 한국근대사에서 근간을 이룬 줄기는 동학의 역사라 해도 과언만은 아닐 것이다.

최제우에 의하여 창도된 동학은 인내천(人乃天)을 교지로 삼았다. 인내천은 인간이 인간으로서 온전히 대접받지 못하던 봉건사회에서 그 존엄성을 심어주었다. 동학은 인내천을 구현하기 위한 운동에 힘썼고, 그 결과 피지배인들은 인간에 의한 인간의 속박으로부터 해방되고자 강구책을 찾았다. 드디어 하늘 아래 인간은 모두가 평등하고 존엄함을 터득하게 되었다. 소년소녀도 물론 인간이므로 당연히 인격존중의 대상이 되었다. 따라서 동학문명의 기저사상인 인간존중사상은 소년운동의 기저사상인 소년존중사상과 그 맥을 같이하게 되었다. 소년해방운동은 이처럼 소년을 존중하는 사회를 이루지 못하고는 인간의 존엄성이 성립될 수 없다는 깨달음에서 시작되었다. 소년해방을 곧 인간해방의 지름길이라고 본 것은, 소년이 자라서 성인이 되는 만큼 소년이 해방되면 자연히 인간해방이 이루어진다고 믿었기 때문이다. 소년운동이 동학문명에서 배태된 것이나, 동학이 소년운동에서 주도적으로 지도력을 발휘하여 운동을 활성화시킨 것은 결코 우연이 아닌 것이다.

2. 해월 최시형의 소년존중운동

소년에 대한 근대적 인식은 조선 후기 실학자들에 의하여 부분적·간접적으로 제기되었다.[1] 그 후 개화사상이 퍼지기 시작하면서 소년에 대한 인식도 점차 발전적으로 확산되어 갔다. 이러한 소년에 대한 인식은 동학의 지도이념 실현, 독립협회의 계몽활동, 애국계몽사상가들의 소년문제 제기, 『소년』지 발간 등을 통해서 선양되었다. 당시 개화사상의 구현에서 최대의 관심사는 소년을 존중하고[2] 소년의 교육을 중시하고[3] 소년을 사회적으로 바르게 교도하여[4] 장차 자강독립의 역군으로 삼는 데 있었다. 이처럼 개화사상에 부각된 소년애호사상은 동학의 소년존중, 독립협회의 소년교육 중시, 애국계몽사상가들의 소년교육 실시, 『소년』지의 소년선양 등으로 나타나 소년에 대한 인식을 한껏 고조시켰다.[5]

이러한 흐름의 선구를 이룬 것이 동학의 소년존중사상이었다. 동학은 일종의 민족종교로서 서학(천주교)을 의식하고 민족 고유의 정신에 토대를 두어 1860년 최수운(崔水雲 : 1824~1864)에 의해 창도되었다.[6] 그 후 제2세 교조 최시형(崔時亨 : 1829~1898)을 거치면서 교세가 확장되어 새로운 종교로서 발전을 거듭하였다. 민족정신이 가장 잘 발휘되었던 것은 1894년 척양척왜(斥洋斥倭)를 내걸고 투쟁한 동학민중혁명운동에서라고 보겠다. 이렇게 민족의 참다운 독립에 기여하여 겨레의 정신적 지주 역할을 수행한 동학문명의 지도이념에 소년존중사상이 골격을 형성한 것은 많은 사람에게 소년존중 관념을 심어주는 데 도움이 되기에 족했다. 1885년 해월은 포유문(布諭文)을 통하여 어린이의 말이라도 한울님의 말씀으로 알라고

---

1) 김정의, 「한국 근대소년운동사의 역사적 배경에 관한 연구」, 『백산 박성수 교수 화갑기념논총 - 한국독립운동사의 인식 - 』, 1991, 363~365쪽.

2) 최동희, 「천도교지도정신의 발전과정」, 『삼일운동 50주년기념논집』, 동아일보사, 1969, 88~89쪽.

3) 한홍수, 『근대 한국민족주의 연구』, 연세대출판부, 1977, 116쪽.

4) 「소년지 간행취지」, 『소년』 1, 1908.11, 1쪽.

5) 김정의, 『한국소년운동사』, 민족문화사, 1992, 23~24쪽.

6) 오지영, 『동학사』, 영창서관, 1940, 19~22쪽.

가르쳤다.7) 그는 또 1886년 내수도문(內修道文)에서도 소년존중심을 다음과 같이 고취하였다.

모든 사람을 한울님 같이 여기고 손님이 오면 한울님이 오셨다고 하라. 어린이를 때리지 말라. 이것은 한울님을 치는 것이다.8)

뿐만 아니라 그는 소년의 인격을 존중하여 한울님을 모시듯 성경신(誠敬信)으로써 소년을 대하라고 역설하고 "잉태하거던 몸을 더욱 소중히 하라. 아무것이나 함부로 먹지 말라. 만일 불결한 것을 먹으면 태아에게 해롭다"9)라고 태교의 중요성도 지적하였다. 해월은 성인들이 소년에게 무관심하거나 소년을 학대하는 것을 전통적인 고정관념이라고 질타 매도하면서 소년의 주장도 경청하는 진지한 생활태도를 취할 것을 피력하였다.10) 이러한 노력에 의해 동학도들에게 소년존중관이 온축되어 마침내 동학민중혁명운동 때는 소년이 동학군의 선두에서 진두지휘하는 신화적인 사실도 나타났다.11)

이로써 동학문명은 종래의 전통적인 가치관을 근본적으로 타파하고 소년존중운동을 통하여 근대인식의 새로운 지평을 열어 가기 시작하였다. 천도교가 소춘 김기전이나 소파 방정환 같은 근현대소년운동의 주역을 배출하게 된 것도 그 실은 해월의 가르침에서 연유한 것이다. 따라서 해월은 소년운동을 태동시킨 선각자임에 틀림없다.12) 그것은 동학문명의 소년존중사상이 한국 소년운동의 기저사상(基底思想)이라는 점에서도 명백하게 뒷받침되고 있다.13)

이와 같은 기저사상을 바탕에 둔 소년인식은 한말 국망(國亡)의 위기의

---

 7)『동학·천도교 약사』, 포유문, 포덕 21년 5월.
 8) 위의 책, 내수도문(內修道文) 5항.
 9) 위의 책, 내수도문 9항.
10) 이현희,『동학혁명과 민중』, 대광서림, 1985, 101쪽.
11) 김정의,『한국의 소년운동』, 혜안, 1999, 24쪽.
12) 김용덕,「해월의 생애」,『한국사의 탐구』, 을유문화사, 1975, 226쪽.
13) 김정의,「한국 근대소년운동사의 역사적 배경에 관한 연구」, 367쪽.

식 속에서 더욱 높아져 『소년한반도』나 『소년』지를 펴내 소년을 새로운 국가의 주역으로서 인식하고 소년교도에 박차를 가하였다.14) 뿐만 아니라 1898년 자동회(子童會), 1908년 소년동지회까지 조직하여 안간힘을 썼으나15) 끝내 조국이 멸망하자 서당을 통해 민족교육을 실시하여 소년도 3·1민주혁명운동의 일정한 역할을 감당할 수 있도록 하였다.16)

3. 소춘 김기전의 소년해방운동

동학민중혁명운동은 한국인들이 사회적 생활에 의의를 부여하고 가치를 부여하는 계기가 된 분수령이다.17) 그러나 천도교 소년회운동은 3·1민주혁명운동을 체험하고 난 연후에야 진주소년회운동에 자극받아 사회적인 운동으로 발생되었다.18) 이 시기에 천도교 소년운동의 대표적인 지도자의 한 분이었던 소춘(小春) 김기전(金起田 : 1894~1948)은 『개벽』지를 통하여 여덟 차례에 걸쳐 소년문제를 제기하며 소년운동계를 리드하기 시작하였다.19) 그는 우선 전통사회의 윤리인 장유유서의 모순을 진단하고20) 소년문제의 해결책에 골몰하였다.

그 해결책으로 소춘은 먼저 소년에 대한 어태(語態)를 고칠 것을 제안하고 있다. 실없는 말이라도 '이놈 저놈' 혹은 '이자식 저자식' 하는 말 대신 일제히 경어를 사용하면 좋을 것이나 이것을 실현하기는 어려울 테니 우선 소학교 같은 곳에서 실시해 볼 것을 권하고 있다.21)

둘째는 양생송사(養生送死)의 개선책이다. "아동 중에는 조선아동(朝鮮

---

14) 김정의, 위의 글, 371~374쪽.

15) 오세창, 「일제하 한국소년운동사 연구」, 『민족문화논총』 13, 1992, 166쪽.

16) 김정의, 『한국소년운동사』, 267쪽.

17) 묘향산인(妙香山人), 「천도교소년회의 설립과 그 파문」, 『천도교회월보』 131, 1921.7, 16쪽.

18) 「가하(可賀)할 소년계(少年界)의 자각」, 『개벽』 16, 1921.10, 57~59쪽.

19) 김정의, 「소춘 김기전의 소년운동(상)」, 『신인간』 522, 1993.11, 15쪽.

20) 김정의, 『한국소년운동사』, 47~51쪽.

21) 김소춘, 「장유유서의 말폐」, 『개벽』 2, 1920.7, 56쪽.

兒童)의 꼴이 세계 중 제일 너저질하리이다"[22]라고 심각성을 토로하고 소년이라고 천대할 이유가 없으니 반드시 양생에 관한 의식을 고쳐 조선소년들로 하여금 자립(自立)·청신(清新)·희열(喜悅)의 토양을 갖추어 줄 것을 촉구하였다.[23] 송사의 경우도 마찬가지다. 소년을 견마(犬馬)처럼 취급하는 악풍을 청산하여 적어도 제1회 기념제는 지내주고 그들의 묘소도 어른들처럼 봉분을 만들어 주는 것이 야만성을 벗어나는 길이라고 제언하고 있다.[24]

셋째는 남녀소년의 차별 해소방안이다. 이에 대하여는 남녀소년들 한사람 한사람이 2천만 형제 중의 한 사람이며 장래의 큰 운명을 개척할 일군의 한 사람임을 깨닫고 그들의 인격을 인정하는 정신을 소유하게 될 때, 수백만 어린 남녀는 인습의 굴레에서 해방되고 소년문제는 해결될 것이라고 내다보았다.[25] 이는 성인의 의식전환이 선행되어야 소년문제가 근본적으로 해결될 수 있다고 하여 소년문제 해결의 근원을 밝힌 점에서 주목된다.[26]

한편 소년운동은 소년해방을 목표로 삼아야 한다고 주장하였다.[27]

가령 여긔에 엇던 반석(磐石) 밋헤 눌리운 풀싹이 잇다 하면 그 반(盤)을 그대로 두고 그 풀을 구한다는 말은 도저히 수긍(首肯)할 수 없는 말이다. 오늘 조선의 소년은 과연 눌리운 풀이다. 눌으는 그것을 제거치 아니하고 다른 문제를 운위(云爲)한다면 그것은 모다 일시일시(一時一時)의 고식책(姑息策)이 아니면 눌리워 잇는 그 현상을 교묘(巧妙)하게 옹호(擁護)하고져 하는 술책(術策)에 지나지 아니할 바이다.[28]

---

22) 김소춘, 위의 글.
23) 김소춘, 위의 글, 57쪽.
24) 김소춘, 위의 글.
25) 김소춘, 위의 글.
26) 김정의, 「개벽지에 나타난 소년관에 관한 고찰」, 『논문집』 15, 한양여자대학, 1992, 15쪽.
27) 김정의, 『한국소년운동사』, 63~67쪽.
28) 기전(起田), 「개벽운동과 합치되는 조선의 소년운동」, 『개벽』 35, 1923.5, 26쪽.

라고 소년해방의 당위성을 설파한 후 소년을 햇순에 비유하여 소년은 새 순처럼 대우주(大宇宙)의 나날의 성장을 구가하는 희망이므로 이제부터는 어린이를 사회규범의 중심으로서 논의하자고 하였다. "나무를 보라. 그 줄기와 뿌리의 전체는 오로지 그 적고 적은 햇순 하나를 떠받치고 잇지 아니한가"[29]라고 말함으로써 재래의 윤리적·경제적 압박으로 사회의 맨 밑에 깔려 있는 소년을 해방시켜 자연처럼 사회의 맨 윗자리로 끌어올리자는 것이다. 그 구체적 방안으로 먼저 윤리적으로 소년의 인격을 인정할 것을 제안하였다.

첫째로 언어(言語)에 있어 그를 경대(敬待)하자. …… 우리는 어린이의 인격(人格)을 인(認)하는 첫 표시로써는 먼저 언어(言語)에서 경대(敬待)하여야 한다.
둘째로 의복, 음식, 거처 일상 생활의 범주에 있어 어린이를 꼭 어른과 동격으로 취급하는 습관을 지녀야 한다.
셋째로 가정, 학교, 기타 일반의 사회적 시설에 있어 반드시 어린이의 존재를 염원(念願)에 두어서 시설을 행(行)하여야 한다.[30]

다시 경제적으로 그의 생활의 평안을 보장하여 "그들에게 상당한 의식을 주어 자체가 영양불량의 폐에 빠짐이 없게 하며, 유소년의 노동을 금하고 일체로 취학의 기회를 얻게 할 일이라"[31]라고 '소년운동의 방안'을 제시하였다. 이는 당시 소년운동의 목표를 가장 함축성 있게 드러낸 표현으로, 1923년 5월 1일 제1회 어린이날에 선포된 「소년운동의 선언」과 문맥이 일치된다는 점에서 중시된다.[32]

1. 어린이를 재래의 윤리적 압박으로부터 해방하여 그들에게 대한 완전한 인격적 예우를 허(許)하게 하라.

---

29) 기전, 위의 글, 25쪽.
30) 기전, 위의 글.
31) 기전, 위의 글.
32) 김정의, 『한국소년운동사』, 80쪽.

2. 어린이를 재래의 경제적 압박으로부터 해방하여 만 14세 이하의 그들에게 대한 무상 또는 유상의 노동을 폐(廢)하게 하라.

3. 어린이 그들이 고요히 배우고 즐거이 놀기에 족한 각양(各樣)의 가정 또는 사회적 시설을 행(行)하게 하라.[33]

당시 일기 시작한 한국 근대소년운동은 많은 소년운동계몽가들에 의하여 영향받고 있었다. 안창호의 무실역행의 인간개조사상이 도도히 흐르고 있었고, 이돈화의 소년보호사상도 묵과할 수 없었다.[34] 그러나 김기전의 소년해방사상의 영향이 무엇보다도 지대했다. 「소년운동의 선언」이 소년운동의 정신을 대표하는 근대소년운동의 목표로 설정되었기 때문이다.[35] 뿐만 아니라 이 선언은 세계 최초의 어린이인권선언이 되기도 하였다.[36]

소춘은 그의 소년해방사상을 직접 구현하기 위하여 1921년 5월 1일 천도교소년회를 창립하였다.[37]

그러나 첫 시작은 이보다 앞선 1921년 4월 천도교청년회 유소년부에서 비롯된다.[38] 이것이 모체가 되어 다음 달 5월 1일 천도교소년회로 발족되었다. 천도교소년회의 목적은 상해(上海)의 인성학교소년회나 마찬가지로 지·덕·체를 겸비한 쾌활한 소년을 만드는 것이었다.[39] 이러한 목적을 달성하기 위한 방법으로 천도교소년회는 유락부(遊樂部), 담론부(談論部), 학습부, 위열부(慰悅部)의 4부로 나누어 활동했다.[40] 그리고 강령은,

1. 소년대중의 사회적 새 인격의 향상을 기함.

2. 소년대중의 수운주의(水雲主義)적 교양과 사회생활의 훈련을 기함.

---

33) 『동아일보』 1923년 5월 1일자.

34) 김정의, 「개벽지에 나타난 소년관에 관한 고찰」, 37쪽.

35) 김정의, 「소춘 김기전의 소년운동(상)」, 20쪽.

36) 윤석중, 「동심으로 향했던 독립혼」, 『사상계』 1962.5, 266쪽.

37) 성봉덕, 「천도교소년회운동과 소춘선생」, 『신인간』 428, 1985.5, 27쪽.

38) 성봉덕, 위의 글.

39) 김정의, 「상해에서의 한인소년운동」(한국민족운동사연구회 제33회 연구발표회 발표 논문), 1994.9.17, 2쪽.

40) 「가하할 소년계의 자각」, 59쪽.

   3. 소년대중의 공고한 단결로써 전적운동(全的運動)을 지지함.[41]

이라고 하여 동학문명의 이념실현책을 구체적으로 명시하여 소년운동의 노선을 분명히 하였다. 이 천도교소년회는 각종 소년단체를 리드해 나가기 시작하였다. 실제로 1922년 5월 1일을 제1회 어린이날로 선포하여 자체적으로 문화행사를 가졌다.[42] 그리고 천도교소년회가 중심이 되어[43] 1923년 4월 17일 오후 4시에 천도교소년회 안에 모여서 소년운동협회라는 일종의 소년운동단체의 연합기구를 형성하였다.[44] 이어서 이 단체 명의로 매년 5월 1일을 조선의 어린이날로 정하고[45] 그 해 5월 1일 제1회 어린이날 행사를 가졌다.[46]

그리하여 1920년대에는 소년운동이 불같이 일어나 민족에게 미래의 희망을 안겨주었다. 그러나 소년운동의 지반은 열악하였다. 물려받은 가난과 무지는 소년운동을 전 국민적 운동으로 승화시키는 것을 버겁게 하였다.[47] 더욱이 일제의 강압하에 가해진 모진 경제적 압박이 민중을 더더욱 궁색케 함에 따라 소년은 노동현장으로 내몰렸다.[48]

그 결과 선택된 소년은 극소수이고 공부하지 못하고 불우하게 일하는 소년의 수는 압도적으로 많아져 문제의 심각성이 드러났다. 이런 분위기였기 때문에 소년운동은 민중의 귀에 좀처럼 들어오지 않았다. 이와 같은 시대 분위기를 체득한 김기전은 소년운동에 대한 반성도 게을리하지 않았다.[49]

그는 해가 거듭될수록 유희로 머무는 어린이날 행사가 그나마 소년 자

---

41) 신일철, 「천도교의 민족운동」, 『한국사상』 21, 1989.12, 58쪽.

42) 『천도교회월보』 1922.5, 51~56쪽 ; 『동아일보』 1922년 5월 1·2일자.

43) 이재철, 「천도교와 어린이운동」, 『신인간』 439, 1986.5, 4쪽.

44) 『동아일보』 1923년 4월 20일자.

45) 『동아일보』 1923년 4월 23일자.

46) 『동아일보』 1923년 5월 1일자.

47) 김정의, 「한국근대소년운동의 노선갈등과 일제탄압고」, 『실학사상연구』 3, 1992.3, 306쪽.

48) 주영철, 「직업소년들의 가지가지 설움」, 『어린이』 7-4, 1929.5, 15쪽.

49) 김기전, 「다갓치 생각해 봅시다」, 『어린이』 5-8, 1927.12, 1쪽.

신이나 몇몇 지도자만의 소년운동으로 되고 있음을 반성하고, 모두가 관심을 갖고 소년을 윤리적·경제적 압박에서 해방시키고자 노력하였다. 이를 위하여 그는 새시대·새조국을 열어 갈 수 있도록 동학문명정신이 깃든 소년운동으로 거듭나야 한다는 뼈아픈 충언을 하기에 이르렀다.[50]

4. 소파 방정환의 소년인권운동

그 동안 '어린이'라는 호칭은 1920년 8월 25일자 발행의 『개벽』 제3호를 통해 같은 달 15일자로 방정환(方定煥 : 1899~1931)에 의해 사용된 「어린이노래」가 처음이라고 알려져 있었다. 그러나 '어린이'라는 호칭이 처음 사용된 것은 1914년 11월 최남선에 의해 간행된 『청춘』 창간호 시가란에 실린 「어린이의 꿈」임이 최근 확인되었다.[51] 그렇다 하더라도 이 용어가 세상 사람들에게 보편화된 것은 근대 어린이잡지의 효시인 『어린이』지가 창간되면서(1923. 3. 20)부터라고 보는 게 타당하겠다.[52] 그것은 『어린이』지의 독자가 1925년에 이미 10만에 이르고 있다는 소파의 언급으로도 알 수 있다.[53]

이렇게 널리 불리기 시작한 '어린이'는 아동을 존댓말로 표현한 것이다.[54] 이 점에 대해서 소파는 " '에너석' '어린애' '아해놈'이라는 말을 없애 버리고 '늙은이' '젊은이'라는 말과 같이 '어린이'라는 새 말이 생긴 것도 그 때부터의 일이요"[55]라고 말하고 있는데, '어린이'를 '애녀석' '어린애' '아해놈'의 비칭 대신에 사용한 존칭으로 정의한 것은 지배적인 견해로 보지

---

50) 김정의, 『한국소년운동사』, 87쪽.
51) 안경식, 『소파 방정환의 아동교육운동과 사상』, 학지사, 1994, 21쪽.
52) 김정의, 『한국소년운동사』, 106쪽.
53) 방정환, 「사랑하는 동무 『어린이』 독자 여러분께」, 『소파수필집』, 을유문화사, 1974, 107쪽.
54) 조지훈, 「한국민족운동사」, 『한국문화사대계(1)』, 1964, 731쪽 ; 손인수, 「인내천사상과 어린이운동의 정신」, 『신인간』 428, 1985.5, 23쪽.
55) 방정환, 「7주년 기념을 맞으면서」, 『어린이』 8-3, 1930.3, 2~3쪽.

만[56] '어린이'가 『어린이』지 창간호에서 새 말로 생겼다는 것은 납득할 수가 없다. 더욱이 소파 스스로 1920년 8월 15일에 이미 이 말을 사용했었고, 그보다 먼저 전통시대에 사용된 용례[57]는 예외로 한다 해도 육당이 이미 사용했기 때문이다.

하여튼 '어린이'라는 말은 그 후 어린이날이 제정되고 어린이날 행사가 범민족적으로 전개되면서 처음엔 일반인들에게 퍽 낯선 낱말로 들렸겠지만 사용빈도가 높아짐에 따라 서서히 어린이에 대한 인권사상을 심어 주었다. 소년 자신들에게도 '어린이'란 새 말이 보편화됨으로써 윤리적 압박으로부터 해방되어 점차로 인격적인 면에서 지위를 격상시키는 데 도움이 되었다.[58]

근대소년운동이 내면적으로 강한 민족주의운동이었다면, 그 모든 취지와 계몽선전의 무대가 된 것은 두말 할 나위 없이 『어린이』지였다. 말하자면 동학문명의 정신이 반영된 소년운동의 실천무대였다는 점에서 이 잡지의 진가가 있는 것이다.[59]

『어린이』지는 창간 때부터 천도교와 색동회를 배경으로 가지고 있었기 때문에 당연히 민족주의적 색채를 띠었다.[60] 더욱이 잡지를 주간한 방정환은 국권회복의 먼 장래를 전망하고 청년운동과 농민운동이 독립운동의 지름길이라는 다수의 주장에 무시당하면서도 끈질기게 동학의 민족주의에 입각한 소년운동을 적극적으로 실천하였고, 『어린이』지의 발간도 그 한 방도였다.[61] 방정환이 『어린이』지 창간을 앞두고,

어린이는 결코 부모의 물건이 되려고 생겨나오는 것도 아니고 어느 기성 사회의 주문품이 되려고 나오는 것도 아닙니다. 그네는 훌륭한 한 사람으로 태어나

---

56) '어린이'는 평등호칭이라는 견해도 있다(김응조, 「천도교의 문화운동」, 『인문과학연구』 2, 성신여대, 1983, 77쪽).
57) 김정의, 『한국의 소년운동』, 58쪽.
58) 김정의, 『한국소년운동사』, 107쪽.
59) 김정의, 위의 책, 107~108쪽.
60) 김상련, 「소파 연구(上)」, 『신인간』 295, 1972.4, 79쪽.
61) 김상련, 위의 글, 31쪽.

오는 것이고 저는 저대로 독특한 사람이 되어 갈 것입니다.[62]

라고 동학정신과 일치하는 소년의 인권옹호를 강하게 설파하였다. 이와 같은 신념과 어린이를 사랑하는 마음으로 『어린이』지를 펴낸 그는 첫호의 머리말에서,

죄없고 허물없는 평화롭고 자유로운 한울나라! 그것은 우리의 어린이의 나라입니다. 우리는 어느 때까지던지 이 한울나라를 더럽히지 말아야 할 것이며 이 세상에 사는 사람 사람이 모두 깨끗한 나라에서 살게 되도록 우리의 나라를 넓혀 가야 할 것입니다.[63]

라고 하여 동학의 교지(敎旨)인 인내천사상을 반영하고 있다.

그 후에도 『어린이』지의 편집 경향은 다분히 민족 일반과 어린이의 주체의식을 확립하려고 하는 민족주의적 경향을 견지하였다. 실제로 『어린이』지는 '조선 자랑호'[64] '소년운동호'[65]의 특집호를 내기도 했다.

소파는 민족적 긍지를 고양시키고 민족단합을 공고히 하기 위해 권두사나 훈화를 통해 직접 계몽에 나서기도 하고 우리의 애국적인 사료나 지리를 통해서도 이를 다양하게 강조하였다.[66] 뿐만 아니라 스스로 전국 방방곡곡을 돌아다니면서 구술·동화·훈화를 통하여 지방민의 애향 내지 애국심을 불러일으키고자 하였다.[67]

그는 바로 천도교소년회와 색동회의 구호, 즉 『어린이』의 다짐말인 "씩씩하고 참된 소년이 됩시다. 그리고 늘 서로 사랑하며 도와 갑시다"[68]를 외치며 어린이를 사랑해야 하는 이유를 알아듣기 쉽게 설명하였다. 즉,

---

62) 소파, 「소년의 지도에 관하여」, 『천도교회월보』 1923.3.
63) 「처음에」, 『어린이』 창간호, 1923.3, 1쪽.
64) 『어린이』 7-3, 1929.3, 1~72쪽.
65) 『어린이』 1-8, 1923.12, 1~15쪽.
66) 김정의, 「사회운동의 측면에서 본 소파 방정환」, 『아동권리연구』 3-2, 1999.11, 130쪽.
67) 김상련, 「소파 연구(상)」, 90쪽.
68) 김정의, 「한국근대소년운동 고찰 - 초기 천도교의 소년운동을 중심으로 - 」, 『한국사상』 21, 1989.12, 170~171쪽.

> 어린이는 앞으로 나아가는 사람이요 아버지는 뒤로 밀리는 사람이다. 조부가
> 아무리 잘났어도 램프 불밖에 켜지 못하고 자동차 비행기란 몽상도 못하고 죽었
> 다. 그러나 그 앞에서 코를 흘리며 자라던 어린이는 전등을 켜고 자동차를 타고
> 라디오를 듣고 있다.[69]

라고 하여 사람은 어린이를 앞장세우고 어린이를 따라가야 억지로라도 앞
으로 나아가지 어른이 어린이를 잡아끌고 가면 앞으로 나갈 사람을 뒤로
잡아당기는 것이라고 하였다.

이와 같은 사상을 바탕으로 그가 색동회, 『어린이』지, 소년운동협회, 조
선소년연합회 등을 통해 근현대소년운동에 바친 정열은 대단하여 마치 소
년운동을 위하여 태어난 사람 같았다.[70] 그러나 소년운동의 길이 순탄하기
만 했던 것은 결코 아니다. 『어린이』지에도 예외없이 일제의 마수가 뻗쳤
다. 『어린이』지는 1923년 3월에 창간되어 1934년 7월에 통권 122호로 정간
당하였다. 137개월 동안 122호에 머물렀다는 것은 15회나 간행을 하지 못
했다는 사실을 말해준다.[71] 다음은 『어린이』지에 대한 일제의 이러한 탄압
상을 잘 보여주는 구절이다.

> 민족의식을 고취하고 민족적 긍지를 심어주자는 운동은 그렇게 평탄하고 용
> 이한 일만은 아니었다. 일제는 검열, 삭제, 압수 따위로 민족문화 말살정책을 강
> 행하기에 혈안이 되니 『어린이』지도 검열에 의하여 재조판, 재문선 끝에 월간을
> 격월호로 내는 수난을 겪어야 했다. 뿐만 아니라 편집책임자인 방정환은 종로서
> 유치장과 서대문형무소 미결수 감방을 자기집 사랑방 출입하듯 하였던 것이
> 다.[72]

일제의 탄압 속에서도 계속된 이러한 소년운동은 내적으로 여러 가지
문제점을 안고는 있었지만 민족주의운동으로서 더없이 소중한 민족의 정

---

69) 방정환, 「아동문제 강연자료」, 『학생』 2-7, 1930.7, 9쪽.
70) 김정의, 「소년운동사의 이해」, 『한국사의 이해』, 형설출판사, 1985, 124쪽.
71) 김정의, 「한국근대소년운동의 노선갈등과 일제탄압고」, 315쪽.
72) 이재철, 「아동잡지 『어린이』 연구」, 『신인간』 438, 1986.4, 70쪽.

신사적인 자산이 되었다.

5. 맺음말

소년에 대한 근대적인 인식은 조선 후기 실학자들에 의하여 간접적·부분적으로 제기되었다. 그 후 동학의 교리에서 한국소년운동의 기저사상인 소년존중사상이 마련되었다. 동학의 인내천사상에서 표출된 인간존중을 구현하기 위해서는 표층의 성인들만 해방시키는 것으로는 불완전하였다. 소년도 인간인 만큼 소년에 대한 인간존중을 포함할 때만이 온전한 인간해방이 되는 것이니, 해월은 소년존중운동을 스스로 펼쳐 보였다.

김구는 편발아이였던 상민 소년시절에 동학 교인인 오응선이 그를 예의로써 대해준 데 감동하여 동학에 입교했고, 동학민중혁명운동의 성공을 위해 척양척왜의 기치를 내걸고 선봉장이 되어 앞장서 싸운 바 있다. 이는 해월의 소년존중운동이 동학민중혁명운동에서 폭발한 민족지향·근대지향으로 그대로 직결된 신화적인 실례다.

동학민중혁명운동을 체험한 의암 손병희도 소년운동을 후원하였다. 그는 일시적으로 실패한 동학민중혁명운동을 궁극적으로 성공시켜 독립국가·근대국가를 달성시키기 위해서는 장차 그 담당자가 될 소년의 운동이 무엇보다도 긴요하고 근본적임을 간파하였다. 이는 동학문명의 인내천 교리의 구현이기도 하였다. 이에 김기전은 소년보호운동, 소년개조운동을 뛰어넘어 소년해방운동을 전개하고 마침내 그 소년해방사상을 한국소년운동사의 기념비가 된 「소년운동의 선언」에 고스란히 반영시켰다. 그는 동학민중혁명운동을 계기로 새롭게 등장한 사회적 생활의 의의와 가치를 이미 십분 이해하고 있었다. 그래서 3·1민주혁명운동 후에는 직접 소년운동을 체계적이고 조직적으로 추진하고자 천도교소년회를 만들었다. 그는 어린이날을 제정하고, 세계 최초로 어린이헌장을 선포하는 등 동학문명의 정신을 소년들에게 구현해 나갔다. 그가 주도한 출판운동, 청년운동, 농민운동, 공생조합운동, 그리고 오심당 비밀결사운동은 모두 소년운동과 더불어 독립운동과 근대화운동의 차원에서 실행된 것이었다. 이는 천도교인으로서 투철한 신앙심의 발로이기도 하였다. 그의 소년운동은 동학의 교지(인내천)와 척양척왜·광제창생·포덕천하·보국안민·제폭구민 등 동학문명의 정신을 자라나는 2세에게 체득시켜 궁극적으로 인권이 존중받는 평등사회의 건설을 소년사회 때부터 원천적으로 이루고자 한 것이었다.

이에 대해서는 소파 방정환도 근본적으로 견해를 같이하였다. 다만 소춘이 소년운동을 이론적으로 체계화하는 데 공이 많았다면, 소파는 소년운동의 실천 면에서 많은 업적을 남겼다. 소년문예운동, 소년교육운동, 소년인권운동을 발로 뛰며 실천한 그는 어린이의 벗이 되기에 족하였다. 소파는 『어린이』지를 통하여 최시형의 "어린이를 때리지 말라, 이는 한울님을 치는 것이다"라고 설파한 소년존중운동을 주체적으로 승계하여 실천하고, 나아가 『어린이』지를 동학문명 정신에서 연유한 소년인권옹호운동의 실천 현장으로 만들었다.

한국 근대화 과정에서 동학은 소년운동 분야에서도 그 주류를 형성하였다. 소년운동의 시원은 동학이념에 바탕을 두고 소년존중운동을 편 해월에 의해 마련되었고, 소년운동의 체계적인 이론은 소춘의 소년해방운동에서 정립되었다. 이러한 이념과 이론에 바탕하여 소파는 색동회, 『어린이』지, 조선소년연합회 등을 가동하여 소년인권운동의 날개를 폈다.

그러므로 소년운동과 동학문명은 같은 이념에서 전개된 민족근대화운동이라고 볼 수 있겠다. 그러기에 동학·천도교는 정력적으로 소년운동에 힘을 기울였다. 소년운동을 통하여 궁극적으로 동학문명을 꽃 피울 수 있는 지름길을 찾고, 동학문명의 성취를 사람답게 살 수 있는 조국의 자주독립과 인간평등의 근대화라고 생각한 것이다.

결론적으로 소년운동과 동학문명은 같은 맥락에서, 조국의 독립과 인간평등의 근대화를 달성하기 위해 유기적으로 협력하였음이 명확해졌다.

(김정의, 「소년운동을 통해 본 동학혁명」, 『한국사상』 22, 1995)

제7장 일본문명과 우리 나라

1. 머리말

최근 일본열도에서는 일본인들이 살아 있는 신으로 섬기는 히로히토 국왕의 병세가 악화되어 오늘내일 하는 모양이다. 그러니까 벌써 꽤 오래 되었다. 서울올림픽 개막 사흘째인 9월 19일에 그 사실이 알려지자 일본열도는 모든 면에서 '자숙'의 기류가 일기 시작하였다.

이 때부터 궁성 앞에 진을 친 중계차량은 지금도 24시간 대기하고 있으며 국왕의 쾌유를 비는 사람들이 속출하기 시작했고 이들을 위해 서명록까지 비치됐다. 또 일본열도 곳곳에서는 공식행사가 취소됐다. 결혼피로연, 국민학교 운동회마저 취소됐고 일본인이 좋아하는 도미나 바다가재를 먹는 일도 삼가는 현상마저 나타났다. 가히 일본열도는 '자숙열도'로 가라앉았다. 이쯤 되면 '일본교'의 사제장 격인 히로히토 국왕의 위력은 일본인들에게 절대적인 존재리고 볼 수 있겠다.

그러나 우리에게 히로히토는 누구인가. 그는 두말 할 것도 없이 우리 나라를 핍박한 세기적인 원흉이 아니던가. 그래서 일찍이 애국열사 이봉창 선생이 김구 주석의 명을 받아 그를 응징하고자 투탄하였었다. 히로히토는 그 때 처단됐어야 옳다. 그렇게 안 된 이상 2차대전 후 전범재판에 의해 당연히 처형됐어야 했다. 그러나 그는 계속 국왕으로, 그것도 이른바 '천황'이란 이름으로 참으로 오래도 살았다. 올해가 소화 63년이란다.

인간 히로히토, 그는 오욕의 천수를 다하고 있다. 이제야 비로소 과대망상의 생을 마감하고 있는 것이다. 이는 일본의 부담을 덜어주고 한일관계의 새로운 지평을 위해서도 만시지탄이나마 다행 중 다행한 일이다. 그 동안 우리는 식민지통치의 사령탑이었던 그가 생존한 상태에서 그나마 정식의 사과 한 마디 못 듣고 뼛속 깊은 원한을 삭일 수가 없었다.

지난 1983년 전두환 대통령의 방일중 그는 과거의 침략사를 '유감'이란 표명만으로 호도하려고 획책했다. 그 당시 우리 정부는 그 '유감'을 사과로 받아들였다. 참으로 어처구니없는 망연자실한 일이었다. 과거를 청산하는 새출발의 장에서 일본에 임하는 우리의 자세가 이러고서야 어찌 민족자존에 도움이 될까 보냐.

이와 같은 실정에서 필자는 그들의 연호가 바뀔 조짐이 확실해지고 있는 요즘에 '일본은 우리에게 무엇인가'를 음미해 보는 것이 '한일관계의 재조명'의 필연성으로 보아 시의적절한 주제라고 나름대로 의미를 부여하여 이 글을 쓰고자 한다.

2. 서광은 가라쿠니에서

한국과 일본은 역사적으로 보아 친소관계를 거듭 교차해 온 이웃이다. 일본열도는 원래 한반도와 연결되어 있었다. 신석기시대로 넘어갈 무렵 해진현상이 찾아오자 대한해협이 나타나면서 일본열도가 생성되었다. 이 일본열도 중 일본의 전진기지인 대마도는 부산에서 겨우 1백 리 길 남짓 (43km) 되며 똑딱선으로 세 시간이면 갈 수 있는 거리다. 날씨 좋은 날이면 부산 용두산 공원에서 그 형체가 바라다보이기도 한다. 이처럼 한국과 일본은 일의대수의 이웃인 것이다. 더욱이 일본으로선 지리적으로 가장 가까운 이웃이 한국이다. 따라서 좋건 싫건 역사적으로 문화적으로 깊은 관계를 맺어 올 수밖에 없었다. 그런데 이 해협 하면, 왜 그런지 먼저 풍랑부터 떠오른다. 이 해협을 사이에 두고 거센 풍랑이 여러 차례 있었던 것은 사실이다. 7세기 말에 백제부흥군을 돕는다는 미명 아래 일본이 내침한 일이 있었다. 13세기에는 몽골 습래로 여몽연합군이 일본을 공격하였다. 14세기엔 왜구가 들끓었고, 이어 고려 말에는 박위, 조선 초에는 이종무가 그들의 소굴인 대마도를 정벌하였다. 16세기 말엔 임진왜란의 파고가 밀려왔고, 금세기 전기에는 35년간에 걸친 일제의 강점도 있었다.

이처럼 뒤돌아보니 허구한 날 격랑만이 연속된 것 같지만 수천 년 역사에서 보면 격랑보다는 평온한 해협인 날이 훨씬 길었다.

먼 옛날 석기문화인 조몬 문화 위에 청동기 문화가 전파되어 야요이 문화가 성장하였다. 이 시기에 한반도에서 수많은 사람들이 파상적으로 일본열도로 건너가 벼농사를 동반한 청동기 문화를 전했으며 묘제와 종교까지 전하였다. 일본열도의 새 문화의 서광은 이렇듯 한반도에서 비추었던 것이다. 그들이 신성시하는 이른바 '천황족'도 이 무렵에 건너간 동정족의 일족(도래인)임이 근자에 밝혀지기 시작했다. 즉 이토시마의 고인돌은 가라쿠니(한국)에서 날아온 것으로 알려졌고, 『고사기』의 개국신화에는 "가라쿠니를 향하여 …… 아침햇살이 잘 비치는 나라, 저녁놀이 비치는 나라이다. 그러므로 이 땅은 매우 좋은 고장이다"라고 서술되어 있어 니니기노미코토가 동정족임을 뒷받침해 주고 있다.

또한 고구려, 백제, 신라, 가야의 4국시대에는 4국이 경쟁적으로 일본열도에 식민문화의 건설에 박차를 가해 아스카·헤이안 문화의 황금기를 열었다. 이 때 왕인, 아직기, 단양이, 담징, 아좌태자, 노리사치계 등 일일이 헤아릴수 없는 많은 분들이 건너가 그들의 스승으로서 크게 활약하였다. 이를 두고 도쿄 대학의 이노우에 교수도 『일본의 역사』에서 마치 메이지 시대에 유럽문명이 이식되는 상황과 흡사하다고 기술했다. 이 점에 관해서는 히로히토 국왕마저 6~7세기경 귀국의 도움을 많이 빌었다고 자인한 바 있다.

그리고 조선 전기(일본 무로마치 시대)에는 목면과 구리를 교역하는 돈독한 관계였고, 조선 후기(일본 에도 시대)에는 그야말로 선린관계의 표본을 이루었다. 오늘날 볼 수 있는 「조선통신사 행렬도」는 그 좋은 본보기가 된다. 그들 정권의 안정은 조선의 신임에 기반하였다.

이처럼 긴긴 시대에 평화적인 선린교류가 있었다는 사실은 폄하하고 한일관계를 늘 적대관계로만 파악하는 것은 시정할 필요가 있다. 이는 아마도 금세기의 치욕적인 역사에서 아직 헤어나지 못하고 올바른 관계정상화를 이루지 못한 데서 기인한다고 볼 수 있다. 여기엔 일본의 책임이 근본적으로 크다. 고대사에서 임나일본부설이나 칠지도 조공설 등을 통한 역사날조와 광개토대왕릉비문 조작 등이 백일하에 드러났는데도 역사교과서를 통해 아직도 원초에서부터 왜곡을 계속하고 있는 것은 참으로 불행한 작태이다. 일본의 오늘이 있기까지의 원뿌리가 한국에 있는데도 적반하장이니 그러고도 한일 간에 진정한 정상화를 바랄 수 있는 것인가. 백일몽을 깨고 일본이 극우화를 포기할 때 선린관계는 나타날 것이다.

우리는 인내심을 갖고 그 때까지 가슴을 열고 기다릴 것이지만 그들의 본심에 대해서는 항상 방심해서는 안 될 것이다. 그것이 우리를 지키는 본질적인 방패라고 파악되기 때문이다.

3. 경제신화와 한국의 추적

전후 일본의 경제건설은 언필칭 경제동물이라고 지칭될 정도로 총력적이었다. 그들은 군대가 해체된 상황에서 패전의 수모를 씻는 최선의 길은 경제부흥이라고 믿었다. 폐허 위에서 국가를 재건하기 위해 그들은 수단방법을 가리지 않았다.

바로 그 무렵 발발한 한국전은 그야말로 메마른 땅의 단비였다. 이미 중일전쟁, 태평양전쟁 등의 침략전쟁에서 익힌 군수물자 생산의 노하우는 일본열도를 단숨에 미국의 한국전 전초기지로 변모시켜 전후 재건에 더없는 호기를 마련해 주었다. 이어서 월남전에서 다시 한 번 재미를 보았다.

거기다가 한국의 경제계획에 편승하여 그들의 노후설비나 공해설비를 떠맡기며 계속적으로 부를 축척해 나갔다. 일본의 자본과 기술은 한국의 노동력과 결합되어 한국의 경제건설에 일정한 공헌을 하며 한일유착의 보람을 만끽하면서 급기야는 미국시장을 점차 일본의 상품시장으로 바꾸어나갔다. 비록 일본은 1940년대엔 군사적으로 미국에게 정복당했지만 1970년대로 넘어오자 경제적으로 반대현상이 나타나 대미무역에서 흑자국가로 변모하였다.

이 같은 현상이 1980년대엔 우리에게도 나타났다. 우리는 대미무역에서는 흑자폭을 넓혀 갔지만 대일무역에서는 적자폭을 좁히지 못했다. 그런데도 이제껏 우리를 그들의 돈벌이에 더없는 파트너로 기특하게 생각해 왔던 일본은 우리에게 더 이상의 기술제공을 꺼리며 어느새 라이벌 관계로 간주하기 시작하였다. 게다가 중국대륙이라는 시장을 놓고 치열한 경쟁이 예상되는데다 그들의 독무대로 생각했던 시베리아 개발계획도 서울올림픽을 계기로 차질을 빚게 될지 모른다며 우려를 하고 있다.

일본의 경제력은 현재 미국을 압도하기에 이르렀거니와 첨단기술에서의 발전은 더욱 독보적이다. 일본은 이미 세계 10%의 부를 점거한 것으로 진단되고 있다. 이제 1%의 부를 겨냥하며 세계 10위권에 진입중에 있는 우리 한국으로서는 많은 면에서 일본보다 부족한 상황에 놓여 있다. 아직 일본에 비해 기술과 자본도 열세를 면치 못하고 있는데다 부익부 빈익빈의 편중 현상으로 근로자의 사기도 저하되고 있다. 이러한 악조건 속에 있는 우리 나라에서는 노동쟁의가 빈발하고 있다.

경제건설에서 신화를 창조한 일본은 부(富)의 분배에서도 건실한 모습을 보여 주었다. 이는 지도자들이 국익 차원에서 건박질소한 생활자세를 견지하고 국민들이 그들을 신뢰하고 따라준 결과라고 하겠다. 정통성 없는 정부가 정경유착을 통해 5공비리를 낳는 등의 문제를 안고 있는 우리로서는 이러한 일본의 자세를 마땅히 귀감으로 삼아야 할 것이다.

그러나 현재 우리 나라가 밑으로부터 타오르는 민주화의 열기에 휩싸인 젊은이라는 자산을 갖고 있다는 사실은 진정 경제건설의 예광탄이라고 볼 수 있겠다. 이는 아직 봉건적 질서를 싸안고 있는 일본사회보다 더 건실한 위력을 발휘하는 힘이 될 것이다. 더욱이 오늘의 일본 젊은이들이 선배들의 헝그리 정신을 망각한 채 퇴폐 분위기에 오염되어 목적의식이 흐려져 있는 것은 앞으로 일본경제에 대해 낙관만 할 수 없게 하는 중요한 요소가 되지 않나 한다. 일본은 지도자에게서 배운 바가 크고, 한국은 젊은이에게서 배울 바가 많은 나라인 것이다.

4. 군사대국의 재현

태평양전쟁의 주범인 일본은 1945년 8월 6일 히로시마의 원자폭탄 투하로 8월 15일 포츠담 선언을 받아들이고 무조건 항복하였다. 이는 객관적으로 분명 패배이고 항복이었지만, 일본은 이러한 단어를 굳이 피하고 '종전'이라는 교묘한 단어를 사용하고 있다. 독일이 패전을 깨끗이 인정하고 새 출발한 데 비해, 일본은 과거의 영화를 못 잊고 표면적으로는 웃음을 띠되 가슴에는 칼을 품고 이를 악물고 도전했다.

청일전쟁으로 획득한 요동 반도를 삼국간섭으로 잃었을 때도 그러했다. 그들은 러일전쟁을 통해 러시아에 빚을 갚았다. 그런데 요동 반도는 고사하고 한국·간도·대만을 송두리째 잃고 일본열도마저 미군에게 점령당했으니 그들의 심정이 오죽했겠는가. 그들은 이것을 자업자득으로 받아들이지 않고 오히려 원폭의 횡포만을 선전하기에 급급하더니 드디어 재무장의 기회를 포착하였다.

패전 후 일본에 허용된 것은 경찰력으로서의 자위대뿐이었다. 그러나 그들은 어느새 세계 최강의 군대를 가진 국가로 발돋움하기 시작했다. 미국은 소련의 패권확장을 방어할 목적으로 일본을 끌어들여 한·미·일 삼각체제를 구축하였다. 일본은 이미 제2차 세계대전 때 제로전투기로 하와이·필리핀의 미국기지를 공격하여 미국의 간담을 서늘하게 만든 바 있다. 이런 전력을 가진 일본은 경제건설로 따낸 과실을 군비강화 쪽으로 밀어넣었다. 지금 일본은 F15, F16을 비롯하여 최신예 잠수함 및 호위함에다 미사일까지 보유하여 사실상 초군사대국으로 부상하였다. 무엇보다도 우려되는 것은 이들 항공자위대의 긴급 발진기지 7개소 중 4개소의 기수가 한반도를 향해 있고, 일본 자위대의 주력 부대와 레이더 장비가 대마도에 있다는 사실이다.

일본은 자기들 안방을 보듯 우리 나라를 들여다보고 있다. 물론 소련과 중국에 대비하기 위해서라고 하면서 한일 새시대를 읊조리고 있다. 그렇다면 과연 그들에게 우리의 혈맹이 될 만한 공통의 방위의식이 있는 것일까. 역사적으로나 현실적으로나 그러한 필연성은 없다. 단지 자국의 이익을 위해 한국을 가상의 적으로 삼고 있는 것이 명백하다.

　이에 비해 우리는 일본에 대해 거의 무방비 상태다. 일본에서 우익이 득세하고 있는 지금, 우리도 이제는 마음으로만이 아니라 실천으로 일본에 대처해야 하는 것은 아닐까. 이 점을 생각하면 분단이라는 우리의 현실이 더욱 가슴아프다. 한국의 통일은 일본의 재침 기회를 막는 최선의 방책이기도 하기 때문이다. 한편 일본의 군비증강은 우리 나라만이 아니라 아시아 각국 모두에게 공포의 대상이며, 미국에게도 불행으로의 행군이 될 것임을 지적해 두지 않을 수 없다.

5. 일본의 역사왜곡

　『조선왕조실록』 편찬에는 임금이라 하더라도 간여하지 않았다. 조선문화의 높은 밀도가 엿보이는 대목으로, 이것이 한국사학의 전통이다. 오늘의 현대사학에서도 이 정신을 높이 사고 있다.

　이와는 달리 일본 근대사학의 기본정신은 일본 국왕가의 이데올로기를 날조하는 데서 시작하였다. 중추적 지배세력을 합리화하는 이러한 이데올로기의 미신적인 체질을 청산하지 못한 것은, 일본사학이 새로운 학문정신 내지 문화정신으로서 성립할 자격이 결여된 것을 말하며, 일본사학 내에 비과학성을 그대로 간직하고 있다는 것을 말한다.

　1982년에 유발된 이른바 '일본 역사교과서 왜곡사건'에서도 일본은 다시 한번 역사기술 능력이 우리 중세문화의 역사기술 능력보다 유치하다는 것을 드러내었다. 이 사건으로 일본은 그들 문화의 저급성을 여지없이 보여주었다. 이는 필경 미래의 일본의 불행을 자초하는 조짐이 될 것이다. 우리가 이를 염려하는 것은 그들의 불행이 그들만의 것으로 끝나지 않고 우리 역사에도 화를 미칠 것이 명약관화하기 때문이다. 그래서 우리는 그들의 '역사교과서 왜곡사건'을 규탄한 바 있고, 지금도 커다란 관심을 기울이고 있다.

　우리가 '일본역사 왜곡사건'에서 얻은 교훈도 많다. 그 중에서도 가장 중요한 것은 고려가 『삼국사기』를 남기고 조선이 『고려사』를 남겼듯이 자유로운 분위기 속에서 국가적 사업으로 『조선사』와 나아가 좀더 완벽한 『한국민족독립운동사』를 펴내야 한다는 사실이다. 우리는 일본과 시비하는 데에만 정력을 소모할 수는 없다. 역사를 왜곡하는 것은 자기 문화의 비천함을 폭로하는 것이다. 문화는 낮은 곳으로 흐르는 것인 만큼 우리의 역사 기술 자세는 일본에 흘러들 것이다. 지금 일본은 300여 명의 사학자가 한국사를 전공하고 있다는 점을 상기해 볼 때, 그들 스스로 부끄러움을 깨닫고 머지않아 정필을 들 것이라고 기대한다. 스스로 깨달아 바른 역사를 쓰는 것만이 동양평화에 기여하고 일본사학의 발전에도 참다운 공헌을 하게 되는 것임을 성찰하여야 할 것이다.

일본은 고우나 미우나 우리의 영원한 이웃이다. 일본문화의 진정한 성숙은 일본을 위해서나 우리 나라를 위해서나 지극히 바람직하다. 왜구(倭寇)의 근성을 간직하면 일본 자신의 부끄러움일 뿐 아니라 이웃인 우리에게는 여간 성가스러운 일이 아니다. 우리 정부는 이미 그들이 저지른 35년간의 만행에 대해 그들의 국왕이 표한 '유감'이라는 아리송한 표현도 이를 사과의 뜻으로 받아들인 바 있다.

사실 우리는 임오군란 때 일본의 주한공사관을 습격한 정도에도 사죄사를 보내어 정중히 사과를 한 경험이 있다. 그런데도 갖은 만행을 자행한 자들의 수뇌인 일본국왕이 광복 39년 만에 겨우 '유감'이라는 표현 정도로 한·일 새시대의 막을 올리겠다고 한 것은 정말 '유감'스러운 일인데도 우리 정부는 관용을 갖고 사과로 받아들이고 일본을 용서하였다.

그러나 우리는 일본이 우리 민족에게 한 행동까지 잊어서는 안 될 것이다. 우리는 그들의 행동을 후손에게 길이 알려 다시는 일본의 야욕이 통할 수 없도록 해야 할 것이다.

따라서 '일본 역사교과서 왜곡사건'은 우리에게 더한 경각심을 불러일으킨 사건이라 하겠다. 우리는 그토록 부지런하다는 일본 사람을 게으른 민족으로 보이게 만들었다. 결코 두 번 다시 우리는 일본에 넘어갈 수는 없다. 오로지 참된 우정으로 회구하는 바는 아무쪼록 역사정신을 하루 속히 깨우쳐 일본 역사교과서의 왜곡을 시정하여 말끔히 참회하고, 명실상부하게 우호적인 한·일 새 시대가 도래하기를 기대한다.

5. 맺음말

서울올림픽에서 미국인이 방자할 때 일본인은 질서있고 친절하게 대회에 임했다. 외형에 나타난 그들의 자세로 인해 이 땅에서는 반미 분위기가 노출되었다. 이것이 어찌된 영문인가. 지난날 우리는 일본은 적대시했고 미군은 해방군으로 받아들이지 않았던가. 그랬는데 아이러니컬하게도 일본이 다시금 접근하고 있는 게 아닌가. 그것도 매우 상냥하게.

일본이란 나라는 역사적으로 우리와 뿌리를 같이한다. 그렇다 해도 늘 평온한 친선관계는 아니었고 때로는 격랑이 이는 적대관계였다. 국권 강탈 시대는 그 대표적 경우이다.

그러나 1965년 '한·일협정'을 조인한 이래 적대관계를 청산하고 친선관계를 지향하고 있는 중이다. 그런데 근래 일본 측은 역사교육이나 경제협력 및 군비증강 등을 통해 그들의 쌍날칼을 섬뜩하게 드러내 보이고 있다. 일본은 친절하다. 동시에 교활하다. 그들은 늘 강자에게 약했고, 약자에게는 횡포를 부렸다. 그들은 우리 문화에 압도되었을 때 친선관계였고 우리의 문화를 익혔을 때 도전적이었다. 이는 중국, 러시아, 미국에 대해서도 마찬가지였다. 의가 아니라 이에 충실한 배은망덕을 수없이 되풀이했다.

일본의 재침을 막고 선린관계를 유지하기 위해서는 우리가 강자가 되고 문화를 살찌울 수밖에 없다. 이것이 우리가 국권을 수호하는 지름길이다. 따라서 경제건설, 민주화 실현, 군사정예화와 더욱이 조국통일은 우리 민족의 시급한 급선무다. 이런 상황에서의 올림픽 4위, 군비 4위, 내지는 경제력 10위는 일본의 오판을 그런 대로 막아줄 것이다. 일본과의 친선관계도 우리가 이만큼 성장했기에 가능한 것이다. 우리는 일본을 배워서라도 선진학문의 발전에 전념하고 첨단기술을 익히고 자본을 축적해야 할 것이다. 우리에게는 일본이 하는 것은 결단코 추월할 수 있다는 신념이 있고 그런 현상은 분야에 따라 현실로 나타나곤 한다.

이것은 수천 년 쌓인 민족문화의 저력에서 가능한 것이고 이 저력은 무엇보다도 큰 우리의 자산이다. 우리 민족문화에 대한 신뢰는 일본의 탈아론이나 재침의 야욕에 쐐기를 박는 역할을 할 것이다. 이것이 한국을 보전하고 아시아를 평온케 하고 세계사에 기여하는 일이 될 것이다.

일본의 역사왜곡이나 경제신화나 군비증강을 보면서, 우리가 배우고 활용할 가치가 있는 것은 결국 민주시민으로서 우리의 주체관을 갖는 것이다. 그리고 한국문화를 살찌우고 민족의 부를 축적하여 나라의 힘을 기르는 길만이 우리 민족이 살아남고, 한·일 양국이 선린관계로 함께 정진할 최후의 보루라고 생각된다.

(김정의, 「일본은 우리에게 무엇인가」, 『한양여대신문』
1988년 11월 28일자)

제8장 토인비의 문명론

1. 문명의 발생과 성장

토인비에게 있어서 『역사의 연구』는 문명의 비교연구를 의미한다. 최근 수세기 동안 국민국가가 놀라운 속도로 성장함에 따라서 역사가들은 국가 단위의 역사연구에 만족해 왔다. 그러나 자세히 살펴볼 때 어느 국민 또는 어느 국가도 그 자체로 이해 가능한 역사의 연구영역을 이루고 있는 예는 없다. 그나마 조금이라도 가능성이 있는 곳은 세계적 규모로 확산된 대영 제국 정도인데, 영국마저도 그 자체만으로는 충분한 연구가 불가능하며, 항상 인접한 나라들과의 깊은 관련 속에서만 역사적 이해가 가능하다.

예컨대 영국을 현대로부터 역으로 고찰해 보자. '산업주의체제의 확립'에서 '영국민의 개종'에 이르는 한 시기의 역사를 고찰한다고 해도, 고립적이고 가족적인 역사인 때는 없었다. 영국사의 진정한 출발점이 된 '개종'(6세기 말 이후)은 그 때끼지 고립해서 살아가던 5~6개의 민족사회가 융합하여 발생기의 서구사회라는 하나의 공동체를 형성하는 과정이었다.

'봉건제의 확립'(11세기 이후)도 영국의 토양 속에서 싹튼 것이라 해도 8세기 말에서 11세기 초까지 덴마크인의 침략에 의해 촉진된 결과이며, 노르만인의 정복에 의해 급속히 성숙한 것이다. 르네상스의 경우는 문화·정치적인 면에서 북부 이탈리아에서 넘어온 생명의 입김이라는 것이 주지의 사실이다. 책임정치의 확립도 영국에서 발생하여 유럽대륙의 여러 나라로 전파되어 간 것이 사실이나, 크게 보면 당시 영국이나 프랑스 등 여러 나라에 동시에 작용하던 힘의 소산이라고 보는 것이 옳다.

이렇게 보면, 영국민의 역사는 어떤 시기를 고찰의 대상으로 삼든 다른 나라에서 고립하여 그 자체로서 '이해 가능한 역사의 단위'였던 적이 없음을 알 수 있다. 따라서 한 나라의 역사는 항상 인접한 여러 나라와의 깊은 관련 속에서 이루어지며, 영국도 동종의 몇몇 부분—프랑스, 스페인, 네덜란드, 스칸디나비아—을 포함한 사회가 이해 가능한 역사연구의 범위임을 알수 있다.

그러나 이 연관은 공간적으로 무한한 것이 아니라 일정한 한계를 지니고 있다. 이 한계를 벗어나면 그 곳에는 이 한계 안에서 작용하던 것과는 원칙적으로 다른 법칙이 작용한다. 부르봉(Bourbon) 왕조와 스튜어트(Steuart) 왕조에 작용한 정치상의 법칙은, 러시아의 로마노프(Romanov) 왕조나 터키의 오스만(Osman) 왕조, 힌두스탄의 티무르(Timur) 왕조, 중국의 만주족 왕조, 한국의 조선왕조, 일본의 도쿠가와(德川) 막부에는 작용하지 않았다.

이러한 법칙을 역사의 면에서 검증해 나가다 보면, 각각에 일정하게 존재하는 상이점을 배제하고 형성되는 하나의 이해 가능한 '역사 연구영역', 바꾸어 말하면 하나의 역사적 전체를 이루는 사회를 찾을 수 있게 된다. 이것이 바로 역사연구의 대상이 되는 연구단위로서의 문명(civillization)이다. 이러한 역사연구의 기본단위로서 토인비는 서구 기독교사회, 정교 기독교사회, 이슬람 사회, 힌두 사회, 동아시아 사회의 다섯 개의 사회를 들었다.

역사연구가 가능한 단위가 문명이며, 문명은 서로 병행하며 동시대적이라는 것이 토인비 역사관의 기본원리다. 슈펭글러로부터 이어받은 이 두 개의 원리를 바탕으로 하여 형성되는 그의 역사관을 요약하면 ① 문명의 단계 비교와 ② 문명의 만남(encounter) 비교로 대별된다.

단계비교론은, 태어난 문명이 저지당하거나 유산되는 일 없이 순조롭게 성장하다 마침내 좌절하고 해체 과정을 거쳐서 사멸하게 됨을 밝히는 것이다.

문명의 발생에 대한 설명으로는 두 가지 방법이 있다. 하나는 '인종설'이고 다른 하나는 '환경설'이다. 다른 사회들이 오래 정지된 상태에 있는 동안 어떤 사회가 문명의 단계까지 도달할 수 있는 것은 어떤 특정 인종의 산물이라고 보는 것이 인종설이며, 자연환경의 산물이라고 보는 것이 환경설이다. 그러나 이 두 가지 설명은 충분하지 못하다. 인종설은 근래의 문화 사회학의 성과가 보여주듯이, 문명이 시작되려는 시점에서 이미 단일 인종이 아니라 다양한 인종이 관여하고 있다는 점만으로도 설득력을 갖기 어렵다. 또 자연환경의 산물이라는 주장도, 예를 들면 어떤 강변에서는 문명이 발생한 반면 동일한 조건의 다른 강변에서는 문명이 발생하지 않은 점을 설명해 주지 못하여 역시 충분한 설명이 되지 못한다. 따라서 이 두 가지 원인이 합쳐져서 문명이 발생한다고 보아야 옳을 것이며, 이 때도 다음의 두 가지 조건이 갖추어져야 한다.

첫째, 문명이 발생한 사회에는 '창조적 소수자(creative minority)'가 있어야 하고, 둘째, 그 곳의 지리적 환경이 문명 발생에 알맞아야 한다. 문명은 이 같은 조건을 갖춘 사회에서 성장하고, 여기에서 토인비는 독특한 도전(challenge)과 응전(response)의 이론을 전개한다. 즉 적당한 조건을 갖춘 자연환경이 사회에 대하여 도전할 때 그 사회의 지도자인 '창조적 소수자'가 훌륭하게 응전하면서 사태를 수습해 간다. 그리고 사회의 다수자는 이를 추종하면서 모방(mimesis)해 나가게 된다. 문명의 성장이란 이러한 도전과 응전의 과정을 뜻한다.

그렇다면 도전이란 구체적으로 무엇을 의미할까? 그것은 때로는 장기간에 걸친 한랭이나 건조라는 기후조건일 수도 있고, 외적의 침입이라는 인위적인 현상일 수도 있다. 또 인간이 이루어 가는 사회생활의 발전과정 속에서 나타나는 관습이나 제도와 생활의 필요 사이에 생긴 모순일 수도 있고, 경우에 따라서는 인구증가와 국외시장의 개발과 식민지 개척일 수도 있다. 요컨대 사회가 안정된 상태에서 어떤 파괴적 영향이 가해지는 자극이라면 모두 도전이 된다.

응전이란 이 자극에 대한 인간의 주체적인 대응 노력이라 할 수 있다. 인간의 이러한 주체적인 대응 노력은 때로는 적당한 한계를 넘어서서 해당 사회에 대한 새로운 도전으로 변하기도 한다. 가령 하나의 도전으로서 '시장의 수요'라는 것을 한번 생각해 보자. 이 새로운 도전에 대하여 인간은 기계의 발명이라는 방법으로 응전하였다. 그러나 이 새로운 기계의 놀라운 생산력은 곧 생산과 생산물의 처리라는 새로운 도전을 낳았다. 이처럼 도전과 응전은 서로 깊이 연관되어 있는 것으로, 인과관계 아래서 무한하게 연쇄작용을 일으킨다. 앞서 설명한 문명 발생의 두 가지 원인, 즉 인종설과 환경설은 상호관계가 있으며, 여기에 인간의 구체적 조건이 가미되어 미개단계에서 문명단계로 도약하게 되는 것이다.

빙하시대 말기에 북아프리카와 지금의 사막지대까지 포함한 메소포타미아·아라비아·페르시아·인도에 걸친 아프리카 지대는 인간이 살아가는 데 적합한 환경을 갖고 있었다. 그러나 빙하기가 막을 내린 후 이 지대는 사막과 스텝을 출현시킨 건조기를 맞이하였다. 이러한 자연조건의 변화라는 커다란 도전에 대해 이 지대의 주민들은 선택의 기로에 섰다. 서서히 진행되는 건조화 현상에 직면하여 이제까지와 다름없이 수렵생활을 통해 짐승들을 잡아먹고 사는 비참한 생활을 유지하든가, 아니면 생활방법을 바꾸어 동식물을 사육하고 농경에 종사함으로써 자비로운 환경에 의존하던 상태에서 자신을 해방시키든가, 어느 한 편을 택해야 했다. 보다 구체적으로 설명하면, 원래의 생활양식을 바꾸지 못한 집단은 건조화의 도전에 직면하여 종족의 전멸이라는 벌을 받았고, 생활양식을 바꾸어 수렵에서 양치기로 변신하고 거주지는 바꾸지 않았던 사람들 가운데 북쪽으로 이동해 간 사람들은 뜻하지 않게 계절적 한랭이라는 새로운 도전에 직면하였다. 한편 남쪽으로 후퇴하여 건조화 현상을 피한 사람들은 열대기후가 발산하는 최면적 영향으로 오래도록 동면 상태에 빠지고 만다. 끝으로 건조화 현상에 대해 거주지도 바꾸고 생활양식도 변경시키면서 여기에 대응해 나간 집단이 있었다. 바로 이 희소한 집단이 소멸해 간 아프리카 초원지대의 몇몇 미개사회 속에서 이집트 문명과 수메르 문명을 창조해 냈다.

이집트·수메르 문명은 거주지의 건조화라는 대대적인 자연의 도전에 대해 응전한 결과 성립한 것이다. 그러나 이렇게 성립한 농업문명이 그 후 계속 순조롭게 성장해 나갔다면 다행스럽겠지만, 냉엄한 자연의 도전에 대한 인간의 응전의 대담성에는 한계가 있기 마련이다. 인간의 응전이 아슬

아슬한 공중곡예로까지 비치게 되면, 탄생 초기의 문명은 순조로운 발육을 정지할 수밖에 없게 되는 때가 있다. 그 좋은 예로 태평양에 도전한 폴리네시아인과, 북극의 빙원에 도전한 에스키모인, 아시아의 대초원에 도전한 유목민을 들 수 있다.

폴리네시아인은 원양항해라는 대담무쌍한 응전법을 사용했다. 그들은 교묘하고 부서지기 쉬운 뚜껑 없는 카누에 몸을 맡겨 대항해에 성공하였다. 그러나 이들에게 닥쳐온 대자연의 압력은 너무나 압도적이어서 일단 항해를 성공시키고 긴장감에서 해방되자, 해양에 대한 지배능력을 상실하고 서구의 항해자가 찾아올 때까지 자신들의 낙원 속에서 고립하여 외부 세계와는 단절된 채 오래도록 문명의 성장에 이바지할 수 없었다. 에스키모인도 동기의 빙상 생활이라는 곡예에 성공하여 그들의 생활을 새로운 환경에 적응시켜 나갔다. 그들의 생활을 위해 고안해 낸 특유한 도구들은 이를 잘 보여준다. 가령 가죽으로 에워싼 소형 선박, 수렵용 투창, 설화(雪靴), 경유등(鯨油燈), 가죽제 옷, 거주용 천막 같은 것이 그것이다. 자연의 도전에 대한 유목민의 응전도 역시 하나의 공중곡예임에 틀림없다. 이들의 문명을, 거주지를 바꾸어 농업을 지켜나간 사람들의 문명과 비교해 보면 유목민의 생활이 몇 가지 점에서 뛰어남을 알 수 있다. 예컨대 동물의 순화(純化)는 식물의 순화보다 고도의 기술을 요하는 인간 지력의 승리의 결과이다. 그러나 정복 불가능한 냉엄한 자연환경 속에서 그들은 어느 사이엔가 기후 및 식물생활의 연주기(年周期)의 노예가 되어, 스텝지대의 주도권을 장악하기는 했지만 세계 전체의 주도권은 박탈당하였다. 때로 역사적 사건의 영역 안으로 침입해 들어오기도 했으나 이들은 본질적으로는 역사를 갖지 못한 사회로 전락하여 문명의 성장에 공헌할 수 없게 되었다.

한편 도전이 자연이 아니라 인간적 환경인 경우도 있다. 고대 그리스의 스파르타가 좋은 예다. 기원전 8세기경 그리스의 각 폴리스(Polis)에 급격한 인구증가라는 도전이 다칠 때까지 스파르타는 다른 폴리스와 동일한 제도 아래 유지되는 농경사회였다. 그러다 인구증가라는 문제에 직면했을 때, 다른 폴리스가 국외식민지를 건설하거나 무역을 장려하는 방법으로 이를 해결해 나간 데 비해, 바다와 연결되어 있지 않은 유일한 폴리스였던 스파르타는 이웃한 메세니아 지방을 정복하는 방법을 택할 수밖에 없었다. 어렵게 정복에 성공하여 일단 인구문제는 해결하였으나, 노예로 잡아온 메세니아인을 통제하기 위해 스파르타인 자신들은 엄격하기 이를 데 없는 군영적 집단생활을 형성하고 이를 통해 지배권을 유지해 나갈 수밖에 없게 되었다. 결국 여기에 전력을 기울인 결과, 문명의 성장에 필요한 조건을 갖출 여력이 없어지게 되었다. 결과적으로 노예로 삼은 메세니아인에게 얽매여 그 지배제도에 속박당하고 말았던 것이다.

발육을 정지한 위의 문명들의 예에서 우리가 배울 수 있는 교훈은, 문명의 성장을 위해서는 도전이 적당해야 한다는 것이다. 토인비는 "진실한 최적의 도전이란, 도전받는 인간에게 딱 한 번만 성공하는 응전을 할 수 있게 하는 것이 아니라 한 걸음 앞으로 나아갈 수 있는 탄력이 붙도록 자극할 수 있는 도전"이어야 한다고 설명하고 있다.

토인비에 따르면, 문명이 성장하는 시기는 창조적 소수자에 의해 영도되고 있는 때이다. 예컨대 이들 소수의 지도자는 문명이 직면한 어려운 문제들에 훌륭하게 대결하여 창조적으로 수습해 나갈 수 있으며, 창조력이 부족한 대다수의 사람들은 그 지도자의 응전에 매혹되어 모방해 나가게 된다. 따라서 이 단계에서는 지도자와 다수자 사이에 알력이나 저항이 생기지 않으며 지배나 강제도 불필요하다. 이러한 창조적인 응전이 계속되는 동안은 답보나 후퇴가 없이 앞으로 전진해 나가기 마련이며, 문명은 계속 성장한다. 특히 이는 하나의 문명사회 내부에서만 그런 것이 아니라 성장한 문명의 주변에 위치한 야만인들도 이 문명의 빛을 동경하여 창조적 응전의 혜택을 나누어 갖고자 하게 된다. 따라서 성장기 문명의 한 특징은 그 한계가 뚜렷하게 제한되지 않는다는 점이다.

또한 문명의 성장에 대한 토인비의 견해는, 문명의 성장이 기술적 진보에 의한 사회의 외적인 팽창이나 지배영역의 확대만을 의미하는 것이 아니라 언제나 '창조적인 자기결정(self-determination)'을 나타내게 된다는 점이다. 구체적인 사례를 들어 설명해 보자. 중세 초기의 유럽인은 노르만인의 침입에 대하여 봉건제도라는 강력한 군사적·사회적 도구를 만들어 위기를 극복해 냈다. 그러나 다음 단계가 되면 이 봉건제도에서 생겨난 계급의 사회적·경제적·정치적 분화가 여러 가지 압력으로 작용하게 되고, 이 압력은 서구사회에 대해 새로운 도전이 되었다. 서구사회는 이 도전에 직면하여 계급간의 제 관계로 이루어진 봉건제도 대신에 주권국가와 개개 시민 사이의 제 관계로 표시되는 새로운 제도를 창조해 냈다. 그것이 바로 근대국가이며, 이 새로운 도전과 응전을 되풀이하면서 자유주의와 사회주의의 대결을 거치게 된다.

한편으로 그리스·로마의 헬레닉 사회는 국외진출과 함께 이질문명의 도전에 직면하게 되었다. 이러한 도전에 대하여 알렉산더 대왕으로부터 로마 제정시대까지는 주변 문명에 대한 정복으로 대응해 나갔다. 그러나 이질적 문명에 대한 이러한 응전 방식은 문명의 성장을 말해주는 지표가 될 수 없었다. 보다 근본적인 도전은 내부사회 또는 사회제도의 효과적 개혁이라는 문제이기 때문이다. 따라서 도전에 대한 응전에 실패한 그리스·로마 사회는 제정 성립기의 동란기를 거쳐 결국 해체 과정을 밟지 않을 수 없게 된다.

결국 토인비는 문명의 성장을 '창조적 개인(creative individual)' 혹은 '창조적 소수자'라고 부르는 소수의 지적 엘리트(elite)의 창조적 행위에서 찾고 있음을 알 수 있다. 그리고 성장기 문명이란 정적인 미개사회와는 달리 이 창조적 개인 또는 창조적 소수자의 다이내믹한 운동이 이루어지고 있는 문명이다. 그러나 이 창조적 소수자의 활동 패턴은 그가 속한 사회에 따라 달라진다. 헬레닉 문명에서는 인생 전반을 신비적 관점에서 관조하는 경향이 있었고, 인도문명 혹은 힌두문명에서는 종교적 관점에서 인생을 바라보았다. 서구 기독교문명은 기계를 중시하는 경향과 정교한 물적·사회적 태엽(자동차·손목시계·폭탄 같은 물적 기관과 사회제도·사회적 보장제도·군사동원계획 같은 사회적 기관)을 창출함으로써 자연과학적 재발견을 물질적인 목적에 응용하는 데 관심과 노력과 재능을 집중하는 경향이 있었다.

2. 문명의 좌절과 해체

문명의 성장기에 이어 쇠퇴=좌절(break=down)기가 오게 되고, 그 다음으로 해체기(disintergration)를 맞이한다. 문명이 탄생하고 성장한 다음 노쇠하여 해체되는 것은 인류가 창출한 문명들의 발자취를 더듬어 보면 분명해진다. 현재까지 살아남은 다섯 개의 문명 가운데 서구문명을 제외한 문명은 모두 해체 과정을 밟고 있거나 정체 상태에 있다. 슈펭글러는 문명의 전개과정을 유기체의 생명현상에 비유하여 설명하였으나, 토인비는 분명 이 같은 견해에 동조하지 않는다. 문명이 쇠퇴하는 원인은 오히려 문명 그 자체 내부에 있으며, '자기결정' 능력의 상실에 있다고 보았다. 그래서 그는 생명현상의 필연성을 전제로 하는 결정론적 해석을 버리고, 문명의 쇠퇴를 기술의 퇴보로 인해 자연환경에 대한 지배능력을 상실한 결과로 보는 것이 아니라, 반대로 기술의 퇴보를 문명 쇠퇴 현상의 부산물이라 생각하였다. 로마가 말기에 동서로 뻗은 군사도로를 포기한 것도 로마문명이 쇠퇴했기 때문인 것이다. 물론 기본(Gibbon)이 확신했고 오늘날에도 소수의 확신자가 주장하듯이 로마제국의 쇠망을 게르만인이 침입한 결과라고 볼 수도 있다. 이 경우 문명은 인간적 환경을 지배하는 능력을 상실한 것이 되지만, 사실 게르만족의 침입이란 로마문명이 자기결정 능력을 상실하고 있었기 때문에 일어난 결과였다. 뿐만 아니라 이 자기결정 능력의 상실은 (도덕적 퇴폐 같은) 문명의 내적 이유에 의한 것이고, 그리스·로마의 헬레닉 문명은 투키디데스가 입증한 대로 펠로폰네소스 전쟁과 함께 시작된 것이다. 즉 자멸적인 범죄와 스스로를 죽이는 대내외적 전쟁(폴리스 간의 전쟁과 폴리스 내의 계급 간의 암투)의 결과였다. 따라서 헬레닉 문명의 쇠퇴는 기본이 믿었던 것보다 600년이나 이른 시기에 이미 시작되었고, 문명을 넘어뜨린 하수인도 피해자 자신이었다. 이렇게 볼 때 문명의 외연적 확대는 반드시 성장의 지표가 될 수는 없으며, 펠로폰네소스 전쟁에 이은 알렉산더의 세계통일이나 로마에 의한 헬레닉 문명의 세계통일을 문명 쇠퇴 현상의 가장 확실한 증거라고 생각하였다.

문명의 성장이 창조적 개인 내지는 창조적 소수자의 창조적인 응전에 의해 가능하다면, 이 응전이 도전에 대해 효과적일 수 있기 위해서는 언제나 수동적이고 경제적인 사회대중이 소수자의 인격적 감화와 끊임없는 훈련을 통해 지속적으로 응전에 동원되도록 해야 한다. 바꾸어 말하면, 창조적 개인은 스스로에 알맞게 대중을 개조하고, 대중 사이에 창조적 개인의 패턴을 닮으려는 기계적이고 자발적인 모방을 강요할 필요가 있다.

그러나 창조적 활동이란 영속될 수가 없다. 모방은 자발성을 상실하고 기계적인 정도가 높아짐에 따라서 창조적 개인의 활동은 그 효과가 감소되기 마련이다. 만약에 대중이 너무나 유순하고 기계적인 모방만을 일삼게 되면 자발성과 창의성을 잃고 타성에 빠져 문명은 성장을 멈추게 된다. 그리고 대중이 자발성을 잃게 될 때는 문명의 쇠퇴만으로 끝나지 않는다. 지도능력을 상실한 지도자는 대중의 반항을 동반하기 일쑤다. 이 때 사회는 전체적 조화를 잃고, 자기결정 능력을 상실하게 된다. 사회의 자기결정 능력의 유지와 증대가 문명 성장의 결정적인 요인이라면, 이 능력의 상실은 바로 문명 쇠퇴 현상의 판별기준이 되겠다.

사회가 자기결정 능력을 잃고 자기분열에 빠진다는 것은 '동란의 시대(time of trouble)'를 맞이했음을 뜻한다. 토인비가 말하는 동란의 시대는 결코 일시적인 현상이 아니다. 그의 연구의 출발점이 된 헬레닉 문명의 경우, 펠로폰네소스 전쟁이 시작된 기원전 431년부터 아우구스투스의 원수정치가 성립되기까지 약 400년이 포함된다. 이 시기를 다시 세분해 보면, 폴리스의 쇠퇴, 마케도니아에 의한 정복, 알렉산더 대왕의 세계통일이 있었고, 로마의 경우는 아우구스투스의 통일에 앞서서 공화제 말기에 이른바 혁명의 한 세기가 있었다. 그러나 토인비는 그리스 · 로마문명을 같은 것으로 보고 사회의 계속성을 상징하는 입장에서, 그리스 · 로마 전체를 관통하는 시대구분을 하고 있다.

동란의 시대는 문명 쇠퇴의 시작을 알리는 것이지만, 그렇다고 문명이 일시에 해체될 수는 없다. 이 때 창조적 개인 또는 창조적 소수자는 대중의 자발적 복종과 모방 대신에 힘에 의한 강제적인 복종을 강요할 수밖에 없게 된다. 따라서 이제까지의 창조적 소수자는 이른바 지배적 소수자

(dominant minority)로 전락하게 된다. 그러나 이 지배적 소수자 아래서도 사회는 평화로울 수 있고 이 평화는 때로 1~4세기 동안씩 지속되기도 한다. 창조적일 수 없기 때문에 대중의 심복을 얻기 어려워 힘으로 지위를 유지하는 데 급급하여 사회는 상·하·내·외로 분열하게 된다.

『역사의 연구』제5권 서두「문명의 쇠퇴 - 좌절로부터 문명의 해체로 옮아가다 - 」에서 토인비는 쇠퇴·좌절과 해체의 두 국면을 구별하고 있다. 이어지는 문장 속에서 해체국면으로서 동란의 시대, 세계국가(universal state), 공백기(interregum)를 들고 있고, 해체기 사회에서는 ① 지배적 소수자 ② 내적 프롤레타리아트 ③ 외적 프롤레타리아트로 분열된다고 하였다.

해체기 사회의 첫 국면은 지배적 소수자의 등장으로 특징지워진다. 이 지배적 소수자는 '자멸을 되풀이하는 자기 진영을 재건하기 위해 새로운 요소를 그 단체정신에 동화시켜 창조성을 잃어 버리게 된다. 그러나 창조력의 발휘가 전적으로 중단된 것이 아니라, 세계국가를 건설하기도 하고 철학의 유파를 낳기도 한다. 이 지배적 소수자 가운데는 군국주의자와 그 추종자들 및 징세청부인 같은 착취자만이 아니라 사회의 유지에 필요한 사람들도 포함되어 있다. 아우구스투스에 의해 원수정치가 성립된 후 나타난 대부분 무명이기는 하나 강직했던 군인들과 관리들, 스토아 학파에 속한 그리스 철학자가 여기에 속한다. 이는 중국 한(漢)나라의 유교적 교양을 가진 관료=지식계급, 조선왕조의 선비계층, 일본의 도쿠가와 막부 시대의 무사계급(Samurai)에 대해서도 동일하게 말할 수 있으며, 이들 해체기 문명도 몇 세기에 걸친 평화를 향수하였다. 해체기 문명의 제2집단은 내적 프롤레타리아트다. 이들은 펠로폰네소스 전쟁이나 한니발 전쟁과 같은 동란기의 장기화된 전쟁으로 조상에게서 이어받은 지위와 재산을 잃고, 또는 징병이나 용병 등으로 전통적 시민생활에서 벗어나 유민화된 사람들이 중심이다. 그들은 사회 속에 있기는 하지만 어떤 의미에서는 거기에 속해 있지 않는 요소 혹은 집단이라 하겠다. 헬레닉 사회에서는 자유시민과 귀족들이 이 내적 프롤레타리아트로 변해 간다. 그들은 정신적 생활권을 상실했다는 점에서 사회적 폐적(廢嫡)을 당한 사람들이지만, 이 정신적 빈곤화는 바로 물질적 빈곤화를 동반한다. 따라서 그들은 정신적으로건 물질적으로건 전적으로 프롤레타리아트인 다른 계급과 합류할 수밖에 없다. 로마제국이 지중해 세계를 통일하는 과정에서 로마의 판도 내로 편입된 유럽과 아프리카 민족도 이 내적 프롤레타리아트 신분으로 떨어진다. 그리고 이들 민족보다 더 비참한 계층으로서 이탈리아의 노예시장을 통해 들어온 서유럽 민족과 문명화된 오리엔트 주민이 있었다.

결론적으로 해체기 헬레닉 사회의 내적 프롤레타리아트는 세 개의 서로 다른 구성요소로 이루어진다. ① 권리를 박탈당해 살고 있던 땅에서 추방된 사회 자체의 성원, ② 부분적으로 권리를 박탈당해 다른 문명 및 미개 사회의 성원으로 정복당하고 착취당하긴 했으나 살고 있던 땅에서 추방되지는 않은 사람들, ③ 이중으로 권리를 박탈당한 사람들로서, 정복민족에 의해 강제로 징모당한 자들(이들은 자기 땅에서 추방당했을 뿐만 아니라 노예가 되어 먼 이국의 농원으로 보내져 혹사당하게 된 사람들이다).

이들 3종의 사람들은 출신성분이 다르듯 성격도 각각 달랐다. 그러나 사회적 상속권을 빼앗기고 착취당한 사회적 추방자란 점에서 공통된 쓰라린 경험을 지니고 있었다. 이처럼 가혹하고 불법적인 문명에 대해 항거하는 방법에는 두 가지가 있었다. 하나는 절망적인 폭력적 반항이며, 다른 하나는 완전한 비폭력 항거이다. 전자는 로마공화제 치하의 노예 스파르타쿠스(Spartacus)가 일으킨 반란이 대표적이고, 후자는 기독교의 성장 과정에서 엿볼 수 있다.

한편으로 근대의 유럽역사를 개관해 보면, 너무나 많은 내적 프롤레타리아트를 발견할 수 있다. 과거 400년 동안 서구세계의 팽창과 식민지 지배로 '적어도 10개의 해체기 문명의 인적 자원이 서구문명의 사회체 속으로 편입되어' 서구사회의 내적 프롤레타리아트가 되었다. 이렇게 해서 아프리카 흑인들이 서구문명의 일부인 미국으로 이송되었고, 중국의 '꾸리'들도 인도양의 적도지대 또는 남반구 연안지역으로 옮겨져서 서구사회의 내적 프롤레타리아트가 되었다.

이들이 예속신분의 프롤레타리아트라면, 제정러시아의 인텔리겐챠는 보다 특수한 내적 프롤레타리아트라 할 수 있다. 그들은 조상 전래의 땅에서 추방된 것은 아니지만 서구문명과는 이질적인 러시아 땅에서 살면서 서구문명의 충격으로 인해 정신적으로 유민화된 지식인이다. 서구문명의 기술을 배우고 서구화되었으며 러시아의 압제를 물리칠 소임을 감당한 터키인이나 일본의 육·해군 사관, 서구화된 지식과 기술을 익힌 비서구국가의 외교관이나 상인들도 이 내적 프롤레타리아트에 속한다. 토인비는 "생활을 문명의 리듬에 적응시킬 필요가 있는 사회에서는 전류를 하나의 전압에서 다른 전압으로 바꾸는 변압기 구실을 감당할 특별한 사회적 계급이 필요하다"라고 지적한다. 이들은 나면서부터 불행하며, 자신이 태어난 가정이나 자신이 속한 국가의 어느 것에도 내적으로 속하지 못하며 따라서 가족과 국민들로부터 사랑받지 못한다. 본국에서만 사랑받지 못하는 것이 아니라 애써 배운 문명의 당사국으로부터도 존경받는 대상이 될 수 없다. 이리하여 이들 인텔리겐챠는 이중으로 프롤레타리아트의 정의와 합치된다. 그들은 한 사회가 아니라 두 사회 '속에' 있으면서 그 어떤 것에도 '속하지 못한' 것이다.

이 같은 인텔리겐챠는 서구화를 강요당한 비서구국가에만 나타난 것이 아니라 20세기의 유럽 내에서도 존재하게 되었다. 중고등교육, 나아가 대학교육을 받고도 자신들의 능력을 발휘할 정당한 직장을 얻지 못한 하층 중산계급의 인텔리겐챠가 그들로, 이들은 이탈리아에서 파시스트가 되었고 독일에서는 나치의 중견분자가 되었다.

서구사회의 내적 프롤레타리아트는 20세기 이전의 서구사회에서도 발견된다. 종교개혁과 종교전쟁은 가톨릭 국가 안의 프로테스탄트와 프로테스탄트 국가 안의 가톨릭 교도를 각각 내적 프롤레타리아트로 전락시켰다. 또 1789년의 프랑스 대혁명 이후 반복된 시민혁명과 반혁명의 망명자들, 나치에 추방당한 가톨릭 교도와 유대인 망명자들, 그리고 제2차 세계대전과 그 여파로 생긴 수백만 명의 유대인 희생자들도 이 내적 프롤레타리아트에 속할 것이다.

해체기 문명의 제3 구성체는 외적 프롤레타리아트다. 로마제국의 국경 밖에 살고 있던 만족(蠻族) 집단에서 볼 수 있듯이 이들은 한 문명의 창조적 소수자가 지배적 소수자로 전환될 때, 지배적 소수자에 대한 반항 내지는 자위책으로서 생겨난다. 내적 프롤레타리아트가 지배적 소수자와 동일한 땅에서 살고 있는 데 반해, 이들은 그 외부에서 살고 있으며 문명의 혜택을 받고 있다. 그러나 창조의 매력이 사라지고 지배층이 힘으로 지배하려고 하게 되면, 만족들도 자위수단을 강구할 수밖에 없다. 이제 만족은 문명권 밖에 버려진 상태에 놓이고, 자발적으로 힘을 모아 전투단체를 만들어 침입해 들어가려고 한다. 이 외적 프롤레타리아트는 드디어 세계국가를 넘어뜨리고 한 문명에 종지부를 찍고 새로운 문명이 탄생할 때까지 영웅시대를 출현시킨다. 이 문명의 공백기는 게르만 사회의 성립 과정에서 볼 수 있다.

지금까지 살펴본 내용을 요약해 보면 다음과 같다. 먼저 문명의 성장을 위해서는 창조적 소수자가 있어야 하고 적당한 환경이 갖추어져야 한다. 창조적 소수자가 인간적·지리적 환경으로부터의 도전에 현명하게 응전해 나가면서 다수자인 대중으로 하여금 자신을 추종·모방토록 하는 것이 문명 성장기의 일반적 양상이다. 그러나 이 창조적 소수자의 창조성에는 한계가 있어서 창조성이 결핍될 때가 오면 새로운 도전에 올바른 응전을 하지 못하게 된다. 이에 다수자는 창조적 소수자로부터 이탈하고 모방·추종을 중지하게 되고, 이러한 사회는 사회 전체로서의 통일성을 상실하고 혼란이 일어나게 된다. 지난날의 창조적 소수자는 지배적 소수자로 변질하여 힘에 의한 지배를 할 수밖에 없고, 여기에 대해 다수자는 반항을 시도하기 마련이다.

사회 내적으로는 내적 프롤레타리아트가 생기고 내란이 야기되며 무정부 상태가 된다. 외부에선 외적 프롤레타리아트가 등장하여 침입해 들어가기 위한 전투단체를 형성한다. 이 같은 상황이 문명의 좌절기 현상이니, 그리스 문명은 펠로폰네소스 전쟁 이후부터 로마제국에 이르는 400년, 중국 문명은 주(周)나라가 붕괴한 이후부터 진(秦)나라가 통일을 이룩하기까지

약 400년 간이 그 예가 된다. 이 전환기를 수습하여 '세계국가'의 시대가 나타나게 되는데, '지배적 소수자'에 의한 무력적인 전국통일이 그것이다. 세계국가는 알렉산더 대왕의 경우와 같이 무력으로 다른 문명사회를 침범하여 영토를 넓히고 그 곳 주민을 자신의 내적 프롤레타리아트로 편입시킨다.

해체기 문명의 산물인 세계국가는 세 가지 특징을 지닌다. ① 세계국가는 문명이 좌절하기 전이 아니라 그 후에 나타나 좌절한 문명의 사회 전체를 정치적으로 통일한다. ② 세계국가는 창조력을 잃어버린 창조적 소수자, 즉 지배적 소수자의 산물이다. 이 소극성이 세계국가의 건설자가 누구인가를 알려주는 표시이며, 이 국가의 건설과 유지를 위한 조건이 된다. ③ 세계국가는 간단하게 무너지는 건축물이 아니라 되풀이되는 문명의 회복과 원상복귀라는 국면 교체에서 보이는 하나의 회복현상이다. 즉 세계국가란 장래성이 없는 문명이기는 하지만 '좀체로 숨을 거두지 않는 노인'과 비슷하다. 수세기 동안의 동란기를 거치고 겨우 이룩된 안정이기도 하기 때문에 사람들은 감사의 마음으로 이를 받아들이고 불사장수를 바란다. 이같은 세계국가에 대한 염원은 그 국가를 넘어서서 살아남아 진·한 제국의 망령이 수·당 제국을 환기시키고, 로마제국의 망령이 카알 대제의 로마제국 및 신성로마제국을 불러일으키기도 한다.

세계국가는 그 직접적인 목적을 동란시대에 평화를 얻는 데 두는 것이지만, 이렇게 해서 얻어진 평화는 지배적 소수자의 힘의 감퇴에 유용한 만큼이나 프롤레타리아트의 힘의 증대에도 이바지한다.

세계국가는 건설자가 그들 사이의 투쟁을 없앤다는 소극적 목적 때문에 실행한 관용정책에 의해 결과적으로 내적 프롤레타리아트에게 종교세계를 형성할 기회를 주게 된다. 세계국가의 인민 사이의 전투정신 감퇴는 종교적으로는 외적 프롤레타리아트에게 활발한 움직임을 부여하고, 정치적으로는 수동적이 되어 버린 내적 프롤레타리아트에 대해 지배권을 장악하는 기회를 부여하게 된다. '로마의 평화'가 기독교의 침투를 유리하게 했고, '한의 평화'가 외래종교인 대승불교와 토착종교인 도교에게 침투의 기회를 부여하였다.

기독교나 대승불교 같은 세계국가 속의 내적 프롤레타리아트는, 지배적 소수자에 의한 정치적 압제와 경제적·사회적 압박에 시달리고 외래문화와의 문화혼용에 밀려 비폭력적이고 정신적 차원의 해방을 바라는 곳에서 나타난 '고난을 통해 얻어낸 교훈'이다. 바꾸어 말해, 고등종교는 '내적 프롤레타리아트의 창조적 소수자(예수나 부처 같은)'에 의해 창조된 것이다. 성장기의 창조적 소수자가 지배층에서 나온 데 반해 이 해체기의 창조적 소수자는 하층에서 나온 점이 다르다.

기독교의 경우를 예로 들어 보자. 기독교는 헬레닉 문화의 쇠퇴로 야기된 정신적 고난 속에서 태어났다. 이 기독교의 근원은 유대교와 조로아스터교에 있는데, 이 두 종교는 한 시대 앞선 바빌론 문명과 시리아 문명이 쇠퇴한 결과 태어난 것이다. 이처럼 내적 프롤레타리아트의 정신적 고뇌 속에서 자라난 세계교회는 한 문명과 다른 문명의 교체기에 등장하는 위험한 공백기에 문명의 씨앗을 이어가는 소임을 감당한다. 이에 토인비는, "이러한 견해에 따른다면 세계교회의 존재 이유는 하나의 문명이 사멸하고 다른 문명이 발생할 때까지의 위험한 공백기 동안 귀중한 생명의 씨앗을 보존함으로써 문명이라고 불리는 사회의 씨가 소멸하지 않게 만드는 데 있다. 즉 교회는 문명의 번식계통의 일부로, 나비와 나비 사이를 잇는 일, 유충, 번데기의 소임을 감당하는 것이다"라고 말하였다.

1952년 현재 여전히 생명을 유지하고 있는 문명을 보건대, 이들 문명은 모두 그 배후에 세계교회가 있으며, 이 세계교회를 매개로 하여 그보다 한 시대 앞선 문명의 자문명(子文明)으로 성립되었음을 알 수 있다. 서구 기독교문명과 정교 기독교문명은 기독교를 매개로 하여 헬레닉 문명(그리스·로마)의 자문명으로 성립한 것이고, 동아시아 문명은 대승불교를 매개로 하여 중국문명의 자문명으로서 성립했다. 힌두 문명은 힌두교를 매개로 한 인도문명의 자문명이며, 이란 및 아랍 문명은 이슬람교를 매개로 해서 시리아 문명의 자문명으로서 성립한 것이다. 이들 문명은 모두 교회를 갖고 있다.

　세계교회의 성립 과정을 중심으로 고찰할 때 어떤 문명이 선행하는 문명의 자문명으로서 탄생하는 과정은 수태기 - 임신기 - 분만기의 3단계로 나누어 생각할 수 있다. 선행문명의 해체기는 세계교회의 수태기가 되고, 공백기는 임신기, 새로운 문명의 발생은 세계교회의 분만기에 해당한다.

　이 과정을 살펴보면 이렇다. 세계국가 단계에서 일정한 시기가 되면 성장기에는 물론이고 동란기에까지도 그 사회에 활력을 부여해 온 제도나 생활양식이 대부분 활동을 정지하게 된다. 이 때가 되면 세계국가가 가져다준 잠정적인 평화에 감사하던 사회가 평화 상태에 욕구불만을 느끼게 되고 여기에서 세계교회가 잉태된다. 세계종교는 세계국가가 제공하는 여러 조건을 이용하여 급속히 그 내부로 침투해 들어간다. 이 임신기에는 어느 세계교회나 공통적으로 위난의 고비를 겪는데, 이 고비는 이슬람의 비유처럼 지옥의 심연을 가로질러 낙원에 도달하는 유일의 통로이기 때문이다.

　이 위기가 지나면 문명의 분만기를 맞이한다. 이 때가 되면 교회와 문명은 그 역할이 전도된다. 이제까지 구문명에서 생명력을 흡수해 온 교회는 이 때부터 자신의 태내에 잉태한 새 문명에 대해 생명력을 부여하게 된다. 이렇게 탄생한 문명의 창조적 에너지는 종교의 따사로운 보호 아래 사회생활의 문화적 측면만이 아니라 정치·경제 등 세속적인 측면에 이르기까지 화려하게 그 힘을 뻗쳐나가기 시작한다.

　위에서 해체기 문명의 양상으로서 ① 지배적 소수자에 의한 세계국가 ② 내적 프롤레타리아트에 의한 고등종교 ③ 외적 프롤레타리아트의 전투단체가 서로 정립하여 투쟁하는 것을 살펴보았다. 그리고 이 세 계층은 정신적·사회적으로 상통할 수가 없어서 사회체를 삼분하여 문명을 자멸로 몰아 간다. 지배층은 오만하기만 하여 하층계급을 탄압하기 일쑤고 하층계급 속에서 자라난 종교를 박해한다. 이 고등종교는 탄압에 굴하지 않고 내적 프롤레타리아트의 마음 속에 파고들어 널리 퍼져나간다. 세계국가는 당당한 위용과 외관을 지니고 있으나 정신적으로 공백 상태이기 때문에 황제 숭배를 강요하지만 하층계급에게 정신적 만족을 주지 못한다. 드디어

지배자는 고등종교의 매력 앞에 무릎을 꿇고 그것을 국교로 인정하게 되고, 이 국교화된 종교가 바로 '세계종교(universal church)'다. 이리하여 세계국가의 지배층은 정치적으로 무소불위의 힘을 자랑했으나, 정신적으로는 최하층인 '내적 프롤레타리아트'의 이데올로기에 정복당하고 만다. 이는 세계제국의 생명이 쇠진해 간다는 증거로서, 세계국가와 그 문명은 곧 사멸하게 될 것이다.

3. 문명과 문명의 만남

문명과 문명의 '만남'에는 두 종류가 있다. 하나는 '공간적 차원에서의 만남'이고 다른 하나는 '시간적 차원에서의 만남'이다.

서구문명은 그리스 문명의 자문명(子文明)이다. 따라서 그리스 문명은 서구문명의 모문명(母文明)이 된다. 여기에서 문명의 '모자관계'의 한 좋은 예를 볼 수 있다. 금방 두 문명이 모(母)가 되고 자(子)가 되는 관계를 '모자관계'라고 했고, 앞절 끝에서 헬레닉 문명의 사후에 '만족(게르만족)'과 '세계교회'가 살아남았다고 했다. 예컨대 '외적 프롤레타리아트'인 만족은 로마제국이 멸망한 후에도 살아남은 로마 가톨릭교라는 세계교회에 매료당하여 '개종'을 하였다. 이 만족의 개종이 바로 새로운 서구문명을 탄생시켰다. 개종을 통하여 만족은 사멸한 문명의 유산을 섭취하면서 야만에서 문명 단계로 비약한 것이다. 세계교회는 왜 로마문명의 멸망과 운명을 함께하지 않았는가? 세계교회는 어떤 활력소를 지니고 있었는가?

로마제국의 오랜 박해를 견뎌내고 마침내 외래문명을 정신적으로 정복해 낸 것은 '고등종교'가 문명을 초월한 새로운 차원을 창조해 냈기 때문이다. 이 같은 활력과 높은 차원을 가진 고등종교는 로마제국이 멸망한 후에도 살아남아 '공백기'의 사회적 암흑을 밝히는 단 하나의 정신적 등불이 된 것이다. 공백기는 동란기보다도 더 어둡고 비참했던 시기다. 이러한 만족의 폭력과 비극적 사태를 이겨낼 수 있는 것은 고등종교뿐일 것이다. 그 힘이 만족까지 개종시킬 수 있는 매력이었다. 이렇게 해서 세계교회는 낡아 사멸한 문명과 새로 탄생하는 문명의 교량 역할을 맡게 된다. 바꾸어 말해, 세계교회를 사이에 두고 사멸한 모(母)문명과 새로 태어나는 자(子)문명이 시간적으로 접촉을 갖게 된다.

이 같은 문명의 상속을 토인비는 모자관계로 명명했다. 사멸한 문명과는 공간적으로 만날 수 없다. 공백기에는, 모문명은 이미 죽고 자문명은 아직 태어나지 않았으니 '시간의 차원'에서가 아니면 모자문명은 만날 길이 없다. 수세기 동안의 공백기를 중간에 두고 말이다.

문명의 모자관계를 설정한 것은 토인비의 독창성의 하나다. 슈펭글러는 문명의 이질성을 강조했기 때문에 선행하는 문명의 유산을 다음 문명이 상속·계승하는 것을 인정할 수 없었다. 그러나 문명의 상속 또는 계승관계는 역사상 엄연한 사실이다. 문명의 고립성과 비연속성을 아무리 강조한다고 해도 이 사실을 부정할 수는 없다. 서구문명이 그리스 문명을 계승하고, 그리스 문명이 크레타 문명을 계승한 것은 한국문명이 한(漢)문명을 계승한 것과 같이 확실하다. 토인비는 슈펭글러가 지나치게 과장한 문명의 이질성을 손상시킴이 없이 모자관계라는 묘미있는 개념을 설정함으로써 문명의 계승을 비연속적인 연속으로 사실대로 파악할 수 있게 되었다. 문명세대론과 '르네상스' 현상도 이 모자관계의 설정에 의해 잘 설명할 수 있게 되었다.

인류의 역사에 등장한 23개 문명 가운데 이집트 문명과 안데스 문명을 제외한 남은 21개 문명은 모두 모자관계로 이어진다. 오늘날 현존하는 모든 문명은 제3대 문명이다. 서구문명의 모(母)는 그리스 문명이며, 그리스 문명의 모(母)는 미노아 문명이다. 힌두 문명의 모는 인도문명(고대)이고, 인도문명의 모는 인더스 문명이다. 한국·일본 문명의 모는 중국문명(周·漢)이고 중국문명의 모는 은(殷) 문명이다. 이같이 문명을 3대로 나누면 21개 문명은 5대 계보로 정리된다. 문명의 세대에 의한 시대구분은, 역사학의 전통적인 시대구분인 고대 - 중세 - 근세보다 역사적 사실에 충실한 것이 된다. 왜냐하면 불과 수백 년밖에 지나지 않은 근세를 시간상 그 열 배 가까이 되는 고대와 같은 자리에 놓고 대치시킨다는 것은, 시간적 길이로 보

아도 불공평할 뿐 아니라 고대의 복잡성을 무시한 점에서도 불합리한 구
분이다. 오히려 중세와 근세를 하나로 묶고, 고대를 일괄해서 제2대와 제1
대로 나누면 세계사를 사실에 부합되게 나눈 것이 된다. 이 점이 문명세대
론이 지닌 장점이다.

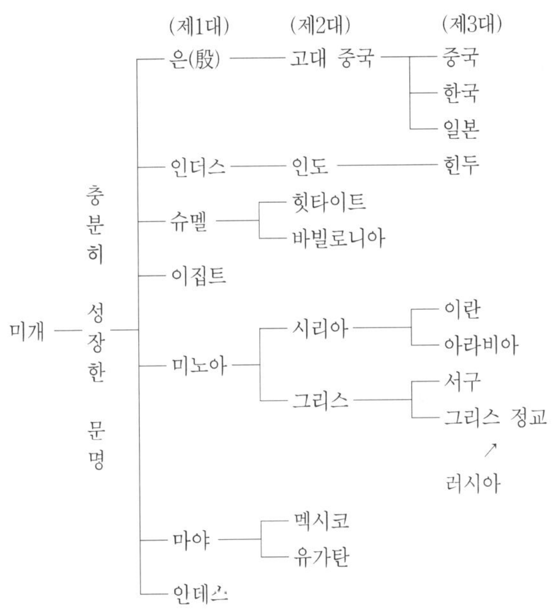

모자관계만이 아니라 르네상스에 대한 설명도 토인비의 독창성을 보여
주는 것 중 하나다. 르네상스란 원래 그리스어에서 유래한 용어로, '그리스
도의 부활'이라는 뜻이다. 이 말을 사멸한 그리스 문명이 서구 기독교문명
에 재생하였다는 뜻으로 사용하기 시작한 것은 18세기부터다. 보통 르네상
스라고 하면, 중세 후기 이탈리아의 미술과 문학 영역에서 일어난 그리스
문화의 재생 현상을 뜻한다. 그러나 토인비는 르네상스를 서구에만 일어난
현상이 아니라, 문명의 모자관계가 있는 곳이면 어디에서나 일어날 수 있
는 현상으로 보았다. 즉 자문명이 위기에 처하여 탈출방법을 찾지 못할 때

모문명에 도움을 청하게 되고, 모문명의 한 부분을 재생시켜 위기에 대처하는 것이 르네상스라는 것이다. 따라서 르네상스는 문학과 미술뿐 아니라, 정치적 이념이나 법률제도, 종교 등에서도 모문명의 재생으로서 르네상스가 일어나며, 따라서 이탈리아 르네상스만이 아니라 수많은 르네상스가 있을 수 있다고 보았다. 가령 로마제국을 재생시키고자 한 신성로마제국의 이념이나, 모스크바가 제3의 로마라는 주장은 정치적 르네상스이며, 우상배척운동도 시리아적 전통의 재생 현상이다. 모문명의 사어로 문장을 작성하는 일(서구에서 라틴어를 사용하는 것이나 현재 한국에서 한문으로 시를 짓는 일) 같은 것은 문자의 르네상스다. 모문명의 문서를 수집하거나 훈고·주석하는 일도 르네상스라 할 수 있고, 중국문명(宋代)에서 유학의 부흥이나, 서구 근세에서 그리스 문명인 아리스토텔레스 철학이 부활한 것은 철학적 르네상스라 하겠다. 이 같은 르네상스는 제3대의 어느 문명에서도 발견되는 것으로, 이미 사멸한 모문명의 망령과의 만남이다.

　토인비는 이 같은 르네상스를 일반의 통념과는 다르게 찬양의 대상으로 보지 않는다. 그 이유는 그것이 모문명의 모방에 불과하고 변칙적인 현상이기 때문이다. 잘 살펴보면 유익한 면보다 불모·유해한 면이 많으며, 특히 현실에서 유리된 면이 강한 영역이나 종교, 예술의 르네상스일 경우는 생산적일 수도 있지만 현실에 가까워지는 분야일수록 불모·유해한 것이 된다. 결론적으로 르네상스 현상은 극복대상이라는 것이 토인비의 결론이다. 바꾸어 말해 모문명은 자문명의 위기를 해결하는 데 도움을 줄 수 없고, 따라서 모문명의 망령에 사로잡혀 있을 필요가 없다는 것이다. 비록 모자관계에 있다 해도 모문명과 자문명은 이미 서로 다른 문명이고, 따라서 모문명에 타당했던 것이 자문명에도 타당하다고 보기는 어려운 것이다. 자식은 양친의 도움 없이 자립의 길을 택해야 할 것이다. 토인비는 서구의 경우, 19세기 후반의 '고대·근대 논쟁' 이후로 그리스 문명의 망령을 몰아내고 문화 면에서 르네상스를 극복한 것으로 보았다.

　그런데 르네상스를 왜 시간적 차원의 만남이라고 보았을까? 모문명이란 이미 사멸한 문명이다. 따라서 사멸한 것과의 만남이란 공간 차원에서는 불가능하다. 사자와 만나기 위해서는 회상 속에서 사자를 불러내는 방법밖에 없다. 사자의 망령과의 대화는 초혼자의 주술에 의해서 가능하다. 따라서 르네상스는 일종의 망령의 초혼으로서, 상념 속에서 조심스레 사자의 망령을 불러내는 일이므로 자연발생적 혹은 우연하게 나타나는 것이 아니다.

이러한 '시간적 차원의 만남'에 비한다면 '공간적 차원의 만남'은 파악하기가 더 쉽다. 이 '공간적 차원의 만남'의 대표적 사례로 전쟁에 의한 정복을 들 수 있다. 마케도니아의 알렉산더 대왕의 이집트·인도 정복이나, 최근 몇 세기 동안 일어난 서구문명의 신·구 대륙에의 학대는 역사상 가장 큰 규모의 문명과 문명 간의 공간적 만남이었다. 이 경우 침략한 문명이 정복당한 문명 쪽으로 흘러 들어가게 된다. 압도적으로 우세한 침략문명은 정치적 저항을 쉽게 배제하고 줄기차게 흘러 들어간다. 원래 문명이란 하나의 통일체이기 때문에 이렇게 흘러들어온 이질적인 외래문명은 통일을 뒤흔들고 유해한 부작용을 불러일으키게 된다. 그럼에도 그 유입을 거부할 만한 힘은 없다. 외래문명의 일부분이 흘러 들어오게 되면 강제로 중단시키지 않는 한 그것과 연관된 다른 부분이 유입되기 마련이며 결과적으로 외래문명을 전부 수용하지 않을 수 없게 된다. 지난날 시리아나 이집트, 인도가 그리스화되었듯이, 오늘에는 모든 비서구국가가 서구화의 운명에 처해 있다. 이러한 상황이 계속된다면 모든 비서구문명은 서구화로 인해 고유의 문명을 상실하게 될 것이다.

그러나 그리스 문명과 시리아 문명과의 만남의 전 과정을 주의깊게 살펴보면, 새로운 가능성이 발견된다. 처음에 압도적으로 우세하던 그리스·로마문명이 수세기 뒤에는 정신적으로 열세에 몰리고 드디어는 시리아 문명의 고뇌의 산물인 기독교에 의해 정신적으로 굴복당하는 놀라운 역전극이 벌어진 것이다.

10세기에 걸친 이 두 문명의 투쟁과정을 이해힌다면 불과 2·3세기 동안 이루어진 서구화의 짧은 경과만을 갖고 긴 장래를 점칠 수 없음을 알 수 있을 것이다. 실제로 정복당하여 식민지가 되거나 패전하는 것이 오히려 토착적 에너지를 증가시키게 된다는 사실을 알아야 한다. 토인비에 의하면, 문명과 문명의 만남에서 가장 중요한 현상은 '모든 종교'의 탄생이다. 고등종교를 낳은 만남도 그 대부분이 원정이나 정복을 통한 것이다. 승리한 문명은 이 만남을 바탕으로 보다 높은 정신적 창조를 이룰 수 있을 것 같지만, 사실은 그렇게 되지 못하고 오히려 패배한 문명이 패배에서 보다 많은 교훈을 얻어 드디어 고등종교를 낳게 된다. 고등종교란 이와 같이 패배한 문명, 그것도 최하층의 정신적 해방의 방편이고, 따라서 상층 사람들의 발상이 될 수 없다. 이는 침략해 들어온 외래문명과 토착문명 간의 투쟁을 초월한 종교적 차원에서의 해결이다. 즉 문명의 차원으로는 극복이나 조정이 어려웠던 문명의 대립을 문명을 넘어선 차원에서 창조적으로 해결한 것이다.

4. 위성문명의 설정

토인비는 여러 학자들의 비판에 대해 『역사의 연구』 제12편에서 답변을 제시하였다. 『재고찰(Reconsideration)』(1961)로 알려진 이 글에서 토인비는 여러 사람의 비판을 참조하여 자설을 철저히 검토한 후 부분적으로 자설을 수정하고 있다. 비판자들 가운데 토인비가 가장 주목한 인물은 베그비다. 그는 토인비의 문명개념이 애매하다고 지적하면서, 문명을 대문명과 주변문명으로 나눌 것을 주장했다. 토인비는 이 주장을 받아들여 주변문명을 '위성문명'으로 하여 새로운 문명표를 만들었다.

처음에 토인비가 만든 문명표에는 '저지된 문명(arrested civilization)'과 '유산된 문명(abortivecivilization)'을 제외하고 '충분하게 개화된 문명(full-blown civilization)'이 21개 내지 23개가 포함되어 있었다. 이들 문명은 규모의 차이에도 불구하고 동등한 것으로 보았다. 그러나 베그비의 제의를 받아, 충분히 개화된 문명을 그 가치와 중요성을 달리하는 '독립문명'과 '위성문명'으로 대별하고, 독립문명으로 13개, 위성문명으로 15개를 들었다. 이 15개의 위성문명 가운데 12개는 새로 추가한 것으로, 전에는 독립문명의 일부였거나 혹은 소속이 애매하거나 정하기 어려운 문명들이었다. 이들 위성문명의 범주에 새로 들어간 것으로는 한국·동남아시아·티베트·엘람·이탈리아 문명 등이 있고, 전에는 독립문명으로 간주되었던 러시아·히타이트·일본 문명이 위성문명으로 격하되었다.

위성이란 혹성 주변을 일정한 궤도를 그리면서 공전하는 천체로서, 그 운동은 혹성에 의존한다. 따라서 위성문명의 특색은 독립문명의 움직임에 따라서 움직인다는 데 있다. 즉 자신의 궤도를 갖지 못하고 독립문명으로부터 정치제도 등 많은 것을 차용하고 있는 것이다. 이들 문명은 분명 별개의 문명이기는 하지만 독자성이 적고 창조성도 독립문명에 비해 빈약하며 독립문명의 변동에 따라 변동한다. 위성문명의 이러한 의존성은 '일본국문명'과 중국문명을 비교해 보면 쉽게 이해할 수 있다.

새로운 문명표를 보아도 알 수 있듯이『재고찰』에서는 세대론에도 상당한 수정을 가하고 있다. 크레타·미케네, 그리스·로마, 서구문명처럼 3대로 이어진 문명도 주장했지만 중국과 인도문명에 대해서는 3대설을 포기했다.

중국과 인도는 3천 년 이상 동일한 문명이 계속되고 있으나 중간에 혹심한 대변동을 겪게 된다. 중국에서는 한말, 인도에서는 마우리아 왕조(또는 굽타 왕조) 말에 제국의 와해와 민족이동, 새로운 종교의 대두 등 하나의 문명이 거의 종말을 고할 만한 대사건과 정신적인 대격변이 일어났다. 그러나 자세히 살펴보면, 이러한 격변은 그리스·로마문명이 서구문명으로 교체되는 그런 현상과는 다르다. 중국과 인도에서는 전 문명이 끝나고 새 문명이 탄생한 것이라고 볼 수 없는 것이다. 무엇보다도 문명의 성격이 전후로 동일성을 유지하고 있기 때문이다. 즉 이집트 문명과 메소포타미아 문명이 몇 천 년 동안 그 성격을 바꾸지 않았던 것과 같이 중국과 인도에서도 중간에 큰 변화가 있기는 했으나 결국 동일문명이 회복된 것으로 보아야 하는 깃이다.

그 첫째 이유는 문명의 주도세력이 동일하기 때문이다. 중국문명의 주도세력은 독서인층(사대부)이다. 그들의 교양은 유교적이며, 불교가 최성기를 구가했을 때도 이 유교적 제도와 지도자들을 밀어내지는 못했다. 따라서 지도층과 이데올로기는 연속성을 지니고 있었다. 만약 만족들이 수·당 이후의 중국문명을 주도하였다면 그리스 계보에서 보는 것과 같은 단절이 일어났을지도 모른다. 그러나 만족이 세력을 얻어 일정하게 단절을 가져온 것은 육조시대의 민족이동기로만 한정되고, 수·당 이후에는 지배권이 다시 한족의 독서인들에게로 돌아갔다.

인도의 경우, 중국의 독서인층에 해당하는 것이 브라만 계급이고, 유교에 해당하는 것이 힌두교이다. 중국의 독서인층이나 인도의 브라만 계층은 다같이 문화를 독점한 지배층이었다. 또 인도에는 중국의 관료제도에 해당하는 카스트 제도가 있었다. 종교적 전통에서만은 두 나라에 차이가 있었으나, 정신적 풍토의 대격변을 맞고도 이 두 문명의 지도층은 그 연속성을 잃지 않았다. 따라서 인도문명과 중국문명에 대해서는 문명이 3대로 계승되는 그리스 모델을 적용할 수 없게 되어 토인비는 2대로 수정한 것이다.

5. 토인비의 미래관

토인비는 세계사의 미래를 문명의 차원에서 어떻게 보고 있을까? 거시적으로 볼 때 지난 4세기 동안, 세계사는 서구문명이 주도해 왔다. 앞으로도 이러한 서구문명이 압도적인 우위를 누릴 것이라고 점치는 사람도 있다. 그러나 토인비의 생각은 다르다. 그는 서구문명이 비서구문명에게 그 주도권을 넘겨줄 때가 올 것이고, 비서구문명 가운데 어느 한 문명의 주도 아래 세계는 하나가 되어 새로운 세계문명의 시대가 열릴 것이라고 보았다.

토인비의 저서 가운데 『시련에 처한 문명』이라는 책이 있다. 이 책의 제5장은 '세계의 합일화와 역사적 전망'이라는 제목을 달고 있고, 제7장은 '국제적 전망'이라는 제목 아래 '세계문명'이 다가오고 있음을 단언하고 있다. 그 가운데 끼인 제6장이 '서구의 왜소화'인데, 서구의 역사와 그 전도를 다룬 것으로서 대단히 흥미로운 내용을 담고 있다.

제5장과 제7장이 모두 1947년에 잡지에 기고한 글인 데 비해, 이 제6장은 1926년에 행한 강연을 바탕으로 해서 쓴 것이다. 당시 페비언 협회가 기획한 연속강연의 주제는 '축소되는 세계, 위험과 가능성'이었다. 물론 여기에서 말하는 축소되는 세계란 유럽이다. 제2차 세계대전 후 유럽은 미국과 소련에 밀려 왜소화되었지만, 토인비가 유럽의 축소를 강연한 1926년이라는 단계에서도 선견지명을 가진 사람이라면 그것을 하나의 징후로서 알고 있었고, 유럽이 축소되는 데 따르는 위험에 어떻게 대처할 것인가를 고민하고 있었다.

토인비는 『시련에 처한 문명』의 제5~7장에서 세계문명(Oecumenical Civilization)의 시대가 오고 있다는 것을 알려주었다. 여기에서 말하는 '세계의 단일화'란 세계가 하나가 된다는 것으로, 기술적으로는 이미 하나가 되고 있지만 문명적으로는 아직 하나가 되지 못했다는 뜻이 내포되어 있다. 결국 현재 우리는 새로운 세계문명의 전단계에 놓여 있는 셈이다. 서구문명이 세계문명을 지배한 시기는 제1차 대전까지 막을 내리고, 그 후 정세가 역전되어 서구는 점차 축소되어 가다가 제2차 세계대전 이후에는 미국과 소련이 유럽을 앞지르기 시작하였다.

이제까지 서구는 몇 개의 단계를 거쳤다. 대외적으로는 십자군을 조직하여 성지회복에 열을 올린 때도 있었고, '대항해 시대'를 맞아 해외로 팽창을 하기도 하였으며 중국·한국·일본 등지에서 선교사업에 실패한 시대도 있었다. 그러나 이제 그런 시대는 지나고 새로운 세계문명의 전단계에 처해 있는 것이다.

서구가 처음으로 맞이한 대외적인 시련은 이슬람 교도의 침입이었다. 유럽이 아직 자신의 문명의 기초를 튼튼히 하지 못한 8~9세기경, 이슬람 교도들은 지브롤터 해협을 넘어 스페인·포르투갈을 빼앗고 피레네 산맥을 넘어 프랑스 중앙부까지 침입했다. 이 때 서구는 만족 국가의 시대였으며 여러 게르만 왕국들은 풍전등화의 위기에 놓였다.

이슬람 교도는 동쪽으로 인도에서부터 중앙아시아, 이란, 이라크 전부를 점령하고, 서쪽으로는 지중해의 아프리카 연안을 따라 이베리아 반도까지

석권하였다. 점령되지 않고 남아 있던 곳은 비잔틴 세계뿐이었다. 사방으로 침략의 손길을 뻗친 이슬람 교도들에 대항해서 서구가 최초로 승리를 거둔 것은 '토올' 싸움에서였다. 만약 이 싸움에서 패했더라면 유럽은 이슬람 문명으로 넘어가고 말았을 것이다.

11세기경부터 힘을 축적한 서구는 십자군을 모아 수세기에 걸친 투쟁 끝에 스페인·포르투갈에서 이슬람 교도를 몰아냈다. 십자군 원정은 결과적으로 성공했다고 보기는 어려우나 11세기에서 13세기까지 천신만고 끝에 수준 높은 비잔틴 문명과 이슬람 문명에서 많은 것을 배우고 유럽은 제1의 흥륭기를 맞이하였다. 흔히 그리스 고전이 직접 서구세계로 전해졌다고 생각하지만 사실 이를 먼저 흡수한 것은 이슬람권이었다. 따라서 유럽에 전해진 그리스 고전은 이슬람권에서 재생된 그리스의 과학과 철학이었다.

한편 십자군의 실패로 인도로 갈 길이 막힌 서구세계는 바다로의 진출을 모색하였다. 육로로는 이슬람권을 통하기 어려웠기 때문에 바다 쪽을 선택하여 이슬람권을 포위할 생각을 한 것이다. 그 결과 출현한 것이 '대항해시대'이고, 이는 콜럼버스의 아메리카 발견으로 이어진다. 그리고 스페인과 포르투갈의 소수 병력은 신대륙에 존재하고 있던 멕시코 문명과 페루 문명을 철저히 파멸시켰다.

그러나 유럽이 단번에 세계를 정복하게 된 것은 아니다. 일단 성공을 거둔 선교사업은 여러 가지 이유로 중국·한국·일본·아비시니아(이디오피아)에서 실패하고 쇄국을 당하기도 하였다. 또한 여전히 이슬람 국가는 유럽보다도 압도적으로 강한 힘을 갖고 있었고, 그 동쪽 인도에는 무굴 제국이 자리잡고 있었다. 유럽으로서는 아직 이들 대국과 대적할 만한 힘이 부족했다.

그러다 17세기 말부터 서유럽은 이슬람권과 자리바꿈을 하기 시작하였다. 서구세계에서는 과학혁명이 이루어지고 있었고, 이제까지 압도적으로 강력한 힘을 자랑하던 오스만 터키 군이 '빈'에 대한 두 차례의 포위전에서 후퇴하였다(1682).

이로부터 유럽은 우위를 굳히기 시작했고 러시아의 피요트르 대제가 서구화 정책에 나섰다. 그리스정교도 가운데서는 '파나리오트' 계층이 오스만 터키 치하에서의 동서 교회의 분열을 청산하고 서구의 과학지식을 도입하려는 서구화운동을 일으켰다. 이는 서구와 인접한 러시아나 오스만 터키, 그리고 그 지배하에 있던 그리스정교도 사회에 유럽의 위력이 나타나기 시작했음을 말하는 것이다. 여기에서의 서구화란 비서구국가가 서구문명을 수용하는 현상을 말한다. 18세기 말이 되면 백 년이나 앞서 서구화 정책을 추진한 러시아에게 터키는 패배를 당했다. 이 충격으로 셀림 3세가 서구화정책에 착수했지만 자존심 강한 터키인은 왕이 죽자 서구화정책을 포기하고 만다. 19세기가 되면서 영국이 인도를 지배하는 데 성공하고, 19세기 후반에는 아프리카와 동아시아까지 지배할 수 있게 되었다. 이렇게 진행된 서구의 세계지배는 제국주의 단계에 절정에 달했다가 제1차 세계대전으로 막을 내리게 된 것이다.

그런데 토인비는 왜 서구문명의 우위가 영속하지 못하고 비서구문명이 우위를 차지하게 될 것이라고 예측했을까?

서구문명이 압도적으로 우세를 점할 수 있었던 것은 크게 두 가지 이유 때문이다. 하나는 그들이 창조한 국민국가제도(nationalism)이고, 다른 하나는 근대기술(technology)의 발전이다.

유럽이 데모크라시와 결부시켜 만들어 낸 국민국가제도는 이제까지 국왕의 사유물이던 국가를 대중의 수중으로 탈환해 냈다. "짐이 곧 국가이다"라고 한 루이 14세의 말처럼 국가와 자신을 동일시하던 왕들을 물리치고 국가를 국민의 것으로 만든 것이다.

그러나 산업혁명 이후 이 국민국가제도로는 풀기 어려운 문제가 수없이 나타났다. 근대공업은 자원을 필요로 하는데 이 자원은 지구 도처에 분산되어 있었다. 철이 없는 프랑스는 철의 산지인 쟈르 지방을 독일로부터 빼앗았고 그 결과 전쟁이 일어났다. 19세기 후반부터 본격적으로 제국주의시대가 개막되면서 자원을 확보하고 판매시장을 확보하기 위한 전쟁이 전 세계를 무대로 일어났다. 이 시대에는 작은 제트기로 1분도 걸리지 않는

거리에 있는 벨기에와 네덜란드 같은 소국들이 독립정부를 갖고 독립된 군대를 유지한다는 것이 무의미하게 되었다. 마르세이유에서 파리까지 마차로 일 주일이 소요되었던 18세기에 알맞던 국민국가의 규모는 이제 시대착오적인 제도가 되어 버렸다.

토인비는 한 문명의 변경에 있는 것이 언젠가는 역사무대의 중심부로 화려하게 등장하게 될 것이라고 했다. 새로운 문명지가 언젠가 문명의 원산지를 앞질러 가고 말 것이라는 것이다. 아테네, 코린트, 스파르타가 변경인 마케도니아에 정복당하고, 이 마케도니아도 로마에 밀려난 것처럼, 유럽의 식민지였던 미국이 이민과 차관으로 성장하더니 제1차 세계대전 후에는 초대국으로 성장하여 서구문명의 원산지인 유럽을 앞질렀다.

내셔널리즘의 파탄이라 할 두 차례의 세계대전 결과, 유럽이 주변적인 미·소 양국에게 주도권을 빼앗긴 것은 고전적 내셔널리즘이 벽에 부딪쳤다는 것을 말한다. 보다 넓은 국토와 풍부한 자원, 인구도 많은 광역 연방국가가 주도적 역할을 하는 시대가 온 것이다. 다른 한편으로 내셔널리즘은 고전적 단계에서 제국주의 단계에 달하여 무소불위의 권위를 발휘했으나, 이는 비서구문명으로부터 저항을 받기 시작했다. 서남아시아 지방에서는 자원 내셔널리즘을 유발하여 명실상부한 세계 전국시대를 초래하였고, 이 일은 이미 민족국가 단위로는 해결이 어렵게 되었다. 1950년대의 미·소 대립과 그 후 미·소·중의 삼극체제, 나아가 제3세계의 자원 내셔널리즘의 등장은 전 세계가 승자도 패자도 없는 제3차 대전의 위기 앞에 놓이게 되었음을 암시한다. 이제 내셔널리즘의 악몽에서 깨어나지 못하면 세계는 파국으로 내달을 것이다. 내셔널리즘이 모든 위기상황의 원흉이 되어 극복의 대상으로 부각된 것이다.

한편 서구의 우위를 담보해 준 또 하나의 요소는 근대과학을 응용한 근대기술에 의한 산업조직의 완성이다. 서구문명은 17세기 말의 과학혁명을 통해 근대과학을 확립하고, 이를 근대기술에 응용하여 사회화시킴으로써 산업주의를 낳았다.

그러나 기술이란 근본적으로 독점하기 어려운 면이 있다. 즉 기술은 문화 분야 중에서도 가장 중립성이 강한 것으로, 다른 문명에 저항없이 쉽게 수용될 수가 있다. 다른 곳으로 저항없이 전파될 수 있다는 것은 기술이 지닌 추상성과 합리성 때문으로서, 근대 과학기술은 시간의 경과와 함께 다소 시간적 차이는 있다 해도 조만간 비서구문명으로 전파될 것이다. 프랑스의 시인 P. 발레리는 이미 1919년에 한 잡지에 기고한 글 속에서 유럽은 장차 어느 분야에서도 이제까지의 우위성을 유지할 수 없게 되리라고 예언하였고, 앞서 지적하였듯이 토인비도 1926년에 '축소되는 세계, 위험과 가능성'이라는 강연에서 똑같은 내용을 이야기하였다.

서구음악을 그대로 재생시킨다는 것은 현실적으로 어려울지도 모른다. 슈베르트나 베토벤이 한국에 태어난다는 것은 어렵지만 과학기술은 3대만 배우면 충분히 따라갈 수 있다. 따라서 숫적으로 압도적으로 많은 비서구 문명이 서구의 과학기술을 노력하여 흡수·재생산하게 된다면, 세계사의 비중이 서구 쪽에서 비서구 쪽으로 기울어지는 것은 당연한 역사의 추세라 하겠다. 그것이 현재의 추세이기도 하다.

현재는 분명 거대한 전환기다. 역사적 감각을 가진 사람이라면 현재를 고립시켜 생각하지 않는 법이다. 역사상 문명을 주도하는 국가나 지역은 늘 이동해 왔다. 근대 이후, 유럽 내부에서도 주도적 국가는 50년 간격으로 변해 왔다. 20세기가 되어서는 두 차례의 세계대전을 겪으며 유럽은 비서구국가인 미·소에세 주도권을 빼앗겼고, 이후 동구권의 붕괴와 함께 미국이 단독으로 패권을 장악한 팍스 아메리카나(PaxAmericana) 시대가 개막되었다. 여기에 이미 제3세계를 배경으로 두각을 나타낸 중국은 미국의 새로운 라이벌로 부상하고 있다. 비서구의 비중이 무거워진다는 것은 기술의 전파가 용이하기 때문에서만은 아니다. 토인비가 '승리의 도취'라고 부른 어떤 규칙성이 동시에 작용하고 있음을 알아야 한다. 승자는 현재의 승리에 취해서 그 우월성이 영속할 것으로 착각하기 쉽고, 따라서 처음의 정신적 긴장을 상실하고 해이·퇴폐해지기 쉽다. 반면 지난날 서구문명에게 짓밟히고 상처받은 한국, 중국 같은 곳에서는 굴욕과 수치감을 안고 긴장의 끈을 늦추지 않는다. 그 중 어느 하나는 오랜 시련 끝에 '앞선 것이 뒤로'의 교훈을 실천하게 된다. '승리의 도취'에 따른 '앞선 것이 뒤로'에의 이 역전은 역사의 엄연한 철칙이다. 그리고 이 사실은 인간집단의 창조의 가능성과 그 지속성의 한계를 잘 보여주고 있다. 서구문명도 이 철칙에서 예외일 수는 없다.

> 이들 계속된 서구의 혁명 중에서 17세기 말의 정신혁명(과학혁명)이 아마 이제까지는 가장 결정적이고 의미깊은 것이었다. 근대세계가 시작된 것이 15세기의 포르투갈과 스페인에서가 아니라 17세기의 네덜란드와 영국에서였다는 점에서 나는 니콘과 의견이 같다(나는 17세기의 프랑스도 첨가하고 싶다). 이 혁명은 분명 20세기의 서구만이 아니라 세계의 모든 다른 나라에도 계속적으로 보다 큰 영향을 주고 있는 혁명이다. 17세기의 정신혁명은 서구문명에 새로운 전진을 약속했다. 이것은 사상 최초로 비서구문명의 후손들이 스스로 자기 조상의 유산과 서구문명을 바꿀 마음이 들도록 했다. 이리하여 17세기의 정신혁명은 범세계적 중요성을 지닌 문화발전, 다시 말하면 세계 서구화에의 길을 열어준다. 다가오고 있는 이 세계문명은 그것이 서구에 기원한 것이기에 서구의 테두리 속에서, 그리고 서구적 기반 위에서 시작될 것이다. 그리고 이 세계문명에 대한 솔선적인 서구의 공헌은 앞으로 오래도록 중요한 것이 되리라 예상된다. 한편으로 시간의 경과와 함께 세계문명 이전의 비서구문명들의 공헌도 한층 중요해지리라 예상된다. 이전에는 서구문명이었던 세계문명은, 앞선 모든 문명의 유산 가운데 가장 훌륭한 것들을 소화하여 동화·조화시킨 것이라고 믿어진다.

이 인용문으로도 알 수 있듯이, 서구문명은 그대로 세계문명이 되는 것이 아니라 서구화로써 그 힘이 범세계적으로 확산된다는 점이 중요하다. 그리고 그 과정에서 서구문명은 변질하게 되고 마침내는 비서구문명 쪽으로 주도권이 넘어가게 된다. 그리고 세계문명은 서구적 테두리와 그 기반 위에서 시작되기 때문에 처음에는 저항과 반발을 낳겠지만 점차 비중이 비서구문명 쪽으로 넘어가면서 내적 대립이 아닌, 내적 다양성으로 변하여 보다 큰 테두리 속에 자리잡게 될 것이라고 보았다.

세계문명은 세계국가의 테두리 속에서 형성되며, 세계를 하나로 묶을 문명은 세계적인 제도나 조직이 이루어진 후 그 안에서 나타난다는 것이 토인비의 전망이다.

토인비가 세계국가가 곧 나타날 것이라고 예상한 데는 세 가지 이유가 있다. 첫째는 근대의 과학기술 그 중에서도 교통·통신수단의 비약적인 발전 때문이고, 둘째는 인류의 멸망을 막기 위해 원자에너지를 초국가적 규모로 관리해야 할 필요성에서, 그리고 셋째는 인류의 역사 속에 포함되어 있는 어떤 규칙성, 즉 통합적 경향 때문이다.

이를 구체적으로 살펴보면 다음과 같다. 먼저 과학기술, 특히 교통·통신수단의 발전을 보자. 지금까지 문명이 각 지역에 군재(群在)하였던 이유는 교통수단이 인마(人馬)의 다리 또는 풍력에 의존했기 때문이다. 지난 역사에서 세계 최대의 제국을 건설하였던 몽골은 발빠른 말의 기동성을 이용하여 유라시아의 초원지대를 장악하고 농경지대로 진출, 광대한 땅을 정복한 유목제국이었다. 정복지역의 넓이로만 본다면 몽골과 비교할 제국은 없었다.

산업혁명 이후 동력이 증기기관, 전기력으로 발전하자 각 문명 간의 공간적인 거리는 비약적으로 축소되었다. 지구의 각 지역은 상호의존도가 높아져 이제는 고립 자급이라는 것이 불가능해지게 되었다. 지구상의 모든 지역은 경제적으로 원료와 시장에서 상호 의존할 수밖에 없으며, 정치나 문화도 과거의 전통적인 제도를 방패삼아 자기완결적인 고립을 지킬 수도 없게 되었다. 이렇게 해서 과거의 장애물은 하나하나 제거되고 있으나, 그렇다고 해서 자기완결성을 완전히 무너뜨리는 사회개혁(세계정부의 수립)을 지시할 수는 없다. 앞으로 각지에 산재해 있으면서 전통적 국가에 의지할 것인가, 아니면 기술혁명에 맞추어 세계정부라는 제도를 만들 것인가는 우리의 선택에 달려 있다.

근대 과학기술의 산물인 원자력의 개발은 핵무기를 생산하여 오늘날의 위기를 불러왔다. 미·소·영에 이어 프랑스, 중국, 파키스탄, 인도, 이스라엘이 원자무기의 개발에 성공했으며, 그 결과 미·소 냉전은 완화되었으나 평화공존을 해치는 새로운 사태가 끊이지 않고 있다. 국가이익을 앞세운 각국의 대립과 분열, 적대와 불신은 앞으로 어떤 사태가 일어날지 예측하기 어렵게 만들고 있다. 만약 제3차 대전이 일어난다면 승자도 패자도 없을 것이며, 인류의 대량학살을 피하기 어려울 것이다.

이 같은 위기를 피하기 위해서는 현존하는 '지방국가'의 절대주권을 상대화시켜 원자력 관리 같은 초국가적 해결이 필요한 일은 '세계국가' 또는 '세계정부'에 맡김으로써 원자무기를 어느 특정 국가나 특정 정부가 독점하는 일이 없도록 해야 한다. 이것이 앞으로 인류가 살아남기 위한 최소한의 조건이다. 토인비는 강권으로 이룩된 세계국가를, 인류 파멸의 최악의 사태보다는 낮겠지만 결코 바람직한 것은 아니라는 뜻에서 '덜한 해악(lesser evil)'이라고 부르고 있다.

인류의 역사를 보건대, 문명변동의 패턴에는 일정한 규칙성이 있다. 즉 모든 문명은 처음에는 지방적인 소국 분립 상태에서 시작하여 서로 항쟁하는 전국시대(동란기)를 거치게 된다. 그리고 마지막으로 이 동란의 전국시대를 종식시키고 지방국가의 내셔널리즘을 극복한 세계국가가 성립한다. 이 세계국가는 문명을 하나로 통합하고 힘에 의한 전면적인 평화를 가져와 세계에 평화와 안전, 법과 질서를 부여하게 된다. 역사상 그리스 세계에서 로마제국, 중국세계에서 한(漢)제국, 인도 세계에서 마우리아 제국이 여기에 해당된다. 토인비는, 현재의 서구는 동란기의 마지막 단계를 맞고 있다고 진단하였다. 과거 다른 문명이 경험한 일이 서구문명에서도 일어난다면, 서구문명의 세계국가도 탄생해야 한다. 물론 이는 수많은 가능성 가운데 하나이기 때문에 반드시 필연적이라는 뜻은 아니다.

토인비는 처음에는 만약 세계통합이 이루어진다면 막강한 군사적 우위를 토대로 한 미국에 의해 주도될 것이라고 보았다. 그러나 1960년대에는 미·소의 협력에 의해 세계국가가 이루어질 가능성이 크다고 했다. 그리고 이들의 협력에 의한 세계통합이 실패한다면, 그 다음은 중국이 큰 역할을 하게 될 것으로 보았다. 이들 나라가 모두 비서구문명에 속하고 있으니 역사의 비중이 비서구문명으로 기울어진다는 토인비의 확신은 정당한 것이라 하겠다.

그러나 한편으로 인류의 역사를 살펴볼 때, 이 같은 통합적 경향에 역행하는 분립적 경향도 뿌리깊은 것을 알 수 있다. 이 분립적 경향은 인간집단이 나타난 이래 꾸준히 이어져 내려온 것으로, 오늘날의 내셔널리즘(민족국가)도 그 가운데 하나다. 내셔널리즘에 앞선 분립적 경향은 부족주의이며, 통합적 경향은 훨씬 뒤에 등장한 패턴이었다. 오늘날 내셔널리즘의 뿌리가 얼마나 깊은가는 공산주의 사회를 보아도 알 수 있다. 공산주의는 국제주의임에도 불구하고, 실제로 공산국가에서는 중·소 분쟁으로 알 수 있듯이 '내셔널리즘'이 강력하게 작동하고 있다. 베트남이나 동구 여러 나라의 공산정권도 다를 바 없다.

오늘날의 세계는 원자력을 관리하고 대기오염과 해양오염을 막고, 날로 격차가 벌어지는 남북문제, 그 중에도 식량의 분배나 인구의 조절문제를 해결하기 위해 하나로 통합되어야 한다. 역사적으로도 문명 변동에는 일정한 규칙성이 있어 분립 상태 이후에는 통합이 온다. 그럼에도 불구하고 이러한 세계국가의 성립을 가로막고 있는 요인은 무엇인가?

토인비는 서구가 우월을 점하는 원천이 되었던 내셔널리즘과 문명 간의 차이를 그 원인으로 들고 있다.

'내셔널리즘'은 앞에서 언급했듯이 19세기 전반까지는 유럽에서 창조적인 힘을 발휘했다. 그러나 19세기 후반부터 이는 제국주의 침략의 바탕이 되고, 비서구국가들은 그들의 내셔널리즘운동으로 이 침략에 항거했다. 오늘날에도 이데올로기에 상관없이 모든 나라에서 내셔널리즘이 강력히 작동하고 있다. 이 내셔널리즘은 언제나 자국의 이익을 우선시키기 때문에 자국중심적이며 자기중심에 빠져 자기가 갖고 있는 절대권력을 세계정부에 양도할 수 없게 만든다.

이러한 내셔널리즘을 극복하고 세계정부가 건설되어야 한다는 주장은 많았다. 이 중 세계연방론자의 세계정부는 유토피아적이고 낙관적인 것인 반면, 토인비의 그것은 비판적이다. 그는 한 일본인 학자와의 대담(「미래에 산다」)에서 '세계국가의 의의'를 지적하며 다가올 세계정부는 매우 불길한 것이 되지 않을까 걱정하였다. 토인비는 세계정부가 해야 할 일로서 크게 ① 핵에너지 관리 ② 식량의 범세계적 분배 ③ 남북문제의 해결을 들었다.

여기서 그는 선진공업국의 생산력 상승은 상대적으로 후진 저개발국의 빈곤을 초래한다고 보고(불리한 조건으로 무역을 해야 하기 때문에), 이 문제를 해결하기 위해서는 후진 저개발국이 일치 단결하여 선진공업국과 단체교섭을 통해 양자의 공존조건을 찾아내야 한다고 했다. 만약 그렇게 되지 못할 경우, 급박해진 선진국이 가혹한 독재체제로 세계국가를 만들 가능성도 있다고 걱정하였다.

세계국가의 성립을 가로막는 또 하나의 요인은 문명 간의 차이다. 문명이 다르면 생활양식과 신념체제, 가치관이 모두 달라진다. 이질적인 문명을 가진 외래침입자의 정복왕조는 오래 가지 못한다. 압도적으로 우세한 군사력과 과학기술을 갖고도 영국은 인도를 150년 이상 지배할 수 없었고 일본의 한국지배도 40년을 넘기지 못했다. 광대한 세계제국을 건설한 몽골의 정복왕조 원(元)도 100여 년으로 막을 내렸다. 중국은 몇 차례씩이나 이민족의 지배를 받았고, 시간적으로도 한제국이 망한 이후부터 계산하면 외래왕조의 지배를 받은 기간이 오히려 더 길지만 그것으로 중국문명이 망하지는 않았다. 이는 정치와는 달리 문화의 연속성·동질성이 단단하기 때문이다. 서구문명이 아무리 강력하고 뛰어난 과학기술을 갖고 있다고 해도, 그것만으로는 일시적인 식민지라면 몰라도 영속되는 세계정복을 달성할 수는 없다.

이상의 설명으로 정치적 통일을 위해서는 최소한의 문화적 동질성의 확보가 필요하다는 사실을 알게 되었다. 가령 지중해 세계에 로마제국이 출현할 수 있었던 것은, 그 이전에 알렉산더 대왕에 의한 헬레니즘화로 정지작업이 이루어져 최소한의 문화적 동질성이 확보되어 있었기 때문이다. 헬레니즘이 없었다면 어떤 강권으로도 로마제국의 형성이나 유지는 어려웠을 것이다. 각각의 도시국가가 자기 정부를 갖고 있었던 로마제국은 중앙정부와 지방자치제 정부라는 이중의 정부로 이루어져 있었다. 중앙정부는 각 도시국가 간의 평화를 유지하고 외부의 침략에 대비한다는 두 가지 임무를 지고 있었다. 중앙·지방 정부의 관리들은 공통된 교육을 받고 공통된 인생관·세계관·신념을 갖고 있었다. 이 사회적·문화적인 유대, 바꾸어 말해 문화의 동질성이 로마제국을 동쪽에서 6세기 동안, 서쪽에서 4세기 동안 존속시킨 기반이었다. 영국인이 인도를 정복했을 때도 포르투갈의 전철을 밟지 않고 인도의 풍습이나 습관을 존중한 것은, 서구의 생활방식을 강요하는 것은 인도지배에 해롭다는 것을 간파했기 때문이다. 반면 포르투갈인이 일본과 아비시니아(이디오피아)에서 쫓겨난 이유는 역시 선교에 지나치게 열중하고 서구적 관습을 강요했기 때문이다.

따라서 토인비는 세계국가의 형성을 위해서는, ① 내셔널리즘이 극복되어야 하고 ② 문명의 차이를 넘어서 ③ 최소한의 문화적 동질성이 조성되어야 한다고 보았다. 만약 세계국가의 도래가 멀지 않다면, 그리고 그것이 단순한 요청에 그치는 것이 아니라면 그렇게 예상할 충분한 증거가 있어야 한다. 바꾸어 말하면 지금 어디선가 내셔널리즘을 넘어선 대상이 있어야 하고, 문명의 차이가 없어진 집단 내지 계층이 있어야 한다. 과연 오늘날의 세계 속에서 그러한 집단이나 계층을 찾을 수 있을까. 토인비는 내셔널리즘을 넘어선 존재로서 디아스포라(Diaspora : 망명 유대인)를 들고 문명의 차이를 넘어선 존재로 인텔리겐챠(intelligentsia)에 주목하여, 이들을 다가올 세계국가의 담지자로 간주하였다. 이 특이한 견해에 대해서는 좀더 자세히 살펴볼 필요가 있다.

디아스포라는 토인비가 구상하는 미래의 세계국가에서 중요한 위치를 차지한다. "변화와 관습(현재가 받고 있는 도전) 속에 보이고 있고, 그 속에서 앞으로 이룩될(그것이 언제인지 분명치 않으나)" 이 세계국가는 삼중의 구조를 갖는다. 제일 높은 곳에는 세계정부가 위치하며, 원자에너지의 관리, 식량의 공정한 분배와 새로운 식량과 해양 개발을 전담한다. 가속화된 공업화로 인한 오염과 공해 문제의 처리도 세계정부의 일이다. 이 일은 지방정부에는 맡길 수 없으며 맡긴다 해도 원만한 해결을 기대할 수 없다. 세계정부의 중간에는 개개의 지방국가에는 속하지 않는, 앞서 고찰한 디아스포라의 여러 단체가 위치한다. 종교별·직업별로 나누어진 국제적인 단체가 횡적인 연합회를 구성하여 활동을 한다. 전문직업의 예로 토인비는 의사, 법률가, 농민, 기사, 교사, 종교가, 장의사, 양복업자 등을 들고 있다.

마지막으로 제일 밑에 한국이면 한국, 미국이면 미국이라는 개개 지방국가의 정부가 위치한다. 이들은 주로 행정적인 일을 담당하며 동시에 다양한 민족문화의 육성에도 노력한다.

따라서 세계시민의 충성은 무엇보다도 상위의 세계국가로 향해야 한다. 그 다음의 2차적 충성은 중간에 위치한 각 디아스포라의 공동체에 바쳐진다. 각 개인은 지방국가보다 디아스포라 공동체에 보다 굳게 묶여 있기 때문에 그들의 관심은 당연히 디아스포라 단체로 기울어지는 것이다. 지방국가에 대한 충성은 가장 아래 위치하며 위의 두 가지 충성에 우선될 수 없는 것이다.

이것이 토인비가 제시한 세계국가의 청사진으로, 소상하지 못한 것이 사실이다. 그러나 그는 당장 세계국가가 도래할 것이라고 믿지 않았고 오히려 지방국가의 폐단을 어떻게 막을 것인가, 또는 문명과 문명 간의 대립을 어떻게 극복하여 앞으로 인류가 어떻게 보다 행복하게 살 것인가에 주된 관심을 갖고 있었다. 여기에서 그는 디아스포라의 집합체로서의 국가의 선례로서 오스만 터키의 미렛트 시스템에 주목하였다.

오스만 터키의 하부구조는 종교자치체인 미렛트 제도로 되어 있다. 행정단위가 지역별이 아니라 종교별, 즉 그리스정교 미렛트, 유대교 미렛트, 기독교 제파 미렛트, 조로아스터교 미렛트로 이루어져 있는 것이다. 이웃 사람이 유대교도이면 행정적으로는 유대교 미렛트에 속하게 된다. 이들은 1/10세만 내면 정부는 물론 다른 미렛트들로부터도 간섭을 받지 않는다. 종교의 자유가 완전히 보장되고 있는 것이다.

이러한 오스만 터키의 미렛트 시스템은 갑자기 생겨난 것이 아니다. 유대인이 나라를 잃고 2천 년 이상 중동지역에서 겪은 고통스런 사회적 체험의 결과물이다. 중동지역은 문명과 문명, 대제국과 대제국이 장기간에 걸쳐 빈번하게 충돌하고, 그 결과 문화의 혼효와 주도문명의 교체가 격심했던 곳이다. 그 틈바구니에서 버림받고 쫓겨난 수많은 디아스포라가 발생하였고, 이들을 정치적으로 배려하고 제도화시킨 것이 터키 제국의 미렛트 시스템인 것이다.

이제 서구적인 내셔널리즘 시대는 막을 내리고 세계가 하나가 되어야할 시기가 도래하고 있다. 바로 이 때 서남아시아의 귀중한 체험은 미래의 세계국가를 위해 좋은 교훈이 될 것이다.

그렇다면 토인비는 앞으로의 세계사를 어떻게 보았을까. 그는 이 문제에 대해 1970년대에 명확한 답을 제시하였다. 1970년이라면 토인비가 80세를 넘기고 생의 마지막 단계에 와 있을 때다. 그는 앞으로 세계사의 주도권은 서구문명에서 비서구문명 쪽으로 넘어가며, 중국을 중심으로 한 동아시아에 미래의 열쇠가 있다고 보았다. 이 같은 전망은 현대의 국제문제에 대한 분석만이 아니라 과거 수세기 동안 세계사의 주류를 점한 서구화의 귀결과 비서구문명의 정립에 매우 중요한 문명론적 의미를 부여한다.

제2차 세계대전 이후 토인비의 주된 관심사는 현대문명의 위기와 세계사의 장래에 관한 것이었다. 1945년 8월 9일 일본 히로시마에 투하된 원자폭탄은 새로운 '핵시대'의 시작을 알린 것으로, 인류사에 새로운 불안과 위기를 가져다주었다. 근대 테크놀로지의 발달로 세계는 일체화되어 가고 있고, 핵무기의 새로운 등장은 인류의 집단적 자살을 현실화시킨 것이었다. 이러한 장래에 대한 위기감이 새로운 정치원리를 모색하게 하였고, 그 결과가 '세계정부'의 구상으로 나타났다.

이러한 세계정부의 구상은 과거 『역사의 연구』에서 제시한 '세계국가'와는 성질을 달리한다. 그가 저음에 구상했던 세계국가는 표면적인 '절내성과 영속성'에도 불구하고 기실은 단명할 운명을 지닌 것이었다. 역사상에 등장한 세계국가(진·한제국이나 로마제국 같은)를 보더라도 그 성립과 기능은 일시적이고 수동적인 것에 불과했다. 그가 본 세계국가란 문명의 말기에 나타난 '소강기(indian summer)' 현상에 불과한 것이었기 때문이다. 이에 반하여 그가 새롭게 제시한 세계정부는 보다 적극적인 기능을 갖는다. 핵무기, 인구폭발, 공해와 오염, 식량개발 등 지구적 규모의 위기로부터 인류를 지키는 소임을 감당해야 한다. 따라서 지난날의 세계국가와 같은 심리적·주관적인 세계(중화사상에 오염된)가 아니라 명실상부한 세계국가이다.

이 새로운 세계정부는 현재의 국제연합과도 성격을 달리한다. 그는 국제연합을 장래할 세계정부의 모체가 아니라 거기에 이르는 과정으로 보고 세계정부가 창설될 때까지 유효한 평화유지의 수단으로 보았다. 이제까지 국제연합이 1947년 이후의 냉전체제와 '거부권' 등에서 보이는 제도적 제약을 받으면서도 정치적 의사소통과 평화유지를 추진해 온 공적은 적지않다. 이 점에 대해서는 토인비도 높이 평가하였지만 국제연합이 바로 세계정부로 발전될 수 있다고는 보지 않았다. 이 양자 사이에는 넘기 어려운 장벽이 가로놓여 있기 때문이다. 무엇보다도 미래의 세계정부는 형태상 단일한 중앙정부로 조직되는 통합 형식을 취하는 데 비하여, 현재의 국제연합은 다수 국가로 구성된 연합 형식을 취하고 있기 때문이다. 따라서 세계정부는 종래의 세계국가나 현재의 국제연합과는 전혀 다른 것일 수밖에 없다.

이 세계정부의 구상에서는 이념과 구조도 중요하지만 보다 중요한 것은 현실적으로 누가 주도권을 쥐는가이다. 세계정부의 창설은 핵전쟁을 회피하기 위한 지상과업이다. 처음에 토인비는 세계정부의 핵심은 미국이 될 것이라고 예상했다. 당시의 국제정세로 보아 군사자원, 전쟁수행 능력 등의 면에서 '미국의 우위'는 부정하기 어려웠기 때문이다. 미국은 1945년 7월 역사상 처음으로 원자폭탄의 제조에 성공하고 1952년에는 수소폭탄도 완성하여 냉전체제 속에서 정치·군사적으로 소련을 단연 압도하였다. 그러나 미국의 핵독점은 오래 가지 못했다. 1949년 소련은 원폭 실험에 성공하고 1953년에는 수소폭탄도 소유하게 된다. 뿐만 아니라 영국도 제3의 핵무기 소유국이 되었으며, 프랑스를 위시한 다른 나라들이 경쟁에 참여하게 되면 미국에 의한 핵무기 독점은 사실상 붕괴할 것이다.

만약 미국이 세계정부를 주도하기 어렵다면 다음에는 '미·소 협조'에 의한 주도가 가능하리라 예상했다. 물론 미·소 협조에 의한 독재체제로 세계정부가 운영된다면 그 성격은 민주적일 수 없으며 이상적인 세계정부가 될 수도 없다. 내셔널리즘을 앞세운 상호간의 이해충돌은 '불확실한 평화'만을 보장하기 때문이다. 그러나 '파멸이냐, 독재냐'의 양자 택일을 강요당하는 현실 아래서 파멸을 피하기 위해서는 '오히려 나은 해악'이라고 간주된다. 미·소 협조 노선은 적어도 후속 핵보유국을 견제하는 핵 억제전략을 유효화시켜 세계의 안전과 평화를 유지하는 데 일보 전진한 것이니 인류의 이익이 된다고 보았던 것이다.

한편 미·소에 의한 협조체제가 만약 상호간의 뿌리깊은 불신감 때문에 좌절되고 세계정부의 주도권을 포기할 사태도 예상된다. 이 때 세계정부의 주도권을 잡게 되는 것은 중국이 아닐까 하고 토인비는 예견했다.

국제정치의 주도권을 좌우하는 핵무기의 독점 여부는 기술의 진보와 시간의 흐름에 의해 조만간 균형이 깨어질 것이다. 앞으로 핵 확산의 길이 열려 핵보유국은 증가할 것이며 핵장비가 가능한 잠재적 핵보유국도 많아질 것이다. 실제로 중국도 이미 1964년에 핵보유국이 되었고 미·소에 이어 초강대국에 접근하고 있다. 그러나 토인비가 중국에 기대를 건 것은 이러한 관점에서가 아니었다. 처음부터 토인비는 비서구문명 중에서도 동아시아에 대해 큰 기대를 가지고 있었다.

물론 미래의 세계정부가 '서구문명의 바탕과 테두리' 안에서 태어날 것이고 그 주도자는 미국·소련이 될 것이라고 본 것은 사실이다. 이는 무엇보다도 이들 나라가 근대화·공업화를 신속히 이룩하여 강대한 위력을 자랑하고 있었기 때문이다. 그렇다고 이러한 판단이, 비서구문명이 서구문명에 비해 전면적으로 열세에 놓여 있다는 단정은 되지 못한다.

토인비가 아시아의 미래를 생각하면서 먼저 염두에 둔 것은 인도문명이었다. 장차 세계정부가 창설될 경우 국가통치의 필요성에서 예상되는 것은 조직화·획일화의 강제이다. 그러나 인간의 지성과 양심, 의지와 인격 같은 정신적 자질은 언제나 고정화·획일화를 거부하고 억압에 항거해 왔다. 따라서 세계정부가 실현된 후에는 인간의 진정한 자유와 창조의 장으로서 다시 고등종교의 역할이 커질 것이라고 믿었다. 세계정부의 존속을 확실하게 하고 영속적인 것으로 만들기 위해서는 종교적 기반이 확립되어야 하는 것이다. 역사는 '불후(不朽)의 로마'가 그 외면적인 평화와 거대성에도 불구하고 붕괴된 것은 정신적 지주를 상실했기 때문임을 증명한다. 한편으로 역사상의 사례에 비추어 보아도 세계국가는 고등종교가 탄생하는 요람이었다. 로마제국의 기독교, 한제국의 대승불교, 굽타 제국의 힌두교가 그 예다.

이렇게 세계정부의 의미와 기능을 생각한 토인비가 인도문명에 주목하여 인도문명을 이 요청에 응할 수 있는 풍요한 원천으로 본 것은 당연하다. 힌두교와 불교는 유대계 종교와는 달리 포용력이 있고 관용의 정신이 풍부하다. 만약 세계정부가 형성되고 서로 다른 민족·문명·종교가 한자리에 모이게 되면, 인도 땅에서 오랜 기간에 걸쳐 배양된 '나도 살고 남도 살리는' 정신이 매우 유효하게 기능할 것이 분명하다.

그러나 1950년대 후반부터 토인비는 중국에 대한 관심이 깊어져 기회 있을 때마다 '중국문제'를 언급하였다. 1958년 보스턴 체류중에 있었던 한 기자회견에서 '백인의 우월'은 역사적으로 보아 일시적 현상이며 머지않아 중국이 롤백(roll back) 작전에 성공하여 세계의 강국이 될 것이라 했다. 당시는 미국과 소련이 국제정치를 주도하고 있었고, 서구도 강력한 정치적·경제적 통일을 달성하여 제3의 대국으로 부상할 수 있었다. 그럼에도 불구하고 그는 장기적으로 보아 중국이 많은 가능성을 지니고 있으며 미·소와 서구를 능가하는 지도적 지위를 차지할 것이라고 보았다. 중국이 언제 세계사 전면에 강국으로 부상할지에 대해서는 정확히 언급하지 않았으나, 1969년에는 빠르면 20~30년 후, 늦어도 21세기 초까지는 이루어질 것이라고 보았다. 21세기로 접어든 현재의 시점에서 보면 미래에 대한 토인비의 통찰력은 대단하였음이 현실로써 확인되고 있다.

앞서 계속 지적했듯이 토인비는 세계사의 주도권이 서구문명에서 비서구문명 쪽으로 옮겨지리라는 것을 이미 『시련에 처한 문명』(1948)이나 『역사의 연구』 8권(1954)에서 분명히 밝힌 바 있다. 그러나 이 단계에서는 서구 이외의 어느 문명이 주도권을 잡게 될 것이라는 단정을 내리지 않았다. 사실 주도권이 인도문명, 이슬람문명, 중국문명 가운데 어느 쪽으로 돌아갈지는 토인비도 짐작하기 어려웠다. 그러나 1970년대 들어 『도설 역사의 연구』(1972)를 빌어 주도권이 동아시아, 그 중에도 중국문명으로 넘어갈 것이라고 단정하고 있다.

　나 자신의 예상으로는, 인류 전체가 단일사회를 형성하여 세계의 통합이 이루어질 것이라고 믿는다. 원자력시대에 들어선 현재, 이 통합은 군사적 정복이나 과거의 세계통합과 같은 전통적 방법으로는 안 될 것이다. 동시에 이 평화적 통합은 특정한 지리적·문화적 기축을 중심으로 이루어지게 될 것이라고 믿는다. …… 중국인은 세계 어느 민족보다도 훌륭하게 수억의 국민을 수천 년에 걸쳐 정치적·문화적으로 결속시키는 데 성공하고 있다. 그들은 이와 같은 정치적·문화적 통합기술을 보여주었고, 그것에 성공한 유례없는 경험을 갖고 있다. 이같은 통합화의 방법은 오늘날 세계가 절대적으로 요청하는 것이기도 하다. 이것이 중국인이 동아시아의 여러 민족과 협력하여 필요 불가결한 인류 통합의 과정에서 주도적 역할을 감당하게 되는 이유이다.[1]

　주(周) 이후 3천 년의 중국역사 과정을 통해 볼 때, 한민족인 중국인이 강대한 통일체를 유지한 시기는 주기적으로 나타난다. 춘추시대 이후 이천 수백 년 동안의 중국역사를 도시해 보면, 춘추전국시대* → (진)한제국시대 → 남북조시대* → (수)당시대 → (오대)송시대* → 원시대* → 명시대 → 청시대* → 중화민국(중공)의 순이 된다(* 표시가 있는 것은 동란시대, 불안정시대 또는 이민족에 점령당한 시기로서 한민족의 통일국가가 아닌 시기다).
　이와 같이 하나의 민족이 본토를 중심으로 하여 광대한 영토를 배경으로 동일한 문명에 속하는 통일국가를 몇 번씩이나 재건해 낸 예는 세계사상 그 유례를 찾아보기 어렵다. 토인비가 기대한 것은 이 같은 중국인의 정치적 통일능력이다.
　토인비가 중국문명에 기대를 건 또 하나의 이유는 미·소, 서구 등 선진 공업국이 과도한 공업화로 '탈공업화'의 운명에 놓인 데 있다. 서구는 산업혁명을 수행하고 과도한 공업화에 몸을 맡겨 파멸적인 길을 주저없이 걸어왔다. 이러한 불건강의 징조는 오늘날 미·소의 초강대국에도 예외없이 나타나고 있다. 게다가 미·소 양국은 고도로 공업화되고 도시화된 모든

---

1) 토인비, 『21세기의 대화(하)』, 181~183쪽.

나라가 안고 있는 곤란에 직면해 있다. 공해와 원료의 가격앙등 문제가 그
것이고, 특히 심각한 것은 산업노동자가 작업의 기계화를 증오하게 된 현
상이다. 임금만으로는 심리적 불쾌감을 보상할 수는 없다. 이들 여러 나라
는 공업발전의 과정을 역전, 탈공업화시키지 않으면 안 되게 되었다. 이 같
은 탈공업화에의 역전은 고난에 찬 과정이 될 것이며, 장차 고도로 공업화
된 나라들의 최대의 관심사가 될 것이다. 그리고 만약 이것이 잘못되면 나
라를 마비시키게 될 수도 있으니 여기에 중국의 찬스가 있는 것이다.

　　　중국에 대하여 굴욕적인 세기는 중국에 중요한 소극적인 이익을 가져왔다. 중
　국은 아직 무제한의 기계화・공업화・도시화가 추진되고 있지 않다.

　과도한 공업화에 대한 신앙은 유대교적 자연관과 결부되어 있다. 유대계
종교의 자연관에서 자연은 존중의 대상이 아니라 인간에 의해 이용되는
대상이다. 자연을 천시하는 이러한 사상은 근대 이전에는 큰 해독을 끼치
지는 않았고, 근대 테크놀로지의 발달 이후에는 당연한 논리적 귀결로서
철저한 자연정복을 추진해 왔다. 자연을 강탈하고 이것을 파괴시켜 인간과
자연의 조화를 깨뜨려도 개의하지 않았다. 자연환경을 오염시키고 자연자
원을 낭비・고갈시켰다. 그러나 중요 자원의 가용 연수는 한정되어 있다.
지나친 자연약탈의 앞날에는 파멸만이 기다리고 있을 뿐이다. 따라서 선진
공업국은 이러한 자기파멸적인 과도한 공업화를 지양하고 탈공업화 정책
을 과감하게 추진하지 않을 수 없게 되고 이 때문에 문명의 주도권을 상실
하게 된다. 탈공업화에의 길은 자연과 인간의 조화를 회복하는 것이 된다.
한편 유대계 종교 이외의 종교, 특히 동아시아의 종교적 전통에는 자연을
존중하는 인간적 감각이 보존되고 있고, 이 귀중한 감각이 과도한 공업화
에 대한 해독제가 될 수 있을 것이다. 한국의 동학은 그 좋은 예일 것이다.
　이 같은 상황에서는 탐욕스러운 근대화와 공업화에 뒤처진 후진국 중국
쪽이 유리하다. 중국은 사전에 서구가 겪고 있는 폐단을 막고 '전면적인 공
업화를 자제하는 절도'를 유지하면서 다가올 세계문명을 주도해 갈 자질을
함양해야 한다. 이제까지의 경과로 보건대 중국은 농촌의 농업적 기반을

그대로 유지하고 산업화를 자제하면서 절도있는 문명을 키워 가게 될 것이다. 또 인구의 도시집중화도 방지하고 기계의 횡포를 피해 인간성 유지에 힘쓰고 농·공의 균형을 유지하는 데 힘씀으로써 서구문명의 역동성과 중국문명의 안정성을 조화시킨 제3의 길을 창조하게 될 것이라고 보았다.

세계국가는 전 세계를 통합하는 것이다. 이 같은 세계정부를 창조할 수 있기 위해서는 인류생존을 위한 탈공업화만이 아니라 그것을 유지해 나갈 정치적·문화적 자질을 갖고 있어야 한다. 토인비는 다음과 같은 동아시아의 유산을 들어 중국을 중심으로 한 동아시아(한국·일본·월남 등)가 중심이 되어 세계국가를 형성하게 될 것이라고 보았다.

① 문자 그대로 다가올 세계국가의 지역적 모델이 되는 제국(세계국가)을 과거 2천 년 동안 유지해 온 경험
② 장구한 역사의 흐름 속에서 중국민족이 터득한 세계정신
③ 유교적 세계관 속에 나타나 있는 휴머니즘
④ 유교와 불교가 지닌 합리주의
⑤ 동아시아인이 갖고 있는 우주의 신비성에 대한 날카로운 감수성과 인간이 우주를 지배하려고 하면 자기좌절을 초래하게 된다는 자기 인식(토인비는 이를 도교가 가르쳐 준 귀중한 직관으로 보았다)
⑥ 인간의 목적이란 인간 이외의 자연을 지배하려는 것이 아니라 자연과 조화하는 것이라는 신념을 담고 있는 불교와 중국철학

이 여섯 가지를 요약한다면, 하나는 세계국가를 주도할 정치적 자질과 세계정신이며, 다른 하나는 자연의 소중함에 대한 아시아적 감수성이다.

토인비는 이와 같은 자질이 인도문명과 이슬람문명에서는 발견되지 않는다고 했다. 역사적으로 위의 두 문명은 문명을 통합한 단일의 세계국가를 오래 유지한 예가 없고, 지금도 상호 대립하는 종교적·정치적 분쟁에서 쉽게 벗어날 수 있을 것 같지 않다. 그는 『21세기에의 대화』 속에서 "이들 지역은 정치적으로 혼란되어 있다. 힌두교와 이슬람교도, 아랍인과 이스라엘인, 파키스탄인과 방글라데시인, 아랍권 내의 정치적 보수파와 급진

파 간의 대립 등은 북아일랜드에서의 가톨릭과 프로테스탄트 사이의 분쟁이 대규모화한 것이다. 이러한 까닭에 이들은 아마도 인류문제의 해결에 도움이 될 수 없을 것이다"라고 하고 있다.

마지막으로 토인비는 동아시아의 유산으로서 앞서 열거한 여섯 가지 외에 다음 두 가지를 덧붙인 후, 이러한 유산을 가진 동아시아 공동체는 EC 등과는 비교도 안 될 장래성을 갖게 될 것이라고 단정하였다.

⑦ 근대의 기술경쟁에서 동아시아인이 보여준 서구 여러 국민과 충분히 대결할 수 있다는 자신감
⑧ 서구에 감히 도전하려는 용기

(이 글은 이양기, 『문명론이란 무엇인가』, 1986을 주로
참조하여 작성하였음)

제9장 문명의 완숙

1. 새롭게 제기된 낡은 질문

20세기는 지금까지의 역사가 과연 진보해 왔으며 또한 앞으로도 진보해 나갈 것인가에 대해서 비관적인 견해를 나타내고 있다. 실제로 오늘날의 역사가 진지하고 인도적인 자유민주주의를 지향하고 있다고 생각할 근거는 어디에서도 찾아내지 못하고 있다. 광신적인 독재주의나 처참한 종족 말살로부터 소비주의가 불러온 생활에 이르기까지 상상도 못한 해악이 잉태되고 있고, 게다가 핵겨울이나 지구온난화 등의 재앙이 우리를 기다리고 있는 것으로 보인다.

20세기의 비관주의는 과거의 낙관주의와 현저한 대조를 보여준다. 19세기의 낙관주의는 크게 두 가지 근거를 가지고 있었다. 첫째는 근대과학이 질병이나 빈곤을 정복함으로써 인간생활을 개선해 줄 것이라는 신념으로서, 오랫동안 인간에게 적대적이었던 자연도 근대과학에 의해 지배될 것이고 인류의 행복이라는 목적에 봉사할 것이라고 여겨졌다. 둘째는 자유민주주의체제가 더욱 더 많은 나라로 확산되어 나갈 것이라는 신념이었다. 권위에 대한 맹목적인 복종은 이성적인 자치정부체제로 대체될 것이고, 거기에서는 만인이 자유롭고 평등하며 자신 이외의 어떤 주인에게도 무릎을 꿇을 필요가 없을 것으로 생각되었다. 문명화의 흐름에 비추어 보아, 나폴레옹 전쟁처럼 피비린내 나는 전쟁조차 결과적으로 사회의 진보에 기여한다고 사상가들은 해석했다. 그 같은 전쟁은 공화체제의 보급을 촉진했기 때문이다.

20세기 초에 일어난 제1차 세계대전(1914)은 유럽의 자신감을 손상시키는 결정적인 사건이었다. 전쟁은 독일과 오스트리아, 러시아의 군주제로 대표되는 낡은 정치질서를 붕괴시켰고, 사람들의 정서는 그 이상으로 커다란 영향을 받았다. 그러나 이 전쟁은 온갖 새로운 형태의 악이 출현할 것을 알리는 서곡에 불과했다. 근대과학이 자동소총이나 폭격기와 같은 공전의 파괴력을 지닌 무기를 낳았다면, 근대정치는 유례없이 강력한 권력을 쥔 국가를 낳아 '전체주의'라는 새로운 말을 만들어 내야 할 정도였다. 이 새로운 형태의 국가는 효율적인 경찰력과 대중정당, 그리고 인간생활의 모든 면을 관리하고자 하는 급진적인 이데올로기를 바탕으로 세계정복이라는 야심찬 계획에 들어갔다.

이러한 계획이 가능했던 것은 바로 지난 세기까지의 기술적·사회적 진보 때문이기도 하였다. 그리고 이러한 전체주의적 이데올로기에 의해 개시된 전쟁도 또한 새로운 종류의 것으로서, 민간인의 대량학살과 경제자원의 대량파괴를 가져왔다. 자유민주주의 진영에서는 이러한 위험으로부터 스스로를 보호하기 위해 히로시마 폭격 같은, 이전 같으면 민족말살이라 불릴 만한 군사전략을 수용하지 않을 수 없게 되었다. 근대과학으로 달성한 꿈의 경제성장이라는 것도 지구 각지에서 환경파괴를 낳아, 지구 전반에 걸친 생태계 붕괴의 위험이 제기되고 있다.

전 세계를 연결하는 정보 테크놀로지나 순간교신의 통신기술이 민주주의 이념을 확산시켰다는 주장이 있기도 있다. CNN이 1989년의 천안문 광장 점거사건이나, 같은 해 동유럽 여러 나라에서 일어난 혁명을 전 세계에 보도한 것은 그 한 예가 될지도 모르겠다. 하지만 통신 테크놀로지 그 자체는 가치중립적이다.

20세기에 상처를 남긴 일련의 사건은 지성에도 심각한 위기를 초래했다. 인류가 어느 방향으로 가고 있는지 알아야만 우리는 역사의 진보에 대해서 이야기할 수 있다. 19세기에 대개의 유럽인은 진보란 민주주의를 향한 움직임이라고 생각했다. 하지만 20세기에 살았던 대다수의 사람들에게는 이 같은 공감대는 존재하지 않았다. 자유민주주의는 두 가지의 주요한 경쟁적 이데올로기, 즉 파시즘과 공산주의의 도전을 받았다. 이 두 가지 이데올로기는 자유민주주의와는 근본적으로 다른 비전을 제시하였다. 서방측 사람들조차도 자유민주주의가 과연 모든 인류가 그토록 염원하는 목표인지에 대해 회의를 품게 되었으며, 틀림없이 그렇다고 말하던 이전의 자신감은 협소한 자기중심주의의 결과가 아니었을까 하고 의심하게 되었다. 처음에는 식민지 지배자로, 다음에는 냉전기간 중의 비호자로, 이어 주권국가의 세상이 되자 원칙적으로 대등한 존재로서 비유럽세계와 대면하게 되었을 때, 유럽인은 그들의 이념이 갖고 있는 보편성에 대해 의심을 품게 되었던 것이다.

인류사는 하나의 방향으로 나아가는 것이 아니고 지향하는 목표는 국민이나 문명의 수만큼이나 많이 존재한다. 따라서 자유민주주의도 전혀 특별한 것이 아닌 것으로 비치게 되었다. 우리 시대에 비관주의를 가장 선명하게 드러낸 예는 자유민주주의에 상대되는 전체주의체제인 강력한 공산주의가 영원히 존속할 것이라는 믿음이었다.

당시 미 국무장관으로 있던 키신저는 1970년대에 국민에게 이렇게 경고했다. "오늘날 우리는 역사상 처음으로, (공산주의의) 도전은 끝없이 지속될 것이라는 냉엄한 현실에 직면해 있다. 우리의 외교정책도 다른 나라가 수세기 동안 전개해 온 것과 마찬가지의 형태로 변해야 한다. 그것을 피할 방법은 없으며, 숨돌릴 여유도 없다. 이러한 상태는 앞으로도 계속될 것이다." 키신저는 소련과 같은 적대국의 정치·경제구조를 근본적으로 개혁하려고 시도하는 것은 유토피아적 이상주의라고 생각했다. 징치직 성숙이란 세계는 이래야만 한다는 자세가 아니라 있는 그대로 수용하는 것이며, 소련과의 타협을 의미했다. 그렇게 함으로써 공산주의와 민주주의 간의 대립은 완화될 수 있었지만, 세상을 종말로 이끌 전쟁 가능성은 완전히 불식되지 않은 채 남아 있게 되었다.

정치나 외교 관계 전문가들은 사실상 공산주의가 영구 불변하다고 믿고 있었다. 관료적 지배자가 근대적인 조직이나 테크놀로지의 힘을 이용하여 국민을 거의 영구적으로 지배할 수 있을 것이라고 믿었던 것이다. 이러한 믿음은 정치적인 좌익과 우익, 중도에게서도 마찬가지였고, 저널리스트와 학자, 그리고 동서 양 진영의 정치인들도 모두 같았다. 당파와 무관하게 깊고 넓게 자리잡고 있던 이 같은 맹점은, 금세기의 여러 사건들에 의해 발생한 역사에 대한 극단적 비관주의에 뿌리를 두고 있었다. 그러나 1980년대 후반, 전 세계적으로 공산주의가 무너져 가기 시작하면서 이 예측은 명확히 빗나간 것이었음을 보여주었다.

한편 역사의 진보 가능성에 관한 오늘날의 비관론은 두 가지 위기에서 발생하였다. 그 하나는 20세기의 정치적 위기이며, 또 하나는 서구 합리주의 지성의 위기이다.

정치적 위기는 수천만 인명을 학살시키고 수억의 사람들을 더욱 잔혹한 형태의 노예체제 속에 옭아매었다. 지성의 위기는 자유민주주의가 스스로를 보호하는 데 필요한 지적인 자원을 박탈해 버렸다. 이 두 가지 위기는 서로 관련되어 있으며 각각 분리해서 생각할 수는 없다. 지성적인 합의점을 도출하지 못했기 때문에, 금세기의 전쟁이나 혁명은 필요 이상으로 이데올로기적 색채가 짙은 과격한 형식을 취하게 되었다. 러시아와 중국의 혁명, 그리고 제2차 세계대전 중의 나치 지배 하에서 16세기 종교전쟁(1517)의 잔악함이 보다 확대된 형태로 되살아났다. 단순히 영토나 자원만이 아니라 전 주민의 가치관이나 생활양식까지 위협하였던 것이다. 한편, 이데올로기에 의해 부추겨진 폭력적인 투쟁과 그 결과는 자유민주주의에 대한 자신감을 짓밟았다. 전체주의와 권위적인 정권들 속에서 자유민주주의는 고립되었고, 정의에 관한 한 자유민주주의는 만능이 아닐지도 모른다는 심각한 의심을 불러일으켰다.

하지만 1990년대에 들어서면서 양상은 크게 달라졌다. 세계는 전체적으로 새로운 악을 출현시키기는커녕 오히려 어떤 면에서는 분명히 개선의 방향을 보여주고 있는 것이다. 그 가장 대표적인 예가 1980년대 말 세계 각지에서 일어난 공산주의의 전면적이고도 예측할 수 없었던 붕괴이다.

사실 이는 제2차 세계대전 이후 형성되어 온 한층 커다란 역사발전의 패턴의 일부에 지나지 않는다. 권위주의적인 독재정치는 그것이 우익이든 좌익이든 간에 붕괴의 길을 걸어왔다. 어떤 경우에는 이 붕괴가 번영되고 안정된 자유민주주의의 확립으로 연결되었다. 독일과 러시아에서 일어난 강대한 전체주의 국가의 탄생이 20세기 전반의 정치에서 가장 획기적인 사건이었다고 한다면, 요 근래 20~30년의 역사는 그러한 국가가 본질적으로 갖고 있는 약점을 드러내 보인 역사였다. 이 예측하지 못한 사태는, 금세기에 우리가 품게 되었던 비관주의에 대해 처음부터 다시 한 번 생각해 보도록 하고 있다.

현재의 독재주의 위기는 십수년 전부터 남유럽 지역에서 시작되었다. 포르투갈에서는 1974년 군사쿠데타로 카에타노 정권이 축출된 후 내란에 가까운 불안정기를 거쳐 1976년에 수상이 선출되고 그 이래로 평화적이고 민주적인 정권이 이어져 오고 있다. 그리스, 스페인, 터어키 등에서도 모두 정기적인 자유선거가 실시되고 있다.

이와 비슷한 민주주의 국가로의 변신은 1980년대 라틴 아메리카에서도 일어났다(페루·우루과이·브라질·칠레 등). 그러나 남유럽에 비해 라틴 아메리카의 새로운 민주주의 정권이 얼마나 유지될 수 있을지에 대해서는 의심을 품는 사람도 많았다. 라틴 아메리카 지역에서는 민주주의 정부가 일시적으로 들어섰다가 사라지곤 하였는데, 심각한 경제위기를 안고 있었기 때문이다.

그러나 민주주의의 탄력성에 힘입어, 1970년대 초반 라틴 아메리카의 일부에만 출현했던 민주주의 정권이 점차 확산되어 1990년대 이후에는 쿠바와 가나만이 자유선거를 허용하지 않는 나라로 남게 되었다. 이러한 상황은 동아시아에서도 마찬가지다. 1986년 필리핀에서 마르코스 독재정권이 타도되고 아키노가 대통령에 취임했다. 그 다음 해 한국에서는 전두환이 물러나고 직접선거를 통해 노태우가 대통령으로 선출되었다. 1990년대엔 직접선거가 정착되어 김영삼, 김대중이 연이어 대통령으로 선출되었다.

자유민주주의를 신봉하는 나라에서는 개인의 권리를 보호하기 위해 그만큼 국가권력에 대해 제한이 가해진다. 이에 반해 우익이나 독재정권은 국가의 힘을 이용하여 개인의 영역을 침해하고 그것을 관리하려 든다. 개인의 자유로 인해 받은 손상은 그것이 무엇이건 국가 목표의 차원에서 보상하고자 든다. 그렇게 해서 결정적으로 붕괴되는 것은 '정통성의 소멸'로서, 이는 국가이상 차원에서의 위기를 의미한다. 정통성이란 절대적 의미에서의 공정이나 정의와는 다른 것으로, 사람들의 주관적인 인식 속에 존재하는 상대적인 개념이다. 효과적으로 기능할 수 있는 정권이라면 모두 어떤 정통성을 그 토대로 하고 있다. 예컨대 히틀러에게 충성을 다한 이유는 히틀러가 가하는 물리적인 위협 때문이 아니라, 히틀러의 권위에 대한 정통성을 믿었기 때문이다. 편협하고 잔인한 독재정권이라 하더라도 정통성이라는 것은 절대적 요소가 되는 것이다.

그럼 만약 히틀러가 패하지 않았더라면 파시즘의 정통성은 어떻게 되었을까? 사실 파시즘의 내부모순은 국제체제에 군사적으로 패배할 가능성 이상으로 심각하게 진행되고 있었다. 혹 당시 히틀러가 전쟁에 승리를 거두었다고 하더라도, 보편적인 제국의 평화가 계속되면서 독일은 자민족의 우수성을 전쟁이나 정복을 통해서는 더 이상 주장할 수 없게 되었을 것이고 따라서 파시즘은 스스로 존재 이유를 잃게 되었을 것이다. 히틀러가 패배한 이후 우익 쪽에서 자유민주주의를 대신할 정치체제로 남은 것은 끈질긴 몇 개의 우익 군사독재정권이었으나, 이들도 결국 일관된 체계나 질서가 부족한 독재정권임이 드러났다. 이러한 정권들은 대개 정통성에 대하여 장기적으로 설득력 있는 논거를 갖고 있지 못하다는 취약점을 안고 있다.

남유럽이나 라틴 아메리카, 남아프리카에서의 민주주의로의 이행은 각각 차별성을 보이면서도 거기에는 놀랄 만한 일관성이 존재하고 있다. 니카라과의 소모사 정권을 제외한다면, 구정권이 폭동이나 혁명으로 권좌에서 쫓겨난 예는 하나도 없다. 이 지역에서는 정권교체가 일부 구정권 세력이 민주적으로 선출된 정부에게 권력을 이양하는 방식으로 이루어졌기 때문이다. 이러한 자주적인 철수는 항상 당면한 어떤 위기를 계기로 하고 있지만, 궁극적으로는 현대사회에서 유일한 정통성을 갖는 정치체제는 민주주의라는 신념이 확산되었기 때문이다.

전체주의는 19세기의 전통적 권위주의와는 전혀 성격을 달리하는 두 종류의 독재정치, 즉 구소련과 나치 독일을 설명하기 위해 제2차 세계대전 이후 서양에서 생겨난 개념이다. 스페인이나 라틴 아메리카의 군사독재도 사회 속에서의 개인적인 권익의 영역(시민사회)을 완전히 부수어 버리려고는 하지 않았다. 기껏해야 그 관리를 목표로 했을 뿐이다. 이에 반해 전체주의 국가에게는 인간생활 전체를 포괄한다는 명확한 이데올로기가 있었다. 전체주의는 시민사회의 완전한 파괴를 시도했으며, 시민생활의 완전한 관리를 목표로 했다. 이는 종교와 언어뿐만 아니라 인간에게 가장 개인적이고 가장 가까운 관계인 가족관계에까지 영향을 미쳤다. 전체주의는 단순히 국민으로부터 자유를 빼앗았을 뿐만 아니라 자유에 대한 공포심을 심어주어 강제력을 동원하지 않더라도 스스로 쇠사슬에 채워져 있는 편이 행복하다고 생각하는 인간을 만들고자 하였다. 이에 프랑스의 여행가 큐스티누는, 러시아인을 노예상태에 빠져 공포와 야망 이외에는 무엇이든 심각하게 받아들이려 하지 않는 민족으로 묘사했다. 러시아인은 민주주의에 대해 흥미도 없고 받아들일 준비도 되어 있지 않다는 것이다. 쇠창살이나 죄수복으로 감금되어 있는 것은 아니지만 안전과 질서, 권위에 이끌려, 소비에트 정권이 주는 대제국의 장대함 같은 별로 쓸모도 없는 은혜를 원함으로써 스스로 갇힌 신세에 안주하고 있었다고 할 수 있을 것이다. 이렇게 해서 소련은 강대국 중에서도 강대국으로 여겨졌고, 특히 세계전략상 미국의 최대의 라이벌로 생각되었다.

이러한 구소련의 가장 기본적인 약점은 경제문제였다. 경제의 실패를 너그럽게 보아 넘기기 어려웠던 것은, 소비에트 정권의 정통성 자체가 국민에게 물질적인 생활수준을 향상시켜 주겠다는 약속에 근거하고 있었기 때문이다. 따라서 이 곳에서의 경제문제는 체제 전체의 정통성과 관계된 위기라는 맥락에서 파악해야 한다. 구소련체제의 경제적 실패가 결정적으로 공산주의에 대한 신념에 반발을 불러일으킨 것은 이 때문이다. 게다가 전체주의는 사상을 제대로 콘트롤하지 못함으로써 치명적인 약점을 드러내었다. 사람들은 계급이 없다는 자신들의 사회에 새로운 지배계급제도가 있으며, 이들이 자신들을 기만하고 있다는 사실을 대부분 느끼고 있었다. 그들은 바로 특권을 가진 부패하고 위선적인 당 관료라는 계급이었다.

　현재 중국을 비롯한 쿠바, 북한, 베트남은 공산주의 정부가 지배하고 있는데, 1989년 7월부터 12월에 걸쳐 동구의 6개 공산주의 정권이 일시에 무너진 이래 공산주의에 대한 견해는 크게 수정되었다. 한때 자유민주주의보다 고도로 발달된 문명임을 자부하여 온 공산주의가 이제는 정치적으로나 경제적으로나 지독한 후진성을 연상시키는 존재가 된 것이다. 따라서 공산주의 권력은 아직도 세계 각지에 살아남아 있기는 하지만 이미 활력과 매력을 상실하고 있다. 전성기가 멀리 사라져버린 낡아빠진 반동적 사회질서를 지키지 않을 수 없는 비참한 입장에 처한 것이다. 한때 자유민주주의와 맞서던 이데올로기상의 위협은 사라지고 소비에트군이 동구에서 철수하는 것과 때를 같이하여 군사적인 위협도 거의 사라지게 되었다.

　좌익 공산주의도 우익 독재주의도 강력한 정부의 정치적인 내부 결속력을 유지할 만한 진지한 이념은 이미 완전히 상실했다. 그 정부를 지지해 주던 것이 굳건히 단결된 정당이건 군부이건 혹은 한 사람의 독재자이건 마찬가지다. 정통한 권위가 결여되어 있을 때는, 독재정권이 어떤 정책에서 실패를 범할 경우 국민에게 관용을 호소할 수 있는 더 높은 원칙은 존재하지 않게 된다.

　우익 독재국가의 약점은 시민사회를 완전히 통제하지 못했다는 데 있다. 이러한 정부는 대개 사회질서의 회복이나 경제기반의 조성을 명분으로 내걸고 권력의 자리를 차지했지만, 이전의 민주정부 만큼도 지속적인 경제성장이나 치안체제의 안정을 이룩해 낼 수 없었다. 혹은 스스로 내건 목표를 달성한 경우라 할지라도, 오히려 그 성공은 그 자신의 목을 옭아매는 결과가 되었다. 왜냐하면 교육수준이 향상되고 경제가 번영하여 국민의 중산층이 성장하면서 독재정권 아래 놓여 있던 사회가 점차로 현 지배체제의 통제범위를 벗어나게 되었기 때문이다. 강력한 정부를 지지하던 예전의 위기시대의 기억이 점차로 엷어지고, 사회는 군사지배를 점점 더 참아낼 수 없게 되는 것이다.

　좌익 전체주의 정부는 이러한 전철을 밟지 않기 위해, 국민에게 허용되는 사고의 내용까지 포함하여 시민사회 전체를 그 관리 하에 두고자 했다.

그런데 그러한 체제를 유지해 나가기 위해서는 지배자 자신까지도 위협을 받을 만한 공포정치를 시행하지 않을 수 없다. 그러나 그러한 공포정치도 시민들 스스로 어떤 결론을 이끌어 내는 것을 도저히 막을 수 없었기 때문에 위력을 상실하게 되었다.

과거의 독재주의 국가는 이제 민주주의에 길을 양보했고, 예전의 포스트 전체주의 국가도 민주국가로 다시 태어나든가 그렇지 않으면 단순히 독재국가로 되었다. 구소련에서는 연방을 구성하고 있던 각 공화국으로 권력이 이양되었다. 중국의 정권도 사회의 주요 부분에 대한 통제력을 잃어가고 있다. 이들 나라는 모두 이제 마르크스·레닌주의가 물려준 이데올로기상의 일관성을 갖고 있지 않다.

정치적 권위주의에 닥친 위기에 더하여, 그렇게 두드러지지는 않지만 경제 분야에서도 중요한 변혁이 진행되고 있다. 이러한 변혁의 원인이 되었던 것은 제2차 세계대전 이후 동아시아 제국이 보여준 경이적인 경제성장이었다. 경제성장에 대한 성공담은 일찌감치 근대화를 이룩한 일본 같은 나라뿐 아니라 시장원리를 채용하고 세계 자본주의 시스템의 일원이 된 모든 아시아 국가들까지도 포함하게 되었다. 이들 국가의 경제번영은 근면한 국민만이 유일한 재산인 가난한 나라도 국제적인 경제시스템의 개방성을 훌륭히 이용하여 부를 이룩하고, 유럽이나 북미 같은 보다 견고한 자본주의 열강들과의 차이를 순식간에 줄일 수 있다는 사실을 보여주었다.

이러한 경제성장은 특히 공산주의 국가들의 관심을 끌었다. 그들은 사회주의적인 계획경제가 자국의 후진성과 빈곤의 결정적 원인이 되고 있다는 사실을 깨달았던 것이다.

자유주의와 민주주의는 밀접하게 관련되어 있지만, 개념적으로는 별개의 것이다. 정치적 자유주의란, 간단히 말해 일정한 개인적 권리나 자유가 정부의 통제를 받지 않는다는 사실을 인정하는 법원칙이다. 민주주의에 관한 브라이스 경의 고전적인 명저가 내린 정의는 다음과 같다.

첫째는 공민권, 즉 각자의 인격이나 재산에 대해서 사회로부터 통제를 받지 않는다는 것. 둘째는 종교권, 즉 종교상의 견해의 표현이나 신앙생활에서 통제를 받지 않는다는 것. 셋째는 정치권, 즉 공공의 복리에 막대한 영향을 미쳐 통제가 불가피한 사안을 제외하고는 통제를 받지 않는다는 것으로, 여기에는 출판의 자유라는 기본적 권리가 포함되어 있다.

한편 민주주의란 모든 시민이 보편적으로 갖고 있는 정치적 권력을 공유할 권리, 즉 모든 시민의 투표권과 참정권을 말한다. 정치적 권력에 참여할 수 있는 권리라는 것은 자유주의가 갖는 기본적 인권이라고 생각할 수 있으며, 그 때문에 자유주의는 역사적으로도 민주주의와 밀접한 관련을 가져온 것이다. 그런데 민주주의의 절차는 특권계급에 의해 교묘하게 조작될 수도 있으며, 민주주의적인 절차를 밟았다고 해서 늘 국민의 의향이나 이익이 정확하게 반영된다고도 할 수 없다.

경제적 측면에서 말하면, 사유재산과 시장을 기반으로 한 자유로운 경제활동이나 거래의 권리를 인정하는 것이 자유주의다. 그래서 '자본주의'라는 말보다 '자유시장경제'라는 표현이 유행하며, 사유재산이나 기업활동의 권리를 옹호하고 있는 나라를 자유주의 국가라고 간주하는 것이다.

오늘날에는 본질적으로 민주주의도 아니고 자본주의도 아닌 미래를 떠올리기는 불가능하다. 물론 자유민주주의 체제 하에서도 미래에 많은 면에서 개선이 계속될는지 모른다. 그렇다고 하더라도 현 상태와는 본질적으로 다르고 동시에 현 상태보다 멋진 세계의 미래도를 그리는 것은 불가능하다. 자유민주주의의 성장발전은, 경제적 자유주의의 성장과 더불어 거시적인 관점에서 과거 400년의 정치를 개관해 볼 경우 가장 주목할 만한 현상인 것이다.

모든 시대와 모든 국민의 경험을 고려한 보편적인 역사란 과연 존재하는 것일까? 실제로 이것은 대단히 오랫동안 제기되어 온 의문이며, 최근 여러 사건들을 계기로 다시 제기되고 있다. 이제까지의 역사는 여러 가지 사건의 맹목적인 연쇄가 아니라 전체적으로 하나의 의미를 이루며, 올바른 정치적·사회적 질서의 존재에 관한 인간의 이념도 그 속에서 발전을 이룩하고 바깥세계로 작용해 온 것이다. 그리고 만일 현 시점에서, 우리의 세계와는 본질적으로 다른 세계를 상상할 수 없고 현재의 세계질서가 근본적으로 개선된 미래도 별 가망성이 있어 보이지 않는다면, 인류의 역사 그 자체가 이제 종점에 도착한 것일지도 모른다는 가능성도 생각해 보아야 할 것이다.

서양에서 보편적인 역사라는 사고방식이 처음 나타난 것은 기독교 문명에서였다. 기독교는 신의 관점에서 보면 인간은 누구나 평등하고 그 결과 세계의 모든 사람이 같은 운명을 공유하고 있다는 생각을 최초로 도입했다. 기독교도에게 있어서 지상의 역사의 종말은, 천국의 문이 열리는 심판의 날, 이 세상도 이 세상의 일들도 문자 그대로 소멸되는 날이다. 이러한 기독교 역사관에서 잘 알 수 있듯이 보편적인 역사에는 반드시 '역사의 종말'이 포함되게 된다.

종교색을 배제하고 보편적인 역사를 쓰려는 초기의 움직임은 16세기의 과학적 방법론의 발달과 함께 시작되었다. 특히 보편적인 역사를 명시하려고 하는 가장 진지한 노력은 독일관념론의 전통 속에서 배태되었다. 즉 위대한 철학자 칸트가 1784년에 저술한 『세계주의 견지에서 본 일반 역사의 구조』에서 보편적인 역사라는 개념을 제창한 것이다. 칸트는 역사에는 종점이 있을 것이라고 기술하였는데, 이 종점이란 현재 인간의 잠재의식 속에 감추어진 최종목표로서, 인간 자유의 실현이다. 철학적으로 중요한 의미를 갖고 경험주의적 역사에 대한 깊은 통찰에 기초한 칸트의 시도는 헤겔에게 계승되어 칸트 사후의 세대에서 완성을 보았다. 칸트와 마찬가지로 헤겔도 "인간의 지식을 탐구하는 과정에서 인간의 정신(여기에서는 인간의 집단적 의식을 말한다)을 보여줄 수 있는" 보편적인 역사를 쓰는 것을 목표로 삼았다. 또한 역사의 진보란 이성의 착실한 발전에서 오는 것이 아니라, 인간을 대립과 혁명, 그리고 전쟁으로 이끄는 열정의 맹목적인 상호작용에서 태동한 것이라고 생각했다. 퐁트넬, 콩도르세 등 헤겔 이전 시대에 보편적인 역사를 쓰려고 한 사람들과 헤겔의 차이는, 그가 자연·자유·역사·진리·이성이라는 개념에 대해 훨씬 깊은 철학적 통찰력을 갖고 있었다는 점이다. 헤겔은 퐁트넬과 이후의 더욱 급진적인 역사주의자들과는 달리 역사의 과정은 현실세계에서 자유로운 사회가 실현되었을 때 그 종말을 맞이할 것이라고 믿었다. 그는 역사를 보다 고도의 합리성과 자유의 실현을 향한 인간의 진보로 간주하고, 인간이 절대적인 자의식을 손에 넣게 되었을 때 논리적인 종착점에 도달한다고 생각했던 것이다. 그리고 프랑스 혁명 후의 유럽과 미국 독립혁명 후의 북아메리카에 나타난 근대 자유주의 국가에서 인간의 자유가 꽃핀 것처럼, 이러한 자의식은 인간의 철학체계 안에서 꽃핀다고 믿었다.

20세기 들어 헤겔을 가장 밀도 있게 이해한 사람은 코제에브였다. 코제에브는 역사의 종말이란 대규모의 정치대립과 분쟁의 종결을 의미할 뿐만 아니라 철학의 종국이기도 하다고 생각하였다. 한편 20세기에 보편적인 역사를 쓰려고 시도한 최후의 예는, 제2차 세계대전 후 주로 미국인을 중심으로 하는 사회과학자 그룹이 '근대화이론'이라는 이름 하에서 시행한 집단작업이다.

그러나 20세기에 나타난 가장 두드러진 경향은 역사에 대한 심각한 비관론으로, 이것은 지금까지의 보편적인 역사상에 대한 신뢰를 망가뜨렸다. 과연 인류의 보편적인 역사라는 것은 존재하는가?

2. 인류의 구시대

근대의 자연과학은 군비경쟁을 통해서만이 아니라 인간의 욕망을 충족시키기 위해 자연을 서서히 정복하는 것을 통해서도 역사를 일정한 방향으로 변화시키고 있다. 이러한 정복의 기도를 경제발전이라고 불러도 좋을 것이다. 방향성을 가진 역사발전의 저변에 가로놓인 '메커니즘'으로서 근대 자연과학을 보는 것은, 과학이 일보일보의 축적으로 진보하고 있다고 만인이 인정할 수 있는 유일한 대규모 사회활동이기 때문이다.

근대 자연과학이 착실히 전진하고 있는 덕택에 사람들은 역사적 진화를 나타낸 구체적인 사실의 많은 부분을 이해할 수 있게 된다. 사회현상으로서의 과학이 발전한 것은 단순히 인간이 삼라만상에 호기심을 품어 왔기 때문만은 아니다. 신변의 안전을 구하거나 끝없이 물질적인 것을 요구하는 욕망이 과학에 의해 충족되어 왔기 때문이다. 현대의 기업도 순수한 지식욕에 의해 개발활동을 계속하고 있는 것이 아니라 어디까지나 돈을 벌기 위해서다. 오늘날 경제적으로 발전하고 싶은 욕망은 사실상 모든 사회에 통용되는 특질처럼 생각된다. 그렇지만 만약 인간이 단순한 경제동물이 아니라고 한다면 이러한 설명만으로는 불완전할지도 모른다.

과학적 방법론을 거부하거나 상실함으로써 인류 전체가 역사를 되돌리는 것은 가능한 일일까? 근대에 테크놀로지와 이성적인 사회를 의식적으로 배척하려는 운동, 그 중에서도 현재 가장 일관되게 기술문명에 반대하고 있는 것이 환경보호운동이다. 특히 가장 급진적인 그룹은 자연을 조작하지 않고 공업이 발전하기 이전의 자연 본연의 상태로 근접해 가는 쪽이 인간에게 더 행복했을 것이라고 주장하고 있다.

그렇다면 자연의 정복을 노린 근대의 모든 시도와 그 바탕 위에서 수립된 기술문명을 거부하는 매우 급진적인 환경보호주의가 출현할 수 있을까? 여러 가지 이유로 해서 대답은 그렇지 않다고 할 수 있다. 그 첫째 이유는 현재의 경제성장이 창출한 장래의 전망과 연관이 있다. 개인과 소규모 사회라면 '자연으로 돌아가는' 것이 가능할 수도 있다. 그러나 사회 전체가 테크놀로지를 거부할 경우에는 미국이나 일본 같은 국가가 통째로 공업문명에서 이탈하게 되어 결과적으로 빈곤에 시달리는 제3세계 국가들 같은 상태로 전락해 버릴 것이다. 그렇게 되면 대기오염과 유독폐기물은 감소할지 모르지만 한편으로 근대적인 치료와 통신의 수준은 형편없이 저하되고 산아제한은 잘 안 될 것이며 나아가 성해방은 더욱 곤란해지게 될 것이다. 단, 어떤 특정한 테크놀로지만을 뽑아서 파기하는 방식이라면 다소간 현실성이 있을지도 모른다. 요컨대 어떻게 해서든 테크놀로지의 발전을 현재의 수준으로 동결시키거나 혹은 기술혁신이 허용되는 분야를 좁게 한정시키는 것이다. 이 방법이라면 당장은 현재의 생활수준을 유지할 수 있을지 모르지만 그렇게 하더라도 테크놀로지의 수준을 멋대로 정하는 생활이 그렇게 만족스러울 것이라고는 생각하기 어렵다. 이런 방식으로는 다이내믹하게 성장하는 경제의 혜택도 누릴 수 없고 그렇다고 해서 진정으로 자연으로 돌아가는 것도 아니다. 덧붙여 말하자면 현대의 테크놀로지와 그로부터 발생한 경제세계와의 단절이 환경보호의 불가결한 요소가 아니라 오히려 긴 안목에서 보면, 기술과 경제발전이야말로 환경보호의 전제로서 필요한 것이다.

이상의 모든 이유를 고려하면, 오늘날의 경제활동에서 근대 자연과학의 역할을 거부할 가능성은 거의 없을 것 같다. 즉 인류문명에 대한 테크놀로지의 지배력과 과학 그 자체의 복원력을 상실해 버릴 가능성은 거의 없다고 볼 수 있는 것이다. 예컨대 근대 무기가 파괴되어 그 제조방법에 관한 특정 지식이 소멸된다 하더라고 무기생산을 가능케 한 과학적 방법론의 기억까지도 근절시킬 수는 없다. 근대적인 운수통신 수단을 통해서 인류문명이 통일화의 길을 걸어온 결과, 어떤 지역도 과학적 방법론과 그 잠재능력에 무지할 수 없게 되었다. 바꿔 말해, 근대 자연과학의 힘을 깨닫지 못하는 진짜 야만인은 찾을 수 없는 것이다. 그것이 사실인 이상, 근대 자연과학을 군사목적으로 응용할 수 있는 국가는 그것을 할 수 없는 국가보다 당연히 우위에 설 것이다.

지금까지 과학이 경제면에서 자본주의체제를 낳고 또는 정치면에서 자유민주주의를 낳은 필연성에 대해서는 논하지 않았다. 그리고 실제로 공업화의 초기단계를 거치고 경제발전과 도시화, 종교와 정치의 분리, 집권적인 국가구조, 매우 높은 국민의 교육수준을 유지하면서도 자본주의도 민주주의도 아닌 국가가 존재하고 있다. 그러나 이것은 최종적으로는 경제정체라는 희생을 초래했다. 1980년대 말까지 중국, 소련, 나아가 동구 제국은 선진산업국의 경제논리에 굴복해 버렸다고 보아도 될 것이다. 자본주의 경제를 규제하고 계획하는 것은 어느 정도까지는 그 사회의 재량권 범위 내에 있다. 우리 사회의 진보 메커니즘에 의해서도 그것을 이러쿵 저러쿵 말할 수는 없다. 그렇지만 테크놀로지가 주도하는 경제적 근대화의 진전으로 선진 제국의 실질적인 경제경쟁과 시장 메커니즘에 의한 가격결정 시스템을 인정하고, 동시에 자본주의 경제의 보편성을 기본적으로 받아들이도록 강력히 요구하고 있다. 이미 분명히 밝혔듯이 완전한 경제근대화에 이르는 길은 이것 외에는 있을 수 없는 것이다.

인간이 스스로의 경제적 이익에 대한 명확한 비전을 품고 있는 한, 진보적인 근대과학의 논리는 인류사회를 자본주의 방향으로 인도해 준다. 중상주의나 종속이론, 혹은 기타 갖가지 지적 망상으로는 인간은 이러한 명확한 비전을 가질 수 없었다. 아시아와 동유럽의 예는 오늘날 서로 대립하는 경제시스템 가운데 어느 쪽이 보다 바람직한가를 예측케 해주는 귀중한 시금석이 되고 있다. 구미와 아시아는 물론 제3세계에서도 보편적인 소비문화가 자유민주주의의 원리에 의해서 만들어져 간다. 오늘날 그것은 사회진보의 메커니즘을 이용하여 설명할 수 있다. 선진기술과 노동의 합리적 조직 아래 생성된 거대한 생산성과 다이내미즘을 배태한 경제세계는 사회를 동질화하는 막대한 힘을 갖고 있다. 이 힘은 세계화된 시장의 형성과 다양한 사회의 경제적 야심의 고양과 그 실천을 통해서 세계 전체에 흩어져 있던 사회를 하나로 연결시켜 준다. 이 세계시장경제라는 매력적인 힘은 모든 인간사회를 끊임없이 자신의 세계로 끌어당기고 있고, 그 세계에 참가해서 성공하기 위해서는 자유시장 경제원리의 채용이 불가결하다. 비디오·테이프레코더의 최종적인 승리, 그것은 자유시장경제의 최종적인 승리이기도 하다.

경제발전과 민주주의는 전혀 우연한 관계가 아니지만, 민주주의 선택의 배후에 있는 동기는 기본적으로는 경제와 관계가 없다. 이 동기에는 또 하나의 다른 근원이 있고 그것은 공업화에 의해 조장되고 있으나 그것과 필연적으로 연관되어 있는 것은 아니다.

공업화의 진전이 자유민주주의를 창출하는 이유에 대해서는 세 가지 형태의 논의가 진행되어 왔다. 그런데 그것들은 모두 약간의 오류를 내포하고 있다. 첫번째 논의는 자유민주주의가 복잡한 근대사회의 대립을 상호의 일치점에 입각하여 해결해 나가는 데 가장 적합한 시스템이라는 주장이다. 자유민주주의에서 법지배의 특징을 이루는 보편성과 형식주의는 사람들이 경쟁하고 연합관계를 구축하고 종국에는 서로 타협할 수 있는 공통의 토대를 부여해 준다. 그러나 그것은 반드시 자유민주주의 그 자체가 사회대립의 해결에 가장 적합하다는 증명은 되지 않는다. 기본적인 가치관과 게임의 룰에 대해 이미 합의가 이루어져 있는 소위 이익단체 사이에서 일어나는 대립이라면, 그리고 그 원인이 주로 경제적인 것이라면, 민주주의는 그 대립을 해결하는 훌륭한 수완을 발휘할 수 있을 것이다. 그러나 이것은 세습되는 사회적 지위라든가 국적과 관련된 경제와는 무관하며, 이보다 훨씬 풀기 어려운 대립도 존재하고 있다. 그런 문제의 해결에는 민주주의는 도움이 되지 않는다.

제2의 논의, 즉 민주주의는 결국 좌익이든 우익이든 비민주적 특권계급 간의 권력투쟁의 부산물로서 생성된다고 하는 논의도 왜 자유민주주의 체제를 향한 보편적인 발전이 필연적인가를 설명하는 데는 충분하지 않다. 왜냐하면 이 설에 따르면 국가의 지배권을 둘러싸고 투쟁하는 어느 집단에게도 민주주의란 원해서 얻은 결과가 아니기 때문이다.

마지막 논의는 공업발전이 교육수준이 높은 중산계급 사회를 만들어 내고, 그 사회는 저절로 자유로운 권리와 민주주의적인 정치참가를 요구해 나가게 된다는 주장이다. 이는 어떤 점에서는 확실히 타당하다. 그러나 교육이 필연적으로 민주주의적 규범을 좋다고 여기는 신념으로 이어진다는 것은 전혀 다른 차원의 이야기다. 구소련과 중국, 한국과 대만, 브라질 등의 나라에서 확실히 교육수준의 향상은 그 나라의 민주주의적 규범의 확대와 밀접히 연관되어 왔다. 그렇지만 그것은 세계교육의 중심지에서 유행한 사상이 우연히 민주주의 이념이었을 뿐이라는 데 지나지 않는다.

경제발전과 자유민주주의 사이에 관계가 있다는 것은 분명 의심의 여지가 없다. 그렇지만 양자의 정확한 상호관계는 언뜻 본 것만으로는 알 수 없을 만큼 복잡하고 지금까지 제기한 세 가지 설 중 어느 것으로도 그 관계를 충분하게 설명할 수는 없다. 경제영역에서 근대 자연과학의 논리와 그것이 육성한 공업화 과정이 같은 방향을 나타낸 것과는 달리, 정치영역에서는 일정한 방향을 가리키지 않는다. 자유민주주의는 확실히 공업화의 성숙과 양립될 수 있고 많은 선진공업국의 국민들로부터도 호감을 받고 있다. 그렇지만 공업화와 자유민주주의와 사이에 필연적인 연관이 있는 것으로는 생각할 수 없다. 일정한 방향성을 갖는 역사의 근저에 가로놓인 사회진보의 메커니즘은 자유주의를 초래하는 경우도 있는가 하면 관료적인 권위주의를 초래한 경우도 있다.

역사의 종말이라는 문제를 진지하게 다루려면 역사에 관한 논의로부터 인간성에 관한 논의로 이행해 가는 것을 피할 수 없을 것 같다. 더욱 중요한 문제는 원칙론적인 것, 즉 자유민주주의 사회에 존재하는 '장점'은 정말로 선이고 '본래의 인간성'을 만족시키고 있는 것일까, 아니면 자유민주주의 사회보다 더 높은 만족을 제공해 주는 다른 체제와 사회조직이 원칙적으로 존재하는 것은 아닐까 하는 문제다. 이러한 문제에 대해 답하고 동시에 오늘날의 시대가 실제로 '인류의 구시대'인지 아닌지를 알기 위해, 우리는 역사발전이 시작되기 이전에 존재한 자연인, 즉 '최초의 인간'으로까지 거슬러 올라가 살펴볼 필요가 있다.

3. 인정받기 위한 투쟁

헤겔은 『정신현상학』에서 원시적인 최초의 인간에 관해 설명하고 있는데, 이 최초의 인간은 인간의 원형이며 시민사회의 형성이나 역사의 진행이 개시되기 이전에 존재한 기본적이며 인긴적인 속성을 깆고 있다. 헤겔이 말하는 최초의 인간이 동물과 근본적으로 다른 점은 다른 인간으로부터 필요한 존재가 되거나 혹은 인정받기를 원한다는 것이다. 바꿔 말해 인간은 처음부터 사회적인 존재라는 것이다. 인간이 동물과 근본적으로 다른 점은 또 하나 있다. 그(최초의 인간)는 단지 다른 사람으로부터 그저 인정받고자 하는 것이 아니라 한 사람의 인간으로서 인정받고 싶어한다는 것이다. 인간은 근본적으로 타인지향형이고 사회적인 동물이지만 그 사회성은 그를 평화로운 시민사회 속으로가 아니라 순수한 위신을 찾는 격렬한 사투로 내몰아 간다. 헤겔이 말하는 최초의 인간들 사이에서 펼쳐지는 피비린내 나는 싸움은 그의 변증법의 기점에 지나지 않으며, 거기에서 현대의 자유민주주의에 도달하기까지에는 대단히 험난한 과정이 남아 있다. 인류사의 문제는 어떤 의미에서는 상호적이면서도 동시에 평등한 기초 위에서 인정받고 싶다고 하는 주군과 노예 쌍방의 욕망을 만족시켜 주는 방법의 탐구라고 할 수 있다. 그리고 역사는 이 목적을 달성하는 사회질서와 함께 막을 내린다.

헤겔이 말하는 피비린내 나는 싸움처럼 홉즈가 그린 자연상태도 영속적이며 근본적인 인간정념의 상호작용에서 생긴 인간의 상태를 해명하기 위한 것이다. 홉즈에 의하면, 인간은 필요를 위해 싸우기도 하지만 오히려 '하찮은 일'을 둘러싼, 즉 인정받기 위한 싸움 쪽이 많다. 홉즈는 관념론자 헤겔과 그다지 다르지 않은 표현을 써서 최초의 인간의 본질에 관한 설명을 끝내고 있다. 즉 사람들을 만인의 만인에 대한 싸움으로 강하게 내몰고 있는 정념은 물질적 소요에 관한 강한 욕망이 아니라 야심 있는 소수인의 긍지와 허영의 만족감에 불과하다는 것이다. 왜냐하면 헤겔이 말하는 '선망을 구하는 욕망'이나 '인정'에 대한 추구는 우리가 일반적으로 (그것을 바람직하다고 인정할 때는) '긍지' 혹은 '자긍심'이라고 부르며, (그것을 바람직스럽지는 못하다고 생각하는 경우에는) '허영' 내지 '허식'이라고 부르는 인간의 정념으로 이해할 수 있기 때문이다.

로크가 묘사한 최초의 인간상은 홉즈와는 비슷하지만 헤겔의 그것과는 근본적으로 다르다. 즉, 로크에게 있어서 최초의 인간은 자연상태에서 인정받기 위해 투쟁하기는 하되 인정받고자 하는 욕망을 자기 생활을 유지하고 거기에 물질적 위안을 주려 하는 욕망에 종속시키도록 철저히 배울 필요가 있는 것이다. 헤겔이 말하는 최초의 인간은 물질적인 소유에는 관심도 없고 그 대신 자기 자신의 자유와 인간다움을 타인에게 인정받기를 원한다. 그리고 그 소원을 추구한 나머지 사유재산에서 자기 생명에 이르기까지 세속적인 일에는 전혀 관심을 나타내지 않는다. 이에 대해 로크가 말하는 최초의 인간은, 자연상태에서 소유하는 물질적 소유물을 지킬 뿐만 아니라 더욱 무한한 부를 얻을 가능성을 개척하기 위해 시민사회로 적극 나아가는 것이다.

홉즈나 로크, 제퍼슨 등과 같은 미국의 건국시조들의 사상을 고취받은 미국인들에게는 위신을 추구하는 전쟁에 생명을 거는 귀족적인 군주에 대한 찬사는 그야말로 게르만 민족 특유의 편견으로 들릴 것이다. 이들 앵글로 색슨계 사상가들은 군주를 자칭하는 자들에게 만민으로 하여금 노예와 같은 생활을 받아들이도록 설득하는 노력이야말로 정치문제라고 생각했다. 그들은 다른 사람으로부터 인정받는 만족감을, 죽음의 고통과 비교하여 헤겔보다 훨씬 낮게 평가하였기 때문이다. 실제로 그들은 폭력적인 죽음에 대한 공포와 쾌적한 자기보존에 대한 욕망이 실로 강렬하여, 이기적인 손익계산을 철저히 교육받은 합리적인 정신 속에서는 이러한 정념이 인정에 대한 욕망을 능가해 버릴 것이라고 생각했다.

인정받기를 추구하는 투쟁과 원시적인 피비린내 나는 투쟁 속에서 죽음의 위험을 감수하는 인간의 자세는 우리에게 있어서 보다 친숙한 도덕적 편성과는 어떻게 관련되어 있을까? 이 의문을 풀기 위해서는 타인으로부터 인정받고 싶다는 욕망의 내용을 보다 상세히 검토하여 이러한 욕망을 창출한 인간성이라는 것을 이해할 필요가 있다.

'인정받으려는 욕망'이라는 심리적 현상을 니체는 '붉은 뺨을 가진 야수'(수치심을 갖고 있는 존재)로서 표현했다. 인정받으려는 욕망은 인간성 중에서도 두드러지게 정치적인 부분이다. 서양철학의 전통 속에서 이 인정받으려는 욕망에 관해 최초로 심오한 분석을 가한 것은 플라톤의 『국가』다. 『국가』에는 철인 소크라테스와 아테네의 두 명의 청년(귀족 글라우콘과 아디만토스)과의 대화가 기록되어 있으며, 그들은 그 '이야기상'에 불과한 공정한 도시의 본질을 이야기하고자 했다. 그러한 도시도 '현실의 도시'처럼 외적을 막기 위한 수호자 혹은 전사계급을 필요로 한다. 소크라테스에 의하면, 이 수호자들의 주요한 특징을 나타내는 말이 그리스어로 '튜모스(thymos)'인데 약간 어색하긴 하지만 이를 번역하면 '패기'라는 뜻이다. 패기란 용기나 풍부한 공명심, 도덕적 타협에 대해 일종의 불복종을 원칙으로 하기 때문에 어떤 의미에서 그것은 올바른 정치질서와 결부되어 있는 것처럼 보이기도 한다. 플라톤과 하벨에 의하면, 바른 정치질서란 단순한 상호 불가침조약 이상의 것이어야 한다. 동시에 스스로의 존엄과 가치를 인정받고 싶어하는 인간의 당연한 욕망을 만족시키는 것이어야만 한다. 그렇지만 패기나 인정에의 욕망은 대단히 폭넓은 현상이다. 사물이나 자기를 평가한다고 하는 행위는 일반적으로는 경제생활로 간주되는 우리의 일상 구석구석에까지 퍼져 있다. 그 점에서 인간은 바로 '붉은 뺨을 가진 야수'라고 할 수 있을 것이다.

패기 덕택에 인간은 자연의 가장 강한 본능을 극복하고 정의 혹은 공정하다고 믿는 것을 추구할 수 있게 된다. 패기는 욕망의 동맹군으로 나타나는 경우가 많고 그 때문에 욕망과도 혼동되기 쉬운 것이다.

패기에 찬 인간, 분노하는 인간만이 스스로의 존엄과 동포의 존엄을 잃어버리지 않으려고 바짝 긴장한다. 그리고 자신의 가치는 육체적 존재를 형성하는 여러 욕망 이상의 무언가에 의해서 성립된다고 느낀다. 이러한 인간만이 자진해서 전차를 막아서고 병사들의 대열 앞을 가로막을 수 있는 것이다. 대개의 경우 하찮은 부당 행위에도 작지만 용기를 가지고 일어서는 이러한 사람이 없으면 정치와 경제구조에 근본적 변혁을 불러올 대사건은 계속해서 일어나지 않는 법이다.

사람은 자신의 도덕적 가치뿐만 아니라 부나 권력, 육체미에 대해서도 타인의 인정을 받고 싶어하는 경우가 있다. 사람은 자신이 타인보다 우월하다고 인식하려는 경향이 있고, 그것은 진정으로 내적 가치에 기본을 둔 경우도 있지만 대부분은 우쭐해진 자기 평가에서 생성된다. 이처럼 자신의 우월성을 인식시키려는 욕망을 고대 그리스어에서 어원을 빌려 '우월욕망(megalothymia)'이라고 새로이 명명하겠다. 우월욕망이 정치세계에서 매우 큰 문제를 내포하는 정열이라는 것은 분명하다. 어떤 사람에게서 자신의 우월성을 인정받아 마음이 충만되는 것이라면, 모든 인간에게서 그것을 인정받는다면 당연히 큰 만족을 얻을 수 있을 것이기 때문이다. 처음에는 점잖은 자존심으로 등장한 패기도 이리하여 지배로의 욕망으로 변신할지도 모른다. 이 지배욕은 패기의 어두운 면이고, 물론 헤겔이 묘사한 피비린내 나는 결투의 개시점으로 이미 존재해 있었다. 인지에의 욕망은 원시적인 전쟁을 선동하여 주군의 노예에 대한 지배를 초래했다. 그리고 결국 이 논리는 전 세계에서 보편적으로 인정받고 싶은 욕망, 즉 제국주의에로의 길을 열었다. 패기는 각 개인을 사리사욕의 생활에서 끌어내어 공공의 선으로 향하도록 하는 토대이기 때문에, 소크라테스는 패기를 정치공동체의 존속에 빼놓을 수 없는 선천적인 정치적 미덕으로 보았다. 그러나 그는 이 패기가 정치공동체를 견고히 하는 반면, 거꾸로 그 공동체를 파괴할지도 모른다고 생각하였다. 오늘의 세계에서는 우월욕망이 공격의 표적이 되었으면 되었지 존경받는 일은 없다. 그것을 생각하면 눈에 거슬리는 패기를 시민사회에서 추방하려고 한 근대 초기 철학자들의 기도가 멋지게 성공했다는 점에서 우리들은 니체에게 동의하고 싶어진다. 우월욕망을 대체하는 것은 두 가지 정도이다.

첫째는 세속의 욕망 부분이 철저한 생활의 경제화라는 형태로 개화한 것이다. 이 경제화는 국력증대와 제국건설 대신 1992년까지 EC의 통합강화를 도모하려는 유럽 제국과 같은 고상한 예에서부터, 주어진 선택 범위 속에서 어떤 직업을 택할 것인가를 은밀히 계산해 보는 대학졸업생의 예까지 넓은 범위에 걸쳐 있다. 두번째는 강력한 침투력을 가진 '대등욕망', 즉 타인과 대등한 존재로서 인정받고 싶어하는 욕망이다. 이 욕망은 중절반대를 외치거나 동물의 권리를 주장하는 사람들의 패기 등, 여러 형태로 나타난다. 이처럼 우리는 뻔히 내다보이는 모순 속에 놓여 있다. 앵글로 색슨적인 근대 자유의 전통을 창조한 사람늘은 정치세계에서 패기를 추방하려고 했지만, 그래도 인지에의 욕망은 대등욕망의 형태로 우리들 주위에 넘치고 있는 것이다.

헤겔이 상정한 '자연상태'에 만연한 전쟁은 주종관계로 이어졌고, 이 사회적 주종관계는 장기적으로 보면 안정적인 것은 아니었다. 왜냐하면 군주와 노예의 양자가 다같이 인지에의 욕망을 최종적으로 만족시키지는 못했기 때문이다. 이 만족감의 결여가 노예사회에 모순을 낳고 한층 더한 역사적 진보의 원동력이 되었다. 피비린내 나는 싸움에 자진해서 목숨을 거는 일은 인간에게 있어 최초의 인간다운 행동이었는지는 모르지만 그것만으로 그가 완전하게 자유롭고 만족하는 인간이 되었을 리 없다. 그렇게 되기 위해서는 좀더 역사의 진전을 기다리지 않으면 안 되었다. 군주와 노예 모두 만족하지 못한 상태라고 하더라도 그 이유는 각기 다르다. 군주는 어떤 의미에서는 노예보다 인간적인 상태에 있고, 노예 쪽은 거꾸로 폭력적인 죽음에의 공포에 굴복한다. 군주에게는 노예가 인간으로서 불안전하다는 점이 바로 딜레마의 시작이다. 군주는 다른 사람에게서 인정받고 싶어한다. 바꾸어 말하면 자신의 가치와 존엄을 똑같은 가치와 존엄을 갖춘 다른 사람에게서 인정받고 싶어하는 것이다. 위신을 건 싸움에서 이긴다 해도 그런 자신을 인정해 주는 것은 노예로 전락해 버린 인간, 죽음에 대한 선천적인 공포심으로 인해 인간성을 지킬 수 없었던 사람만이 남는다. 결국 군주의 가치는 그다지 인간답지 못한 자들로부터만 인정받게 되는 것이다. 여기에 군주의 비극이 있다. 그는 군주의 가치를 인정해 줄 만큼 충분한 가치도 없는 노예들로부터 인정받기 위해 생명을 거는 것이다. 때문에 군주의 마음은 언제까지나 충족되는 일이 없다. 그리고 군주는 언제까지나 군주로 남게 된다.

만족하지 않는 것은 노예 쪽도 마찬가지다. 그렇지만 군주와 달리 노예는 만족할 수 없다고 해서 무기력한 인간으로 노쇠해 가는 것이 아니라 오히려 창조적으로 풍부한 변신을 이루어 간다. 폭력적인 죽음을 두려워하는 노예는 노동을 통해 포기한 인간성을 되찾는다. 그러나 그 사이에 노동의 동기는 변해 간다. 이제는 직접적인 형벌을 두려워해서가 아니라 의무감과 자기 수련에 의해 일하기 시작하고 그 속에서 자신의 동물적 욕망을 억누르는 방법을 배워 간다. 바꾸어 말하면 일종의 노동윤리를 발달시켜 가는 것이다. 과학과 기술을 통해서 노예는 자신이 자연을 바꿀 수 있고 또한 자신이 태어난 물리적 환경만이 아니라 자신의 본성까지도 변화시킬 수 있다는 사실을 발견하는 것이다. 역사를 진전시키는 원동력은 이와 같은 노예의 인정받기 위한 끊임없는 욕망이지, 결코 주군 측의 나태한 자기만족이나 변함없는 독선이 아닌 것이다.

혁명을 일으킴으로써 예전의 노예들은 자기 생명을 걸고, 그 때까지 노예로 살 수밖에 없었던 죽음에 대한 공포를 극복하게 된다. 주종관계에 내포된 내부적인 모순은 군주의 도덕성과 노예의 도덕성이 잘 통합된 국가에서 해결된다. 군주와 노예 사이의 명확한 구별이 사라지고 이전의 노예는 새로운 군주(다른 노예에 대한 군주가 아니고 자기 자신의 군주)가 되는 것이다. 이것이 '1776(미국 독립선언)의 정신'이 갖는 의미다. 여기에서는 새로운 군주가 승리를 거둔 것도, 새로운 노예의 의식이 생겨난 것도 아니다. 오직 민주체제라는 형식으로 인간의 자기 지배가 달성된 것이다. 그리고 이전의 주종관계에 속해 있던 요소 가운데 몇 가지-군주 측의 인지로 얻어진 만족감과 노예 측의 노동-는 이 새로운 통합형태 속에서도 여전히 존속하고 있다.

자유국가는 합리적인 존재다. 왜냐하면 사람을 사람으로 간주한다는 원칙을 토대로 하면서 인지에 대한 상충하는 욕망을 화해시켜 가기 때문이다. 자유국가는 보편적인 것이어야만 한다. 그들은 당연히 인간이라는 이유에 의해서 인정받아야 한다. 동시에 국가는 군주와 노예의 구별을 폐지함으로써 계급없는 사회를 세워 갈 수 있을 만큼 균질적이어야 한다. 보편적이고 균질한 사회가 합리적이라는 것은, 미국의 헌법제정 논의과정에서 알 수 있듯이 공화제 국가가 열린 주의와 주장에 입각하여 의식적으로 세워졌다는 사실을 상기시키면 한층 명백해진다. 그렇다 해도 우리는 어떻게 근대 자유민주주의가 전 인류를 보편적으로 '인정한다'고 말할 수 있을까? 그것은 자유민주주의가 만인의 다양한 권리를 인정하고 그것을 보호하기 때문이다.

문명의 완숙기에 등장하는 보편적이고 균질한 국가는 경제와 인정의 두 기둥 위에 성립하고 있다고 볼 수 있다. 이러한 국가에까지 다다를 수 있었던 것은 근대 자연과학의 발전과 인정받기 위한 투쟁 덕분이다. 경제의 발전은 단지 민주주의를 자신의 의지로 선택하기 쉽도록 유리한 조건을 만들어 낸다. 거기에는 두 가지 이유가 있다. 첫째 경제발전은 노예들에게 지배의 개념을 보여준다. 경제발전이 자유민주주의를 촉진시키는 두번째 이유는 경제발전에서 빼놓을 수 없는 교육의 보급이 사회의 평등화를 대규모로 촉진시킨다는 점에 있다. 만약 인간이 단순한 이성과 욕망의 덩어리에 불과하다면 군사정권 하의 한국이나 교활한 기술관료의 지배 하에 있던 프랑코 정권 하의 스페인, 혹은 급속한 경제성장에 흠뻑 빠져 있는 국민당 정권 하의 대만 같은 나라에서 살더라도 충분히 만족할 것이다. 그렇지만 이들 나라에 살고 있는 사람들은 욕망과 이성 이상의 것을 갖고 있다. 그들은 패기로 가득찬 긍지를 품고, 자신이 존엄한 인간이라는 믿음을 갖고서 그 존엄을 무엇보다도 자국의 정부가 인정해 주기를 원하고 있는 것이다.

사회와 자유민주주의 사이에는 지금까지 충분한 설명은 되지 않았지만 경험적으로 상당히 밀접한 상관관계가 있음을 알 수 있다. 그것을 정확하게 해석할 수 없었던 것은 자유민주주의의 선택이라는 것을 경제적 이유에 의해서, 즉 영혼의 욕망 부분으로 좁혀서 설명해 왔기 때문이다. 사실은 오히려 패기 부분, 다시 말해 인정에의 욕망으로 눈을 돌려야 했다. 코제에브는 그의 헤겔해석 속에서 보편적이고 균질한 국가야말로 인류사의 최종 단계이며, 그러한 국가만이 인간을 완벽하게 만족시키기 때문이라고 서술했다. 그의 주장은 요컨대 훨씬 근본적이고 뿌리깊은 인간적 열정으로서의 패기 혹은 인정에의 욕망이 인간의 첫번째 본질이라고 확신한 데서 생겨나는 것이다. 인정의 중요성을 심리적인 면만이 아니라 형이상학적인 면에서도 제시한 헤겔과 코제에브는, 필시 욕망과 이성을 전부라고 생각했을 로크나 마르크스, 그 밖의 철학자들보다 인간성을 보다 깊게 이해하고 있었다. 따라서 지금 역사의 종착점에 서 있다고 하는 코제에브의 주장이 옳은지의 여부는, 전적으로 현대의 자유민주주의 국가가 인간의 인정에의 욕망을 어느 정도 만족시키고 있는가에 달려 있다고 하겠다.

4. 첨단을 뛰어넘어

국가란 온갖 차가운 괴물 중에서도 가장 차가운 것이다. 그것은 또한 차갑게 거짓말을 한다. 이런 거짓말이 그의 입에서 튀어나온다. "나, 국가는 곧 민족이다.” 그것은 거짓이다! 이전에 민족을 창조하고 그 머리에 하나의 신앙, 하나의 사랑을 내건 것은 창조자들이었다. 이렇게 해서 그들은 생명에 봉사한 것이다.

　지금 다수의 인간을 향해 함정을 만들고 그것을 ‘국가’라고 부르고 있는 것은 대량 학살자들이다. 그들은 그 함정 위에 한 자루의 칼과 백 가지의 욕망을 늘어뜨린다.

　나는 너희들에게 민족의 표식을 가르치겠다. 어느 민족이나 선과 악에 대해서 독자적으로 말한다. 이웃 민족은 그것을 이해할 수 없다. 민족은 스스로의 풍습과 법률 속에서 독자적인 언어를 만들어 낸다. 그런데 국가는 선과 악에 대해 온갖 단어를 구사하여 거짓말을 한다. 국가가 무엇을 말해도 그것은 거짓이다. 국가가 무엇을 갖고 있든 그것은 훔친 것이다. (니체, 『짜라투스트라는 이렇게 말했다』)

　역사의 종점에서 자유민주주의와 상대할 수 있는 이데올로기상의 강적은 하나도 남아 있지 않다. 지금은 이슬람 세계를 제외한다면, 자유민주주의의 주장을 가장 합리적인 정치체제로서, 즉 합리적인 욕망과 인식을 가장 완전하게 실현시키는 것으로서 받아들이려는 일반적인 합의가 존재하는 것처럼 보인다. 그런데도 왜 이슬람 세계 이외의 모든 나라가 민주주의 국가가 아닌 걸까? 국민도 지도자도 이론적으로는 민주주의 원리를 받아들이고 있는 많은 나라가 민주주의에로의 이행에 여전히 어려움을 안고 있는 이유는 무엇인가? 안정된 민주주의를 대신할 만한 것을 생각할 수 없는데도 현재 스스로 민주주의를 선언하고 있는 세계의 몇몇 정권이 그대로 민주주의를 지속해 나갈 수 없을 것 같다는 의혹을 갖게 되는 것은 왜일까? 그리고 설령 마지막으로 승리를 거둔다고 해도 현재의 추세가 후퇴하고 있는 것처럼 보이는 것은 왜일까?

　자유민주주의의 기본은 가장 합리적인 정치활동을 하는 데에 있고, 거기서는 공동체 전체가 헌법의 성격을 심의하고 공적 생활을 지배하는 일련의 기본법률을 규정한다. 거기서 종종 문제가 되는 것은 이성과 정치가 동시에 자기의 목표를 좀처럼 실현하기 어렵고, 인간이 자신들의 생활을 단순히 개인적인 차원에서뿐만 아니라 정치적 차원에서도 ‘제어할 수 없다’는 약점이다.

자유민주주의가 여전히 보편적인 힘을 갖지 못하는 이유, 혹은 일단 자유민주주의가 힘을 얻어도 안정을 유지할 수 없는 이유는 결국 국가와 민족이 완전히 조화하지 못한 데에 있다. 국가는 어떤 목적을 가진 정치적 창조물인 데 반해 민족은 국가가 생성되기 이전부터 존재한 도덕적 공동체다. 하나의 민족을 선과 악의 개념을 공유하는 도덕적 공동체로서 정의한다면, 민족과 민족이 만들어 낸 문화는 세속의 '패기' 부분에 기원을 두고 있음이 분명해진다. '패기' 혹은 인정(認定)받으려는 욕망은 요컨대 사회과학자들이 '가치'라고 부르는 것의 토대이다. 종교와 민족주의는 이 '패기'에 깊이 뿌리를 두고 있기 때문에 이 두 정열에는 커다란 힘이 주어져 있는 것이다.

패기가 종교와 민족주의의 원천이라는 사실은, '가치'를 둘러싼 대립이 특정한 소유나 부를 둘러싼 대립에 비해 훨씬 치명적인 결과를 가져올 수 있는 이유를 설명해 준다. 즉 자신의 존엄성 혹은 자신이 신성하다고 생각하고 있는 존엄성을 상대가 인정하는가, 인정하지 않는가 그 둘 중의 하나밖에 없는 것이다.

자유주의 국가는 자국민의 다양한 전통적 문화를 균질화하려 하며, 그들에게 전통을 고집하기보다는 장기적인 이해를 계산하라고 가르친다. 또한 '선과 악'에 대한 독자적 언어를 지니는 유기적 또는 도덕적인 공동체 대신에 사람들은 일련의 새로운 민주주의적 가치, 즉 '참가' '합리성' '세속성' '유동성' '배려' 그리고 '관용'과 같은 가치를 배워야 했다. 이러한 새로운 민주주의 가치는 본래 궁극적인 인간의 덕과 선을 결정한다는 차원에서의 가치는 아니었다. 이러한 가치는 단순히 수단으로 도움이 되는 기능 혹은 평화스럽고 풍족한 자유주의 사회에서 잘 살아가기 위해 몸에 익혀야 할 습관으로서 생각해 낸 것이었다. 니체가 국가를 일컬어 '백가지 욕망'을 민족 앞에 제시함으로써 그들의 문화와 민족을 멸망시킨 '차가운 괴물 중에서도 가장 차가운 괴물'이라고 부른 것도 이러한 이유에서다.

이러한 까닭에 문화—어떤 종류의 전통적인 가치들을 민주주의적인 가치로 바꾸어 가는 것에 대해 저항하는 경향을 지니는 문화—는 민주화에 대한 장애물이 될 수도 있다. 그렇다면 안정된 자유민주주의의 건설을 방해하는 문화적 요인에는 어떤 것이 있을까? 이것들은 몇 가지 종류로 나뉘어진다.

첫번째는 한 나라의 국민적·민족적·인종적 의식의 성격과 그 정도와 관계가 있다. 두번째는 종교와 관계가 있다. 세번째는 불평등한 사회구조의 존재, 그리고 거기에서 발생하는 모든 정신적 습관과 관계가 있다. 마지막 요인은 건전한 시민사회―민족이 국가에 의존하는 것이 아니라 민족 스스로가 토크빌이 말한 '협조의 기술'을 발휘할 수 있는 영역―를 자율적으로 만들어 내는 사회적 능력과 관계가 있다.

이러한 모든 요인―국가적 동일성에 대한 감각, 종교, 사회적 평등, 시민사회를 향한 성향, 그리고 자유주의적 제도에 대한 역사적 체험과 같은 요인―이 어우러져 한 민족의 문화를 형성한다. 이 점에 대한 각 민족의 차이 때문에 자유민주주의라는 동일 체제가 어떤 민족에 대해서는 잘 기능하는 반면 다른 민족에게서는 잘 기능하지 못하고, 혹은 동일 민족이 어떤 시대에는 민주주의를 거부하다가 다른 시대에는 주저없이 채용하기도 하게 된다. 자유의 영역을 확대하고 그 흐름을 강화하려고 하는 정치가는 누구나 국가가 '역사의 종점'에 도달하는 데 필요한 힘을 둔화시키는 문화적·전통적 속박에 대해 민감하지 않으면 안 된다.

현대 자유민주주의의 건전함이 시민사회의 건전함에 의해 유지되고 그 시민사회의 건전함이 사람들의 자발적인 연대능력을 기반으로 한다면, 자유주의가 성공하기 위해서는 스스로의 원리·원칙을 뛰어넘어야만 한다는 사실이 분명해진다. 토크빌이 말한 것과 같은 시민연합체나 공동체는 종종 자유주의적인 원리에서만 아니라 종교나 민족성, 그 외의 비합리적인 원리에 기반을 두고 있다. 그렇기 때문에 정치상의 근대화가 성공하기 위해서는 제반 권리나 제도적 약속이라는 틀 속에 여러 민족의 유풍이나 국가의 불완전한 승리와 같은 전근대적인 요소를 남겨둘 필요가 있다.

헤겔은 노동은 본질이다, 인간의 참본질이다라고 믿었다. (칼 마르크스)

안정된 민주주의를 유지하는 국민의 능력을 문화가 좌우하는 것과 같이, 경제활동에도 오히려 문화 쪽이 결정적인 영향을 미치는 것은 아닌가 하는 느낌이 든다. 이는 무엇보다도 노동에 대한 인식에서 가장 잘 나타나 있다.

외국생활이나 해외여행 경험이 있는 사람이라면 누구라도 노동에 대한 생각은 그 나라의 문화에 결정적으로 좌우된다는 점을 인정하지 않을 수 없을 것이다.

아담 스미스에서 시작되는 전통적인 자유주의 경제이론에 따르면, 노동이란 본질적으로 불쾌한 활동이고 노동에 의해 창조되는 물건의 효용 때문에 어쩔 수 없이 하게 되는 활동이다. 그 효용은 주로 여가시간을 즐길 수 있는 것으로, 어떤 의미에서는 노동의 목적은 일하는 데 있는 것이 아니라 여가를 즐기는 데 있다는 것이다.

이에 반해 '노동윤리'라는 말은 사람들의 노동양식과 정도의 차이가 문화나 습관에 따라 결정되는 것, 따라서 그것이 어떠한 형태든 '패기'와 관계되어 있음을 암시하고 있다. 사람들은 이러한 노동윤리에 대한 경험주의적 연구를 비공리주의적 기원을 갖는 타입으로 간주해 왔다. 이러한 연구 가운데 가장 유명한 것은 말할 것도 없이 막스 베버의 『프로테스탄티즘 윤리와 자본주의 정신』이다.

베버가 설명하려 한 것은 무제한적인 부의 축적에 생애를 바친 자본주의 초기의 기업가가 대부분 왜 그 부의 소비에는 관심을 갖지 않았던 것처럼 보이는가 하는 점이었다. 그들의 검소함이나 수양, 성실함, 결백, 단순한 쾌락에 대한 혐오감 등은 베버가 칼빈파 예정설의 교의(敎義)의 변형으로서 이해한 '세속적 금욕주의'의 구성요소였다. 노동은 효용과 소비를 위해 행해지는 불쾌한 활동이 아니라 오히려 '천직'이고, 프로테스탄트 교도는 거기서 자신이 구제받을 존재인지 단죄받을 존재인지가 반영된다고 믿었다.

다른 문화에서도 경제적인 성공을 설명하기 위한 '프로테스탄트 윤리'와 유사한 사상이 발견된다. 예를 들면 로버트 벨라는 현대 일본인의 노동윤리의 원천을 이루는 일본적 종교관이 칼빈주의와 기능적으로 같다는 것을 주장하였다.

이처럼 종교적 신념이 자본주의 경제발전을 촉진시키거나 가능케 한 예와는 대조적으로, 종교나 문화가 장애로서 작용한 나라도 많다. 예를 들면 힌두교는 인류의 보편적 평등이라는 원칙에 바탕을 두지 않은 얼마 되지 않는 세계적 대종교 가운데 하나다. 힌두교의 원리에 따르면, 인간은 모든 권리와 특권, 삶의 방식을 규정하는 복잡한 일련의 카스트로 나뉘어진다. 이것은 명확히 경제성장에 장애물이 된다. 그 이유로는 일반적으로 힌두교가 하층 카스트의 빈곤과 사회적 비유동성을 정당시하고 있다는 사실, 즉 내세에서는 지금보다 높은 카스트로 다시 태어날 수 있는 가능성을 약속하면서 현세의 타고난 신분은 그것이 무엇이든 감수하게끔 한다는 사실을 들 수 있다.

확실히 자본주의는 유럽형이든 일본형이든 '천직으로서의 노동', 즉 소비를 위해서가 아니라 노동 그 자체를 위한 노동을 촉구한 종교적 원리 덕분에 대단히 용이하게 발전하였다. 그러나 현대사회가 전면적으로 세속화됨에 따라 이제는 정신적 원천에서 완전히 분리되었다고 반론하는 사람도 있을 것이다. 사람들은 노동을 이제는 '천직'이 아니라 자본주의의 제반 법칙이 명령하는 대로 합리적인 사익을 추구하기 위한 것으로 생각하고 있다는 것이다.

자유주의 경제는 그것을 자진해서 이용하려 하는 사람들이라면 누구에게든 번영을 향한 가장 바람직한 경로를 가르쳐 준다. 바로 올바른 시장지향형 정책이다. 그렇지만 그러한 경제정책은 고도성장을 위한 불가결한 전제조건에 지나지 않는다. '패기'의 비합리적인 다양한 형태—종교, 민족주의, 숙련직이나 전문직이 노동에 대한 긍지와 수준을 유지해 가는 능력—는 무수한 경로를 통해 경제활동에 계속 영향을 주어 부유한 나라와 빈곤한 나라의 차를 만들어 간다. 그리고 이 같은 격차가 뿌리깊게 존속하고 있다는 사실에서, 앞으로의 국제세계는 적대적인 이데올로기 간의 경합관계로서가 아니라—경제적으로 성공한 나라는 대부분 비슷한 이데올로기

노선을 따라 계열화되어 갈 것이기 때문에—오히려 점점 서로 다른 문화 간의 경합관계로서 의미를 갖게 될 것이다.

현재 자유민주주의를 대신할 만한 체계적인 원리가 없는 것이 명확하다고 해도 어쩌면 지금까지의 역사에서는 예를 볼 수 없었던 새로운 권위주의적인 대체물이 그 존재를 과시하게 될지도 모른다. 만약 그러한 새로운 원리가 등장한다고 하면, 그것은 두 종류의 독특한 민족집단으로부터 생겨날 것이다. 하나는 자유주의 경제를 기능시키려는 노력에도 불구하고 문화적 이유 때문에 경제적 실패를 거듭하고 있는 민족이고, 또 하나는 자본주의 게임에서 당치도 않은 성공을 거두는 민족이다.

아시아, 특히 일본은 세계사적인 측면에서 보아 특히 결정적인 전환점에 서 있는 것으로 보인다. 아시아가 앞으로 수세대에 걸쳐 계속 경제적으로 성공해 간다면 그 진행방향에 대해서는 다음 두 가지 가능성을 생각해 볼 수 있다. 하나는 점점 더 국제화되고 교육수준을 높인 아시아인이 보편적이고 상호적 인지라는 서구적 발상을 계속 흡수하여 형식상의 자유민주주의를 한층 더 넓혀 가는 것이다. 거기에서는 집단이라는 것이 '패기'에 입각한 자기 동일화의 원천으로서의 중요성을 잃어버릴 것이다. 결국 아시아인은 개인의 존엄, 여성의 권리, 사적 소비에 더욱 관심을 갖게 되고 인간의 보편적 권리라고 하는 원리를 자기 내부에 내재시켜 가게 될 것이다. 이것은 과거 수십 년 간에 걸쳐 한국이나 대만을 형식적인 민주주의의 길로 들어서게 해 온 과정이기도 하다.

한편, 거꾸로 아시아인이 자신들의 성공을 외부에서 차용한 문화 탓이 아니라 자신들 스스로의 문화 덕택이라고 확신하게 된다면, 구미의 경제성장 추세가 동아시아보다 뒤처지게 된다면, 서구사회에서 가족과 같은 기본적 사회제도가 더욱 심하게 계속 붕괴해 나간다면, 그리고 서구가 아시아에 대해 불신이나 적의를 품고 달려든다면, 그 때 동아시아에서는 기술주의적인 경제합리주의와 가부장적 권위주의를 결합시킨 반자유주의적·비민주주의적인 시스템이 지지를 받게 될지도 모른다. 아시아의 새로운 권위주의 위에 나타난 이 복종의 제국은 전대미문의 번영을 낳을지도 모르지만, 그것은 대부분의 시민에게는 다시 유년시대가 오래 지속되는 것이고 따라서 '패기'는 절반밖에 채워지지 않는 상태가 됨을 의미한다.

왜냐하면 우리가 믿고 있는 신도, 우리가 알고 있는 인간도, 그 본성의 필연성 때문에 어디서든 힘을 얻으면 항상 지배행위를 한다. 그리고 우리의 경우도 마찬가지다. 우리가 이 법을 만든 것도 아니고, 이 법이 만들어진 때에 처음으로 그것을 이용한 것도 아니다. 그러나 이 법의 존재를 발견하고, 모든 시대에 그것을 남기고 가고 싶어하기 때문에 그것을 이용하는 것이다. 그리고 우리는 여러분이나 다른 사람도 우리와 같은 힘이 주어졌다고 한다면 똑같이 행동했으리라는 것을 잘 알고 있다. (투키디데스,『펠로폰네소스 전쟁사』)

일정한 방향성을 가진 역사의 존재는 국제관계에 중요한 결과를 가져올 것이다. 만일 보편적이고 균질한 국가가 도래하여 어떤 사회에서 개인 수준의 합리적인 인식이 생겨나 개인 간의 지배와 복종이라는 관계가 끝난다면, 그리고 그것이 세계 각국으로까지 파급되어 각국 간의 지배와 복종이라는 관계도 끝난다면, 제국주의는 막을 내리고 아울러 제국주의에 의한 전쟁의 위험성도 점차 줄어들 것이다.

현실주의 이론은 모두 불안정성이 국제질서의 보편적이고 항구적인 특색이며, 그것은 국제질서가 영원히 무정부적인 성격을 갖는 데서 생겨난다는 가설로부터 출발한다. 국제적인 지배자가 나타나지 않는 한, 각국은 서로에게 잠재적인 위협이 될 것이고, 그 불안을 없애기 위해서는 어느 나라든 자위를 위해 무장할 수밖에 없다. 이 위협감은 어떤 의미에서는 피하기 어려운 것이다. 왜냐하면 어떤 나라가 타국의 방위적 활동을 자국에 대한 위협으로 오해하고, 이번에는 거꾸로 상대편 나라로부터 공격적이라고 오해받을 만한 방위수단을 강구하기 때문이다. 이렇게 해서 위협은 스스로 목적을 달성하는 예언이 된다. 그 결과 모든 나라는 타국 이상으로 군사력을 증강하고자 하게 된다. 군비경쟁과 전쟁은 국제체제에서 피하기 어려운 부산물이고 그것은 국가 자체의 성격 때문이 아니라 모든 국가체제가 무정부적인 성격을 갖고 있는 데서 온 것이다.

이 권력투쟁은 여러 국가의 내부적 성질—그 나라가 신권정치인가? 노예가 있는 귀족제인가? 파시즘의 경찰국가인가? 공산주의의 독재국가인가? 혹은 자유민주주의 국가인가?—에는 영향받지 않는다. 그리고 참목적이란 권력을 말하는 것이다.

현실주의자 사이에서는 보다 장기적인 국제적 안정을 가져오는 것이 양극체제인지 다극체제인지를 둘러싸고 오랫동안 논란이 되어 왔다. 그리고 그들은 대부분 양극체제 쪽이 보다 안정적인 체제라는 결론을 내리고 있다. 현실주의는 국제정치의 진단서임과 동시에 국가가 어떻게 대외정책을 수행해 나갈 것인가 하는 데 대한 처방전이다. 처방전으로서의 현실주의는 결국 정책 가이드 역할을 하는 몇 가지 친숙한 규칙으로 귀착된다.

첫째, 국제적인 불안정이라는 문제는 최종적으로는 잠재적인 적국에 대응하는 힘의 균형을 유지함으로써 해결된다는 것이다. 둘째, 어느 나라를 자기 편으로 삼고 어느 나라를 적으로 돌릴 것인가를 판단할 시기에는 상대국가의 내부 체질이나 이데올로기보다 오히려 국력을 기준으로 삼아야 한다는 것이다. 셋째, 외교정책에서도 도의심을 배제할 필요가 있다는 것이다.

현실주의는 제2차 세계대전 후의 외교정책에 대한 미국인의 사고방식을 형성하는 데 대단히 유익한 역할을 하였다. 예컨대 현실주의는 국제적 안정을 위해 우선 국제연합을 신뢰하는 아주 천진하고 자유로운 국제주의에서 마음의 지주를 찾으려 한 풍조로부터 미국을 구해 냄으로써 이 같은 역할을 수행해 냈다. 현실주의는 이 시대의 국제정치를 이해하는 데 적합한 구상이었다. 왜냐하면 당시 세계는 현실주의가 제시한 전제대로 움직이고 있었기 때문이다.

분명히 현실주의는 일찍이 미국의 외교정책에 공헌해 왔다. 그럼에도 불구하고 현실의 국제관계를 둘러싸고 이 구상이 현실의 진단서로도 정책의 처방전으로도 중대한 약점을 잉태하고 있음을 간과해서는 안 된다. 왜냐하면 현실주의는 이제 외교정책의 전문가들 사이에 숭배의 대상으로까지 되어 있기 때문이다. 그들은 종종 현실주의의 전제를 잘 이해하지 못하고, 그것이 현실세계의 어떤 면에서 이미 적합하지 않은가를 깨달으려고도 하지 않는다.

모든 국가가 서로 위협을 느껴 무장한다고 하는 현실주의자의 주장은 국가체제의 존재양식에서 생겨나는 것이 아니다. 그것은 국제무대에서 루소가 말하는 소심하고 고립된 인간으로서가 아니라, 헤겔이 말하는 인정받기 원하는 지배자나 홉즈가 말하는 허영심에 빠진 최초의 인간과 유사한 행동을 하기 쉽다고 하는 숨겨진 가설로부터 생겨나는 것이다.

과거 여러 국가로 성립된 국제체제에서는 평화를 유지하는 것이 극히 곤란했는데, 그것은 어느 특정 나라가 자기 보존 '이상'의 것을 추구한다는 사실을 반영하고 있다. 거대한 패기를 가진 개인과 마찬가지로 그러한 국가는 왕조 존속이라는 이유나 종교적, 민족주의적, 혹은 이데올로기적인 이유에서 자기의 가치나 존엄의 인정을 추구하고, 그 과정에서 타국에 대하여 복종과 전쟁을 강요한다. 요컨대 국가 간의 전쟁의 궁극적인 원인은 자기 보존에 있는 것이 아니라 오히려 '패기'에 있는 것이다. 인류의 역사가 순수히 특권을 다투는 피비린내 나는 투쟁과 함께 시작되었듯이 국제분쟁도 국가 간에 인정받기 위한 투쟁과 함께 시작되었고 그것이 제국주의의 발생 원인이 되었다.

제국주의는—어느 사회에 대한 다른 사회의 힘에 의한 지배—우월자로서 인정받고자 하는 귀족주의적인 지배자의 욕망, 즉 '우월욕망'에서 식섭적으로 발생한다.

인정받고자 투쟁하는 지배자의 패기에 찬 노력은 예를 들면 종교와 같은 다른 형태를 취하는 경우도 있었다. 종교적 지배에의 욕망은—요컨대, 어떤 민족의 고유의 신이나 우상을 타민족에게도 인정케 하려고 하는 욕망—코르테스의 정복과 같이 개인적인 정복욕을 동반하거나, 16~17세기에 일어난 여러 종교전쟁에서처럼 세속적인 동기는 완전히 패쇄되어 버린 예도 있었다.

그렇지만 근대 초기가 되자 이 같은 '패기'의 표현은 대부분 한층 합리적인 승인 형태로 바뀌고, 궁극적으로는 근대 자유주의 국가라는 형식으로 정착하게 되었다. 군주의 야망이나 종교적 열광과 같은 비합리적인 패기의 표명을 무제한의 부의 축적으로 승화시키고자 하였다.

자유주의가 시민의 평화를 가져온다고 하는 사실은 논리적으로 국가 간의 관계에도 적용된다. 제국주의와 전쟁은 역사적으로 말하면 귀족사회의 산물이었다. 만약 자유민주주의가 노예를 스스로의 주군으로 바꾸고 그리하여 주군과 노예 사이의 계급구별을 폐지한 것이라면 그것은 또한 마지막에는 제국주의도 폐지하게 되는 것이다.

주군이 아니라 노예의 의식 속에 있는 근대 자유주의 사회의 계보와 최후의 위대한 노예 이데올로기인 기독교가 그 같은 사회에 끼친 영향력은, 오늘날 세간에서 동정심이 확대되고 폭력이나 죽음, 고통을 갈수록 용납하지 않게 되었다는 사실을 보면 잘 알 수 있다. 선진 제국 사이에서 서서히 사형제도가 폐지되고 혹은 전쟁에서의 희생을 갈수록 용인하지 않는다는 점을 생각해 보아도 분명하다.

오늘날 민주주의 제국의 지도자는 중대한 국제적 사유가 아니면 자국을 전쟁으로 밀어넣지 않으며, 무모한 행동은 정치적으로 도저히 용납될 수 없다는 점을 알고 있기 때문에 중대한 결단을 내릴 때는 당연히 주저할 것이다.

사회적 평등이 보급되어 감에 따라 전쟁의 경제학도 크게 변화했다. 산업혁명 이후 부의 원천으로서 토지나 인간이나 천연자원은 기술이나 교육, 노동의 합리적인 조직화에 비해 그 중요성이 현저하게 저하했다. 후자는 영토의 정복을 통해 손에 넣는 어떤 경제적 성과보다 훨씬 중요하고 확실한 것이었다. 뿐만 아니라 칸트가 심하게 한탄했듯이, 과학기술의 진보에 따라 전쟁의 경제적 비용은 비약적으로 증가하였다. 특히 핵무기는 전쟁의 잠재적 비용을 몇 배나 증가시켰다. 1945년 이후 유럽에서 전쟁이 일어나지 않은 이유를 설명할 때는, 양극체제와 같은 요인과 함께 핵무기의 억제력도 도외시할 수 없을 것이다.

자유민주주의 제국은 상호 불신도 없고, 상대국가의 지배에도 관심이 없다. 이러한 국가들은 보편적인 평등이나 제반 권리 등의 원리를 공유하고 있기 때문에 상호의 정통성에 대해 이의를 제기할 이유를 갖고 있지 않다. 제국의 '우월욕망'은 전쟁 이외의 장소에서 배출구를 찾거나 그렇지 않으면 피비린내 나는 전쟁을 일으킬 기력이 남아 있지 않을 정도로 쇠약해져 있다. 요컨대 거기에서는 자부심 높은 자유민주주의가 공격적·폭력적인 인간의 자연스런 본능을 억제한다기보다 오히려 본능 자체를 근본적으로 바꾸고 제국주의에의 의욕을 배제한다는 것이다.

민족주의자가 인정받고 싶어하는 존엄은 보편적인 인간으로서의 존엄이 아니라 자기들 집단의 존엄이다. 이러한 존엄에의 욕구는 나름대로 존엄을 인정받으려는 다른 집단과의 대립을 초래할지도 모른다. 그러므로 민족주의가 왕조나 종교의 야망을 대신하여 제국주의의 토양이 될 가능성은 충분하고, 그 대표적인 실례가 독일이었다.

18세기부터 19세기의 위대한 부르주아 혁명 이후도 제국주의와 전쟁이 존속한 것은 단순히 격세유전(隔世遺傳)적인 전사의 기풍이 살아남아 있었기 때문만이 아니라 지배자들의 '우월욕망'이 경제활동에 불완전하게 승화되었기 때문이기도 하다. 과거 2~3세기에 걸친 국제체제에는 자유주의 사회와 비자유주의 사회가 혼재해 있었다. 비자유주의 사회에서는 민족주의와 같은 비합리적인 '패기'의 형태가 종종 세력을 떨쳤고, 모든 국가는 다소라도 민족주의의 영향을 받았다. 또한 자유주의 사회는 비자유주의 사회의 공격으로부터 사신을 지키기 위해 전쟁을 일으켰고 자유주의 사회 스스로가 비유럽 사회를 향해 공격과 지배를 감행한 경우도 있었다.

제3세계, 동구, 그리고 구소련의 민족주의는 유럽과 미국의 민족주의에 비해서 변함없이 격렬한 형태를 취하고 있다. 새로운 민족주의가 갖는 이러한 활기 덕분에 발전된 자유민주주의 국가에 사는 많은 사람들은 자국의 민족주의가 서서히 쇠퇴해 가고 있다는 사실도 알아차리지 못하고 민족주의야말로 현 시대의 증명이라고 외곬으로 생각해 왔던 것 같다. 민족주의처럼 역사적으로도 새로운 현상을 사람들이 인간사회의 영구불변의 특질이라고 믿는 것은 기묘한 현상이다. 다양한 경제의 힘은 계급대립을 민족적 장벽으로 치환함으로써 민족주의를 촉진하였다. 그리고 그 과정에

서 중앙집권화되고 언어적으로 균질화된 국가를 만들어 냈다. 그런데 이제
와서 그 같은 경제적인 힘이 단일하고 통합된 세계시장을 만들어 냄으로
써 민족이라는 장벽을 붕괴시키려 하고 있는 것이다. 현재의 세대, 혹은 다
음 세대까지도 민족주의가 정치적으로 중화되는 일은 없을지도 모른다. 그
렇다고 해도 그 같은 사태는 결국 찾아오게 될 것이라는 전망에는 변함이
없다.

자유민주주의를 채택하지 않고 있는 나라에서는 아직도 무력외교가 횡
행하고 있다. 제3세계에서는 공업화와 민족주의의 도래가 늦어졌기 때문에
이 지역의 대부분의 나라와 이미 공업화가 진전된 민주주의 국가 간의 행
동 차이는 두드러질 것이다. 그리고 가까운 장래에 세계는 역사를 벗어난
지역(탈역사세계)과 아직도 역사에 매달려 있는 지역(역사세계)으로 나뉘
게 될 것이다. 탈역사세계에서는 경제가 국가간 상호작용의 주축이 되고
무력외교의 낡아빠진 규범은 의의를 상실할 것이다.

탈역사세계는 여전히 민족국가로 나뉘어 있으나 개개의 민족주의는 자
유주의와 화목하게 지내고 있으며, 자기 주장도 점차 개인적인 영역으로
제한될 것이다. 한편 경제적 합리성이 시장과 생산의 일체화를 추진하고,
그에 따라 전통적인 국가주권의 대부분의 특징은 조금씩 소멸될 것이다.

반대로 역사세계에서는 무력외교의 낡은 규범이 여전히 적용되고 있기
때문에, 특정한 나라의 발전단계에 맞춰 일어나는 다양한 종교적·민족적
·이데올로기적 충돌에 의해 세계는 변함없이 갈라진 채로 남아 있을 것
이다.

탈역사세계와 역사세계의 경계는 급속히 변화하고 있고, 거기에 명확히
선을 긋는다는 것은 어렵다. 구소련은 한쪽 진영에서 또 다른 진영으로 이
행해 가고 있다. 그리고 앞으로 세계는 자유민주주의로 이행하는 데 성공
한 후계국가군과 그렇지 않은 국가군으로 나뉘어 갈 것이다.

여러 가지 면에서 역사세계와 탈역사세계는 계속 병존하면서도 다른 길
을 걷고 있으며, 두 세계는 서로 그다지 구애를 받지 않을 것이다. 물론 몇
개의 축을 둘러싸고는 두 세계가 충돌할 경우도 있을 것이다. 그 첫번째가

이라크의 쿠웨이트 침공을 발단으로 한 페르시아만 위기의 배경적 요인이 되기도 한 석유다. 석유 생산은 여전히 역사세계에 집중해 있고, 그것은 탈역사세계의 경제적 안정에도 결정적인 의미를 갖고 있다.

두 세계 간에 충돌을 불러오기 쉬운 제2의 축은, 석유만큼 두드러지지는 않으나 장기적으로는 석유보다 더 귀찮은 이민 문제다.

두 세계의 상호관계를 둘러싼 최후의 기축은, 어떤 '세계질서'와 관계되어 있다. 즉 탈역사세계의 많은 나라들은 역사세계의 특정 국가가 주변국에 끼치는 위협에 대해서는 물론이고 역사세계에서는 분쟁이나 폭동이 자주 발생하므로 그 쪽 세계에 어떤 종류의 테크놀로지가 확산되는 것을 막아야 한다는 일반적인 이론을 만들어 갈 것이다. 현재 이러한 과학기술에는 핵무기, 탄도미사일, 생물, 화학무기 등이 포함된다. 하지만 장차 세계질서의 문제는 테크놀로지의 확산을 규제하지 않음으로써 생기는 환경위기 같은 것으로까지 퍼져 나갈지도 모른다. 그리고 만일 탈역사세계가 역사세계와는 다른 행동을 취한다고 하는 가정이 옳다면, 탈역사세계의 민주주의 각국은 외부의 위협으로부터 스스로를 지키고, 동시에 아직 민주주의가 존재하지 않는 나라들에게 민주주의의 대의를 보급시켜 나가는 데 공통의 관심을 기울이게 될 것이다.

민주주의 국가들의 평화적인 행동에 나타나 있는 대로, 미국이나 그 밖의 민주주의 국가는 세계 민수수의 세력의 범위를 유지하고, 가능하고 온당하다고 생각되는 지역에 민주주의를 보급시키는 데 장기적인 의미에서의 관심을 쏟고 있다. 즉 민주주의 국가들끼리 다투지 않는다면, 탈역사세계는 착실히 확대되고 점차 평화와 번영을 구가하게 될 것이다.

민주주의와 국제평화를 촉진하기 위해 민주주의 국가의 상호협력이 반드시 필요하다는 것은 자유주의 그 자체와 마찬가지로 오래 전부터 존재해 온 발상이다. 법에 지배된 민주주의 각국의 국제연맹이라는 구상은 칸트의 유명한 논문 「영원한 평화를 위하여」나 「세계 공민적 견지에서의 일반사 구상」에 나타나 있다. 국제관계에 대한 칸트의 저서는 그 후 현대의 자유주의적 국제주의의 정신적 기반이 되었다. 칸트가 구상한 연맹은 국제연맹에 이어 국제연합을 설립하려 했던 미국인들의 발상의 원천이었다. 대전 후의 현실주의는, 세계를 안정시키기 위한 진정한 구제책은 국제법보다 오히려 힘의 균형에 있다고 제창함으로써 여러 가지 점에서 자유주의적인 국제주의 요소에 대한 해독제 역할을 수행하였다.

탈역사세계에서 중요한 문제는 경쟁력과 기술혁신의 촉진, 내외 적자의 조정, 완전고용의 유지, 심각한 환경문제에 대한 상호협력이라고 하는 경제적인 문제가 될 것이다. 탈역사세계란 쾌적한 자기 보존에의 욕망이 순수하게 위신을 위해 목숨을 거는 싸움보다 고귀한 것으로 대우받고, 보편적이고 합리적인 인지가 지배를 바라는 투쟁과 교체된 세계이다.

5. 문명의 완숙

본래 의미에서의 역사에서는, 인간(계급들)은 인정받기 위하여 상호 투쟁하고, 또 노동에 의해 자연과 싸우고 있는데, 마르크스는 이 역사를 '필요의 왕국'으로 부른다. 그리고 이 영역을 초월한 곳에 '자유의 왕국'이 있고 인간은 그 곳에서는—서로를 무조건 상호 인정하면서—싸우는 일도 없고 최저한의 노동밖에 하지 않는다고 했다. (코제에브, 『헤겔 독해 입문』)

어쨌든 역사가 우리를 자유민주주의로 인도해 간다고 하면, 이 문제는 자유민주주의와 그 토대가 되는 자유와 평등의 원리가 좋은 것인지 아닌지 하는 문제로 치환할 수 있다.

민주주의가 외교상의 라이벌을 물리치고 그 존속을 위협하는 외적과 당분간 맞닥뜨리지 않는다고 가정해 보자. 그렇게 되면 유럽과 미국에서 오랫동안 계속되어 온 이 안정된 자유민주주의는 영원히 빛을 발할 수 있을까? 그렇지 않으면 공산주의가 그러했듯이 내부 부패가 원인이 되어 언젠가는 붕괴되어 버릴까?

자유민주주의 국가가 실업·공해·마약·범죄 등 산적한 문제로 고심하고 있는 것은 주지의 사실이다. 그런데 이러한 당면 관심사는 일단 제쳐두고, 민주주의 내부에 보다 뿌리깊은 불만의 원천이 없는가? "그 곳에서의 생활은 정말로 흡족스러운 것인가?"라는 문제가 있다.

자유주의 사회는 욕망과 '패기'를 동시에 만족시켜 주지 않는다. 오히려 좌우익을 불문하고 자유주의에 대한 비판자들은 양자 사이에 심각한 균열이 발생할 수 있다고 지적한다. 좌익이 자유주의 사회에서는 누구나 서로 인정할 수 있는 미래가 본질적으로 있을 수 없다고 공격하는 것은, 앞서 언급한 사회적 불평등 때문이다. 한편 우익은, 자유주의 사회의 문제점은 만인이 인정받을 수 없다는 점에 있는 것이 아니라 평등한 인정이라는 사고방식 그 자체에 있다고 비판한다.

불평등의 문제는 앞으로 수세기에 걸쳐 계속 고민거리로 남을 것이다. 이 문제는 어떤 의미에서는 자유주의라는 구조 내부에서 해결할 수 없는 것이기 때문이다.

사회적 불평등은 두 개의 범주로 나눌 수 있다. 하나는 인습에서 발생한 것이고, 또 하나는 자연적 필요성에서 초래된 것이다. 첫번째 범주에 포함되는 것은 평등에 대한 법적인 장벽이다(사회가 배타적인 각 계층으로 분할되는 것, 인종차별, 흑인차별법, 재산에 따른 투표권 차별 등). 아울러 상이한 인종집단과 종교집단에 따라 경제활동의 자세에서 차이가 나는 것처럼 문화에 의한 인습적인 불평등도 존재한다.

진정 자유로운 사회는 어디에서나 원칙적으로 인습으로부터 생긴 불평등을 배제하는 데 심혈을 기울이고 있다. 나아가 자본주의 경제의 다이내미즘은 노동력 수요의 끊임없는 변화를 통해서 평등을 저해하는 인습적·문화적 장벽을 타파해 가는 경향이 있다. 자본주의는 순수하게 인습적인 사회관계를 끊임없이 공격하는 다이내믹한 힘이고, 가문을 중심으로 하는 세습의 특권을 기능과 교육을 기초로 한 새로운 계급관계로 바꿔 간다. 읽고 쓰는 능력과 교육이 널리 보급되지 않는 한, 사회의 유동성이 고양되지 않는 한, 직업의 문호가 특권이 아니라 재능에 대해서 더욱 개방되지 않는 한, 자본주의 사회는 기능하지 못하거나 혹은 최대한의 효율을 발휘할 수 없을 것이다.

민주주의 국가에서는 평등에 대한 사랑이 자유에 대한 사랑보다 깊고 영속적인 정열이었다. 민주주의가 없더라도 자유는 손에 넣을 수 있지만, 평등은 민주주의 시대의 고유한 결정적 특질이고 따라서 사람들은 자유보다 평등에 집요하게 집착해 왔던 것이다. 더구나 정치적 자유가 소수의 시민에게 더할 수 없는 즐거움을 주는 데 대해, 평등은 다수의 사람들에게 자그마한 즐거움을 준다.

보편적이고 균질한 국가 안에서 볼 수 있는 상호인지 같은 것은 많은 사람을 완전히 만족시킬 수는 없다. 평등한 인간이 서로를 대등하게 상호 인정하지 않는다는 것은 자유민주주의에 대한 가장 진부한 비판이다. 이에 대하여 자유민주주의에 대한 문제를 불평등한 인간을 평등하게 인정하려는 경향에서 찾는 우익 측의 비판은 보다 더 위협적이며 궁극적으로는 보다 심각한 문제제기이기도 하다.

우리가 당면한 논의를 마무리하기 위해서는 역사의 종점에 등장한다는 존재, 예컨대 '최후의 인간'을 언급하지 않을 수 없다.

헤겔에 대한 최대비판자 가운데 한 사람인 마르크스는 인정이 보편적이라는 헤겔의 명제를 부정했다. 경제적 계층의 존재가 인정의 보편화를 저해하고 있다는 것이다.

니체는 탁월한 인간성, 위대함, 혹은 고귀함을 발휘할 수 있는 사회는 귀족사회뿐이라고 생각했다. 바꿔 말하면 진정한 자유와 창조성은 '우월욕망', 요컨대 자신을 남보다 뛰어난 존재로서 인지시키고 싶다는 욕망에서 비롯된다는 것이다. 인간이 아무리 태어날 때부터 평등하다고 하더라도 단순히 다른 모든 사람과 똑같아지고 싶다는 욕구만으로 자신의 한계까지 진력하는 것은 아니다. 스스로의 한계를 극복해 나가는 데는 자신을 타인보다 우월한 존재로서 인정받고자 하는 욕망을 무시할 수 없기 때문이다.

이 욕망은 정복과 제국주의의 토대가 될 뿐 아니라 위대한 교향곡, 회화, 문화, 도덕규범, 혹은 정치체제나 생활에서 가치 있는 것을 만들어 내기 위한 전제조건이기도 하다. 진정한 탁월함이란 그것이 어떤 형태든 자신에게

적대하는 자신의 일부이고, 궁극적으로는 모든 고통을 동반하는 자기와의
투쟁, 즉 불만에서 시작된다고 니체는 지적했다.

> 하나의 찬연히 빛나는 별을 탄생시키기 위해 인간은 자기 내면에 항상 혼돈을
> 내재하고 있어야 한다.

건강과 자기만족은 '채무'에 불과하다. '패기'는 투쟁과 희생을 요구하고,
공포로 가득 차고 궁핍한 본능적인 동물과 육체적으로 제약된 동물 이상
으로 뛰어난 존재로서의 자기증명을 시도하는 인간의 측면인 것이다. 인간
이라고 누구나 이러한 욕구를 느끼는 것은 아니지만, 그것을 느끼는 인간
은 단순히 자신의 가치가 타인과 같다는 것을 아는 것만으로는 패기를 만
족시킬 수 없다.

공공생활 속에서 진정한 도덕적 내용에 대해 진지하게 의문을 품는 일
은 민주주의 사회에 사는 사람들에게는 특히나 어렵다. 도덕에는 보다 좋
은 것과 열등한 것, 선과 악의 구별이 포함되는데 이런 구별은 관용이라는
민주주의 원리에 부합되지 않는다. 때문에 최후의 인간은 논란을 불러일으
키고 싶지 않다는 이유에서 자기 개인의 건강과 안전에만 눈을 돌린다. 오
늘날의 미국인은 타인의 흡연 습관을 비난할 자격은 있어도, 종교상의 신
앙이나 도덕적 행동에 대해서는 이러쿵저러쿵 애기할 수 없다고 생각한다.
미국인에게는 자신의 건강(음식, 음료, 운동, 체형) 쪽이 조상들을 괴롭혔
던 도덕문제보다 훨씬 중대한 강박관념이 되었다.

인간을 용기와 자기희생의 무모한 행위로 내모는 충성심은 그 후의 역
사를 통해 어리석은 편견에 지나지 않는다는 것이 증명되었다. 근대교육을
받은 인간은 가정 안에서의 생활에 만족하고 마음이 넓고 광신적이 아닌
자신을 축복한다. 니체의 짜라투스트라는 이러한 현대인에 대해서 다음과
같이 기술하고 있다.

> 그런 까닭에 너희는 "우리는 정말이지 현실적이고 신앙도 미신도 갖지 않는
> 다"고 말하면서 가슴을 편다. 그렇지만 아아, 그 곳은 텅빈 곳이다.

만약 인간이라는 존재를 인지를 구하는 투쟁에 대한 욕망과 자연지배를 위한 노동에 의해서 정의할 수 있다고 한다면, 그리고 만약 역사의 종점에서 인간이 스스로의 인간성과 물질적 풍요를 달성한다면, 그 때 인간은 노동과 투쟁을 그만두게 되고 따라서 '본래적 의미에서의 인간'이란 존재하지 않게 된다는 것이다.

문명의 완숙은 전쟁과 피비린내 나는 혁명의 종말을 의미하게 될 것이다. 목적에 합의한 인간에게 싸워야 할 대의는 없어지는 것이다. 인간은 경제활동을 통해서 자신의 욕구를 충족시키는데, 이제는 전쟁에 자신의 생명을 걸 필요가 없어진다. 바꿔 말해 인간은 역사의 출발점이 된 피비린내 나는 싸움이 일어나기 이전처럼 다시 동물이 되는 것이다. 먹이가 주어지는 한, 개는 하루종일 볕을 쬐면서 마음껏 잠을 잔다. 개는 자신이 개라는 사실에 불만을 품거나 하지 않기 때문이다. 다른 개가 자신보다 뛰어난 행동을 하든, 개로서 자신의 경력이 바람직하지 않든, 혹은 세계의 먼 어딘가에서 자신의 동료가 죽어가고 있든 전혀 개의치 않는다.

코제에브는 역사의 종점이 동시에 예술과 철학의 종점이라는 것, 그리고 그것은 단적으로 말해 코제에브 자신의 생애 활동의 종점이라는 것을 지적하였다. 호메로스의 『일리어드』, 다빈치와 미켈란젤로의 성모상, 신라의 석굴암, 가마쿠라의 대불과 같이 당대 최고의 정신의 숨결을 포착한 위대한 예술의 창조는 이제 불가능하게 될 것이다. 왜냐하면 거기에는 새로운 시대의 도래도 없고 예술가가 형상화해야 할 인간정신의 명백한 차이도 없기 때문이다.

마찬가지로 철학도 불가능해진다. 그것은 헤겔체계의 성립과 동시에 철학이 진리의 자리를 차지해 버렸기 때문이다. 미래의 '철학자'는 헤겔과 다른 무엇인가를 기술하려고 하더라도 새로운 것은 아무것도 말할 수 없고, 단지 구시대의 무지의 존재 양태에 대해서 같은 말을 되풀이할 뿐인 것이다.

니체의 짜라투스트라가 최후의 인간에 대해서 군중에게 말했을 때 소동이 일어났다.

우리에게 그 '최후의 인간'을 주소서! 오 짜라투스트라! 우리로 하여금 그 '최후의 인간'이 되게 해 주소서!

군중은 그렇게 절규하였다. 최후의 인간의 인생이란 정말이지 서구의 정치가가 유권자에게 즐겨 내거는 공약 그 자체, 즉 육체적 안전과 물질적 풍요이다. 이것이 정말 과거 수십만 년에 걸친 인류 이야기의 '전부'인 것일까? 이제 인간이기를 그만두고 호모사피엔스 속에 드는 동물로 전락한 자신들의 상황에 행복과 만족을 동시에 느끼는 것을 우리는 무서워해야 하는 것은 아닐까? 그렇지 않으면 우리가 어느 수준에서는 행복하면서 다른 한편으로는 자신에게 여전히 불만을 느끼고, 그 때문에 지금도 세계를 전쟁과 불공정과 혁명으로 가득찬 역사로 되돌려 버리는 그런 위험성이 있는 것일까?

자유민주주의가 생활의 장에서 '우월욕망'을 성공적으로 추방하고 그것을 합리적 소비로 바꿔나가면 그만큼 우리는 최후의 인간으로 근접해 가는 것이다. 그렇지만 사람들은 이러한 의견에 반발할 것이다. 그것은 요컨대 보편적이고 균질한 국가 안에서 누구나 획일화되고 세계의 어디를 가든 타인과 동일하다는 발상에 대한 반발이다. 인간은 부르주아보다도 오히려 시민이 되고 싶어하고, 주군을 갖지 않는 노예의 생활(합리적인 소비생활)을 혐오하는 마음이 생겨 버린다. 설사 최대의 이상이 지상에서 이미 달성되었다고 하더라도 인간은 역시 보람이 되는 이상, 그리고 죽음을 바칠 수 있는 이상을 구할 것이고, 국제적인 국가시스템이 전쟁의 위험성을 일소했다고 하더라도 역시 생명의 위험을 무릅쓰고 싶어할 것이다. 이것은 아직 자유민주주의가 해결하지 못한 '모순'이다.

미국과 같은 현대의 자유민주주의 국가가 타인보다 자신이 우수하다는 점을 인정받고 싶어하는 사람들을 상당히 폭넓게 허용하고 있다는 것은 놀랄 일이 아니다. '우월욕망(megalothymia)'을 추방하거나 혹은 그것을 '대등욕망(isothymia)'으로 바꾸려고 하는 민주주의 노력은 아무리 잘해도 미완성으로 끝나는 것이 고작이다.

미국에서 가장 탈역사적인 지역인 캘리포니아에서 부르주아적 존재의 안락을 배제하는 것 외에 아무런 가치도 없는 극히 위험한 레저활동(암벽

등반, 행글라이딩, 스카이다이빙, 마라톤 등등)에 사람들이 흠뻑 빠져 있다는 것은 필경 우연이 아닐 것이다. 전쟁이라는 전통적인 싸움이 없어지고 물질적 번영의 확대로 경제경쟁이 불필요해진 세계에서, 패기에 가득 찬 사람들은 인지를 손에 넣기 위해 영원히 충족되지 않는 대상행위를 추구하기 시작한 것이다.

이상이 현대 자유민주주의 사회에서의 '우월욕망'의 돌파구이다. 타인보다 우수하다는 것을 인정받기 위한 노력과 분투는 인간생활에서 소멸되고 있지는 않지만 그 발현 방식과 정도는 변해 왔다. 바야흐로 우월욕망에 가득 찬 인간은 외국의 국민과 토지를 정복하여 인지를 구하는 것이 아니라 오히려 안나푸르나나 에이즈나 암의 정복을 시도한다. 실제로 오늘날의 민주주의 국가에서 거의 유일하게 금지되고 있는 것은 정치적 독재를 야기할 수 있는 '우월욕망'이다. 민주주의 사회는 만인이 평등하게 만들어져 있다는 명제에 몸과 마음을 다 바치고 있고, 평등의 기풍이 이러한 사회를 지배하고 있기도 하다. 타인보다 우수하다는 사실을 인정받고 싶어하는 것은 법률로 금지되어 있지는 않지만, 그렇다고 해서 장려되고 있는 것은 아니다. 따라서 현대의 민주주의 국가에 잔존해 있는 '우월욕망'의 다양한 발현은 공공연히 강조되고 있는 사회이상과의 사이에 일종의 긴장 상태를 빚고 있다고 할 수 있겠다.

미합중국 건설의 기반이 된 자유이론의 앵글로 색슨적 해석에 따르면, 모든 인간은 자신의 공동체에 대해 완전한 권리를 갖고는 있지만 완전한 의무는 갖지 않는다. 의무가 불완전한 것은 그것이 권리에서 파생되고 있기 때문이다. 공동체란 권리를 지키기 위해서만 있는 것이다. 그러므로 도덕적인 의무는 계약에 지나지 않는다. 의무가 발생하는 것은 신과 영원한 생명에 대한 경외와 우주의 자연율 때문이 아니라, 타인과의 계약을 수행하려고 하는 계약자의 이기적인 바램 때문이다.

현대의 미국가정이 안고 있는 다양한 문제(높은 이혼율, 부모의 권위 실추, 자식들의 반항 등)는 그 구성원이 엄격한 자유주의적 원리에 접근해 가고 있다는 사실로부터 비롯된 것이다. 요컨대 가족으로서의 의무가 멤버가 예상했던 이상으로 부담이 되면, 가족의 일원으로서의 계약조항을 파기하려고 하는 것이다.

최대의 단체인 국가적 차원에서 말한자면, 자유주의 원리는 공동체의 생존에 불가결한 최고도의 애국심까지 파괴할 수 있다. 그것은 널리 인정받고 있는 것처럼, 합리적인 자기보존의 원리만으로는 국가를 위해 죽는 인간은 하나도 없다는 앵글로 색슨적인 자유주의 이론의 결함 때문이다. 인간이 재산과 가족을 지키기 위해 자신의 생명을 거는 존재라는 주장은 궁극적으로 잘못되어 있다. 왜냐하면 자유주의적인 이론에 의하면, 재산은 자기보존을 위해서만 존재하고 그 이외의 목적을 위해서 존재하는 것이 아니기 때문이다. 따라서 인간은 마음만 먹으면 언제든 가족이나 재산과 함께 조국을 버리거나 징병을 모면할 수 있다. 자유주의 제국의 시민 모두가 병역을 회피하려고 하지만은 않는다는 것은, 그들이 자부심과 명예라는 요인에 동요되고 있다는 사실을 반영한 것이다.

자유주의 원리는 견고한 공동체를 유지하는 데 빼놓을 수 없는 자유주의 이전의 가치들을 침식해 나가고, 나아가 자유주의 사회의 자기유지 능력을 침해해 가게 된 것이다.

공동체 생활이 쇠퇴함에 따라 미래의 우리는 사적인 위안만을 구하여 보다 높은 목표에 대한 패기 넘치는 노력을 망각하고 걱정없이 자신의 일에민 열중하는 최후의 인간이 되어 버릴 우려가 있다. 그러나 그 반대의 위험성도 존재한다. 요컨대 사람들이 다시 최초의 인간으로 돌아가 이번에는 근대적인 무기를 이용한다는 차이만 있을 뿐, 위신을 위한 싸움에 헛된 피를 흘리게 될 위험성이다. 실제로 이 두 가지 문제는 서로 관련되어 있다. 왜냐하면 '우월욕망'이란 정기적이고 건설적인 돌파구를 없애 버리면 점차 과격하고 병적인 형태를 취하여 다시 타오르기 때문이다.

만약 세계가 자유민주주의로 '포화 상태'가 되어 버린다면, 전투를 도발하는 데 적당한 전제와 억압은 바야흐로 존재하지 않게 되는 것은 아닐까? 경험을 통해서 보건대, 정의가 그 이전의 세대에 이미 승리를 거둔 탓에 그 정의를 위해 싸울 수 없다고 한다면 사람들은 이번에는 정의를 대상으로 해서 싸움을 도발할 것이다. 그들은 싸우기 위해서 싸운다. 바꿔 말하면 무료감에서 벗어나기 위해 싸우는 것이다. 인간은 싸움 없는 세계에서의 생활은 상상도 할 수 없기 때문이다. 사람들이 사는 세계의 태반이 평화롭고 번영된 자유민주주의로 채워져 있다면 그들은 평화와 번영, 그리고 민주주의에 대하여 반기를 들 것이다.

과거에는 평화와 번영이 가져오는 지루함이 훨씬 심각한 사태를 초래했다. 제1차 세계대전을 예로 들어보자. 오늘날에도 이 전쟁에 대해서는 복잡한 요인이 얽혀 있다고 하여 많은 연구와 논쟁이 거듭되고 있다. 대전이 발발한 이유로는 독일에서의 군국주의와 국가주의의 융성, 유럽의 힘의 균형의 단계적인 붕괴, 동맹체제의 강화, 외교이념과 과학기술의 진보에 입각한 점령·침략정책의 추진, 그리고 각국 지도자의 어리석음과 무모함 등이 언급되고 있으며, 이 모든 설은 진실을 포함하고 있다. 다만 그와 아울러 전쟁을 야기시킨 또 하나의 막연하기는 하지만 열정적인 요인이 있었다. 다수의 유럽인은 단조로운 나날과 시민생활에서의 공동체 결여에 완전히 식상해 있었고, 단지 그 때문에 전쟁을 시작했다는 점이다.

전쟁에 이르는 결단에 대한 설명은 대부분 오로지 이성적인 권모술수라는 면에만 초점을 맞추고, 모든 국가를 국가총동원령체제로 밀어넣은 대중의 어찌할 수 없는 열광은 간과하고 있다.

돌이켜보면 인류의 구시대에 산 우리는 다음과 같은 결론에 도달할지도 모른다. 어떠한 정권도—어떠한 사회경제적 시스템도—모든 장소의 모든 인간을 만족시킬 수는 없다. 거기에는 자유민주주의도 포함된다. 그것은 민주주의 혁명의 불완전함, 요컨대 자유와 평등의 은혜가 아직 모든 인간에게 확대되어 있지 않아서가 아니다. 오히려 민주주의가 거의 완벽한 승리를 거둔 곳에서 불만의 목소리가 생긴다. 그것은 자유와 평등에 대한 불만의 목소리다. 따라서 충족되지 않은 채로 남겨진 사람들은 항상 역사를 재출발시키는 힘을 간직하고 있는 것이다.

현대의 전쟁은 미덕과 창조성을 고양시키기기는커녕 용기와 영웅주의에 대한 대중의 신앙을 침해하고, 전쟁경험자에게 심한 소외감과 몰가치 상태

를 이식시켰다. 만약 미래의 인간이 평화와 번영에 식상하고 패기에 가득
찬 새로운 투쟁과 도전거리를 찾는다면 한층 더 무서운 사태를 불러올 수
도 있다. 왜냐하면 현재 우리는 수백만 인간을 이름도 모르는 채 순식간에
죽여버릴 수 있는 핵무기 같은 대량살상무기를 소유하고 있기 때문이다.

플라톤은 패기를 미덕의 토대라고 하면서도 '패기' 그 자체는 선도 악도
아니며 그것을 공공의 선으로 발산시키기 위해서는 훈련이 필요하다고 논
했다. 바꿔 말하면 '패기'는 이성에 의해 지배되어야 하고 욕망의 동맹자가
되어야 한다는 것이다. 공정한 도시에서는 이성의 인도 아래 균형을 취하
고 있다. 최선의 정치체제를 실현한다는 것은 지극히 어렵다. 왜냐하면 그
같은 정치체제는 인간의 전체, 요컨대 이성·욕망·패기를 동시에 만족시
켜야 하기 때문이다.

코제에브에 따르면, 역사는 스스로의 합리성을 궁극적으로는 스스로 입
증한다. 요컨대 많은 마차 행렬이 같은 마을에 도달하면 합리적인 사람이
라면 누구나 그 광경을 보고 여행길도 목적지도 하나밖에 없었다고 생각
할 것이다. 물론 지금 우리가 그러한 지점에 와 있는가는 의심스럽다. 최근
세계 각지에서 벌어지는 자유주의 혁명에도 불구하고, 마차 행렬의 행선지
에 대해 현재로서는 아직 불분명한 증거밖에 파악하고 있지 못하기 때문
이다. 더구나 포장마차 행렬의 태반이 결국 같은 마을에 도달하더라도, 어
쩌면 승객들은 주변을 잠시 둘러본 후 그 신천지에 불만을 느끼고 새로이
더 먼 여로로 눈을 돌릴지도 모른다. 우리는 최후의 최후까지 그 결과를
알 수 없다.

(이상훈 옮김, 『역사의 종말(Fransis Fukuyama)』, 1995를 주로
참조하여 작성하였음)

제10장 정보문명시대의 개막

1. 머리말

현대사회는 제2의 산업혁명으로 불리는 정보문명사회로 전환하고 있다. 유사 이래 지금까지는 자원이나 에너지가 발전의 원동력이었다면 이제부터는 무형의 정보가 힘이 되는 시대가 도래한 것이다.

이제 컴퓨터를 매개로 한 사이버 공간이 우리 생활공간의 일부가 되었다. 정보화 고속도로는 바로 우리 눈앞에 있으며 자연스럽게 우리의 미래로 자리잡게 될 것이 틀림없다. 그리고 이미 정보문명시대는 우리 생활 속에 뿌리를 내리기 시작했다.

2. 멀티미디어 문서혁명

요즘 인쇄된 백과사전은 보통 스물너댓 권으로 구성되어 있으며 수천 장의 사진과 수백만 개의 단어로 되어 있다. 값도 일이백만 원을 호가한다. 정보가 얼마나 빨리 변하는가를 생각하면 인쇄된 백과사전을 구한다는 것은 참으로 무모한 투자다. 요즘 불티나게 팔리고 있는 마이크로 소프트의 멀티미디어 백과사전 인카타는 CD롬 한 장으로 되어 있다. 그 안에 26,000개의 항목과 800만 개의 단어, 8시간 분량의 음향과 7,000장의 사진 및 삽화, 800장의 지도, 250개의 도표, 100개의 애니메이션과 동영상이 수록되어 있다. 이집트의 우드(악기의 일종) 소리, 1936년 영국 에드워드 8세의 퇴위 연설을 들을 수 있고, 기계의 작동원리를 설명하는 동영상을 볼 수 있다. 인쇄된 백과사전이 제공할 수 없는 각종 정보가 거기에 있는 것이다.

CD롬 기술은 새로운 범주의 응용물들을 탄생시켰다. 쇼핑 카탈로그, 박물관 소장품 목록, 교과서 등이 새롭고 매력적인 형태로 간행되고 온갖 주제가 망라되고 있다. 경쟁과 기술은 CD롬의 질을 빠른 속도로 향상시킬 것이다. CD롬은 오늘날의 CD와 비슷하게 생긴 새로운 대용량 디스크(DVD)로 바뀔 것이며 그 디스크는 지금보다 열 배나 많은 데이터를 저장할 수 있을 것이다. 이 추가된 용량 덕분에 두 시간 분량의 디지털 오디오를 단 한 장에 몽땅 담을 수 있다는 말이다. 화면과 소리의 질은 현재 볼 수 있는 최고의 TV 수준을 능가할 것이며, 새로운 그래픽 칩의 도움으로 할리우드 영화에 버금 가는 특수효과를 대화 형식으로 자유롭게 구사할 수 있는 멀티미디어 제품이 쏟아져 나올 것이다.

가상현실을 맛보려면 별도의 두 가지 기술군이 마련되어 있어야 한다. 하나는 장면을 낳고 그 장면이 새로운 정보에 즉각적으로 반응할 수 있게 만드는 소프트웨어이며, 또 하나는 컴퓨터가 그 정보를 우리의 감각에 전달할 수 있게 해주는 장치다. 그 소프트웨어는 인공세계의 모습, 소리, 감촉을 아주 미세한 구석까지 기술할 수 있어야 한다. 무척 어렵게 여겨질지 모르지만 그것은 사실 쉬운 편에 속한다. 우리는 지금도 가상현실을 위한 소프트웨어를 만들 수 있다. 다만 그것을 그럴듯하게 만들려면 컴퓨터의 성능이 아주 뛰어나야 한다. 기술이 현재의 추세로 발전해 나간다면 그런 고성능 컴퓨터는 머지않아 우리 손에 들어올 것이다.

가상현실의 활용 예로 사이버 섹스보다 더 자주 거론된 분야도 없을 것이다. 인터넷이나 프랑스의 미니텔 같은 온라인 게시판은 섹스에 관련된 서비스가 수두룩하다. 이제까지의 추세로 보아 발달된 가상현실 기술이 초기에 창출할 가장 큰 시장은 사이버 섹스가 될 것이다. 그러나 여러 종류의 시장이 커질수록 이런 외설적인 부분이 차지하는 비중은 점점 줄어든다는 것을 역사는 보여준다.

3. 이상적인 시장

정보고속도로는 전자망을 이용한 시장을 확대시켜 이것을 궁극적인 거간꾼, 보편적인 중개인으로 만들 것이다. 물건을 실제로 사는 사람과 파는 사람만이 거래에 관여하고 중간에서 소개료를 받는 사람은 설 자리를 잃을 것이다. 당신은 전 세계에서 판매하는 모든 물건을 구경하고 비교하고 때로는 당신의 기호에 맞게 주문할 수 있을 것이다. 무언가를 사고 싶으면 당신은 컴퓨터에게 믿을 만한 곳에서 제공하는 가장 적당한 가격의 물건을 찾으라고 지시할 수 있고, 누구나 여러 판매처의 컴퓨터와 흥정을 하라고 명령할 수도 있을 것이다. 판매자나 제품, 서비스에 관한 정보를 정보고속도로에 접속된 컴퓨터를 통해 손쉽게 받아 볼 수도 있을 것이다.

전 세계에 분포된 서버들은 양측의 가격을 받아서 완전한 거래를 성사시키고 인증과 보안을 책임지며 대금지불을 비롯한 각종 자질구레한 업무를 알아서 처리할 것이다. 즉 우리는 쓸데없는 낭비가 없고 중간 마찰단계가 크게 줄어든 새로운 자본주의 시장으로 나아가는 것이다. 그 시장에서는 정보가 흘러넘치고 거래비용이 대폭 줄어들 것이다. 소비자의 천국이 되는 셈이다.

정보고속도로는 훨씬 세밀하게 소비자를 구분하여 각 분류군에 어울리는 광고를 보낼 수 있을 것이다. 이것은 모든 사람에게 도움이 된다. 시청자는 자기가 특별히 관심을 갖고 있는 분야의 광고를 보게 되므로 유익하게 받아들이고 재미있어할 것이다. 당신은 중요하지 않은 정보의 홍수에서 허우적거리게 될까 봐 걱정하지 않아도 될 것이다. 불필요한 광고나 쓸모없는 메시지를 걸러내는 소프트웨어를 활용할 수 있기 때문이다. 대부분의 사람들은 특별히 자기가 관심을 두는 분야가 아닌 경우에는 전자우편광고를 차단할 것이다.

광고주가 소비자의 관심을 끌어당길 수 있는 한 가지 방법은 아무리 적은 돈이라도 좋으니 소비자가 광고를 볼 때마다 일정액의 사례금을 지불하는 것이다. 소비자가 광고를 보고 있거나 광고와 대화를 주고받는 동안 그 소비자의 예금구좌에는 돈이 들어오고 광고주의 예금구좌에서는 돈이 빠져나간다. 이런 종류의 지불광고는 대단히 효과적일 것이다. 광고대상에게 확실하게 광고가 전달되기 때문이다.

정보고속도로는 음악이나 소프트웨어 같은 지적 재산의 판매방식에 획기적인 변화를 몰고 올 것이다. 음반회사는 물론 개인 연주자들도 음악을 새로운 방법으로 팔 수 있게 될 것이다. 소비자는 콤펙트디스크, 자기테이프와 같은 물리적인 수록장치가 필요 없어질 것이다. 음악은 정보고속도로의 서버에서 디지털 비트로 저장될 것이다. 노래나 앨범을 구입하는 것은 실제로는 해당 비트에 접근할 수 있는 권리를 산다는 의미로 바뀔 것이다. 온갖 종류, 가지 가지 방식이 시도될 것이다. 만기일이 정해져 있거나 일정한 횟수 이상을 들으면 다시 구입해야 하는 디지털 오락물이 등장할지도 모른다. 어떤 음반회사는 열 번이나 스무 번밖에 들을 수 없다는 조건 아래 노래 한 곡을 아주 싼 값에 제공할지도 모른다.

4. 정보문명시대의 열쇠 디지털

과거에는 천연자원과 같이 물리적인 유형의 자산들이 한 국가의 흥망을 좌우했지만 앞으로 다가올 미래에는 정보를 장악하는 국가가 글로벌 시대의 주도권을 장악할 것이다. 정보문명시대는 어떻게 다가왔으며 앞으로 도래할 정보문명시대의 모습은 어떠할 것인가? 여기서 정보문명시대의 총아 컴퓨터와 통신의 발달 과정과 디지털화의 개념, 디지털화의 필요성에 대해 언급해 보기로 하자.

도구를 써서 수를 계산한다는 발상은 새로운 것이 아니다. 서양에서는 1642년 프랑스의 과학자 B. 파스칼이 19세의 나이로 기계식 계산기를 발명했지만, 동양에서는 5000년 전부터 주판이 쓰이고 있었다. 그 후 30년 뒤 독일의 수학자 G. W. 라이프니츠는 파스칼의 계산기를 개량하여 곱셈·나눗셈은 물론 제곱근까지 구할 수 있는 단계적 계산기(Stepped Reckoner)를 만들었다. 1830년대에 들어와서 영국의 수학자 배비지는 기계적인 계산기를 상황에 맞추어 작동방식을 수정하게 하는 조건명령어를 고안했다. 이는 소프트웨어의 시초라 할 수 있는 아주 획기적인 것으로, 해석기관을 프로그램할 수 있었다.

1940년대 중반 배비지의 해석기관 원리에 바탕을 둔 전자컴퓨터가 만들어졌다. 최초의 컴퓨터는 2차대전이라는 특수 상황에서 포탄의 궤적을 계산하기 위해 극비로 개발되었기에 누가 개발하였는가는 정확히 가려내기 어렵다. 앨런 튜링, 클로드 섀넌, 존 폰 노이만이 그 중 많은 기여를 했다. 그 중 클로드 섀넌은 스위치 효과로 '참'이면 회로가 열리고 '거짓'이면 회로가 닫히는 원리를 이용해 논리 연산을 할 수 있다는 사실을 증명함으로써 '0'과 '1'로 세상의 모든 것을 표현할 수 있다는 디지털 시대를 여는 토대를 마련했다.

2차대전 중에 진공관을 사용하는 1세대 진공관 컴퓨터 에니악(ENIAC)이 등장하였으나, 열이 많이 나는 진공관의 잦은 교체와 계산중 다른 함수를 사용할 경우에는 6,000개의 전선을 일일이 손으로 깔고 교체하는 물적·시간적 소모가 많았다. 이 때 미국의 수학자 존 폰 노이만은 컴퓨터 기억장치 안의 저장명령을 바꿈으로써 일일이 회로 접속을 하지 않아도 된다는 획기적인 이론을 피력했는데, 이것이 1945년에 등장한 '노이만 아키텍처'라 불리는 이론이고 이 이론은 현대 컴퓨터 등장의 중요한 배경이 된다. 그 후에 이안 플레밍의 트랜지스터가 등장하면서 전압의 차이를 이용하여 도체와 부도체 즉 '0'과 '1'의 표시를 적은 비용으로 가능하게 함으로써 진공관을 대신하게 된다.

이 세상은 디지털과 아날로그로 나눌 수 있다. 우리가 자주 즐겨 보는 VTR의 비디오 테이프로 재생되는 영화는 아날로그 방식으로 저장된 정보다. 소리와 영상이 마그네틱 테잎에 저장되어 있어서 계속해서 비디오로 재생한다면 헤드와의 지속적인 마찰로 화면이 떨리고 소리가 잘 나오지 않게 된다. 하지만 이러한 영상과 음향을 숫자로 바꿔서 저장, 재생한다면 테잎이 좀 마모가 되었다고 하더라도 저장되어 있는 숫자가 '0' 또는 '1'이라는 사실은 변하지 않게 되며, 또한 저장도 용이하다.

앞서 언급한 비디오 테잎은 영상과 소리가 그대로 저장된 아날로그이며 영상과 음향을 '0'과 '1'로 저장한 CD나 LD는 디지털이 되는 것이다. 그만큼 정보의 정확성과 보관성, 가공성 등이 뛰어나며 전송하기도 편하고 전송속도도 또한 뛰어나게 된다. 모든 것을 디지털 정보로 바꾸는 것은 분명히 편리한 방법이지만 비트의 양이 너무 빠른 속도로 늘어난다는 문제점도 안고 있다. 자연히 처리되어야 할 정보의 양이 컴퓨터의 기억용량을 초과하거나 컴퓨터 전송시간이 길어진다. 디지털 데이터를 압축시켜서 저장하거나 전송한 다음 그것을 원래의 형태로 확장시키는 컴퓨터 기술이 그래서 날로 각광을 받고 있다.

5. 미래의 기술발달과 정보문명시대

다가올 미래에는 다루어야 할 정보의 양도 많아지고 정보의 질도 보다 높아질 것으로 예상된다. 이러한 정보들을 원활히 유통하려면 앞서 언급한 압축기술에는 한계가 있을 수밖에 없다.

비트는 동선이나 공중파를 통해, 또는 정보고속도로를 통해 전달될 것으로 예상되는데, 정보고속도로의 중추신경이 바로 광섬유이다. 광섬유는 유리나 플라스틱으로 된 아주 부드럽고 투명한 물질이다. 광섬유는 동선에 비해 훨씬 큰 대역폭을 가지고 있다. 압축기술과 더불어 대역폭의 광섬유 케이블은 디지털 정보화시대의 총아가 될 것이나. 광섬유 케이블은, 배비지는 물론 심지어 에커트나 모클리조차 예상하지 못한 엄청난 기술발달의 예다. 광섬유와 마찬가지로 칩의 용량과 처리속도도 빠르게 발전하고 있다. 마찬가지로 저장수단의 발전 역시 기술적인 난점만 해결된다면 획기적인 발전이 이루어질 것이다.

이처럼 디지털화와 기술의 발전으로 통신기술은 빠르게 발전할 것이며 머지않은 장래에 집안의 모든 디지털 데이터를 처리해 주는 통신선이 각 가정마다 깔릴 것이다. 그 통신선은 지금의 장거리 통화에 쓰이는 광케이블일 수도 있고 케이블 텔레비전에 쓰이는 동축 케이블일 수도 있다. 음성으로 판명되면 디지털 신호는 벨을 울릴 것이다. 온라인 뉴스 서비스는 인쇄된 종이나 컴퓨터 화면에 화상으로 전달될 것이다. 통신망으로 연결되는 그 개별 통신선은 전화·영화·뉴스만을 전하는 게 아닐 것이다. 그러나 투박한 칼을 썼던 석기시대의 인간이 기베르티[1]가 만든 피렌체의 세례당 청동문을 상상할 수 없었듯이, 우리도 앞으로 25년 뒤에 정보고속도로가 완성되었을 때 비로소 그 무궁한 가능성을 이해할 수 있게 되리라.

재론하면 미래의 정보에서 우리가 확인하게 될 근본적인 차이점은 거의 모든 정보가 디지털화될 것이라는 사실이다. 적잖은 인쇄물이 이미 전자 데이터로 디스크나 CD롬에 저장되고 있다. 신문, 잡지도 일단 컴퓨터로 편집되고 보관된다. 전자정보는 원한다면 컴퓨터 데이터베이스에 영원히 저장할 수 있다. 언론사의 거대한 정보은행을 온라인 서비스를 통해 이용할 수 있다. 사진, 필름, 비디오가 모두 디지털 정보로 변환되고 있다. 정보를 수량화하여 원자처럼 미세한 수많은 정보영역에 저장되도록 하는 방법이 해마다 크게 발전하고 있다. 일단 디지털 정보만 저장되어 있으면, 사용권과 PC를 가진 사람은 누구나 그것을 검색하고 비교하고 활용할 수 있다. 정보를 조작하고 변환하는 방식에 획기적인 변화가 일어나고 정보처리속도도 눈부시게 빨라진다는 것이 이 시대의 특징이다. 디지털 정보를 싸고 빠르게 처리하고 전달해 주는 컴퓨터의 능력은 가정과 사무실에서 기존의 통신장비를 바꾸어 놓을 것이다.

그렇게 되면 머지않은 장래에 우리는 책상 앞에 앉아서 사업을 하고, 공부를 하고, 세계 각국의 문화를 탐구하고, 신나는 공연을 즐기고, 친구를 사귀고, 가까운 시장에 장을 보러 가고, 멀리 떨어진 친구에게 사진을 보여 줄 수 있게 될 것이다. 이 같은 놀라운 간접경험의 세계는 현재도 어렵지 않게 볼 수 있으며 앞으로 그 가능성이 더욱 넓어질 것임이 자명하다.

정보고속도로의 발달은 또한 현재의 동기적(同期的) 방송방식[2]에서 벗어나 비동기적 통신을 가능하게 하여 우리를 시간의 제약에서 좀더 자유로워질 수 있게 하는 쾌적하고 편리한 생활을 선사할 것이다. 이뿐만이 아니다. ISDN을 포함한 여러 기술 발전과 결합되면 가정에서 육체적·정신

---

1) 이탈리아 르네상스 초기의 뛰어난 조각가.
2) 고정된 방송시간에만 원하는 프로를 볼 수 있는 것을 말한다.

적 불편 없이 은행업무, 정보검색, 쇼핑, 문화활동 등 대부분의 생활을 행할 수 있게 되고, 기업에서는 전자우편, 전자결재시스템 등을 통해서 불필요한 사무실 수를 줄이고 재택근무가 확대되어 이윤의 극대화를 위한 효율성을 높일 수 있을 것이다. 이런 방식의 보급은 또한 대기업에 일반화되어 있는 위계질서를 평준화하는 데에도 강력한 영향력을 발휘할 것이다. 또한 교육에 있어서도 수많은 교수와 작가가 이룩한 최고 수준의 연구결과를 만인이 공유하게 됨으로써 교수와 학생 모두가 경제적·공간적 제약에서 벗어나 자신의 잠재력을 최대한으로 발휘할 수 있게 하는 혜택을 받을 것이다.

이처럼 무한한 잠재성과 가능성을 정보고속도로가 실현시켜 줄 것이다. 하지만 일부에서는 컴퓨터가 집에 틀어박혀 지내는 인간들을 양산하게 될 것이라고 우려하고 있는데, 그건 그렇게만 생각할 수 없다고 생각한다. 비록 정보고속도로에서 대부분의 일을 가정에서 할 수 있다고 하여도 인간은 사회적 동물이므로 상당 시간을 밖에서 보내기로 계획할 것이고, 결국 컴퓨터가 인간의 직접 경험으로부터 오는 즐거움을 빼앗을 수는 없다고 보기 때문이다.

6. 맺음말

우리는 이미 정보문명사회에 뿌리를 내리기 시작했다.

그 존재를 인정하든 않든, 혹은 그것에 관심이 있든 없든 알게 모르게 그 뿌리가 일상생활 깊숙한 곳으로 빠르게 뻗어내리는 것만은 틀림없다.

그렇기 때문에 우리는 그 불투명한 미래를 외면할 수도 피해 갈 수도 없다.

따라서 우리가 정보문명시대에 발맞추어 갈 수 있는 실력을 기르는 것이 우리가 해야 할 일이고 발전할 수 있는 길이 될 것이다.

이제 빌 게이츠가 토로한 표현으로 결론을 맺고자 한다.

살아 있다는 것은 얼마나 황홀한가!!!

(이 글은 이규행 감역, 『빌 게이츠의 미래로 가는 길』, 1996을 주로
참조하여 작성하였음)

제11장 미래문명론

1. 머리말

17~18세기 이래 한국은 근대지향적이고 민족지향적인 실학(實學)의 분위기가 일기 시작하였다. 그것이 당시의 한국적 분위기였다. 그리고 자신감을 되찾은 지금, 미래지향적이고 세계지향적 분위기로 전환되어 새로운 문명시대를 주도하려는 의욕이 넘치고 있다.

뿐만 아니라 세계적으로도 21세기 벽두가 되자 그 어느 때보다 미래문명에 대한 관심이 고조되고 있다. 21세기 내지는 2000년대의 새로운 즈믄해[1])에는 과연 한국의 미래, 나아가 인류의 미래가 어떻게 전개될 것인가에 대하여 관심이 쏠리고 있는 것이다.

이에 국내외의 여러 석학들이 예견한 미래문명론을 살핌으로써 나름대로 미래문명관의 커다란 줄기를 잡을 수 있을 것으로 기대한다. 그리고 문명관의 줄기가 잡혀야 미래 전망이 가늠되고 미래 전망이 가늠돼야 거기에 맞춰 창조적으로 미래 비전을 설계하는 것이 가능하게 될 것으로 생각한다. 따라서 작금의 미래문명론 제 설의 경향을 조망(眺望)할 필요성을 절감한다.

2. 인류공동체 문명론

20세기의 대표적 문명사가인 토인비(Arnold J. Toynbee : 1889~1975)는

---

1) 새로운 즈믄해의 '즈믄'은 우리 고문(古文)에서 천(1000)을 뜻하므로 새 즈믄해는 새 천년(New Millennium)을 가리키는 순수 우리말 용어다.

머지않아 세계국가가 필연적으로 도래할 것이라고 예견하였다.[2] 세계문명은 세계국가의 테두리 속에 형성되며 세계가 하나로 묶일 문명은 세계적인 제도나 조직이 이루어진 다음, 그 속에서 나타난다는 것이 그의 전망이다. 토인비가 세계국가가 곧 나타날 것이라고 예상한 데는 세 가지 이유가 있다. 첫째 이유는 근대과학기술 그 중에서도 교통·통신수단의 비약적인 발전, 둘째 이유는 인류의 멸망을 막기 위해 원자에너지를 초국가적인 규모로 관리해야 할 필요성, 그리고 셋째 이유는 인류의 역사 속에 포함되고 있는 어떤 규칙성, 즉 통합적 경향 때문이라는 것이다.[3] 그는 세계국가 형성의 중심이 될 국가로 처음엔 인도를 지목했으나 후에는 중국으로 바꾸었다.[4] 그것은 2000년 이상 동양사회에서 세계국가를 경영한 경험을 갖고 있는 동아시아가 서구 제 국민과 충분히 대결할 수 있다는 자신감과 서구에 도전하려는 용기를 보유하고 있다는 점 때문이라는 것이다. 따라서 동아시아 공동체는 EC 등과는 비교도 안 되는 장래성을 갖게 될 것으로 전망하였다.[5] 특히 그는 불교가 동양에서 서양으로 전파된 것을 20세기 최대의 사건이라고 지목하여 세계국가의 새로운 정신문명의 패러다임을 꿰뚫어 보았다.[6]

때맞춰 문명사가들에 의해서 문명동진론(文明東進論)이 풍미하기 시작

---

2) 토인비는 『역사의 연구(A Study of History)』를 통하여 문명의 생성과 붕괴 과정을 설명하면서 그 동안 역사에서는 21개 내지는 23개의 문명이 생성되었다고 하였다. 그가 말하는 21개 문명권이란 이집트, 은, 인더스, 미노스, 수메르, 마야, 유카테크, 멕시코, 히타이트, 시리아, 바빌론, 이란, 아랍, 중국, 한국·일본, 인도, 힌두, 헬레네, 정교 기독교, 러시아, 서구문명이다(Arnold J. Toynbee 지음, 강기철 옮김, 『역사의 연구 I』, 현대사상사, 1979, 650쪽 <표V> 참조). 그리고 23개 문명권에는 안데스와 중국의 진·한 문명이 추가된다(이양기, 『문명론이란 무엇인가』, 영남대출판부, 1986, 67쪽).

3) 이양기, 위의 책, 158~159쪽.

4) 동아시아 문명은 세계국가를 주도할 정치적 자질과 세계정신, 그리고 자연의 소중함에 대한 아시아적 감수성을 갖고 있는데, 인도문명과 이슬람문명에서는 이러한 자질이 발견되지 않는다고 토인비는 피력하였다(이양기, 위의 책, 175쪽).

5) 이양기, 위의 책, 171~176쪽.

6) 현각, 『만행·하버드에서 화계사까지(2)』, 열림원, 1999, 144~145쪽 ; 현각, 「불교가 서양으로 간 까닭은」, 『샘터』 358, 1999, 46쪽.

하였다. 즉 2000년대를 아시아의 시대로 예측하기 시작한 것이다. 메소포타미아에서 발원된 인류문명이 유럽을 거쳐 대서양을 건너 드디어는 태평양을 넘어 아시아로 동진하고 있다는 분석이다.[7]

이에 자극받은 일단의 학자들은 '한국문명사'를 표제로 부각시킨 『한국문명사』를 출간하였다.[8] 그들은 한국 문명학회를 조직하여 한국사를 단순한 정치·경제사나 문화사적 시각으로 보는 것을 뛰어넘어 총체적 범주로서의 문명사로 고찰하고 세계문명 속에서의 한국문명의 실체를 밝히고자 계속적으로 문명사관의 정립에 심혈을 기울이고 있다.[9] 그 과정에서 태평양시대가 도래하고 있음을 확인하고 새시대 준비에 기백과 창의력을 발휘하고 있는 중이다.[10]

이를 성원하기나 하듯 펠리프 페르난데스-아메스토(Pelipe Fernández-Armesto)는 『밀레니엄(Millennium)』에서 한국문명에 대하여 합당한 평가를 내렸다. 그는 한국의 비약적인 발전을 금세기 세계 최상의 발전모델로 자리매김하는 데 주저하지 않았다.[11] 이는 새로운 세계문명에서 한국이 주도력을 행사할 수 있는 가능성을 객관적인 입장에서 짚어 주었다는 점에 의의가 있다.

존 나이스비트(John Naisbitt) 역시 아시아의 부상에 주목하였다. 그는 서구의 전유물로 여겨져 왔던 인권의식에 대해서도 실은 그렇지 않다는 견해를 보였다. 그의 말을 빌리면, "인권은 과연 서구세계가 아시아에 강요하는 것인가? 전혀 그렇지 않다. 불교의 교리에서는 '삼라만상 가운데 사람의 마음처럼 고귀한 것이 없다'고 내세운다. 즉 모든 사람이 저마다 '어떤

---

7) 동학학회 창립준비위원회, 「동학학회 발기취지문」, 1998/김정의, 『한국문명사』, 혜안, 1999, 269쪽.
8) 『한국문명사』는 1995년에 초판이 출간되었고, 1997년에 개정 2판, 1999년에 개정 3판이 간행되었다. 개정 3판의 체제는 제1부 한국문명사 서설, 제2부 시대사 기본자료, 제3부 한국문명사의 분류사적 이해, 제4부 주변문명사의 이해로 나뉘어져 있다. 글쓴이로는 원유한, 윤종영, 김정의, 이원명, 이인재 교수 등 28인이 참여하였다.
9) 김정의, 「한국사의 문명사적 인식론」, 『실학사상연구』 9, 무악실학회, 1997, 31쪽.
10) Paul Kennedy 지음, 변도은·이왈수 옮김, 『21세기 준비』, 한국경제신문사, 1993, 421쪽 ; 김정의, 「한국사의 문명사적 관점」, 『한국문명사』, 혜안, 1999, 15쪽.
11) 제2장 한국사의 문명사적 관점, 주 80) 참조.

천부적인 권리'를 지니고 있다는 것이다. 한국에서 발생한 동학은 '사람이 곧 하늘'임을 내세운다. 즉 '하늘을 섬기듯' 사람을 귀히 여겨야 한다는 것이다. 500년간 지속된 한국 조선시대의 대학자이자 정치인이었던 율곡 이이의 가르침은 민주주의의 핵심적인 원칙을 명확하게 지적하고 있다. 즉 '어느 사회가 흥하고 망함은 언로(言路)가 열려 있는지의 여부에 따라 좌우된다' "는 것이다.12) 이 같은 인권의식에 뿌리박고 있는 아시아는 아시아적인 방식으로 현대화를 추진하여 아시아를 부상시키고 있는 것이다. 지금과 같은 추세라면 아시아의 현대화는 머지않아 현대화의 새로운 모델을 탄생시킬 것이고, 새로 탄생한 신형 모델의 추동력은 앞으로 큰 영향력을 행사하게 될 것이다. 따라서 아시아와 함께 21세기로 나아갈 서구세계는 그 과정에서 도전과 기회를 아울러 맞이하게 될 것이라고 예견하였다.13)

같은 맥락에서 미래주의자14)인 앨빈 토플러(Alvin Toffler)도 오늘날의 문명이 제3의 물결인 정보혁명의 파도를 타기 시작했다고 하면서 균형과 자원의 지속적 사용에 대한 관심이 높아져 미래세계는 자연보호, 삶의 존엄, 협력 문제들에 더 민감해질 것이라는 견해를 피력하고,15) 21세기 문명에 대하여 10대 예측을 하였다. 그 중에는 아시아가 제3의 물결을 타고 유럽을 휩쓸지도 모른다고 지적하여 구미인에겐 충격을, 아시아인에겐 희망을 안겨주었다.16)

---

12) John Naisbitt 지음, 홍수원 옮김, 『메가트렌드 아시아』, 한국경제신문사, 1996, 122쪽.
13) John Naisbitt 지음, 위의 책, 400쪽 참조.
14) '미래주의자'란 용어는 미래의 경향과 상황의 특성을 설명하고 이러한 특성의 의의를 발견하고 평가할 수 있는 방법에 진지한 관심을 가지고 있는 사람을 가리킨다(Donald N. Michael 지음, 김여수 옮김, 『미래사회』, 을유문화사, 19쪽).
15) 김경동, 「미래사회와 인간주의」, 『한국의 미래와 미래학』, 나남출판, 1996, 39쪽.
16) 앨빈 토플러는 21세기 10대 예측으로 "① 21세기의 본질은 지식과 정보 싸움이다. 디지털 기호로 구성된 지식과 정보가 자본을 대체한다. ② 세계 금융개편 투쟁이 절정에 달하면 권력 당국들이 쓰러질 수 있다. ③ 대통령제와 내각제, 관료제도가 무의미해지고, 미디어와 영상 정치가 권력투쟁의 새로운 원천이 된다. ④ 권위주의 정권이 힘을 잃고, 교육받은 중산층이 국가를 이끈다. ⑤ 미디어도 인터넷 등으로 특화되지 않으면 살아남기 어렵다. ⑥ 기술없는 인력의 대규모 실업이 발생할 수 있다. ⑦ 재택근무자가 늘어나고 가정의 역할이 더 중요해진다. ⑧ 유전공학의 발전으로 인류 전체가 충분히 먹고 살 수 있다. ⑨ 아시아가 제3의 물결을 타고 유럽을 휩쓸지도 모른다.

이에 상응하여 한영우는 21세기에는 20세기와는 다른 모습의 문명이 형성될 것이라고 지적하고, 동양문명 특히 그 동안 숨겨져 온 한국문명이 당당하게 세계 속에서 자리잡고 서양문명과 조화하여 새로운 제3문명이 창조되는 시대가 될 것이라고 전망하였다. 그 근거로서 우리의 정신문명이 물질중심의 서양문명의 한계를 극복할 수 있는 상당한 대안을 갖고 있다는 점을 들었다. 그러나 이러한 기회를 살리려면 주체성을 지니고 대안문명으로 세계화를 이루어야 진정한 의미의 세계화가 이루어질 것이라고 주장하였다.[17] 배규한 역시 한국은 20세기 초 세계와의 첫번째 만남에서 겪은 시련을 딛고 일어나, 21세기를 바라보며 세계의 중심으로 향하고 있다는 데 견해를 같이하고 있다.[18]

그러나 한국 내지 동양이 새로운 지구촌시대의 중심으로 떠오를 것을 명시하지 않고 지구촌시대가 도래할 것이라든가, 심지어 한국이 새로운 세계화에 처질 수 있음을 우려하는 목소리에도 귀를 기울여야 할 것이다.

예를 들어 여호규는 "21세기에는 지구촌의 세계화, 보다 정확히 말하면 자본의 세계화로 민족이나 국가 간의 경계선이 더욱 낮아질 것이다. 지역별 경제블록의 강화나 유로화의 탄생은 이를 예고하는 신호탄으로 받아들여진다. 이처럼 우리 나라가 세계 유일의 분단국가로 남아 있는 동안, 세계사의 수레바퀴는 민족에 바탕을 둔 근대국가를 뛰어넘어 새로운 단계로 나아가고 있다"[19]고 토로하였다. 이는 현금 세계사는 지구촌의 세계화를 위해 변화무쌍한 시기인데 이렇게 중요한 시기에 한국은 같은 민족끼리 분쟁하면서 세계화로 나아가야 할 처지이므로 다른 나라에 비해 세계화에 많은 장애가 도사리고 있을 것임을 적절히 지적한 견해라고 생각된다.

한편 한스 코온(Hans Kohn)은 서방 측의 번영과 공산주의의 쇠퇴를 예고[20]하며 민족주의를 넘어 인류공동체의 출현이 현실화되고 있다고 주장

---

⑩ 인류의 다음 거주지는 우주다"라고 언급하여 크게 주목받았다(http ://www. chosun.com/w21data/html/news/199903/199903040247.html).

17) 한영우, 『미래를 위한 역사의식』, 지식산업사, 1997, 4쪽.

18) 배규한, 『미래사회학』, 나남출판, 1995, 7쪽.

19) 여호규, 「정치력과 외교력, 그 엇갈린 선택」, 『역사의 길목에 선 31인의 선택』, 푸른역사, 1999, 29쪽.

한 바 있다. 그는 "인류는 인간의 정신 속에 아이디어로 생겼다. 그런데 차츰 국가나 민족주의가 전 세계적으로 뚜렷한 현실성을 띠어 가자 인류가 현 세대에는 현실로 서서히 떠오르고 있다. 이것은 지금 우리가 겪는 대혁명의 중요한 일면이다"21)라고 우 탄트의 연설을 인용하였다. 이는 지구촌(Glocalization)시대의 도래를 예견한 혜안으로 평가된다.

지구촌시대의 도래는 1972년 스톡홀름 세계환경회의에서 '지구는 하나'라는 인간환경선언문을 채택함으로써 성큼 다가온 감이 든다. 이로써 인간에게는 어려운 고비가 있을 때마다 이를 극복해 나갈 수 있는 슬기가 있다는 믿음도 함께 갖게 된 것으로 생각된다.22)

한편 모리 슈워츠(Morrie Schwartz)23)는 백인과 흑인, 천주교 신자와 개신교 신자, 남자와 여자가 다 같으므로 사람들에게 관심을 갖고 애정을 쏟음으로써 인류라는 대가족의 합류가 가능하다고 진술하여 커다란 반향을 일으켰다.24)

또한 루만(N. Luhmann)은 아예 이제는 세계사회(Weltgesellschaft)만이 유일한 체제라고 주장하였다. 체제의 진화(evolution)에 의해 하나가 된 세계사회 속에서 인간은 안전을 누릴 수 있다고 보았다. 이러한 세계사회 속에서 문제가 되는 것은 국경이 아니라 오직 의사소통(Kommunikation)뿐이라고 한다.25)

이러한 현실을 사실상 수긍한 것이 보드리야르(Jean Baudrillard)의 체념적인 토로이다. 그는 "한때는 우파들이 비관적이었고 좌파들이 명확히 낙관적이었지만 오늘날 우리는 우파들에게서는 '찬연한 자유주의'를, 좌파

---

20) Hans Kohn 지음, 민석홍 옮김, 『역사가와 세계혁명』, 탐구당, 1980, 183~193쪽 참조.
21) Hans Kohn 지음, 위의 책, 226쪽.
22) 스톡홀름 세계환경회의는 1972년 6월 5일부터 세계 114개국 1,200여 명의 대표가 참석하여 11일 동안 열렸다. '지구는 하나'라는 인간환경선언문은 마지막 날 채택됐다. 이듬해인 1973년부터는 스톡홀름 회의의 개막일이었던 6월 5일을 세계환경의 날로 지정하였다(http://www.chosun.com/w21data/html/news/199908/199908110351.html).
23) 전 브랜다이스 대학 사회학 교수.
24) Mitch Alborm 지음, 공경희 옮김, 『모리와 함께한 화요일』, 세종서적, 1998, 166쪽.
25) N. Luhmann, *Soziale System, Grundriβeiner allgemeinen Theorie*, 4, Aful. Frankfurt/M., 1991, 585쪽.

들에게서는 '슬픈 열대(ristes tropiques)'[26]를 발견한다"고 자유주의를 축으로 한 지구촌의 세계 재편화 현상을 씁쓸하게 받아들였다.[27]

하지만 동서 냉전체제의 붕괴[28]로 문명사관은 더욱 확산되고 있다고 볼 수 있다. 물론 낙관론과 비관론이 교차하고 있다.

3. 낙관적 문명론

낙관적 문명론자들은 인류는 항상 난관을 극복하는 능력을 발휘하여 오늘날의 찬란한 문명을 이룩하였고, 이러한 예지를 동원해서 미래도 잘 지켜나갈 것이라고 주장한다. 줄리언 사이먼[29]이 이끄는 풍요학파는 이러한 주장의 선봉에 서 있다. 최근 리처드 이스터린[30]도『성장의 승리 : 역사적으로 본 21세기』를 간행하여 풍요학파 진영에 가담했다. 그는 100년 후 사람들은 보다 부유해지고, 수명도 길어질 것이며, 제3세계의 생활 수준도 향상되어 물질적으로 보다 평등한 세상이 될 것이라 예상했다. 이스터린은 환경오염, 자원고갈, 바이러스의 위험은 정부의 규제와 과학을 통해 해결될 것이라고 전망했다. 사이먼과 마찬가지로 그도 역사를 통해서 미래를 판단할 수 있다면서 비관론자들은 역사를 잘못 이해하고 있다고 주장하였다.[31]

심지어 아놀드 겔렌(Arnold Gehlen)은 "이상적인 동기들이 사라지고 그 대신에 낡아 버린 발명은 이내 새로운 발명에 의해서 대치되는 미래 속으로 흡수되며, 모든 것이 점차 향상되는 생활수준에 습관화되어 가는 사람들의 숫자에 달려 있다"고 개인의 물질적 풍요를 전제하는 '탈역사(post-

---

26) 레비 스트로스(Levi-Strauss)가 식민주의와 서구문명에 의하여 파괴된 남미 원주민의 연민을 자아내는 삶을 기술한 책 이름이다(송두율,『역사는 끝났는가』, 당대, 1995, 106쪽).
27) 송두율, 위의 책, 27쪽 재인용.
28) 김기봉,「1989/1990년 이후 현대사를 보는 새로운 시각과 쟁점」,『역사학보』153, 1997, 256쪽.
29) 메릴랜드 대학 교수.
30) 사우스 캘리포니아 대학(USC) 경제학 교수.
31)『조선일보』1996년 10월 7일자 만물상.

histoire)론'을 본격적으로 들고 나서기에 이르렀다.[32]

미래주의자인 빌 게이츠 역시 역사는 진보하게 마련이며 인류는 그 진보를 최대한 활용할 줄 알아야 한다고 미래문명의 낙관론을 옹호하며 "나는 지금도 내가 미래를 곁눈질하면서 어렴풋이 드러나는 혁명적 변혁의 징후를 간파하고 있다고 느낄 때마다 전율에 휩싸인다. 막 시작되고 있는 제2의 획기적인 변혁에 참여할 기회를 얻은 것을 나는 크나큰 행운이라고 여긴다"라고 미래 개척의 선봉장다운 자부심을 가슴을 설레이며 드러냈다.[33]

김경동(金璟東)도 앞으로 사회조직 원리와 문화 및 인간의식의 방향은 삶의 질적인 충족, 쾌적한 환경, 자아실현, 다원적이고 협동적인 사회, 인간 존중의 가치 등으로 집약된다고 보고 한 마디로 인간주의적인 푸근한 사회를 지향할 것으로 예측하였다.[34]

종합적인 견지에서 배규한은 "21세기는 문화의 세기, 개인이 승리하는 세기가 될 것이다. 19세기는 민주국가를 확립하고, 정치적 자유를 신장시킨 세기였다. 20세기는 물질적 풍요를 가져다준 경제성장의 시대였다. 21세기는 개인적 가치와 다양성을 존중하며, 양적인 성장보다는 정신적 풍요로움과 삶의 질을 중시하는 사회가 될 것이다"[35]라고 예견하여 결과적으로 낙관론 쪽에 섰다.

이채로운 것은 근시적·미시적으로는 낙관론을, 원시적·거시적으로는 비관론을 택한 박이문(朴異汶)의 견해다. 그는 적어도 100년 이상은 과학기술의 개발과 산업화가 근대문명의 연장선상에서 계속되어 대체로 인류는 경제적으로 더욱 풍요로워질 것이며, 정치적으로 자유로워지고 사회적으로 안정되어 갈 것으로 보았다. 그리고 누구나 오늘날보다 훨씬 성능이 뛰어난 전자제품을 사용하고, 필요에 따라 인간도 복제할 수 있게 되고 평

---

32) 송두율, 앞의 책, 30~34쪽 참조.
33) William Henry Gates III 지음, 이규행 옮김, 『빌 게이츠의 미래로 가는 길』, 도서출판 삼성, 1996, 31~32쪽.
34) 김경동, 「미래사회와 인간주의」, 『한국의 미래와 미래학』, 나남, 1996, 44쪽.
35) 배규한, 앞의 책, 7쪽.

균수명도 100세 이상이 될 것으로 보았다. 적어도 이런 점에서 21세기 전반까지는 근대인이 이해했던 대로 진보가 진행될 것이며, 문명과 진보의 대가로서 치러야 할 환경오염과 생태계 파괴 문제도 환경공학의 발전과 환경정책의 개발로 해결할 수 있을 것으로 예견하였다. 나아가 어떤 자연적 재앙과 인간의 실수가 있더라도 인류는 멸종하지 않을 것이며, 적어도 100년, 500년이라는 근시적 관점에서 볼 때, 인류는 한결 더한 물질적 풍요를 누리면서 진보를 향해 지속적으로 나아갈 것이라고 전망하였다.[36] 그러나 원시적·거시적으로 볼 때 21세기는 종말론적으로 예측할 수밖에 없다고 하였다.[37] 그래서 뒤의 '자성적 문명론'에서 인용한 것처럼 생태학적 세계관으로 패러다임을 전환할 것을 주장하고 나섰다.[38]

4. 비관적 문명론

비관론자 폴 에틀리히와 레스터 브라운은 인구폭발·기근·질병·환경오염으로 인류문명은 조만간 최후를 맞을 것으로 예측하고 있다.[39] 샤 세이키(謝世輝)[40]는 경제파탄·생태계파괴·핵위험 등으로 인하여 현대는 위기의 시대로 돌입했다고 진단하고 미국문명의 종언이 가까워오고 있다고 내다보았다.[41] 더욱이 뒤보스와 워드(R. Dubos & B. Ward)는 『오직 하나뿐인 지구』에서 무엇보다도 지구온난화 현상을 심각하게 우려하였다. 20세기에는 19세기에 비해 0.7℃ 이상이 상승했는데,[42] 이 0.7℃를 가볍게 볼 수 없는 것은 지구 전체의 평균온도가 지금보다 2℃만 상승해도 남북극

---

36) 박이문, 『문명의 미래와 생태학적 세계관』, 당대, 1998, 275~276쪽.
37) 박이문, 위의 책, 280쪽.
38) 박이문, 위의 책, 99~100쪽.
39) 김정의, 「문명사관의 관점 추이」, 『한국문명사』, 혜안, 1999, 425쪽.
40) 도카이 대학 문명연구소 교수.
41) 謝世輝 지음, 손승철 외 옮김, 『유럽중심사관에 도전한다』, 지성의샘, 1997, 316~339쪽 참조.
42) 한병구, 『에너지와 그 자원』, 서울대출판부, 1995, 155쪽.

의 빙산이 녹으면서 지구의 1/3이 수몰되기 때문이다. 반대로 2℃만 내려
가면 지구는 새로운 빙하시대를 맞아 거의 모든 생물은 멸종의 위기에 처
하게 된다.43) 그래서 홉스봄(E. Hobsbawm)44)도, 지금과 똑같은 토대 위
에서 다가오는 2000년대를 준비하려 한다면 우리는 좌절할 것이고, 그 실
패의 대가, 즉 변혁된 사회 이외의 것은 암흑시대(Finsternis)가 될 것이라
는 비관적인 전망을 내놓았다.45) 이들은 대체로 '로마 클럽의 경고'에 무게
를 더해 주었다.46)

　보드리야르는 후기역사의 시대47)에는 시뮬레이션(simulation) 체제 속
에서 마치 암세포가 기형적으로 증식하듯이 각종 시뮬라크르48)가 기형적
으로 과잉 증식하여 휘퍼텔리49)가 어떤 목적이나 방향도 없이 확산될 것
이고, 이는 마치 리좀50)이라는 뿌리가 뻗어나가는 양상에 비유될 수 있다
고 경종을 울렸다.51) 이에 대하여 한정선은 시뮬라크르를 매개로 한 의사
소통과 문화활동이 우리가 거부할 수 없는 문명사적 현실이라면, 오히려
편견이 아닌 새로운 감수성과 비평의식을 가지고 시뮬라크르를 대할 수밖

---

43) 박정기,『어느 할아버지의 평범한 문명 이야기』, 삶과꿈, 1995, 205쪽.

44) 런던 대학 명예교수, 뉴욕 신사회연구원 교수. '생존하는 세계 최고의 역사학자'로 불
린다(http : //www.chosun.com/w21data/html/news/199903/199903040233.html).

45) E. Hobsbawm, *Das Zeitalter der Extreme*, 1995, 720쪽.

46) 1972년 발표된 로마 클럽의 제1차 보고서『성장의 한계』는 현재의 경제성장률이 지
속될 경우, 자원문제·환경문제·인구문제 등으로 향후 100년 이내에 지구는 돌이킬
수 없는 사태에 돌입할 것이라고 경고하였다.

47) 후기역사의 시대는 지금까지 인류역사, 그리고 현대가 추진해 왔던 발전이 멈추는 역
사단계다(W. Welsch, *Unsere postmodern Modern*, Weinheim, 1988, 149쪽).

48) 시뮬라크르(simulacre)는 가상적인 의사(擬似 : pseudo) 실재(實在)지만 실재보다 더
실재적인 초과(hyper) 실재다(김상환,「논평 : 시뮬라크르에 저항하기」,『문명의 전환
과 한국문화』, 철학과현실사, 1997, 389쪽).

49) 휘퍼텔리(hyper-telie)는 "몸의 어느 특정한 부분이 기형적으로 과잉 발달한 것"을 뜻
한다(한정선,「포스트모던 문화의 전향적 정위」,『문명의 전환과 한국문화』, 철학과현
실사, 1997, 366쪽).

50) 리좀(Rhizom)은 뿌리와 줄기를 구별할 수 없는 식물로서 이질적인 진화의 고리에 침
투해 들어가 다양한 발전 방향을 취한다. 그래서 비체계적이고 예측하지 못한 차이들
을 만들어 낸다. 이것이 성장해 나가는 모습은 종잡을 수 없다(J. Baudrillard, *Kool
Killer oder Der Aufstand der Zeichen*, 77쪽).

51) 한정선, 앞의 글, 1997, 366~367쪽.

에 없다는 시각에서 접근하였다.[52]

그런가 하면 강석경은 "문명은 독(毒) 품은 사과",[53] 박경리(朴景利)[54]는 "문화는 본디 잘 살기 위한 수단이었다. 불을 만들어 낸 건 따뜻하게 살고 음식을 익혀 먹기 위해서였다. 그런데 문명은 그 불을 이용해 핵무기를 만들었다"[55]고 각각 오도된 문명의 득세를 우려했다. 주관중은 인간의 육체는 과학적으로 만들어져 있지만 인간정신은 비과학적이며, 합리적인 면도 있지만 종교적이라든가 하는 비합리적인 면도 있다고 전제하고 "인간이 과학적이 될수록 이기주의, 불효자, 부정한 여자가 되어 버리는 것은 왜이며 어떻게 설명되어져야 할 것인가"라고 자문하며 인류문명의 미래에 대해 낙담하였다.[56]

김희일(金希一) 역시 미래문명을 우려하였다. 그는 동서양의 구조와 패턴은 서로 상이한 관점에서 모순과 한계를 지녀 왔고 지금껏 역사 및 시간을 통해서 단점과 장점이 엇갈려 왔다고 보았다. 그는 현재 동양에서는 극단화된 공동체 문화와 기형의 집단이기주의, 학·지·혈연의 극대화된 남용과 부패가 걸림돌이 되고 있고, 서양에서는 솔직·대담이 지나쳐 명분과 근거를 경시하는 태도가 만용과 폭력이라는 기형적 형태를 낳게 되었다고 하면서, 이러한 패턴의 부패현상으로서 모든 문제를 성찰하고 겸허히 대하는 자세가 없어지고 말장난에 가까운 합리화나 위장 및 위선이 가중되고 있음을 문제로 들었다.[57]

또한 카렐(A. Carrel)은 "현대문명은 우리의 본질을 아무것도 모르고 만들어졌던 과학적 발견의 일시적 기분과 환영(幻影), 그리고 인간의 욕망에서 탄생했다. 우리가 노력하고 우리를 위해 만든 것인데도 우리의 크기와

---

52) 한정선, 위의 글, 376쪽.
53) 강석경, 「문명은 독품은 사과인걸」, 『조선일보』 1999년 10월 30일자 6면.
54) 연세대학교 석좌교수, 토지문화재단 이사장.
55) 한현우, 「절망하는 나닐, 희망을 찾아―」, 『주간조선』 1525, 1999, 17쪽. 박경리는 문화와 문명의 개념을 인간의 이타적인 노력의 산물은 문화, 이기적인 노력의 산물은 문명으로 파악하고 있다.
56) 주관중, 「학문에 있어서의 종합」, 『종합문명의 시대』, 경희대출판국, 1989, 212쪽.
57) 김희일, 『세계와 한국의 미래』, 백산출판사, 1997, 312~313쪽.

모습에 맞지 않는 것이 되고 만 것이다"[58]라고 현대문명의 문제점을 개탄하였다. 박정기는, 박경리·주관중·김희일·카렐 류의 개탄에 대해 참된 것을 따르고 진실을 좇고 아름다움을 추구해야 할 창조활동이 거짓과 욕심과 물질 위주로 빗나갔기 때문에 나타난 현상이라고 막막해하였다.[59]

한편 헌팅턴(Samuel P. Huntington)은 "문명이란 사람들을 묶어주는 가장 수준 높은 문화이며, 인류를 다른 종과 구분시켜 주는 것을 빼고는 사람들이 가진 가장 폭넓은 문화적 정체성이다. 문명은 언어·역사·종교·관습·제도와 같은 공동의 객관적 요인들뿐만 아니라, 사람들의 주관적 자기 정체성에 의해 정의된다"고 문화인류학적으로 문명을 새롭게 정의하고, 미래에는 문명 간의 충돌이 불가피할 것으로 내다보았다.[60]

5. 자성적 문명론

위에서 살펴본 찬반론을 종합한 것이 한기식(韓己植), 울리히 벡(Ulrich Beck)과 박이문 등이다.

---

58) A. Carrel 지음, 이희구 옮김, 『인간, 이 미지의 존재』, 한마음사, 1987, 35~36쪽.
59) 박정기, 앞의 책, 81쪽.
60) 헌팅턴(하버드 대학 석좌교수)은 1960년대 냉전세계(자유세계, 공산권, 비동맹권)에서 세계질서 재편의 핵심변수는 문명이 될 것이라고 보면서, 1990년대 이후의 문명세계를 서구, 라틴 아메리카, 아프리카, 이슬람, 중화, 힌두, 정교, 불교, 일본 등 9개의 문명권으로 나누었다(Samuel P. Huntington, *The Clash of Civilization?*, New York, 1993, 24~27쪽). 그러나 필자의 견해로는 헌팅턴이 「과거와 현재의 문명」에서 오늘의 한국을 중화(中華 : Sinic) 문명권에 편입시킨 것(Samuel P. Huntington 지음, 이희재 옮김, 『문명의 충돌』, 김영사, 1997, 52~53쪽)은 설득력이 부족하다고 생각된다. 한국은 독자적인 문화전통이 뚜렷한 만큼 중국과는 엄연히 다른 별개의 문명권을 형성해 왔다. 더구나 현재 한국은 중국과는 더욱 현격히 구별되는 한국적 문명을 꽃피우고 있다. 따라서 한국문명은 중화문명과 다르며 더구나 서구문명이나 일본문명과는 더더욱 다른 만큼, 독자적 문명권으로 설정되어야 한다고 생각된다. 다만 불교·중화·일본·서구 문명이 퇴적층을 이루며 전선이 형성되어 있음을 직시하고 이를 역이용, 선조들이 그랬던 것처럼 고유의 한국문화를 기층으로 삼아 다시 불교·중화·일본·서구 문명을 융화시켜 새로운 한국문명을 창출하는 데 총체적인 지혜를 모아야 할 것이다(김정의, 「문명사관의 관점 추이」, 『한국문명사』, 혜안, 1999, 426쪽에서 재인용).

한기식은 현대의 위기를 명철한 지성과 확고한 신념을 가지고 대처하기 위하여 찬란한 공헌과 함께 막대한 폐해를 초래한 현대문명의 원인과 원동력을 절대적으로 면밀히 재검토해 볼 필요가 있으며, 그럼으로써 현대문명을 위기에서 구출할 수가 있다고 보았다.[61] 울리히 벡은 현실의 변화 때문에 계급사회는 종말을 고하고 불확실한 문명을 안은 리스크(Risk) 사회가 새롭게 도래했다고 현대문명을 진단하였다.[62] 이제는 성찰적 문명화가 요구되는 시대라는 것이다. 그래서 현대사는 문명화로 초래된 환경문제를 무엇보다 중시하여 안전을 지향하기에 이르렀다.[63] 이는 우리의 문명화 과정이 하나의 전환기에 와 있음을 알려준다. 이름하여 포스트모더니즘(Post Modernism)[64]이라고 칭해진다.

한편 박이문은 "문명과 문화의 두 개념이 다같이 한 사회를 서술하는 데 유사하게 사용되지만 그것들은 완전한 동의어가 아니다. 사회의 특징을 수직적·시간적 차원에서 서술할 때 '문명'의 개념을 적용하지만, 그것을 수평적·양식적 측면에서 기술할 때는 '문화'의 개념이 보다 더 적절하다. 문명은 '진보'의 뜻을 내포하지만 문화는 '차이'의 의미를 함의한다"[65]고 문명과 문화의 개념을 명쾌하게 정의하였다. 그리고 현대문명 속에 잠재해 있는 역사적 위기는 현대인의 근본적 사고개혁, 즉 다른 사람이나 자연과의 관계는 갈등과 정복에서 공존과 협동으로의 문화적 전환을 통해서만 극복될 수 있다고 극복책을 제시하였다.[66] 이어서 그는 앞으로 시향하고 선택할 세계관의 패러다임으로 '생태학적 세계관'을 제시함으로써 동양의 전통적 세계관과 서양의 근대적 세계관의 통합을 시도하였다.[67] 이는 생태

---

61) 한기식, 「현대문명의 활로」, 『사상계』 15, 1954년 10월호, 134쪽.

62) Ulrich Beck, 「국민국가 한계 넘어선 제2의 근대화 필요」, 『중앙일보』 1999년 9월 27일자 14면.

63) Ulrich Beck 지음, 홍성태 옮김, 『위험사회, 새로운 근대(성)를 위하여』, 새물결, 1997.

64) 김기봉, 「1989/1990년 이후 현대사를 보는 새로운 시각과 쟁점」, 275~277쪽 참조.

65) 박이문, 『문명의 위기와 문화의 전환』, 민음사, 1996, 5·6쪽.

66) 박이문, 위의 책, 7·26쪽.

67) 박이문은 '생태학적 세계관'이 지금까지 대립된 것으로 생각해 왔던 동서양의 전통적 세계관을 포괄하는 세계관으로서 바람직하다고 보았다(박이문, 『문명의 미래와 생태학적 세계관』, 당대, 1998, 99~100쪽).

중심의 세계관의 틀에서만 새로운 문명의 지평이 가능하다는 그의 절박한 토로이기도 하다.68)

같은 취지에서 박선주69)는 인류가 지구상에 태어난 이후 지금까지 살아온 시간이 생명계 전체를 두고 볼 때 얼마나 짧은 시간인가를 깨닫게 해준다고 하면서, 그간 지구상에 존재하다 사라져 간 수많은 다른 생명체처럼 절멸하지 않고 살아남으려면 인류는 자연계의 주인이 아니라 자연계의 일부이며 아직도 자연계에 의존하고 있다는 사실을 인식해야 할 것이라고 하여 인류의 오만한 자세에 경종을 울렸다.70)

또한 유엔은 1998년 이란의 제안을 받아들여 21세기 벽두인 2001년을 '문명간 대화의 해'로 선포하였다.71) 이는 인류가 파멸의 위기로부터 탈출하여 새로운 즈믄해 문명에 대한 안전판을 스스로 구축하려는 전향적인 자세로 평가할 수 있겠다.

이렇게 문명자성론이 세계적으로 대두될 때 동학학회는 "동학은 130여 년 전 이미 서구 근대정신의 자기파멸의 필연성을 내다보았다. 자연에 대한 수탈, 그것에 매개된 인간중심적 가치관, 물질적 동기에 기반한 합리성 등에 의한 인간성의 황폐화와 극심한 사회적 균열과 해체 현상은 서구 근대사상에 내재된 본질적 한계의 불가피한 표출이었다. 더욱이 생태계 훼손에 따른 환경파괴로 인해 인류문명의 지속 가능성에 대한 심각한 회의와 함께 파국적 결말에 대한 두려움에서 벗어날 수 없게 한다. 동학은 이러한 인류문명의 파국적 상황에 대한 대안적 문명의 원천이 될 수 있으며, 다른 한편으로는 분단민족의 화해와 해원상생(解冤相生)의 장전(章典)으로 되새김될 수 있다"72)라고 대안문명론을 주창하고 나섰다. 이는 현대문명의 근본적인 모순을 진단하고 그 대안으로 대안문명론을 제시함으로써 새로운 세계국가의 출현 가능성을 모색했다는 점에 의미가 있겠다.

---

68) 박이문, 「문명사적 기로의 세기」, 『제42회 전국역사학대회 발표요지』, 1999, 90쪽.
69) 충북대학교 고고미술사학과 교수.
70) 로저 레윈 지음, 박선주 옮김, 「역자후기」, 『인류의 시대』, 혜안, 1996, 309쪽.
71) 김기천, 「유엔, 2001년 '문명간 대화의 해' 선포」, 『조선일보』 1998년 11월 6일자.
72) 「동학학회 발기 취지문」. 이는 동학학회 창립준비위원회의 명의로 1998년 10월 28일 동학학회 창립총회(경운동 천도교당)에서 발표되었다.

또한 한국 문명학회는 "한국문명의 실체를 구체적으로 밝혀 다지고, 이를 바탕으로 인간성 회복과 환경친화적인 제3 즈믄해 문명의 중심을 이룸으로써, 한국문명을 보듬어 키우며 전파하는 일에 일조하고자 한국문명학회를 세운다"[73]라고 새로운 세계문명의 중심축을 형성하고자 하는 자세를 보임으로써 한국인의 의지력과 자긍심을 드러냈다. 그리고 그들은 비록 한국문명이 토인비가 말한 도전과 응전(Challenge and Response) 속에서 자생력을 키웠다 하더라도 주변을 배려하며 자기 실현에 힘쓰는 건실한 생활을 할 때 비로소 세계문명 중추로서의 생명력을 갖는다는 경각심을 잊지 않았다.[74]

그리고 많은 독자층을 갖고 있는 법정 스님이 자연과 인간과의 '조화'와 '균형'의 절박성을 여러 지면을 통하여 틈틈이 호소한 것은 자연친화의 여론 형성에 지대한 영향을 미쳤다.[75] 이러한 분위기에서 배규한이 지적한 대로 21세기의 시대정신은 '절제'와 '조화'가 될 것이다. 국가보다는 개인, 개발보다는 보전, 성취보다는 보람, 효율성보다는 인간존중, 소비보다는 절약, 경쟁보다는 협력, 승리보다는 공존 등의 가치가 더욱 중요한 생활의 지혜가 될 것이므로 이러한 가치를 어떻게 개인들에게 내면화시키고, 사회합의를 통하여 제도화하며, 국가적으로 조직화해 나가느냐 하는 것이 사회발전에 관건이 될 것이다.[76] 또한 우실하[77]가 해독한 것처럼 근대화(서구화) 추신 이래의 동도서기(東道西器)는 전통문화의 창조적 계승과 서구문화의 비판적 계승이 현실화된 것이었고,[78] 이상우[79]가 상기시킨 것처럼 한국의 근대화 추구에서 '조화'는 전통시대처럼 여전히 중요한 목표였다.[80] 한국인

---

73) 「한국문명학회를 세우는 취지서」는 1999년 2월 9일 태백산 정상 제석단에서 있었던 고천제에서 한국문명학회 세우기 위원회의 명의로 발표되었다.
74) 김정의, 「한국사의 문명사적 인식론」, 35쪽.
75) 법정, 『새들이 떠나간 숲은 적막하다』, 샘터, 1996, 171쪽 ; 법정, 『오두막 편지』, 이레, 1999, 20쪽.
76) 배규한, 앞의 책, 7쪽.
77) 건강한 새터를 가꾸는 모임 대표.
78) 우실하, 『오리엔탈리즘의 해체와 우리 문화 바로 읽기』, 소나무, 1997, 10쪽.
79) 서강대학교 교수.
80) John Naisbitt, 앞의 글, 370쪽.

에게 있어서 '조화'는 미래에도 변함없이 생의 방식의 유효한 덕목이라고 예견된다.

이처럼 한국인의 견해가 축을 이룬 발전지향적 미래문명관에 대한 근본적 자성이 이어지는 한, 현대인은 세계사적 모순을 극복하고 인류가 오랫동안 꿈꿔 온 세계공동체의 실현을 앞당길 수 있을 것이라고 여겨진다.[81]

6. 맺음말

이상으로 미래문명론의 경향을 조망해 보았다.

미래를 투시하려는 시도에서는 우선 큰 틀에서 인류 공동체문명의 도래를 예견하는 분위기가 일고 있음을 알 수 있었다. 그 가운데는 희망적으로 낙관하거나 아니면 암울하게 비관론을 펴는 예도 나타나고 있다. 다행인 것은 이 같은 문명론을 주시하던 한국인 학자들이 주축이 되어 찬반론을 냉철하게 종합하여 자성적 문명관을 형성하기 시작했다는 사실이다.

주지하는 바와 같이 과거의 인류가 의도적으로 미래를 설계하고 실천한 결과가 오늘의 현실이고, 오늘 우리가 현재의 바탕 위에 미래를 예견하고 미래 비전을 세워 그 미래 비전이 달성되도록 실천하는 것이 미래의 현상으로 나타나게 될 것이다. 물론 역사에는 우리의 예측이 빗나가는 현상이 있기도 한다. 그러나 예외적인 것은 우연일 뿐이고, 필연적으로 미래는 콩 심은 데 콩 나고 팥 심은 데 팥 나는 것이 철칙이다. 이 같은 '연기(緣起)의 소산'이 일반적인 현상이라고 역사는 증언하고 있다. 그렇다면 오늘 우리가 미래를 예측하고 실천하려는 것은 근본적으로 자연과 더불어 살며 문명의 혜택을 이용하여 좀더 인간답게 살 수 있는 발전된 문명을 이루고자 하는 소망 때문이다.

그러기에 본문에서 보이는 것처럼 미래에 관한 문명론이 숱하게 속출하고 있는 것이다. 지난날 인류의 문명은 토인비의 지적대로라면 21개 내지

---

81) 김정의, 「한국사의 문명사적 인식론」, 18쪽.

23개의 문명이 명멸하는 가운데 몇 개는 지금도 살아남아 숨쉬고 있다. 그리고 헌팅턴이 지적한 대로라면 9개의 문명이 생명력을 발휘하고 있고, 필자의 견해대로라면 한국을 포함한 10개의 문명이 생명력을 발휘하고 있는 중이다. 아무튼 헌팅턴은 문명의 충돌을 예견했고 토인비는 동아시아 문명권이 세계국가 건설에 주도권을 쥘 것으로 예견하였다. 이 말이 필자에게는 커다란 자극이 되었다. 물론 이 주장에는 이설도 많지만 그런 가운데에서도 하나의 세계문명이 건설될 것이라는 주장에는 문명사학자들 사이에 대체로 공감대를 형성한 것으로 보인다. 이 글을 작성하면서 소득이라고 생각한 것은 작금 풍미하고 있는 문명동진론이 공연한 이야기가 아님을 감지할 수 있었다는 점이다. 더욱 용기를 얻을 수 있었던 것은 동아시아문명권의 중심에 한국이 있다는 사실과 한국이 미래를 향한 다이내믹한 생동력에 가득 차 있다는 점이다. 그것은 「동학학회 발기 취지문」에 역력히 표출되어 있다.

한 세기 전 근대화(서구화)를 추진하기 시작한 이래 암울한 도정을 거치면서 드디어 빛을 바라보게 된 것이다. 이런 점에서 한 세기 전에 발동한 근대화의 추진과 작금 진행중인 세계화의 추진은 하나의 세계문명 건설을 위해 그야말로 탁월한 선택이었다고 생각한다. 우리가 이러한 위치에 서게 된 것은 자연과의 조화를 염두에 둔 동양의 전통문명과 서구의 합리적인 근대문명을 동도서기의 견지에서 종합·조화시키는 데 성공했기에 가능해졌다고 생각한다. 그 동안 서구적인 자연정복의 합리성은 생태계를 파괴함으로써 지구의 존립 기반마저 흔들게 되었다. 이로써 인간본위의 서구적인 합리성은 허구로 전락하는 비운을 맞게 되었다. 여기에 서구화된 동아시아가 이미 사멸된 것으로 알았던 동아시아 특유의 잠재적인 자연관을 표출함으로써 인류와 지구의 위기를 극복할 수 있는 지혜를 얻게 된 것이다. 그리고 지금은 서구적인 과학문명을 한 차원 높여 한국적인 견지에서 하나의 세계문명을 조화롭게 창출할 수 있는 창조적 계기를 만났다고 보겠다.

(김정의, 「미래문명론」, 『문명연지』 1, 2000)

제12장 신문명 지향 삶

역사상 오늘날처럼 할 일이 많은 시대는 흔치 않았다. 조용한 아침의 나라로 비치던 한국은 어느새 약동하는 나라로 바뀌어 있다. 식민지를 겪고, 6·25를 맛본 세대는 누대의 가난이 서러웠었다. 식민지의 굴욕도, 민족상잔도 가난 탓이려니 했다. 모든 원죄는 가난이라 여기고 우리도 한번 잘 살아보자고 이를 악물어 기치를 세웠다.

일단 발동이 걸리자 좌고우면할 여지도 없이 구슬땀을 흘렸다. 돈을 벌 수 있다면 어떠한 어려움도 가리지 않고 열심히 뛰었다. 해외취업도 가리지 않았다. 그것은 한민족의 엄청난 잠재역량의 폭발이었다.

드디어 공업입국을 일정하게 달성하고, 세계 10대 안팎의 무역국가로 성장하였다. 이에 힘입어 올림픽대회도 개최하였다. 역시 돈의 위력은 대단하였다. 자타가 공인하는 제법 잘 사는 나라가 되었다.

꿈만 같은 현상이다. 역시 우린 해 냈다. 이는 누가 뭐래도 몹시 뿌듯하다. 잘 살고 봐야 한다는 말이 실현된 것이다.

이는 옛날 이야기가 아니다. 후대에 전승시킬 우리 세대의 역사다. 전화(戰禍)의 잿더미 위에서 이룩한 대역사는 전설이 아니고 현실이다.

남들은 한강의 기적이라고 한다. 그러나 이게 어찌 기적인가. 땀의 대가다. 하늘은 스스로 돕는 자를 도울 뿐이다. 콩 심은 데 콩 나고 팥 심은 데 팥 나는 것처럼 심은 대로 거두고 있는 것이다.

1989년 천안문사태 직후 중국에 들렀을 때다. 그 때 어느 중국인에게서 한국에 대한 인상을 듣고 남다른 감회에 젖은 일이 있다. 즉 "중국 역사가 전개되기 시작한 이래 중국이 한국을 선망한 것은 이번이 처음이다"라고 단정적인 말을 하는 것이었다. 그는 한국의 경제건설, 올림픽대회 개최, 대통령직접선거 등을 예시하고 특히 대통령직접선거를 가장 부러워했다.

그렇다. 그들은 수천 년 간 한민족을 동이족으로 멸시하며 이 땅에 군림해 왔었다. 그런 그들이 이제는 어쩔 수 없이 우릴 대접해 주고 있다. 이는 그간 우리가 신바람 나서 땀 흘려 건설하고 피 흘려 쟁취한 결과에 대한 정당한 대접이다. 그러기에 우리들의 현실은 너무나도 고귀하다. 고귀한 만큼 더욱 더 값지고 소중하다.

우린 그 동안 역사에서 무슨 일들이 있었는지를 알아야 한다. 그래야만 우리가 누구인가가 밝혀지고 삶의 정체성이 드러날 것이다.

우리가 선대의 업적을 인정하고 발전적으로 계승하려는 것은, 후대에게 우리 세대가 공들여 쌓아올린 업적을 존중시키고 전승시키려는 맥락에서다. 우리가 과거의 역사를 쏟아 버리면 후대 또한 우리가 이룩한 오늘의 역사를 쓸어 버릴 것이다. 마치 내가 남의 인격을 존중함은 나의 인격을 담보받기 위함과 같은 이치다.

따라서 먼 옛날로 갈 것도 없이 20세기만 보더라도 일제의 질곡을 벗어나기 위한 항일독립투쟁, 6·25 때 자유국가 수호를 위해 흘린 피, 4·19시민혁명, 5·16 후에 전개된 새마을운동, 5공시대의 6월대항쟁 등은 모두 합당한 평가를 받아야 마땅한 일들이다.

요즘 젊은 세대가 '기성세대가 도대체 무엇을 했느냐'라고 매도하는 발상은 위험천만하기 짝이 없다. 세상 어느 곳에 과거의 노력 없는 현재의 번영이 있단 말인가. 티셔츠에 이르기까지 이른바 'GAP'을 그려 넣으며 자기들만의 세대를 고집함은 세대 간의 불신을 조장하고 급기야 단절을 낳을 불행의 씨앗이 될까 염려스럽다. 이는 물론 일밖에 몰랐던 세대가 자초한 자업자득이기도 하겠지만 그래도 '우리 모두 함께'를 희망사항으로 주문하면 억지가 될까?

우린 오랫동안의 가난과 무지를 억척과 교육열로 탈피하고 마침내 번영과 문명으로 승화시킨 보람된 시대를 창출하였다. 그러나 여기서 안주하고 멈출 수 없나. 선진국 문턱엔 왔지만 선진문명국으로서의 기조 기반이 취약한 졸부라는 사실이 자각되기 때문이다. 도처에서 졸부 근성이 노출되고 있다. 아전인수식으로 자기 중심적이다. 그야말로 각자위심이다.

따라서 자기 자식밖에 모르고, 질서의식도 부족하고, 부정부패 불감증에 젖어 있고, 돈과 권력이면 다인 줄 안다. 지금 경계해야 할 문제가 한둘이 아니다. 우선 새로운 도약을 위한 국민적 공감대를 이루는 데 박차를 가해야 할 것이다.

그런 점에서 현재의 국민의 정부는 변화와 개혁의 커다란 견인차가 될 것이고 국민은 축복받은 시대를 살아 가게 될 행운을 잡았다고 볼 수 있겠다. 특히 역사상 가장 의의 있을 꿈에도 소원이었던 조국통일을 우리 시대에 성취할 수 있다면 그보다 더 보람있는 시대는 만들기 어려울 것이다.

우리는 경제를 건설했고, 민주화를 쟁취했고, 드디어 통일마저 달성하는 환희의 짜릿한 맛을 보고 싶다. 통일을 위해서는 경제건설과 민주화 쟁취를 위해 흘린 땀과 피보다 더한 대가를 요청할 것이다. 이를 감내하고 고통을 분담하며 조국통일의 초석을 튼튼하게 쌓아 가야 할 것이다. 통일은 말로만 될 일이 결코 아니다.

소망컨대 두 번 다시 한반도에서 전쟁이 있어서는 안 된다. 평화와 번영을 구축해야 할 것이다. 그러기 위해선 유비무환의 투철한 인식이 절실한데, 오늘의 시국은 비록 국민의 정부로 바뀌었을망정 우려되는 바가 줄어든 것은 아니다. 대통령은 진정한 의미에서의 국가보위에도 배전의 관심을 기울여 주었으면 하는 심정이다.

북한에서는 유치원에서부터 정신교육·군사교육을 필수교양으로 실시하고 있는데, 남한에서는 여전히 파쟁과 부패가 난무하고 몇 시간 안 되던 대학의 한국사 교육마저 폐지되거나 선택으로 바뀌는 등 안일에 휩싸여 있다. 더욱이 북한은 핵무기 개발에 여념이 없고 미사일을 수출까지 하는 군사대국으로 발돋음했는데, 남한은 경제성장으로 생활이 좀 나아졌다고 분에 넘치는 생활에 길들여져 가고 있다. 국방은 으레 미국이 맡아 줄 걸로 착각한 채 말이다.

도대체 병역비리가 웬 말인가. 이제라도 자주통일에 대한 민족혼을 키우는 데 온 힘을 경주해야 될 것이다. 젊은이들이 너나없이 조국통일의 신성한 주역이 됨을 커다란 영광으로 아는 분위기가 필요하다.

세계사는 엄정한 의미에서 세계심판이었다. 과거의 치욕이 중국이나 일본에 의하여 저질러졌든 동족인 북한에 의하여 저질러졌든 용서를 해야겠지만 그 사실마저 잊어서는 안 된다. 치욕의 과거를 잊은 민족에게는 언제나 치욕의 역사가 반복되었을 뿐이다. 자고로 망한 나라는 망할 짓만 골라했고, 번성한 나라는 번성할 수밖에 없도록 국민정신이 드높았음을 주시해야 할 것이다.

오늘날 한국에는 새로운 문명국가를 이룩하기 위해 할 일이 너무 많다. 진솔하고 주변을 배려하는 삶의 자세, 인간존중, 정보산업화, 환경보전, 교육 선진화, 자유민주화의 정착, 신뢰를 바탕으로 하는 도덕성의 회복, 복지국가 건설, 민족기백의 생동화, 자주의식 함양, 세계문명화 기여, 국제통화기금 관리체제 극복, 조국통일 등등. 이것들은 기필코 성취해야 할 우리 시대의 이상적인 문명국가상이다.

할 일 많은 시대는 축복받은 시대란 말의 다름 아니다. 축복받은 시대가 바로 보람있는 희망의 시대라면, 역사상 현재 이 땅에 살고 있음은 크게 감사할 일이다. 그렇다면 신문명의 달성이라는 시대정신과 일치된 자기 실현에 충실해야 할 것이다.

(김정의, 「할 일 많은 시대」, 『새마을금고』 179, 1993)

□ 부편

Ⅰ. 사안으로 본 조선

문 일 평(1888~1939)

1. 고문화국의 새로운 시련

한국에 대한 관찰이 시대와 사람을 따라 다르니 이를테면 고대에 있어 중국인의 눈에는 군자국으로 비친 것 같으니 곧 그 일례이다.

그러나 고금을 통하여 역사안(歷史眼)에 비친 한국은 군자국보다도, 신선국보다도 동방 고문화국(古文化國)이라 함이 차라리 알맞은 칭호가 아닐까 한다.

신라의 우아하고도 아름다운 예술적 문화라던지 고려의 장엄한 불교적 문화라던지 조선의 바르고 고상한 유교적 문화라던지 각 시대의 특색을 나타낸 문화 증거를 낱낱이 들추어 낼 것도 없이 한국이 예로부터 훌륭한 동방문화국임은 누구나 공인하는 바이다.

이들의 문화가 비록 우리의 독창이 아니요 남의 것의 모방이라 하지마는 오히려 한 걸음 더 나아가 유·불(儒佛)의 문화를 전적으로 완성한 것이 한국이다.

그뿐이 아니라 일찍이 유·불의 문화를 일본에 전해준 것도 한국이니 이것만으로도 한국이 넉넉히 동방사상(東方史上)에 있어서 중요한 역할을 하였다 하겠다.

한국문화는 그 연원이 멀리 삼국 이전에 발생하여 가지고 삼국시대에 이르러서는 벌써 상당한 발달을 이뤘고 신라통일 이후에 이르러서는 크게 발전을 보게 되었거니와 문화전수의 경로를 살피면 삼국 중에 있어 고구려는 그 국토가 만주를 포함한 까닭으로 고구려문화는 만주문화의 연원이 되었고, 백제는 그 국교가 일본에 가까웠던 관계상 백제문화는 일본문화의 연원이 되었고, 그리고 신라는 반도 최초의 통일국가로서 온갖 의미에 있어 한국의 선구가 되니만큼 신라문화는 한국문화의 연원이 되었다. 이것을 다시 간단히 말하면 고구려문화는 만주로 갈라지고 백제문화는 일본으로 건너가고 신라문화는 한국으로 흘러 내려오게 되었다.

한국을 중심하고 볼 때에 한국문화가 한 팔로 만주를 껴안고 또 한 팔로 일본을 껴안아 동방 일대에 엄연히 군림하였던 것이다.

그러나 이는 역사적 꿈자취뿐이다. 오늘날 대세는 일변하여 고구려의 옛 영토인 만주는 말썽이 되어 있고 신라의 후계인 한국은 볼 게 없게 되어 있고 홀로 백제의 문화를 받은 일본만이 근대의 구미문화를 더하여 가지고 크게 강성하여져서 한국과 만주에 대하여 엄청나게 대규모로 문화의 역수입을 행하게끔 한국과 일본 사이에 문화의 지위가 아주 바뀌고 말았다. 한국은 지금 새로운 문화의 시련기에 있다. 일찍이 유·불의 구문화에 좋은 결실을 나타낼 것인가, 그 결실의 여부에 따라 바로 조선 그것의 운명이 결정되는 바이다.

2. 문화론 우월하고 정치론 수졸(守拙)하고

수천 년 역사를 가지는 동안에 때를 따라 소장성쇠(消長盛衰)가 없는 것은 아니지만 그래도 길이길이 일관된 강토와 문화를 가지고 온 것은 중국 이외에 오직 한국이 있을 뿐이니 그 신축성 있는 민족적 탄력과 찬란히 빛나며 무너지지 않는 민족적 성능이야말로 누구든지 경탄할 수밖에 없다.

그러나 한 번 민족적 활동에 이르면 어찌 그리 소극적인가. 유구한 반만년사에 고구려를 제외하고는 다시 적극적인 웅대한 포부를 볼 수 없고 기껏해야 신라의 당병 축출과 고려의 여진정벌이 자랑거리가 되었을 뿐이다. 큰 나무 밑에 작은 나무가 크지 못하는 셈으로 엄청나게 큰 중국의 옆에 또다시 비슷한 규모의 나라를 허락하지 아니함도 그러한 이유가 되려니와 그보다도 잘 익은 과실이 벌레 먹는 것과 같이 지세가 뛰어난 반도는 예나 지금이나 패자가 되려면 반드시 넘보는 지점이 되어 있어 해륙으로부터 연방 달려드는 외구(外寇)로 말미암아 부질없이 그 방어에 피폐(疲弊)하여져 민족적 정력을 쌓아 놓을 겨를이 적었음이 일대 근본원인이 될 것이다.

멀리는 말더라도 중세에 거란·몽골의 계속되는 침입은 얼마나 고려를 피폐케 하였으며 근세에 임진·병자의 2대 난리는 얼마나 조선을 피폐케 하였는가. 그러나 한층 더 들어가 본다면 피폐의 유래가 반드시 외부와의 관계에만 있지 아니하고 내부에도 있음을 발견할 것이다. 그것은 정치상 전환작용이 없었음이다. 어느 국가든지 정치를 운용하는 지배계급이 부패하여져 그 책임을 다하지 못할 때에는 다른 새 계급이 교대하여 정치를 지배하게 되나니, 이것이 이른바 혁명이란 것으로 그 역할은 국력의 피폐를 건지고 사회의 정체를 막음에 있다.

그러나 한국사에는 왕통의 경질은 있었지만 정작 필요한 계급의 교대는 없었으므로 국력의 피폐와 아울러 사회의 정체를 막을 수 없었다. 이 점은 저 중국의 혁명도 마찬가지지만 한국이 더 심한 바 있다.

일본은 국체상 본래 혁명이 없는 나라지만 그 실질에 있어서는 계급의 교대가 있었으니만큼 혁명이 없고도 있는 셈이다. 이에 반하여 한국은 비록 역사에 혁명이 있기는 있었으나 실질에 있어서는 계급의 교대가 없었으니만큼 혁명이 있고도 없는 셈이다.

문화를 떠나 정치로만 볼 때 한국사는 일종 나태한 분위기의 연속이다. 한갓 부질없이 자기네끼리 사사로운 싸움만 되풀이하면서 조그마한 반도의 울 안에 갇히어 압록(鴨綠) 이외에 일 보라도 넘겨 디디지 못한 것은 아무리 변명하여도 남성적 역사라고 할 수 없다.

동방 대륙에 인류의 역사가 열린 이래 중국 주위에 있는 나라치고서 모두 한두 번씩 중원을 뒤흔들지 않은 이가 없었건만은 한국인만은 천여 년을 두고 중국의 한 귀퉁이도 건드리지 못하였다.

3. 역사동향과 문명

역사의 동향으로 볼 때 신라통일 이후는 국토의 발전이 대체로 북진에 있었다면 통일 이전은 고구려가 패자(覇者)가 되어 그 활동이 주로 남진에 있었다. 알기 쉽게 말하면 압록강가에 있던 정치 중심이 대동강가에로 옮겨 오게 되고 대동강가에서 다시 한강가에로 옮겨 오게 된 것은 남진의 절정이요, 낙동강가에 있던 정치 중심이 한강가에로 옮겨 오게 된 것은 북진의 명백한 명증이다.

그러나 남진은 수·당 제국으로 해서 미끄러지고 북진은 몽골 때문에 움추려졌다. 전자의 실패로 대동강 이남의 소한국이 되고 말았고 후자의 실패로 압록강 이남의 소한국이 되고 말았다.

남진·북진의 실패는 곧 한국인이 국가적으로 실패한 역사거니와 문명의 추세로 볼 때 그것이 역사의 동향에 의하여 좌우하게 된다. 북방 패자(覇者)인 고구려가 패망하자 그 문명도 따라 멸망하는 비운을 보게 되고 남방 강자인 신라가 최후 승리를 얻으니만큼 문명도 오직 신라로 말미암아 보존 및 발전을 보게 되었다.

오늘날 문명의 기원을 옛날로 거슬러 올라가 상고하면 대개 거의 전부가 신라에서 나왔으니, 첫째 한국문명을 구성한 2대 인자인 유교와 불교도 신라의 것을 그대로 계승하여 가지고 사회적으로 한층 더 심화하고 보급하였을 뿐이다. 다만 고려에 이르러 송·원의 영향을 받아 종래 문학적 유교가 철학적 유교로 일변하여 조선에 전수한 것이 신라직계가 아니라면 아니다.

그러나 유교와 불교 이외에도 오늘날까지 은연중에 일반 한국 사상계를 지배하고 있는 풍수설 같은 것도 역시 신라에서 시작된 것을 생각하면 오늘날 한국은 역사로 신라의 연장뿐만 아니라 문명으로도 또한 신라의 연장임을 부인할 수 없다.

신라는 수·당의 영향을 받았음에 대하여 고려는 송나라와 원나라의 영향을 받았으며, 조선은 명·청의 영향을 받아 얼마만큼 그 시대의 특색이 없는 것이 아니며 또는 그 때 국가의 정세에 따라 신라는 유교와 불교가 병행하고, 고려는 불교가 성하고 유교는 쇠하고, 조선은 유교가 성행하고 불교가 쇠퇴하는 차이가 없는 것이 아니로되 대체로 보아 신라의 모든 문명이 고려를 지나 조선에 모여들어 조선의 찬란한 문명을 이룩했다.

이것을 물에 비하면 문명의 신라에서 다시 발원하여 가지고 고려의 시내를 흘러서 조선의 저수지로 모여들어 왔다. 이로 미루어 보면 조선은 신라와 고려 이래 모든 문명을 집대성한 것이라 하겠다.

조선문명의 절정을 대표하게 된 세종조의 문명은 그 기실 신라와 고려 이래 대중 속에서 자라온 문명을 널리 채택하여 완성한 것이니, 세종조의 온갖 창작과 발명은 일시적으로 대천재에 의하여 유발되고 산출된 것이 아니요, 깊은 역사적 유래를 지니고 있었다는 것을 알아야 하겠다.

4. 한국문명의 결정

조선문명은 신라·고려의 고갱이를 흡수하여 대성한 것이니 만큼 역대에 일찍이 보지 못하던 고도의 문명이었다. 비록 조선은 예술에 있어 신기가 신라에 미치지 못하고 불교에 있어 그 위대한 업적이 고려에 미치지 못하나 이용후생의 결실한 문명에 이르러서는 조선의 독보로서 신라·고려보다 월등한 것이다.

조선문명을 상징한 것은 진실로 훈민정음(訓民正音)이니 세계문자 위에 뛰어난 실용적 이기인 점에서 이것이 어찌 저 신라예술의 걸작인 석굴암이나 또는 고려불교의 결정(結晶)인 대장경판목에 비할 바이랴. 모든 역사의 유물이 거의 다 골동품처럼 되어 버린 오늘에 와서 갈수록 새 문명을 번쩍이고 있는 것은 오직 이 훈민정음뿐이다. 조선이 이로부터 새 문명을 창건함에는 반드시 이 이기에 힘입은 바 많을 것이다.

한국인은 현대 세계발전의 추세에 낙오자이나 그러나 이 문명의 이기를 가졌으므로 노력 여하를 따라 낙오자를 면할 수 있고, 한국인은 거의 그 전부가 가난하나 그러나 이 민족적인 대단한 재산을 가졌으므로 어느 의미에서는 가난하지 않다. 적나라한 한국인에게 남아 있는 것은 다만 선조로부터 물려받은 뛰어난 두뇌와 아울러 이 완미한 문자뿐이다. 이를 잘 이용하고 활용하고 애용함에 의해서만 진정한 한국의 새 생명을 개척할 것이다. 인류의 진화는 더딘 것이다. 한국이 역사를 가진 지 수천 년에 겨우 조선에 와서 인문결정(人文結晶)인 훈민정음이 생겨났고 이제부터 이 민족적 보물을 한국인 개개가 잘 활용하여 한층 더 아름다운 새로운 문명을 창조함에는 또다시 얼마나 오랜 세월이 걸릴 것인지 미리 알기 어렵다.

그러나 현재 성숙한 문명의 열매를 거두는 것보다 미래문명의 꽃을 보기 위하여 오늘날 그 씨를 뿌리는 데 인간의 희망이 있는 것이다.

옛 문명의 폐허에 새 문명의 씨를 뿌리고 있는 오늘날 한국인은 그 일동일정(一動一靜)이 바로 역사에 영향을 미친다. 과거의 한국인이 현재의 문명을 지은 것과 같이 현재의 한국인이 미래의 문명을 짓고 있다. 다만 과거에는 소수인에 의하여 그것을 짓게 되고 현재에는 다수인에 의하여 그것을 짓게 되는 것이 다를 뿐이다.

소수인에 의하여 지은 문명은 귀족문명이요, 다수인이 지은 문명은 민중문명이다. 전자의 특징이 이상적인 데 있다면 후자의 특징은 실제적인 데 있다. 이는 벌써 조선문명이 신라와 고려보다 색채를 짙게 띠니만큼 미래의 민중문명을 암시 혹은 배태(胚胎)한 것이라고 볼 수도 있다. 무엇보다 이것을 가장 잘 설명하는 것은 훈민정음 자체이다. 훈민(訓民)이란 그 어의는 곧 민중의 훈육(訓育)을 의미한 것이 아닌가. 여기서 역사동향과 문명방향이 거의 일치됨을 발견하겠다.

5. 사상계의 3위인

민중의 발견은 최근의 일이니 5백 년 전에 있어서 민중본위의 정치를 시행하고 민중본위의 문자를 제정하였다면 누구든지 놀랄 바이거니와 세종대왕의 사상은 과거의 조선을 지도하였을 뿐 아니라 그 유풍의 그림자가 훈민정음을 통하여 길이 미래의 한국을 감화할 것이다.

사상계의 위대한 영향을 미친 이로 말하면 세종 이전에는 원효대사(元曉大師)가 있었고 세종 이후에는 퇴계(退溪) 선생이 있었을 뿐인데 원효는 불교의 성인이요, 퇴계는 유교의 현인이다. 이 두 분은 유·불의 철학을 완성하는 동시에 유·불의 교세를 통일하니만큼 역사상 사상계의 쌍벽으로 전송하는 바이다.

특히 원효는 해동의 초조(初祖)요, 계율을 타파한 혁명가로 그 발명한 바의 철학사상은 불교를 통하여 종(縱)으로 세종 이전의 한국을 풍미하여 왔었고 횡으로 한국 이외의 세계, 곧 동은 일본과 서는 중국에까지 파급하게 되었으니 걸핏하면 국내에 갇혀 고립하기 쉬운 한국인의 문화나 사상이 멀리 국외에 발전을 보게 된 것은 원효대사로써 제1인자를 삼을 것이다.

불교사상계에 원효가 대표자라면 유교사상계에 퇴계가 대표자인 것은 거의 이의가 없는 바이다. 비록 이전에 신라의 설총이 있고 고려의 최충이 있으나 그네들은 교훈적인 가르침이 아니면 문장을 일삼았을 뿐인즉 사상과 관계가 적었다.

유교 그것이 사상계에 세력을 가지게 된 것은 여말에 송학이 들어온 이후의 일로서 유교의 지도원리가 불교의 지도원리를 대신하여 한국인의 생활을 규율함에는 다시 많은 세월을 요하였으니 말하자면 퇴계 이전까지는 유교가 오히려 정치나 사상의 테두리에서 벗어나지 못하던 것이 퇴계의 출현을 기다려 비로소 완전한 철학의 성립을 보게 되었으며 예론의 발달도 또한 퇴계 이후에 있었은즉 퇴계로써 한국의 유종(儒宗)을 삼은 것이 당연한 일이다.

퇴계는 동방주자(東方朱子)의 칭(稱)이 있었으니만큼 그 사상이 시간적으로 3백 년 동안 조선을 지배하여 왔었고 공간적으로 일본에까지 전하게 되어 도쿠가와(德川) 시대 유학의 연원을 열어 주었다. 퇴계의 사상이 이처럼 유교를 통하여 한국과 일본 두 나라에 군림하였던 것이다.

그러나 오늘날에 와서는 유·불이 쇠미하여짐을 따라 원효와 퇴계의 사상적 영역도 점점 좁아져 다만 철학사상의 한 학설로서 그 자취만을 남길 날이 멀지 아니하다. 원효와 퇴계의 철학사상이 현 사회에서 그 자취를 감추게 되어 감에 찾기 어렵게 되고 세종의 실무적 사상은 오히려 그가 창정한 훈민정음을 통하여 한국인 대중 사이에 활개를 치고 있다.

원효와 퇴계는 귀족문명시대에 있어서 사상계의 대표자가 되었다면 세종은 장차 오는 민중문명시대에 가서도 사상계의 선도자 됨을 잃지 않을 것이다.

6. 한국학의 의의

요즘에 사용하는 한국학은 흔히 이집트학과 아시리아학과 같은 식으로 밀어 버리는 경향이 있지마는 여기서는 다소 그 의의가 다르니 넓은 의미로는 종교·철학·예술·민속·전설 할 것 없이 한국연구의 학적 대상이 될 만한 것은 모두 포함한 것이나 협의로는 한국어·한국사를 비롯하여 순 한국문학 같은 것을 주로 지칭하여야 하겠다.

그러나 엄정한 입장에서 한국학이란 광의보다도 협의로 해석하는 것이 옳다고 하겠다. 특히 한국학이 유·불학과 대립하는 경우에 이르러서는 협의로 해석할 것은 물론이다.

다시 말하면 한국인의 특수성을 표시하는 그 언어를 비롯하여 한국인의 과거상을 비춰주는 그 역사이며 또는 한국인 실생활을 한국말로 써 낸 한국문학 같은 것이 한국학을 구성한 중심골자가 되어야 하겠다.

한국말은 한국인과 함께 아득한 옛날에 발생하였겠으나 그 사용은 한글의 발명을 기다려 비로소 완성된 것이며 한국사는 한국인과 함께 수천 년 동안 진보하여 온 것이나 문화적으로 가장 이채를 빛낸 것은 아무래도 한글을 창건하는 등 자아에 눈뜨는 그 시기가 될 것이며, 한국문학은 우리 선민들이 이두(吏讀)로 가요를 적기 시작하던 까마득한 고대에 벌써 시작되었으나 그것이 형식이나 내용으로 진정한 한국문학이 됨에는 한국말이 한국글로 적히게 된 이후의 일이다.

이로 보면 한국학은 한글의 발명과 및 그 발달에 의하여 비로소 그 존재의 가치를 갖게 된 것은 사실이 증명하는 바이다.

만일 한국사에 한글의 창제, 그것을 뽑아 버린다고 가정하자. 그럴 때는 한국말은 절름발이 말이 되고 한국역사는 눈먼 역사가 되고 한국문학은 얼빠진 문학이 되어, 따라서 한국학의 자립을 보기가 자못 곤란하였을 것이다. 오직 이 한국말의 생명을 담은 한글은 한국학의 독특성을 고조시킨 것이라 하겠다. 그러므로 한글은 한국인 마음에서 생겨난 결정인 동시에 한국학을 길러주는 비료라 하려니와 한글이 발명된 이래 5세기 동안에 한국의 사상계는 자는 듯 조는 듯 한국학의 수립에 대하여 별다른 진전을 보지 못하였다.

그러나 오늘날 차차 옛 사상에서 벗어나 새 사상의 자극을 받게 된 한국인은 한국을 새롭게 인식할 때가 왔다.

한편으로 신문화를 받아들임과 함께 한편으로 한국학을 잘 만들어 세계문화에 특수한 기여가 있어야만 할 것이니 이는 문화족으로서의 한국인에게 부과된 일대 사명이 아닌가 한다.

(문일평, 『호암전집』)

Ⅱ. 민족적 이상을 수립하라

최 현 배(1894~1970)

대저, 우리 사람의 생활은 이상(理想)의 생활이다. 이 이상이 있음으로 인하여, 사람이 만물의 영장이 되어서 고귀한 지위에서 만물을 지배하는 것이다. 그러면, 대체 이상이란 무엇인가? 현상보다 우월 완전한 상태를 미래에서 상상하는 것이니, 이 상상은 아무 이유 없이 무의식적으로 일어난 것이 아니요, 이유를 갖춘 유의적(有意的) 상상이다. 다시 말하면, 사람의 이성으로써 상상할 수 있는 완전한 상태이며, 최고 지완(至完)의 목적이다. 그는 저절로 유일무이의 절대성을 가진지라, 저절로 통일적 작용을 가지었다. 우리 사람의 일상의 모든 유의적 행동과 인격적 활동은 모두 반드시 개개의 적은 당면의 목적을 가지었나니 : 이 각자의 당면의 목적을 가진 무수의 활동은 그 인격자의 품은 대이상의 아래 통일되어서, 비로소 전후가 연락하며 : 좌우가 상응하는 전 인격의 활동을 이루는 것이다. 우리 사람에게는 이 통일적 작용의 근거인 이상이 있음으로 하여, 연면한 발달과 부단의 향상이 있는 곳에 곧 사람의 생활이 있으며, 사람의 가치가 있는 것이다. 요컨대, 인생이란 부단의 전진인데, 이상은 이 부단적 전진을 인도하는 성광(星光)이다. 그러므로, 생명의 내적 충동이 왕성한 곳에는 반드시 이상의 인도적 등화(燈火)가 휘황하며, 이와 반대로, 그 생명의 전진적 충동이 위미(萎靡)한 곳에는 반드시 이상의 인도적 등화가 또한 경멸(耿滅)함을 볼지니 : 이제, 얼른 쉽게 노년인과 소년인의 경우에 취(就)하여 보면, 더욱 이상과 인생과의 상즉불리(相卽不離)의 관계를 명찰(明察)하겠도다.

인생의 전장에서 원기를 쇠진하고, 피로를 느끼며, 다만 천천(喘喘)한 기식(氣息)을 가지고, 무사 건곤(乾坤)의 속에서 여생을 보내는 노년인의 생활은 오로지 추억의 생활이요 회고의 생활임에 반하여, 생활의 의지가 강렬하고 생존의 기운이 왕성한 소년인의 생활은 항상 이상의 생활이요 동경의 생활이다. 노년인에게는 전도가 없고 다만 심구(深究)한 과거가 있을 뿐이다. 그 현재와 장래는 그에게 하등의 흥미와 환희를 주지 못함에 반하여, 그 심구한 과거의 사사 물물은 모두 그의 소장 시대의 심담(心膽)과 감관(感官)을 흥분과 쾌락으로써 자극 충동하던 기념적 편영(片影)이다. 다만 장래는 일고할 가치도 없으며, 현재도 다만 고통과 권태가 있을 뿐임에 대하여, 과거는 전적으로 미화우화(美化優化)하여진다. 그리하여, 입을 열면 문득 소시의 자랑이요, 손을 치면 문득 현재의 차탄(嗟歎)이다. 맨 손으로 범 잡던 이야기, 혼자 볏섬 나르던 이야기들은 모두 노년인의 추억 생활의 발표이다. 그는 서산 박일(薄日)을 바라보고 장탄(長嘆) 유체(流涕)할 심경은 가졌으되, 동천(東天) 욱일(旭日)을 바라보고 심장의 고동을 느낄 만한 생기를 가지지 못하였다. 이와 반대로, 소년인은 가진 것이 다만 요원한 장래라. 그 요원한 장래에는 광명과 희망과 힘[力]이 충만하였다. 그는 항상 장래를 계획하며, 전도를 경륜(經綸)한다. 그는 추억적 감상을 모르고, 아는 것은 다만 이상적 열광이다. 이상은 실로 생기가 활발하고, 전도가 망양(茫洋)한 청년의 생명이다. 희망으로써 그의 용기를 고무하며, 광명으로써 그의 전진을 유도하는 것은 청년의 이상이다.

　이상은 심히 친절하도다. 일단의 상(上)에서 아(我)를 호(呼)하거늘, 아 일진하여 접(接)하려 문득 또 일단의 상에 있어 또 아를 유도하는도다. 뉘가 가로되, 이상은 '명일(明日)'과 같다고. 실로 명언이라 하겠도다. 우리가 진진(進進) 무기(無己)하며, 작작(作作) 불권(不倦)하여, 혹 경세(傾世)의 대업을 성(成)하며, 혹 궁겁(窮劫)의 교훈을 수(垂)함은 모두 이 친근한, 그러나 고원(高遠)한 이상의 소사(所賜)이다. 만약 이상이 없을 것 같으면, 인생을 지도하며 지배하는 것은 곧 본능적 충동뿐일 터이니, 그러고야 인생이 하등의 의의와 가치로써 저 금수(禽獸)와 구별되어, 만물의 영장이 됨을 얻으리오? 사람의 써 사람이 된 바와 금수의 써 금수된 바가 오로지 이 고상한 이상이 있고 없음에 말미암는다 하여도 과언이 아니다. 동물에게는 목적이라든지, 이상이라든지, 유의적 목표를 세움이 없고, 다만 본능 충동의 자연적 소여(所與)에 의하여 동작하며 생활하는 고로, 그에게는 자연적 진화는 있을지언정 문화의 창조성과 가치의 절대성이 없다. 우리 사람에게는 이상이 있음으로 하여, 독특한 문화가 창조되며, 문명이 건설되며, 고귀한 생활이 영위되며, 무한한 가치가 발휘되는 것이다. 이상은 실로 문화발전의 원동력이며, 인류 향상의 나침반(羅針盤)이로다. 아아, 이상의 인생에 대한 의의의 중차대함이여!

나는 전절(前節)에서 '우리 민족 갱생(更生)의 도(道)'가 생기(生氣)를 진작함에 있음을 역설하였다. 이미 생기를 진작하였다 하면, 거기에는 반드시 진작된 생기를 인도할 이상이 있어야 한다. 만약 이 이상이 수립되지 못하였다 하면, 비록 생활의 의기(意氣)가 아무리 강렬히 진작되었다 할지라도, 그 모처럼의 진작의 온전한 역량과 참된 가치를 충분히 발휘하지 못하고, 부질없이 대양(大洋)에 표류하는 선박을 짓고 말 것이다. 그러한즉, 우리의 민족 갱생의 원동력은 생기의 진작이요, 민족 갱생의 지남차는 이상의 수립이다. 이상이 저 개인에 있어서 귀중한 것과 꼭 같이, 이 민족에 있어서도 또한 귀중한 것이다. 이상이 없는 민족은 질서적 활동과 일관의 노력이 없는 고로 항상 잔패(殘敗)와 모욕을 당함에 반하여, 고원한 이상을 가진 민족은 희망과 광명으로써 그 실현에 부단히 노력을 하는 고로 그 우승과 영예가 항상 그에게 돌아간다. 동서 고금에 민족적 성쇠의 사실을 어느 것이 이것을 예증하지 아니하는 것이 없다. 초매(草昧)에 기(起)하여, 문화의 최고선(最高線)에 이른 자 그러하며, 굴욕에서 탈출하여 영귀를 달성한 자 그러하며, 쇠하였다가 성(盛)한 자 그러하며, 약하다가 흥한 자 그러하도다. 그러한즉, 생기를 진작하여 민족적 갱생을 도(圖)하고자 하는 우리 한국 민족에게 민족적 이상의 수립이 반드시 반기(伴起)하여야 할 것이다. 생기의 진작과 이상의 수립은 이 민족적 갱생의 쌍익(雙翼)이며 양륜(兩輪)이다.

나는 여기에 민족적 이상이라 하였다. 이 민족적이란 형용사에 대하여, 이의를 제출할 이가 있을는지 모르겠다. "너는 어찌 편협하여 민족적 이상이라 하는가? 이 문명한 시대, 활달한 세계에 이상이거든 모름지기, 세계적 이상, 인류적 이상이, 금일 세계 인류 각개의 추구할 것이 아닌가? 민족이란 구시대, 구제도의 유물에 하필 연연의 생각을 붙일 필요가 무엇이냐"고.
이제 난자(難者)의 논거를 토구(討究)하건대, 민족이란 것은 자본주의의 사회제도에서 약탈과 착취, 방어와 공격의 필요 하에서 서로 단결한 것이요, 결코 영원불변의 근거와 의의를 가진 것이 아닌즉, 만약 사회제도만 이상화하여 상호쟁탈의 필요가 없는 사회가 실현될 것 같으면, 민족이란 것이 아주 그 존재의 의미를 잃어 버릴 것이다. 더구나, 이러한 이상적 사회의 실현, 인류평등, 세계평화가 금후 세계인의 보편적 이상이 된 것이다. 이 인류 공통의 세계주의를 버려 두고 구차히 민족적 이상이라 하여, 구시대 사상의 유물인 민족주의를 고집하는 것이 불가하다 함에 있다.

그러하다. 나도 난자와 같이 민족이란 것이 구사회제도에 의식 쟁탈에 유리한 방편으로 하여 그 단결이 더욱 공고하여진 일면을 가진 것을 인정한다. 그러나, 민족이란 것이 과연 순연한 자본주의란 우연적, 인위적 사회제도의 일 산물이며, 일 방편으로, 금후 개조된 사회제도에서 당연히 소멸할 운명을 가진 아무 의의와 진가를 가지지 아니한 것이냐 하면, 우리는 이에 대하여, 결코 경경(輕輕)히 긍정의 대답을 할 수가 없다. 왜 그러냐? 민족의 구별이 생김은 첫째, 혈통이 다르며, 둘째는 생활의 근거지가 다르며, 셋째는 언어가 다르며, 넷째는 그 특질이 다르며, 다섯째는 역사가 다름을 말미암음이니, 이제 아무리 물질적 평등의 사회가 실현된다 할지라도, 이 5개의 조건이 일조에―아니 점차적으로도 소멸할 리가 만무하도다.

첫째, 의식 문제만 해결되었다고, 이민족 간의 잡혼이 진전하여, 전연히 혈통적 유전의 차별이 아주 없어질 리가 없다.

둘째는 아무리 비행기, 무선전화가 발달되더라도, 세상 사람이 노 비행기만 타고 세계를 돌아다니기 때문에 생활의 근거지조차가 필요없을 지경에 이를 것은 상상하지 못할 것이다. 이미 생활의 근거지가 있다 하면, 그 근거지의 기후 풍토 등 자연적 환경을 따라서 그 심리와 특질에 서로 이동(異同)이 생길 것은 정한 것이다. 한대인(寒帶人)은 한대인의 특색이 있을 것이요, 열대인은 열대인의 특질을 가질 것이다. 대륙민족과 도국인(島國人)이 그 특질이 다를 것이며, 사막의 사람과 삼림지대의 사람이 서로 같지 아니할 것이다.

셋째, 언어란 것은 그 민족의 정신적 산물이다. 그러므로, 각 민족의 정신적 특성이 서로 다름을 따라, 그 말이 또한 같지 아니하다. 언어학상에서 언어의 족속이 있음을 말하여 이를 어족(語族)이라 하나니, 그 각 어족에게는 각기 특이한 성질이 있음은 학자의 다 인정하는 바이다. 그러므로, 언어로써 그 민족 국민의 특성을 찰지(察知)할 수 있는 것이다. 이것은 번잡한 문제이니까, 여기에는 그 상토(詳討)는 그만두고, 다만 언어와 그 민족이 막대한, 심절(深切)한 관계가 있음을 말하여 두자. 민족의 정신생활은 그 특유의 언어를 낳고, 그 언어는 또 그 민족의 정신을 도야(陶冶)하여, 민족감을 공고히 결합하는 것이다. 그렇듯 깊은 관계를 가진 각 민족의 언어가 그만 없어지고, 전 세계가 한 말로 통일될 리는 만무할 것이다. 장래에 비록 '에스페란토'나 혹은 그와 같은 류의 말 20여 종의 말 가운데, 어느 것이 세계 공통어로 실현되는 시대가 온다 할지라도(나는 그 시대 오기를 기다리는 사람의 하나이지마는), 각 민족 고유의 언어가 폐절(廢絶)될 리는 만무한 것이다.

넷째는 우유를 가리켜 "액체의 사람이라"고 한 물질주의적 의학자도 있으며, 또 "사람은 기계이다" 한 극단적 물질주의 철학자도 있었지마는, 우리의 생각에는 아무리 물질적 분배가 질량 양면으로 공평하게 되었다 가정할지라도, 그로 인하여 각 민족의 심리와 특질에 차이가 없어질 줄을 믿지 못하겠다.

마지막에, 각 민족의 과거의 역사는 결코 다만 의식 쟁탈의 물질적 역사뿐이 아니요, 정신적 역사가 그 중요한 부분이 되나니, 이제 비록 물질 평등의 사회가 실현된다고 그만 과거의 장구한 역사적 배경 전체가 아무 힘없이 그만 사라져 버리겠느냐 하면, 그는 도저히 그렇지 아니하리라 생각한다. 인류사회에 각개 민족이 과거의 역사가 서로 다름과 같이 장래의 역사도 또한 서로 다름이 있지 아니할가?

　요컨대, 민족의 존재의 의의와 가치를 부인하는 이른바 세계주의는 물질을 과중(過重)하는 결과, 분배, 공평, 인류평등의 평등을 글자대로 마구 삼키어서, 미래의 사회에서는 인류의 사이에는 호말(毫末)의 차이를 인정할 수 없어야만 한다는 몽상과 취심(醉心)에 불과한 것이다. 우리는 그와 같지 아니하며, 인류평등의 대의를 중시 긍정하는 동시에, 민족이란 차별적 존재의 의의와 가치를 부인하려고 아니한다. 또 물질적 분배의 공정이 금후 인류사회에 중대한 현안임을 인정하는 동시에, 그것이 반드시 민족이란 차별적 존재의 배제가 아님을 믿는 바이다. 평등의 가운데에 차별이 있으며, 차별의 가운데에 평등이 있는 것이 인류사회의 영원상이 아닐가? 우리 속담에 "한날 한시에 난 손가락도 길고 짧은 것이 있다" 하며, 또 "한 어버이의 자식도 제각기 다르다" 하니, 그 "한날 한시"와 "한 어버이의 자식"은 평등의 일면이요, "길고 짧은 것이 있다"와 "제각기 다르다"는 차별의 일면을 말함이 아닐가? 이 평등 즉 차별, 차별 즉 평등의 영원상을 주찰(周察)하지 못하고, 한갓 그 일면만을 가지고 절대의 진리같이 과장하는 것은 필내(畢乃) 반동사상의 상태로, 곡(曲)을 바꾸어서 직(直)에 지남임을 면하지 못한다 하노라. 만약 우리 인류가 철두철미로 평등의 일면뿐이요, 호말도 차별의 타 일면을 갖추지 아니하였다 하면, 이는 마치 특성 없는 사립(砂粒)의 적포(積布)인 망망한 사막과 같아서, 전연히 인간 개성의 의의와 가치를 잃이 비릴 터이니, 이와 같음이 괴언 우리 인류시회에 바라고 싶은 일인가? 우리는 그러한 가정만 하여 보아도, 가슴에서 솟아나오는 염오(厭惡)의 구토를 금하지 못하겠도다. 통일의 속에 다양이 있으며, 평등의 앞에 차별이 있어, 제각기의 특이한 성능을 가지고, 그의 속한 통일과 평등의 변화 무진(無盡)의 흥미와 내용을 부여하는 것이 가장 바라고 싶은 일이 아닌가?

　그러면, 이른바 우리 한국 사람의 민족적 이상이란 것은 무엇이냐? 나는 이제 이것을 논술할 단계에 도달하였도다. 민족적 이상이란 것은 민족 전체가 가진 어떠한 동일한 대이상(大理想)을 뜻함이니, 물론 개개의 인이다 제각기의 개성을 따라 독특한 이상을 가질 것이다. 그러나 그 각 개성

의 특이한 이상은 결국에는 민족 전체의 대이상 속에 포함되어 융회(融會)
할 것이다. 비(譬)컨대, 각개 분자의 특이한 이상은 지류·소천(小川)과 같
고, 민족 전체의 대이상은 간류(幹流)·대하(大河)와 같도다. 그 허다한 지
류 중에는 혹 초근(草根) 밑으로 졸졸 새는 것도 있을 것이요, 혹 바위 틈
에서 맑게 솟는 것도 있을 것이요, 혹은 단애(斷崖)에 떨어져 만장(萬丈)의
비폭(飛瀑)을 이루고, 혹은 평야를 관(貫)하여 투이(透迤)한 청천(淸川)을
이루며, 또 동에서 서로 흘러오는 자와 서에서 동으로 흘러오는 자, 맑은
것과 흐린 것, 큰 것과 작은 것 등의 천태만상이 있을 것이다. 그러나 종말
에는 그 천종(千種)이 융회하고, 만태가 혼합하여 양양한 일 대하를 이루
어서, 곤곤(滾滾)히 대원(大原)을 달아날새, 혹 나룻배를 띄우기도 하다가
최후에 드디어 대해에 대나니, 이것이 마치 각 개인의 천차만이의 이상이
혼일 융회하여, 일 민족적 대이상이 되고, 민족적 대이상은 또 드디어 고원
한 인류적 이상이란 왕양(汪洋)한 대해가 되는 것과 다름이 없도다.

　이는 우리 민족적 형식이다. 그러면 다음에 우리 민족적 이상의 내용은
과연 무엇인가? 가로되, 한국 민족의 고유한 특질과 특장을 자유로 충분히
발휘하여, 항상 부단의 창조와 불휴의 개조로써, 인류의 영원한 진보와 문
화의 항구한 발달에 기여 보비(補裨)하여, 세계 진화의 기운에 참여하는
것이 곧 우리 한국의 민족적 이상이라 하노라. 아니, 이로써 우리의 민족적
이상으로 수립하기를 여성(勵聲) 제창하는 바이다.

　세계의 민족을 이룬 자 심히 많도다. 그러나 라틴족에는 라틴어의 특질
과 특징이 있고, 튜튼족에는 튜튼족의 특질과 특징이 있으며, 한족(漢族)에
는 한족의 특질과 특징이 있고, 배달족에는 배달족의 특질과 특징이 있나
니, 이는 그 연면(連綿)한 혈통적 유전과 환경의 자연적 영향(즉 기후풍토)
과 구원(久遠)한 역사적 훈련의 소사(所賜)인즉, 갑민족의 특질과 특장으
로써 을민족의 그것에 대용(代用)하지 못할 것이니, 이것이 곧 각 민족의
독특한 의의와 가치를 표함이다. 물론 우리도 인류의 공통성이 있음을 인
(認)한다. 그러나 동시에 각개 민족의 특이성이 있음을 또한 확인한다. 그
러한즉 각개의 민족은 제각기의 특유한 천품을 자유로 발휘하여, 인류의

번영, 문화의 진보란 공통적 대이상의 완성(물론 이 이상의 완성은 영원히 우리 사람의 앞에 있을 것이지마는)에 노력하는 것이 곧 각 민족의 이상이요, 동시에 전 인류의 대이상이다. 금후에도 민족주의란 것이 있다 하면, 이런 것이 진정한 민족주의일 것이다. 이름이 필요하다면, 이를 '신문화적 민족주의'라 할까. 구시대의 민족주의를 호상 쟁탈의 민족주의라 하면, 이 신문화적 민족주의는 상호협조의 민족주의라 할 것이다. 전자가 인류의 사회적 진화의 일 계단에서 그 일시적 임무를 수행하고서 인제 그 활동의 마당을 퇴거(退去)할 황혼에 있음에 대하여, 후자는 인류진화의 최고 계급에서 그 영원한 임무를 연행(演行)하고자 방제 새 단장으로써 새 무대에 출현하는 여명(黎明)에 있는 것이다.

아아! 나의 끝없이 사랑하는 한국 민족아, 살려는 뜻을 떨쳐 일으킨 한국 청년아! 제군이 이미 살리는 뜻을 떨쳐 지었거든, 모름지기 앞으로 살아나갈 이상을 세우라. 이상은 청년의 생명이다. 이상이 있는 데에라야 원대한 희망과 소연(昭然)한 광명이 있으며, 이상이 있는 데에라야 종국의 성공과 최대의 환락이 있는 것이다. 우리 2천 3백만 동포의 개개 분자가 제각기 다 자기의 적은 일생을 가장 의의있게 보내기 위하여, 귀중한 인생의 가치를 가장 크게 발휘하기 위하여, 자기의 재능과 심성에 가장 맞다고 생각하는 고원한 이상을 방촌(方寸) 심중에 깊이 품고, 홍의(弘毅) 불굴의 태도와 정제(整齊) 불란(不亂)의 보무(步武)로써 모든 유혹을 배제하고, 모든 곤란을 인내하여, 일심 직성(直誠)으로 그 이상(理想)의 실현에 노력하라. 그리하면 제군 앞에 반드시 승리와 성공이 오는 대경대법(大經大法)이 있음을 실험하리라. 그리고 자기 일개의 이상이 문득 곧 민족적 대이상 내지 인류적 대이상의 구성에 참여함을 자각하라. 그리하면 적은 자아의 확대를 감(感)할 것이요, 따라서 자기 이상의 최고 가치와 자기 노력의 원대한 의의를 감득(感得)하리라.

퇴(退)하여, 가만히 세계 진운의 기추(機樞)를 맹찰(猛察)하매, 구래의 문명이 막다른 골목에 들어선지라, 이 막다른 장벽을 헤치고 경일층(更一層)의 인문(人文) 진보를 수성(遂成)하려면, 모름지기 방향의 전환과 국면의 일신을 요하는도다. 이 세계 진운에 순응하여 영원한 인류의 복지와 항구한 문화의 발달에 기여 보성(補成)할 민족적 이상을 확립하고, 결연히 작(作)하며, 매연(邁然)히 진(進)할 것 같으면, 우리의 민족적 갱생을 가히 기필(期必)하리로다.

한국 민족아! 제군에게 오늘만큼 위험한 시기(時機)가 없으며, 또 오늘만큼 희망 많은 시기가 없음을 달관(達觀)할지어다. 제군이 만약 오늘의 고통과 비애가 들어찬 현실에 굴복하여 실신낙담하여, 생활의 의지와 노력의 용기를 포기하고 말 것 같으면, 제군의 앞에는 다만 억만 길의 나락이 있을 뿐이다. 그렇지 않고, 다행히 제군이 만약 현실의 고통을 대수롭게 여기지 않고 늠연(凜然)히 이를 초월하여, 고원한 민족적 이상의 기치를 확립하고 용왕(勇往) 매진할진대, 제군의 앞에는 미증유의 광영과 행복이 올 것이다. 제군아, 생기를 진작하라. 분투의 활로가 개통할 것이다. 제군아, 이상을 수립하라. 달성의 광명이 내조(來照)할 것이다.

(최현배, 『조선민족 갱생의 도』)

Ⅲ. 내가 원하는 나라

김 구(1876~1949)

나는 우리 나라가 세계에서 가장 아름다운 나라가 되기를 원한다. 가장 부강한 나라가 되기를 원하는 것은 아니다. 내가 남의 침략에 가슴이 아팠으니, 내 나라가 남을 침략하는 것은 원치 아니한다. 우리의 부력(富力)은 우리의 생활을 풍족히 할 만하고, 우리의 강력(强力)은 남의 침략을 막을 만하면 족하다. 오직 한없이 가지고 싶은 것은 높은 문화의 힘이다. 문화의 힘은 우리 자신을 행복하게 하고, 나아가서 남에게 행복을 주겠기 때문이다. 자연과학의 힘은 아무리 많아도 좋으나, 인류 전체로 보면 현재의 자연과학만 가지고도 편안히 살아 가기에 넉넉하다.

인류가 현재에 불행한 근본 이유는 인의(仁義)가 부족하고, 자비가 부족하고, 사랑이 부족하기 때문이다. 이 마음만 발달이 되면 현재의 물질력으로 20억이 다 편안히 살아갈 수 있을 것이다. 인류의 이 정신을 배양하는 것은 오직 문화이다. 나는 우리 나라가 남의 것을 모방하는 나라가 되지 말고, 이러한 높고 새로운 문화의 근원이 되고, 목표가 되고, 모범이 되기를 원한다. 그래서 진정한 세계의 평화가 우리 나라에서, 우리 나라로 말미암아서 세계에 실현되기를 원한다.

홍익인간(弘益人間)이라는 우리 국조(國祖) 단군의 이상이 이것이라고 믿는다. 또 우리 민족의 재주와 정신과 과거의 단련이 이 사명을 달하기에 넉넉하고, 국토의 위치와 기타의 지리적 요건이 그러하며, 또 1차 2차 세계 대전을 치른 인류의 요구가 그러하며, 이러한 시대에 새로 나라를 고쳐 세우는 우리의 서 있는 위치가 그러하다고 믿는다. 우리 민족이 주연배우로 세계의 무대에 등장할 날이 눈앞에 보이지 아니하는가. 이 일을 하기 위하여 우리가 할 일은 사상의 자유를 확보하는 정치양식의 건립과 국민교육의 완비다. 내가 위에서 자유의 나라를 강조하고, 교육의 중요성을 말한 것이 이 때문이다. 최고 문화 건설의 사명을 달한 민족은 일언이폐지하면, 모두 성인(聖人)을 만드는 데 있다. 대한(大韓) 사람이라면 간 데마다 신용을 받고 대접을 받아야 한다.

우리의 적이 우리를 누르고 있을 때에는 미워하고 분해하는 살벌·투쟁의 정신을 길렀었거니와, 적은 이미 물러갔으니 우리는 증오의 투쟁을 버리고 화합의 건설을 일삼을 때다. 집안이 불화하면 망하고, 나라 안이 갈려서 싸우면 망한다. 우리 국토 안에는 언제나 춘풍(春風)이 태탕(駘蕩)하여야 한다. 이것은 우리 국민 각자가 한번 마음을 고쳐먹음으로써 되고, 그러한 정신의 교육으로 영속될 것이다. 최고 문화로 인류의 모범이 되기로 사명을 삼는 우리 민족의 객원(客員)은 이기적 개인주의자여서는 안 된다. 우리는 개인의 자유를 극도로 주장하되, 그것은 저 짐승들같이 저마다 제 배를 채우기에 쓰는 자유가 아니요, 제 가족을, 제 이웃을, 제 국민을 잘 살게 하기에 쓰이는 자유다. 공원의 꽃을 꺾는 자유가 아니라 공원의 꽃을 심는 자유다. 우리는 남의 것을 빼앗거나 남의 덕을 입으려는 사람들이 아니라, 가족에게, 이웃에게, 동포에게 주는 것으로 낙을 삼는 사람이다. 우리 말에 이른바 선비요 점잖은 사람이다. 그러므로 우리는 게으르지 아니하고 부지런하다. 사랑하는 처자를 가진 가장은 부지런할 수밖에 없다. 한없이 주기 위함이다. 힘드는 일은 내가 앞서하니 사랑하는 동포를 아낌이요, 즐거운 것은 남에게 권하니 사랑하는 자를 위하기 때문이다. 우리 조상네가 좋아하던 인후지덕(仁厚之德)이란 것이다.

이러함으로써 우리 나라의 산에는 삼림이 무성하고 들에는 오곡백과가 풍성하며, 촌락과 도시는 깨끗하고 풍성하고 화평한 것이다. 그리하여 우리 동포, 즉 대한 사람은 남자나 여자나 얼굴에는 항상 화기가 있고 몸에서는 덕의 향기를 발할 것이다. 이러한 나라는 불행하려 하여도 불행할 수 없고, 망하려 하여도 망할 수 없는 것이다. 민족의 행복은 결코 계급투쟁에서 오는 것도 아니요, 개인의 행복이 이기심에서 오는 것도 아니다. 계급투쟁은 끝없는 계급투쟁을 낳아서 국토의 피가 마를 날이 없고, 내가 이기심으로 남을 해하면 천하가 이기심으로 나를 해할 것이니, 이것은 조금 얻고 많이 빼앗기는 법이다. 일본의 이번 당한 보복은 국제적·민족적으로도 그러함을 증명하는 가장 좋은 실례다. 이상에 말한 것은 내가 바라는 새 나라의 용모의 일단을 그린 것이거니와,

동포 여러분! 이러한 나라가 될진대 얼마나 좋겠는가. 우리네 자손을 이러한 나라에 남기고 가면 얼마나 만족하겠는가. 옛날 한토(漢土)의 기자(箕子)가 우리 나라를 사모하여 왔고, 공자(孔子)께서도 우리 민족이 사는 데 오고 싶다고 하셨으며, 우리 민족을 인(仁)을 좋아하는 민족이라 하였으니 옛날에도 그러하였거니와, 앞으로는 세계 인류가 모두 우리 민족의 문화를 이렇게 사모하도록 하지 아니하려는가. 나는 우리의 힘으로, 특히 교육의 힘으로 반드시 이 일이 이루어질 것을 믿는다. 우리 나라의 젊은 남녀가 다 이 마음을 가질진대 아니 이루어지고 어찌하랴!

나도 일찍이 황해도에서 교육에 종사하였거니와 내가 교육에서 바라던 것이 이것이었다. 내 나이 70이 넘었으니, 직접 국민교육에 종사할 시일이 넉넉지 못하거니와, 나는 천하의 교육자와 남녀 학도들이 한번 크게 마음을 고쳐먹기를 빌지 아니할 수 없다.

(도진순 주해, 『백범일지』)

Ⅳ. 현대문명의 활로

한 기 식

진리가 사람을 위대하게 만드는 것이 아니라 사람이 진리를 위대하게 만드는 것이다. (공자)

사회생활을 하는 데 있어서 아무도 절대적 권리나 무한한 자유를 향수할 수 없으며 따라서 지식에 대한 인간의 권리나 그의 이용도 남천(濫川)되어서는 안 된다는 것은 의심의 여지가 없는 일이다. 그런데 근대인은 자유의 억제를 말하면 곧 신경이 과민해져서 그것을 무조건으로 죄악이라고 생각하는 경향이 있다. 물론 외부적 폭력에 의한 자유의 억압은 죄악일 것이다. 그러나 무릇 "만사에는 한도가 있어야 하는 법이다." 이제부터 자유의 제한의 시비를 간단히 고찰해 보고 자유행사의 원칙을 구명하여 보기로 하자.

어떤 사람이 아무리 열렬한 자유의 신봉자라고 할지라도 그들의 자유스러운 정부를 전복하려는 공산주의자나 파시스트의 자유는 그들의 신앙을 배반하는 한이 있더라도(물론 그러하기 전에 그 행동에 구실을 붙여서 합리화하는 것이지만) 허용하지는 않을 것이다. 또 어린아이들이 그들은 모든 것을 알 천부적(天賦的) 권리가 있으며 그들이 원한다면 성(性)의 비밀까지도 알 권리가 있다고 주장할 때에 우리들은 찬성하지 않을 것이 아닌가?

또 어떤 허무주의적인 과학자가 전 세계를 순간에 파괴시킬 수 있는 무서운 기계장치를 발명하고 그것을 한번 시험해 보겠다고 한다면 우리는 과학자의 기본적 권리이고 그를 억압하는 것은 과학의 발달을 저해하는 것이라 하고 간과할려고 할 것인가? 물론 어떤 사람들은 이러한 자유의 제한에 여러 가지로 교묘한 이유를 붙일 수 있을 것이다. 그러나 일본 군국주의에는 충군애국(忠君愛國)이라는, 나치스 독일에는 우수민족이라는, 소련에는 무산계급이라는, 그리고 중세의 승려에게는 신의(神意)라는 인권탄압의 버젓한 이유가 있었다는 것을 알아야 한다. 성서에 의하면 지식은 인간에게 금단의 과실이었다. 혹시 우리의 조상이라는 아담과 이브가 그 금단의 과실을 따먹지 아니했던들 인류는 이처럼 번잡한 세상의 고(苦)를 모르고 아직껏 에덴 동산에 살고 있었을는지도 모를 일이 아닌가? 요는 인간의 자유에는 제한이 없을 수 없다는 것이고 자유의 제한이 불가피하다면 어떠한 원칙에 의하여 제한될 것인가. 환언하여 인간의 자유는 어떠한 원칙에 의해서 행사할 것인가 하는 문제에 귀착하는 것이다.

근대 과학문명은 인류 생활에 적지 않은 불행과 비극을 재래(齎來)하였다. 인간의 지식은 인생의 선(善)과 진(眞)과 미(美)를 밝혀 주어야 할 것이었으나 근세 이래로 지식의 빛은 인간성의 추악성과 신앙의 허망(虛妄)을 폭로하여 근대인을 암흑과 허무의 나락으로 빠뜨리고 말았을 뿐이었다. 또 인간의 지식은 자연과 사회의 해악을 배제하여 인류 생활의 안녕과 행복을 증진시키는 무기로서만 사용되어야 할 것이었으나 우리의 현실은 정반대라고 말해도 무관할 정도이다. 이것은 모두 인간의 지식이 비도덕적인 목적을 위하여 남용된 때문이 아니었을까? 사실상 근대인은 그들이 쟁취한 지식과 그 이용의 권리를 이기주의와 물질주의의 근본원칙에 의해서 행사하여 왔던 것이다. '이기와 물질적 부' 이것만이 대부분의 근대인의 최고 우상이었기 때문이다.

그러면 장차에 있어서 지식에 대한 권리와 자유를 행사할 기본원칙은 무엇이어야 하는가? 지식과 그 자유로운 이용에 관한 인간의 권리는 어떠한 원칙에 의해서 행사할 것인가 하는 문제는 인생관의 문제이며 그 인생관은 문화발달의 기본원칙, 즉 방향을 설정하게 된다. 따라서 그 문제는 장래의 인류문화의 발전은 어떠한 기본원칙 위에 서게 될 것인가 하는 문제로 나아가며, 현대문명의 위기가 어떻게 극복되는가 하는 문제도 그에 포함되는 것이다. 그리고 이 문제의 해결이야말로 우리에게 부하된 위대한 역사적인 과업이라고 생각하여 이제부터 그 해답을 모색하고 연구해 보고자 한다. 인간지식에 대한 지나친 신뢰가 위험할 것임은 이미 증명되었다. 인간의 지성에는 한계가 있으며 인간의 지식은 영원히 불완전한 것이다. 사람은 좋은 사람이 되거나 또는 행복한 사람이 되기 위해서 아인슈타인의 '상대성 원리'나 칸트의 '실천이성 비판'을 반드시 공부해야 한다는 법은 없을 것이다. 파우스트 박사는 노래하지 않았던가. "나는 철학도 법학도 약학도 그 위에 신학까지도 공부하였으나 그 보람도 없이 나는 조금도 현명해지지 않았다. 석사, 박사가 다 나의 학위요 십 년이나 박식한 강의를 하고 제자를 가르쳐 왔으나 무엇을 하나 무식이 나의 숙명이고나" 하고.

우리는 낭만주의에도 고전주의에도 귀의할 수 없으니 그것은 낭만주의가 비록 아름답다 할지라도 너무나 불완전하며 고전주의도 그 완결미가 장관이라 하지만 거기에는 생명이 없기 때문이다. 또 나는 건전한 정신을 가진 사람이면 예외없이 모든 근세의 비합리주의적 철학사상을 신봉할 수 없을 것이며 더군다나 퇴폐적인 세기말적 염세철학이나 최근 유행한 실존주의 사상에 대해서는 치열한 혐오와 적의를 느낄 것이라고 믿고 있다. 싸르트르는 존재에 대해서 구토(嘔吐)를 느꼈다고 하니 나는 그 작품을 읽으면서 구토를 느끼지 않을 수 없었다. 오랜 사상적 편력과 모색 끝에 현대의 위기를 극복하고 신세대의 문화발전의 원동력이 될 최고원칙을 나는 결국 인간존엄성에서 발견하였던 것이다. 이것이 결코 내 개인의 새로운 발견이 아님은 새삼스러이 여기서 말할 필요도 없을 것이다. 그것은 인간의 존엄이야말로 인류의 모든 이상과 도덕과 가치의 근원이었으며 동시에 궁극적 목적이었기 때문이다.

인간의 역사는 인간이 그의 존엄을 자각하고 실현하는 투쟁 과정이다. 이 사상은 역사상 기독교에 의해서 처음으로 강력하게 서양에 선명(宣明)되었다. 그리하여 인류의 역사가 예수의 탄생을 기원 1년으로 하여 기원전과 기원후로 갈리는 것이다. 엄격한 의미에서 말한다면 기원전 세계에는 인간존엄의 관념은 없었다. 고대사회에 있어서는 강자와 약자, 다시 말하면 정복자와 피정복자 사이에는 도저히 넘을 수 없는 엄준(嚴峻)한 차별이 있었던 것이다. 가장 근원적인 인간존엄성의 관념은 구약성서의 창세기에서 볼 수가 있으니 그 근본개념을 음미하기 위하여 그 동절(同節)을 인용해 보고자 한다. 세계 창업의 제6일,

> 하나님이 가라사대 우리의 현상을 따라 우리의 모양대로 우리가 사람을 만들고 그로 바다의 고기와 공중의 새와 육축과 온 땅에 기는 모든 것을 다스리게 하라 하시고 하나님이 자기 형상대로 사람을 창조하시되 남자와 여자를 창조하시고 하나님이 그들에게 복을 주시며 그들에게 이르시대 생육하고 번창하여 땅에 충만하라 땅을 정복하라 …… 내가 온 지면의 씨 맺는 모든 채소와 씨 가진 열매 맺는 모든 나무를 너희에게 주노니 너희 식물이 되리라 …… 하나님이 그 지으신 모든 것을 보시니 심히 좋았더라.

하나님에 대한 존경과 사랑은 그 피조물에 대한 존경이 사랑으로 되며 하나님 앞에 인류는 모두 동포며 형제라는 의식이 생기게 된 것이니 이 얼마나 고마운 복음이냐!

영원히 번영하리라고 믿었던 고대 로마제국이 붕괴할 적에 서구사회를 멸망에서 건져 낸 것은 기독교 사상이었다. 예수 크리스트가 신약의 복음을 전포한 이후 우리 인류의 역사는 의미를 갖게 되고 인간의 존엄의 실현을 위하여 전진하여 왔으며 하나님의 인식은 앞으로도 계속적으로 발전할 것이다.

그러나 중세기에 있어서는 일반적인 무지와 몽매로 인하여 지식에 대한 권리라던가 양심의 자유는 인민들에 의하여 의식되지도 않았고 따라서 발전되지도 아니하였다. 그리하여 당시의 승려들은 고난과 비탄에 시달려서 어찌할 줄을 모르는 몽매한 인민들에게 "사람은 모두 죄인이며 속죄를 위하여 살고 있는 것이다. 그러므로 사람들은 결코 세속적인 행복을 바랄 것이 아니며 오로지 신의 대행기관인 승려와 교회의 분부에 무조건 복종하는 것이 천국에 들어가서 영생(永生)을 얻는 길이다"라는 편협한 사상을 주입시켰던 것이다. 이러한 중세 종교의 편파적이고 독단적인 교리가 인민

의 지식에 대한 권리와 그 자유로운 이용을 억누르고 중세기는 암흑시대로서 남아 있게 된 것이었다.

근세 초기부터 인민들은 차차 그들 자신의 가치와 존엄성을 자각하고 자유를 위해서 의식목적적으로 압제자들과 투쟁하기 시작하였다. 존 듀이 박사도 "현대의 민주정치는 인간존엄의 원칙을 실현하려는 정치적 노력이다"라고 말하였다. 그러나 내가 전장(前章)에서 논급한 바와 같이 현대적 무신론과 도덕적 타락으로 인하여 근대의 이상, 즉 대중의 투쟁한 목표는 금일에 이르도록 실현되지 못하였으며 민주주의는 현재에 있어서 공산주의에 도전에 의하여 역사상 가장 중대한 시련을 받고 있는 것이다.

자, 우리는 인류역사의 목표가 무엇인가를 명백히 하였고 또 민주주의가 인간존엄성과 자유에 대한 종교적인 신앙에 입각한 것이며 따라서 앞으로는 인간존엄의 원칙 위에서 발전될 것이라 함을 이해하였다. 그리고 공산주의의 본질을 더 명백히 간파하게 되었고 장차 우리의 새로운 문명이 어떠한 것인가를 투시할 수 있게 된 것이다. 나는 우리의 새로운 문명이 건전한 문화적 전통과 역사적 발전 위에 선 하나의 이상주의적이고 인도주의적인 문명일 것이라고 추측한다. 이상주의는 인류문화 발전을 신뢰하는 것이되 그 발전의 개념이 유물변증법적인, 즉 자연과학적 필요성을 갖는 발전과 상위(相違)하여 대중의 자유의식의 발전을 의미하는 것이다. 또 그 인도주의는 신의 권위에 반역한 근대적 휴머니즘과는 본질적으로 다른 종교적 열정이 넘쳐나는 휴머니즘, 환언하면 '충족적 휴머니즘(Humanism Integral)'인 것이다. 따라서 지식에 대한 권리와 그 이용에 남용되지도 않을 것이며 또 폭력으로써 억압되지도 않을 것이며 진정한 각자의 도덕적 자각의식에 의하여 절제 있게 행사될 것이다.

작년 공산주의의 총원수인 스탈린이 사거(死去)했을 때 미국의 국무장관 존 포스터 덜레스 씨는 "이 날을 기하여 스탈린 시대는 끝나고 아이젠하워의 시대는 시작한 것이다"라고 선언하였다. 덜레스 씨의 이 짧은 말이 나에게 깊은 인상을 주었다. 내가 보는 바에 의하면 미국은 하나의 새로운 세계이다. 물론 아직도 낡은 요소가 굉장히 많이 남아 있는 것이 사실이지만 그래도 최근 새로운 요소가 점차로 유세(有勢)해지고 전 세계에게 영향을 주고 있기 때문이다. 새로운 요소란 말할 것 없이 현대인이 상실한 인간의 존엄성과 자유에 대한 신앙이며 무신론에 도전해서 그 고귀한 원칙을 수호하려는 열렬한 열성이다. 그리하여 타국들이 민주주의에 대한 신앙을 잃고 있는 이 때 인간존엄과 자유에 대한 신앙을 견지하고 있는 것이다. 어떤 사람들은 미국이 가장 낡은 자본주의 국가이기 때문이라고 할는지 모른다. 미국은 사실에 있어서 자본주의 국가임에 틀림이 없으나 공산주의자들이 정의하는 바와 같이 소수의 금융독점자본가들이 노동자들을 무자비하게 착취하여 대다수의 대중들이 극도의 비참과 궁핍에 허덕이는 그런 묵은 범주에 속하는 자본주의 국가가 아니라는 점을 고려하여야 하는 것이다. 어떤 사람들은 미국은 재즈와 달러의 나라이고 과학문명의 절정에 있는 물질주의자들의 낙원이라고 생각할는지 모르나 이처럼 피상적인 관찰은 또 없는 것이다. 그 사람들은 독재국가가 아닌 민주국가에서 아이젠하워 대통령과 덜레스 국무장관의 내외정책이 철두철미 기독교 원칙에 입각하고 있다는 사실을 알아야 한다. 지금은 미국이 인류사 상에 차지하는 지위를 논할 때가 아니므로 더 상세한 구체적인 주석은 하지 않으려 한다. 그러나 나로 하여금 미국이 현재에 있어서 낡은 문명과 새로운 문명이 교차하는 매개지요 또 무너져 가는 낡은 세계와 새로 일어나고 있는 신세계의 교량이라고 논단함을 용인해 주기를 바란다. 이러한 관점에서 우리는 콜롬비아 대학교가 그의 제200주년 창립기념일을 기해서 전 세계에게 제출한 논제인 '지식과 그 자유로운 이용에 관한 인간의 권리'를 가장 의의 깊게 또 가장 명료하게 이해할 수가 있는 것이다. 그것은 이 논제가 현대의 암흑을 비춰서 현대인에게 새로운 생명의 길을 밝혀줄 창문과 같은 것이기 때문이다.

 아이젠하워 대통령의 취임식 연설은 이상에 진술해 온 나의 모든 신념을 굳게 하여 주었다. 처음으로 그의 취임연설을 들었을 때에 나는 나와 똑같은 생각을 갖는 사람이 오늘날 전 세계를 영도하는 미국의 대통령이 된 것을 알고 대단히 유쾌하게 생각하였다. 그의 취임연설은 공산주의의 도전에 대결하는 자유인의 장엄한 선언이며 그러므로 역사적 의의를 갖는 문헌으로서 자유인에 의하여 영원히 보지(保持)될 것으로 믿는다. 현금과 같은 정세 하에 '지식과 그 자유로운 이용에 관한 인간의 권리'를 논해 온 나의 논문에 마지막 영광을 첨가하고자 그 연설의 발췌(拔萃)를 인용하고자 한다.

　폭풍의 시기가 지난 수십 년 동안 지구의 대륙을 진해(震駭)해 왔다. 그것은 미국에게 더 큰 힘과 무거운 책임을 부하시켰다. 선을 행하고 악을 범하는 인간의 능력은 어느 시대의 가장 인란(燐爛)한 희망과 모진 공포를 능가하고 있다. 그는 인간의 생명을 말살하고 힘까지 가져왔다. 이러한 시기에 우리 자유민은 영원한 도덕과 자연법에 의하여 지배되는 인간의 불멸의 존엄성에 대한 신앙을 새로이 선명하지 않으면 아니 된다. 그러나 그것은 신을 모르고 폭력만을 알고 헌신(獻身)을 모르면서 그 사용만을 생각하는 적에 의하여 위협받고 있다. 그들은 사람에게 반역을 교사(敎唆)하고 그들이 무어라고 부인하던 간에 특히 진리를 학대하고 있다. 여기에는 약간 상위하는 철학의 창백한 토론이 아니라 자유가 예속에 대항하여 광명이 암흑을 상대하고 투쟁하고 있는 것이다. 우리의 신앙은 미국과 상호 의존하는 세계의 자유민 전체에 속한다. 생명의 길은 단순한 죽음의 도피가 아닐 것이며 용자(勇者)의 희망이 외로운 자의 안식처에 있는 것도 아닐 것이다. 이것이 우리들 전체의 용감성과 자비와 그리고 전능하신 신에 대한 기도로써 성취되어야 할 우리의 과업이다.

(한기식, 『사상계』 15, 1954)

V. 위대한 전진

박 정 희(1917~1979)

지금 세계 속의 한국은 진정 크나큰 각성과 변혁과 전진이 요구되는 시련기에 처해 있다. 제2차 세계대전이 남기고 간 폐허의 잿더미 위에 번영의 극(極)을 이룩하고, 거치른 사막을 복지사회로 건설한 강인한 민족들의 자랑스러운 모습도 장하려니와, 크고 작은 세계의 모든 나라들은 서로가 앞을 다투어 경제건설에 필사의 노력을 다하고 있는 것이다. 그야말로 현대의 세계는 강렬한 경쟁의식 속에 자유와 번영의 영광된 역사의 피안(彼岸)에 힘써 도달하려는 여러 민족국가들의 몸부림으로 넘쳐 흐르고 있다.

제2차 대전이 휩쓸고 간 폐허의 잿더미 속에서도 눈부신 재기(再起)의 기적을 이룩한 선진 제국의 예는 고사하고라도, 우리와 같이 새로이 나라를 찾은 많은 신생국들이 벌써 국제사회의 각광을 받으면서, 자립을 위한 불굴의 전진을 거듭하는 세계사 필연의 추세를 직시한다면, 우리는 결코 실망할 수 없고 더욱이 안일과 체념에 잠길 수는 없다.

안을 들여다보고 밖을 내다보나, 북쪽을 쳐다보고 동쪽을 돌아보나 그 어디를 보나 안일과 타성은 곧 낙후(落後)와 몰락(沒落)을 가져오고, 굳센 의지와 줄기찬 전진만이 생존과 번영의 담보임을 말해주는 오늘의 이 냉엄한 현실을 우리는 한시라도 잊어서는 안 되겠다.

이제부터의 국제사회란 것은 우리가 하루 동안 우물쭈물하면 1년 뒤떨어진다. 1년 동안 우물쭈물하면 10년 내지 20년 남에게 뒤떨어지는 것이다.

실로 촌음(寸陰)이 아쉬운 중요한 시기다. 오늘 한 시간의 낭비와 지체(遲滯)는 후일 10년의 낙후를 가져올지도 모르며, 오늘의 단합할 줄 아는 지혜는 타일(他日)의 위대한 웅비(雄飛)를 가져올 것이다.

역사는 영원히 흐르고 있는 것이다. 오늘날 지구상에는 잘 사는 나라, 소위 선진국이나 또 중간 위치에 있는 중진국, 그리고 뒤떨어진 후진국가 등 여러 가지 등차(等差)의 국가가 있는데, 문제는 그 국가의 현상이 아니라 그 국가, 그 민족, 그 사회가 지금 전진을 하고 발전을 하고 있느냐, 그렇지 않으면 정지상태에 있느냐, 또는 거꾸로 후퇴를 하고 있느냐, 다시 말해서 그 국가의 장래가 어떻게 되겠느냐, 이것이 보다 중요하다고 나는 생각한다.

앞으로 전진하고 발전하는 국가는 오늘 이 시점에서는 남보다 뒤떨어져 있을지 모르나, 내일 또는 내년, 내후년, 앞으로 10년, 20년 후에는 얼마든지 발전할 수 있는 소지가 있고, 어느 시점에 가서는 오늘날 앞서 있는 사회를 앞질러 나갈 수 있는 희망과 가능성을 간직하고 있는 것이다.

경쟁이 치열한 국제사회에서 만약에 정신 차리지 못하고 우물쭈물해서 자기 갈 바를 올바로 찾지 못하는 국가나 민족은 70년대 말기쯤 가면 아주 뚝 떨어져서 낙오할 경우도 있을 것이고, 그와 반대로 정신을 바짝 차리고 자기들이 나갈 방향을 올바로 설정하고, 국제조류를 잘 타서 지혜롭게 앞길을 개척해 나가는 국가와 민족들은, 70년대 말기쯤 가서는 지금은 예기조차 못하는 새로운 강대국으로서 두각을 나타낼 경우도 있을 것이다.

일찍이 인도의 시성(詩聖) 타고르는 20세기에 있어서의 한국 민족의 입장을 '아시아의 등불'이라고 불렀다.

　일찍이 아시아의 황금시대에
　빛나던 등불의 하나 코리아
　그 등불 다시 켜지는 날

너는 동방의 밝은 등불이 되리라

이 시는 우리 민족의 재기를 예언한 것이다. 근세의 한때 우리 민족이 세계사의 거센 풍운 속에서 한 민족으로서 겨우 잔명(殘命)을 유지하고 있을 때에 한 동방의 시인이 한국을 바라본 눈, 그것은 이 민족이 반드시 재기하여 '아시아의 등불' 구실을 할 것을 예언한 것이었다.

서기 2000년경의 세계와 그 속에서 우리 대한민국이 서 있을 좌표가 어디겠는가 하는 것을 정확하게 예측할 수 있는 사람은 아무도 없을 것이다. 그러나 적어도 그 때의 우리 조국은 국토통일을 이룩한 지 이미 오래 된 강력한 민족국가로서, 온 국민이 다 함께 번영을 구가할 수 있는 풍요한 선진 복지국가로서, 세계사의 주류에 당당히 참여하고 기여해 나가는 보람찬 모습으로 변모해 있어야 할 것이다.

우리의 피와 땀으로 굳게 다진 민족의 자주와 자립, 우리의 슬기와 정열로 이룩될 조국의 번영과 통일, 우리의 예지(叡智)와 의욕으로 꾸며질 역사의 창조와 중흥, 이 얼마나 가슴 설레는 벅찬 보람이며 영광인가?

이 숭고한 이상(理想)을 이 땅에 구현하지 못하고 이 보람찬 사명을 완수하지 못하고서야 어찌 우리가 역사와 전통에 빛나는 위대한 민족으로서의 긍지와 영광을 되찾을 수 있겠는가?

우리는 자신과 긍지를 가지고 우리의 자주적 결단과 주체적 역량의 터전 위에 '개발국 발전의 지표'를 세우고 '분단국 통일의 신화'를 창조하여 안으로는 민족사의 발흥과 밖으로는 세계사의 진운에 이바지해야 하겠다.

분명히 오늘의 시점은 아시아의 동녘에 통일된 한국, 번영된 한국을 건설해 가는 중차대한 갈림길이라고 나는 보고자 한다.

모처럼 형성된 전진의 계기와 중흥의 기운을 발판으로 70년대의 자립과 번영으로 전진하느냐, 그렇지 않으면 쇠잔과 퇴영의 50년대로 후퇴하느냐의 선택의 기로에 지금 우리는 직면하고 있다.

불과 5년에서 10년에 이르는 앞으로의 과도기 동안, 우리들의 결심과 용기와 노력 여하에 따라 근대화의 진전과 민족중흥의 성패는 뚜렷이 판가름될 것으로 믿어 마지않는다. 이것은 정녕 우리들에게 주어진 마지막 기회일 것이다.

이제 우리에게는 다시 한 번 발전과 기회가 찾아왔다. 이 기회는 우리의 피땀과 온 국민의 정성으로 만든 더없이 고귀한, 실로 마지막 기회다.

우리들은 지금 황금보다도 더 소중한 역사적인 시점에 살고 있다. 우리에게 주어진 시간과 모든 기회를 최대한으로 활용할 수 있다면 우리들은 위대한 역사를 창조할 것이다.

그러나 우리가 이 기회마저 놓치고 만다면, 우리에게 자주 자립의 번영된 조국을 건설할 기회는 다시 오지 않을 것이다. 우리의 피땀 흘린 노력은 수포로 돌아가고 말 것이며, 모든 국민은 다시 희망과 용기를 잃게 되고 말 것이다. 우리를 도와주신 우방들도 실망하게 될 것이며, 우리를 노리는 적들은 힘을 배가(倍加)하여 우리를 위협하게 될 것이다.

오늘 여기서는 중단도 후퇴도 지체의 여유도 없다. 방관과 안일, 요행과 기적을 바라며, 공론(空論)과 파쟁(派爭)으로 끝끝내 국가를 쇠잔케 한 곤욕(困辱)의 과거를 되풀이할 수는 없다.

조국 근대화의 거대한 횃불은 이미 타오르기 시작했다. 전진을 위한 정비작업은 이미 끝났다.

　이제 우리의 목표는 더욱 뚜렷해졌고, 우리의 전진 방향은 더욱 확실해졌다. 우리의 이 전진 목표에는 추호의 변동이 있을 수 없다. 이 목표를 향한 우리의 줄기찬 전진은 잠시도 멈출 수가 없다. 만일 이러한 민족의 전진 목표에 혼란을 가져오고, 우리의 자주적 노력을 중단하고 만다면, 우리는 또다시 커다란 불행을 면할 수가 없게 된다는 것을 나는 단언한다.

　혼란없는 안정 속에서 자립경제와 자주국방 건설을 중단없이 추진함으로써 부국강병을 이룩하는 것만이 우리가 잘 살 수 있는 길이고 발전할 수 있는 길이다.

　분명 지금 걷고 있는 길은 멀고 험준하며, 짐은 무겁고 걸음은 조급하다. 그러나 여기 중도에서 길이 험하다고 멈출 수 없고, 짐이 무겁다고 벗을 수는 없다.

　이것은 언제 가더라도 가야 할 길이며, 누가 지더라도 져야 할 짐인 것이다. 우리 모두가 자신과 희망을 가지고 용기와 인내를 발휘하여, 무거운 짐을 기꺼이 짊어지고 험한 길을 웃어 가며 헤쳐 나가자.

　열차가 계곡을 뚫고 준령(峻嶺)을 넘어 평원으로 내닫듯이 오늘의 고난을 극복하여 마침내 70년대의 번영으로 치달을 부푼 희망을 가지고 일해 나가야 한다.

　중단하는 자는 승리하지 못하며, 승리하는 자는 중단하지 않는다.

　우리의 행진에는 주저도 회의(懷疑)도 있을 수 없다. 비록 태산같은 방해가 있을지라도 오직 전진을 위한 극복만이 있을 따름이다. 이것이 우리들의 유일한 신조요, 역사적인 사명이다.

우리의 전진 그것은 바로 민족사의 명령이며, 우리의 승리 그것은 바로 겨레의 행복이요, 조국의 영광이다.

발전하는 민족으로서의 긍지와 자신과 용기를 가지고 일치단결, 전진할 때는 바로 지금이다.

우리 다같이 옷깃을 여미고 생각해 보자. 그것은 과연 누구를 위한 일이며 무엇을 위한 일이겠는가! 그것은 결코 일부 국민만의 부귀영화를 위한 일은 아니지 않는가! 그것은 모든 국민이 함께 잘 살기 위한 공동투쟁의 기록이며, 백 년 낙후한 조국을 백 년 앞선 선진국 대열에 앞장서 나가게 하기 위한 민족의지의 구현인 것이며, 제2차, 제3차 경제개발계획으로 경제자립과 조국 근대화를 완수하여 통일을 성취하자는 우리의 궁극 목표를 향한 위대한 전진인 것이다. 그것은 실로 우리의 후손에게 값진 유산을 남겨 주기 위한 사명의 수행이다.

한 인간의 생애에 있어서나 한 겨레를 통해서, 이 이상 보람 있고 영광된 일이 또 어디 있겠는가!

이제 우리는 경제개발의 토대 위에서 국가발전의 다음 단계에 대한 구상을 가다듬고, 그 전진 방향에 대한 국민적 합의를 서로 다짐할 때가 왔다.

개개인의 역량에는 한계가 있는 것이며, 사회적 결합의 총체적인 힘이 없이는 조국 근대화의 과업을 성취할 수 없다는 너무나 당연한 논리를 나는 강조하지 않을 수 없다.

탁월한 지도자의 정치적 역량이나, 그의 유능한 정부라 할지라도, 국민 대중의 전진적 의욕과 건설적 협조 없이는 국가사회의 안정도 진보도 기대할 수 없는 것이다.

나라 살림을 앉아서 구경하는 방관자가 되지 말고, 여기에 발벗고 뛰어들어 함께 걱정하고, 서로 힘써 나가는 참여자의 긍지를 가지고 주인의 책임과 사명을 다하는 데서 보람을 찾는 국민이 될 것을 당부한다.

이미 조국 근대화의 길에 올라선 우리는 여기 중도에서 멈추거나 주저앉을 수가 없다. 다 같이 함께 나선 이 길에서 누구만이 걸음을 재촉하고, 누구만이 지체할 수는 없는 것이다.

우리 모두 함께 나선 이 근대화의 대열에서, 한 사람도 낙오되지 않고 또 촌각(寸刻)도 중단함이 없이 인내와 용기로써 위대한 전진을 거듭해야 한다.

이제 우리가 복지사회의 관문(關門)에 들어서는 날도 얼마 남지 않았다. 중흥의 위업을 우리의 후손들에게 물려줄 영광스러운 새 역사를 눈앞에 두고 있다. 우리 모두가 이 역사적 전진에 참여한 보람과 긍지를 가지고 생산과 건설에 매진해 나가자.

민족사의 전진을 가로막는 먹구름이 어떠한 풍파와 격랑을 일으킨다 하더라도, 그것은 대양에 나선 개척선(開拓船)이라면 응당 싸오해야 할 역사필연(歷史必然)의 장애인 것이며, 온 국민이 공동운명의 연대의식(連帶意識)을 가지고 인내와 용기로 이를 극복하고 힘차게 전진해 나간다면, 우리 앞에는 반드시 자유와 번영이 충만하는 영광된 조국이 전개될 것이며, 우리의 숙원인 국토통일의 날도 그만큼 단축될 수 있다고 나는 확신한다.

(심융택, 『자립에의 의지』)

VI. 이 아침에도 설레임을 안고

정 주 영

이번 하계 수련대회에 참석하기 위해 강릉까지 오면서 나는 대한민국에 태어난 것을 다시 한번 행복하게 생각했습니다. 우리 나라는 사계절이 뚜렷하기 때문에 나는 한없는 희열을 느끼며 삽니다. 여름은 여름대로 좋고, 겨울은 겨울대로 좋습니다. 계절이 바뀔 때마다 느끼는 그 환희와 기쁨은 이루 다 말로 표현할 수 없습니다. 게다가 또 건강한 신체까지 부모님으로부터 물려받아서 아무 불편 없이 일을 하고, 그러면서 가정을 위하고 사회를 위해서 조금이라도 보탬이 되려고 노력하고 있기 때문에 나는 항상 무한한 행복감을 느끼며 살아갑니다.

나는 어렸을 때부터 어떤 처지에 있던지 간에 내 자신이 처한 환경에 대해 불행하다고 느껴본 적은 한 번도 없습니다. 항상 그때 그때 나름대로 만족하고 행복하게 느끼며 살아왔습니다. 과거 여러분과 같은 청년 시절에 나는 학식에 있어서나 물질적 풍요에 있어서나 여러분보다 훨씬 어려운 처지에 있었습니다. 그러나 어려운 환경에 있었다고 해서 불평을 하거나 불행하다고 생각하거나, 인생은 고해라는 식으로 생각해 본 적은 한 번도 없습니다.

내가 열두어 살 적에 아버지는 나를 훌륭한 농군으로 만들기 위해 여름 방학만 되면 나를 그 뜨거운 논밭으로 데리고 나가 일을 시켰습니다. 논밭에 나가면 아무리 덥거나 허리가 아파도 엎드려서 일을 해야 했습니다. 서서 있게 되면 일이 되지 않는 것입니다. 그래서 엎드려서 뜨거운 햇볕을 참아 가며 일을 배웠습니다. 그렇게 일하면서도 나는 항상 즐겁게 생각했습니다. 왜냐하면 아주 피곤하게 일을 하고 나면 잠을 달게 잘 수 있으니까 그것이 즐겁고, 많은 일을 하다 보면 배가 고프니까 밥맛이 있어서 좋고, 긴 시간을 태양 밑에서 일을 하다 그늘로 내려서면 서늘한 바람이 불어 오니까 극락 같은 행복감을 느낄 수 있었던 것입니다. 나의 지난날을 돌아보면 생활도 어려웠고 힘든 일도 많았지만 그러나 나는 매일매일을 희열과 흥분 속에서 살아왔습니다. 그리고 오늘날까지도 궂은 일이면 궂은 일대로 그것을 극복하는 즐거움, 좋은 일이면 좋은 일대로 그것을 즐기는 마음으로 살아오고 있습니다.

1. 할 일이 즐거워 일찍 일어나

나는 젊었을 적부터 새벽 일찍 일어났습니다. 왜 일찍 일어나느냐 하면 그 날 할 일이 즐거워서 기대와 흥분으로 마음이 설레이기 때문입니다. 아침에 일어날 때의 기분은 소학교 때 소풍가는 날 아침 가슴이 설레는 것과 꼭 같습니다. 또 밤에는 항상 숙면할 준비를 갖추고 잠자리에 듭니다. 날이 밝을 때 일을 즐겁고 힘차게 해치워야겠다고 생각하는 것입니다. 내가 이렇게 행복감을 느끼면서 살 수 있는 것은 이 세상을 아름답고 밝게, 희망적으로, 긍정적으로 보기 때문에 가능한 것입니다. 똑같은 위치에서 똑같은 사물을 바라보면서도 어떤 사람은 골치 아프게 생각하고 어떤 사람은 기쁘게 생각합니다. 세상을 부정적으로 바라보는 사람은 태양 밑에서 일할 때의 고통만 생각하지 그늘 밑에서 바람을 쐴 때의 그 행복감은 생각하지 않습니다. 우리 나라와 같이 춘하추동이 뚜렷한 복받을 만한 기후에 대해서도 여름은 더워서 싫고, 겨울은 추워서 나쁘고, 가을은 쓸쓸해서 싫고, 봄은 나른해서 나쁘다고 생각합니다.

인간이란 커나가면서 사회를 알고, 배우고, 체득해서 자기를 형성하게 됩니다. 그렇기 때문에 사물을 보는 느낌이나 관점에 따라 크게 좌우되는 것입니다. 사물이나 사회를 해석하기에 따라 고통 속에서만 살게도 되고 행복감을 가지고 살게도 되는 것이 인간입니다. 그래서 나는 우리가 한 생애를 살아가면서 긍정적인 사고를 가지고 살아나가는 것이 절대로 중요하다고 생각합니다. 긍정적인 사고를 해야 즐거울 수 있고 발전할 수가 있습니다. 부정적이고 비관적인 마음은 성장과 발전을 가로막습니다.

나는 과거 젊은 시절에 노동자 가설 합숙소에서 하루하루를 어렵게 보내기도 했고, 중소기업 때는 부도를 막기 위해 밤낮없이 일수, 월수돈을 구하러 다니곤 했지만 누구를 원망하거나 부러워해 본 적은 없습니다. 인간이란 누구나 자기 문제를 스스로 해결할 수 있는 능력을 가지고 있기 때문에 열심히 노력만 하면 어떤 문제든지 해결할 수 있습니다. 그런데도 이를 해결하지 못하는 것은 자기의 능력을 해결하는 데 쓰기보다는 세상을 부정적으로 보면서 불평과 원망, 증오로 시간을 허비하기 때문입니다. 더구나 이 세상에 불구로 태어나지도 않고 건강한 몸을 가진 사람들이, 그것도 최고학부까지 나온 사람들이 불평이나 일삼고, 무엇을 부러워하고 원망한다는 것은 언어도단이 아닐 수 없습니다. 이것은 바로 자기에 대한 자학일 뿐입니다. 세상을 밝게 보고 이 사회에 보탬이 되고자 하면 할 일이 태산같이 많이 있는데 남을 부러워하거나 원망할 사이가 어디 있습니까?

2. 뜻을 가져야 이룬다

얼마 전에 한 의사로부터 들은 애기를 한 마디 하겠습니다. 하루는 사업을 하는 어떤 사람이 찾아와서 자기는 귀가 아주 못생겼기 때문에 부처님 귀처럼 복스럽게 보이게 정형수술을 해 달라고 하더랍니다. 그래서 수술을 해주었더니 그 뒤로는 아주 사업이 잘 되었다고 합니다. 또 정치하는 사람이 찾아와서 선거 때마다 떨어지는 것이 아무래도 코가 약간 비뚤어져 있기 때문인 것 같다고 코를 고쳐 달라고 했답니다. 그 사람도 코수술을 한 뒤로는 목표대로 선거에서 당선되었다고 합니다. 나는 이것은 인공적인 수술이 그 사람들의 관점을 바꾸어 준 경우라고 생각합니다. 그 사람들은 이 수술로 긍정적인 생각을 가질 수 있었고 할 수 있다는 자신감을 가질 수 있었던 것입니다. 이 애기에서 중요한 것은 수술을 했다는 것이 아니고 긍정적인 사고를 갖는다는 것입니다.

그 사람들은 긍정적인 사고를 수술을 통해 가진 것뿐입니다. 긍정적인 사고를 가지면 이 세상 어떤 일이라도 해 낼 수 있게 된다고 나는 생각합니다. 왜냐하면 긍정적인 사고를 가지면 일을 성공할 수 있는 방향으로 생각하게 되고 그 성공할 수 있는 길을 찾기 위해 연구 노력하기 때문입니다. 부정적으로 생각하는 사람들이 불가능하다고 거들떠보지도 않을 때, 긍정적인 사고를 가진 사람들은 가능한 길을 찾아 노력하는 것입니다. 때문에 모든 인류의 발전은 긍정적인 사고를 가지고 가능하다고 생각하는 사람들의 주도 하에 이루어지는 것입니다.

울산의 조선소도 그것이 가능하다고 생각하고 노력했기 때문에 지을 수 있었습니다. 그 때 나는 6천만 불의 차관을 얻기 위해 영국에 갔습니다. 나는 영국에 가서 울산에 50만 톤 도크를 파서 30만 톤짜리 배를 만들어 세계시장에 팔고, 거기에서 나는 이익으로 원금과 이자를 갚겠으니 돈을 빌려 달라고 했습니다. 그 때 그들 대답이 당신네 나라에서는 그렇게 큰 배를 만들어 본 일도 없고 만들 기술자도 없으니까 안 될 것이라고 했습니다. 나는 그래도 만들 수 있다고 버텼습니다.

내가 하도 막무가내로 버티자 그들은 영국 대사관을 통하여 한국 각 분야에 조회를 했습니다. 그 때 첫번째로 조회를 한 곳이 대한조선공사였는데 불가능하다고 대답했습니다. 물론 조선공사의 답은 어떻게 보면 하나도 틀리지 않습니다. 현대건설이 배를 만들어 본 적도 없고 한국 전체에서 해 본 일이 없기 때문에 불가능하다는 답은 조선공사 나름대로의 판단으로는 하나도 틀린 것이 없습니다. 영국에서는 이 조회를 받고 나서 나에게 너희 나라에서 조선공업을 주관하는 곳이 불가능하다는 회답을 해 온 정도이니 돈을 꾸어 줄 수 없다고 했습니다. 그 때는 프랑스나 스위스 은행에 신청했는데도 그 같은 답 때문에 거절을 당한 후였습니다. 그래서 나는 여기에서 반드시 돈을 빌려야 한다는 가오를 가지고 있었습니다. 나는 영국 사람에게 이렇게 말했습니다.

모든 일은 가능하다고 생각하는 사람만이 해 낼 수 있는 것이다. 만약 한국의 조선공사나 다른 선박업자가 이 일이 가능하다고 생각했으면 그들이 그것을 하려고 나섰을 것이다. 그 사람들은 불가능했다고 생각했기 때문에 하려고도 하지 않았는데, 그들에게 물어 보니 그런 답이 나올 수밖에 없지 않느냐. 나는 가능하다고 생각하는 사람이니 반드시 이것을 이룰 수 있다. 다시 한 번 서류를 검토해 달라.

이 말에는 그들도 고개를 끄덕이고 계약서를 재검토했습니다. 물론 그 뒤로도 많은 어려움이 있었지만 조선소는 이렇게 가능하다는 생각으로부터 출발하여 건설할 수가 있었던 것입니다. 이것은 말하기 위해서 하는 말도 아니고, 무슨 궤변도 아닙니다. 모든 일에 있어서 가능하다고 생각하지 않는 사람에게 가능한 일은 한 가지도 없습니다. 가능하다고 생각하고 가능한 목표를 향해서 노력하는 사람만이 가능하게 만드는 것입니다. 국가에 있어서도 마찬가지입니다. 가능하다고 생각한 민족만이 국가를 부흥시킬 수 있고 중흥시킬 수 있는 것입니다. 이것은 엄연한 진실이고 인류생활 발전의 철칙입니다. 울산조선소는 이 철칙의 상징으로 서 있습니다.

때문에 나는 모든 사람들이 뜻을 가지느냐 안 가지느냐 하는 것이 중요하다고 봅니다. 어느 누구든지 뜻을 가지고도 이루지 못하는 것은 없다고 생각합니다. 가능성에 대해 의심하거나 이유 없이 좌절하고 부정적인 생각으로 실망하지 않는다면 누구든지 다 자기의 뜻을 이룰 수 있는 것입니다.

과거에 내가 체험한 얘기를 하나 하겠습니다. 과거에는 도시든 시골이든 빈대가 많이 있었습니다. 내가 도시에 나와 인천 부둣가에서 일할 때 나는 인부들 합숙소에서 잠을 잤습니다. 잠잘 때 보면 인부들 30~40명이 누워 자는데 꼭 생선 늘어놓은 것 같았습니다. 밤일을 하러 나간 사람이 많을 때면 좀 넓게 자리를 잡아 자고, 비라도 오는 날이면 전부 일을 하러 나가지 못하니까 어깨를 맞대어서 잠을 잤습니다. 그런데 그 합숙소에 빈대가 들끓어서 어찌나 무는지 통 잠을 잘 수가 없었습니다. 그래서 하루는 노동자들이 머리를 짜서 밥상 큰 것을 놓고서 그 위에 올라가서 잤습니다. 그러나 그것도 잠시고 얼마 지나자 빈대들이 밥상 위에까지 올라와서 무는 것이었습니다. 생각다 못해 양재기 그릇에다 물을 담아서 그 양재기 그릇을 밥상 다리 밑에 받쳐 놓고서 밥상 위에 올라가 잤습니다. 빈대가 올라오다 물 속에 빠지면 밥상으로 못 올라온다 이거지요. 그래서 하루 이틀은 편안히 잤습니다. 그런데 이틀 정도 지나니까 이 빈대가 또 물기 시작하는 것입니다. 어떻게 해서 무는가 보았더니 벽으로 기어 올라가서 천장 위에서 뚝 떨어져서 무는 것입니다. 나는 오늘날도 가끔 그 때 일을 생각하면서 빈대처럼만 노력하면 어려운 일이 없다고 생각합니다. 어떤 어려운 일이 있다고 체념하고 실망하고 좌절하는 사람을 보면 나는 빈대만도 못한 사람이라고 생각합니다. 어려운 일이 닥쳐도 열심히 생각하면 빈대가 천장에서 배 위로 떨어져서 파먹는 식으로 길이 나오는 것입니다. 일생을 살아나가면서 생각을 밝게 가지고 노력하면 자기 뜻대로 해 나갈 수가 있는 것입니다.

3. 모든 만남을 발전의 기회로

건강한 사람이 교육까지 많이 받았으면 더 좋고, 교육을 많이 안 받았다 하더라도 건강하기만 하고 세상을 밝게 바라보면서 살아가면 이 사회에서 일생 동안 즐겁게 살아갈 수 있다고 나는 단언합니다. 우리는 살아가면서 많은 사람을 만납니다. 그 만남은 자기 발전의 기회가 될 수 있습니다. 만나는 모든 사람에게 자기의 성실한 인간성만 인식시켜 나갈 것 같으면 어떤 어려움도 이길 수 있습니다. 사회에서 큰 성공을 이룬 사람들을 보면, 공통된 특징은 만나는 모든 사람에게 큰 신뢰를 얻고 있다는 것입니다. 그 사람은 착실한 사람이다, 성실한 사람이다, 정직한 사람이다, 하는 신뢰를 얻어서 자기의 생애를 크게 확대시켜 나가고 있는 것입니다.

그것은 개인의 경우에서뿐만이 아니고 기업이나 국가에 경우에도 다 해당되는 말입니다. 여러분들은 사업이나 장사는 돈이 있어야 하는 것으로 생각할지 모르는데 나는 장사나 기업은 돈이 있으면 더 좋고 돈이 없어도 할 수가 있다고 생각합니다. 돈이 없어도 할 수 있는 방법은 뭐냐? 그것은 신용을 얻는 것입니다. 그 동네에 살면서 동네 사람들로부터 저 젊은 사람은 모든 행동거지가 참 모범적이다, 믿음직하다, 하는 인정을 받으면, 사람 됨됨이에 있어서 신용을 받게 되면 장사할 수 있는 밑천은 저절로 마련되는 것입니다. 이것은 큰 기업에나 작은 기업에나 똑같이 적용되는 원리입니다.

나는 일제 때 처음에는 쌀가게를 했는데 전쟁으로 인해 쌀을 통제하고 배급제를 실시하니까 쌀장사를 그만두고 자동차 수리공장을 했습니다. 그 수리공장을 하면서 신용의 중요성을 체험했습니다. 그 때 고리대금업자에게 빚을 내서 자동차 수리공장을 인수했는데 인수한 지 20일 만에, 끝돈을 치른 지는 닷새 만에 불이 나서 공장과 수리해 놓은 자동차가 다 타버렸습니다. 그러니까 부속품 외상을 물어 줘야 하고, 공장은 다 타버렸고, 수리해 두었던 차에 대해서는 배상해 주어야 하는 어려움을 겪게 된 것입니다. 할수없이 그 고리대금업자에게 또 돈을 빌리러 갔습니다. 그 사람은 평생 고리채만 하는 사람인데 토지나 건물 등의 저당을 잡지 않고 오로지 신용만 보고 돈을 빌려주는 사람입니다. 사람 됨됨이만 보고서 돈을 빌려주고 한 번도 실패한 일이 없었습니다.

그 사람이 돈을 빌리러 온 나를 보고서 "나는 평생 저당받고 돈을 빌려 준 적이 없고 사람을 보고 돈을 빌려주는데 한 번도 실패한 적이 없다. 그래서 평생에 사람을 잘못 봐서 돈을 떼였다는 기록은 남기고 싶지 않기 때문에 당신이 요구하는 돈을 또 빌려주겠다" 하면서 그 때 돈 3천 원을 빌려주었습니다. 말은 그렇게 하였지만 그 사람이 다시 나에게 그 큰 돈을 빌려준 것은 나에 대해 확고하게 신용하고 있었기 때문이라고 생각합니다. 나는 그 돈으로 다시 수리공장을 차려 나중에 원금과 이자를 모두 갚았습니다.

나는 그 사람을 아주 훌륭한 사람이라고 생각합니다. 요즘 한국의 은행들도 저당없이는 돈을 빌려주지 않는데 그 사람은 아무 저당도 잡지 않고 그 큰 돈을 신용 하나만 보고 빌려주었던 것입니다. 나는 그 사람이야말로 인생과 경제의 원리를 제대로 알고 그것을 실천한 사람이라고 생각합니다. 나는 지금도 그 당시 일을 생각할 때마다 고리채를 놓는 사람에게 신용을 인정받았다는 사실에 대해 대단히 행복하게 생각하고 있습니다.

그 뒤 조선소를 지을 때도 나는 영국 은행으로부터 신임을 얻었기 때문에 그것을 성사시킬 수 있었습니다. 내가 가능성이 있다고 끝까지 우기자 영국 은행은 현대건설이 창건 때부터 해 온 모든 일의 대차대조표와 방계회사의 대차대조표를 제출해 줄 것을 요구했습니다. 그들은 그것을 면밀히 검토하면서 현대건설이 과거 창건 이후로 한 번도 실패한 일이 없고 그 방계회사도 한 번도 실패한 일이 없다는 것을 보고 이런 회사가 허황된 일을 계획해 가지고 다니지 않을 것이라고 믿었던 것입니다.

4. 가장 큰 자산은 신용

이것은 확실히 그렇습니다. 과거에 사기를 많이 한 사람은 어디를 가나 올바른 소리를 해도 사기꾼의 대우밖에 못 받는 것과 마찬가지로 기업에 있어서나 개인에 있어서나 가장 중요한 것은 바로 신용, 공신력인 것입니다. 그래서 영국 사람들은 현대건설의 과거 실적이 하나도 허황된 것이 없기 때문에 조선소도 틀림없이 성공할 것이라고 믿었고, 또 기술회사도 한국에 와서 현대건설이 하고 있는 모든 발전소, 화학공장 등을 돌아보고 틀림없이 이들이 배를 만들 수 있다고 확신을 갖게 되자 자기 정부에 강력히게 진언을 하여 모든 보증을 하고 나섰던 것입니다. 그래서 나는 중소기업의 우등생이 대기업이 된다고 생각하고 있습니다. 중소기업의 우등생이라 함은 중소기업 중에서 가장 신용이 있는 기업을 말합니다. 중소기업에서 대기업으로 되는 가장 큰 요인은 자금 동원 능력인데 그 자금이란 바로 신용이 신장되어야만 얻을 수 있기 때문입니다.

신용은 곧 자본입니다. 중소기업이 대기업으로 커 가거나 대기업이 세계적인 큰 기업으로 성장하는 열쇠는 바로 이 신용에 있습니다. 공신력을 가지고 있어야만 기업이 성장할 수 있는 것입니다. 이 공신력이라는 것은 상품에 있어서의 신뢰, 모든 금융거래에 있어서의 신뢰, 상품의 공급계약에 있어서의 신뢰, 건설현장에 있어서의 공기(工期), 공사의 질(質) 등 모든 부문에 걸쳐서의 신뢰의 총합을 말합니다.

　여러분도 다 배워서 아는 바와 같이 부채란 결국은 자본 계정에 들어가는 것입니다. 왜냐하면 그 기업의 신용으로 거둬들인 부채는 그 기업이 마음대로 자기의 자본과 같이 사용할 수 있기 때문입니다. 이 부채는 공신력으로 조달합니다. 인간이 돈을 벌어 쌓아 가지고 그 번 돈의 축적만큼만 커진다면 오늘날 대기업이란 존재하지 않을 것입니다. 신용으로 커 가기 때문에 그렇게 크게 성장할 수 있는 것입니다. 돈에는 한계가 있지만 인간의 신용이란 무한정한 것이기 때문입니다. 작은 부자가 되려면 돈을 모으고 절약하면 가능합니다. 그러나 큰 부자, 대기업이 되려면 공신력 없이는 절대로 될 수가 없습니다. 장사를 해서 돈을 모은다고 해서 얼마나 모으겠습니까? 커지면 제까짓 게 얼마나 커지겠습니까?

　국내외를 막론하고 오늘날 세계적인 기업은 그 신용에 의해서, 기업을 이끌어 가는 사람이 올바른 생각을 하고, 올바른 계획을 하고, 모든 거래선에 이익을 주려고 하는 사람의 됨됨이와 자세에 의해서 커 나가고 있다는 것을 알아야 합니다.

　어떤 사람이 당대(當代)에 크게 됐다 하면 이해를 못하는 사람이 많습니다. 그렇게 큰 기업을 어떻게 당대에 일으킬 수 있느냐 하고 생각하는 것입니다. 여러분들도 정(鄭) 회장이 시골서 서울 올 적에 여비도 없어서 걸어 올라왔다는데 어떻게 당대에 저렇게 부자가 되었느냐 하고 생각할 것입니다. 그러나 우리가 분명히 알아야 할 것은 나는 부자가 아니고 한국 경제사회에서, 또 세계 경제사회에서 가장 높은 공신력을 가지고 있는 사람이라는 것입니다. 돈을 모아서 기업을 이만큼 이루려고 했으면 그것은 너무 멀고 너무 어려워서 절대로 불가능했을 것입니다.

　나는 돈을 모아서 기업을 일으킨 것이 아니고 신용으로 기업을 일으킨 것입니다. 이런 사실을 이해하지 못하는 사람들은 나는 돈이 없어서 사업을 못한다고 얘기합니다. 내 친구들 가운데는 무슨 장사를 하려고 하는데 돈이 없어서 못한다고 하는 얘기들을 많이 합니다. 그러면 나는 그 친구들에게 자네는 돈이 없는 것이 아니고 신용이 없는 것이라고 얘기해 줍니다.

첫째로 과거 행적이 신용이 없고, 둘째는 계획에 믿음성이 없고, 셋째로는 그 계획의 실행력에 대한 믿음성이 없기 때문에 돈을 구하지 못하는 것입니다. 신용만 있다고 하면 장사 밑천은 어디든지 있고 자금은 세계 어디든지 있는 것입니다. 금융업자들은 자금을 거저 주는 것이 아니고 이자를 받기 때문에 믿음이 있는 안전한 곳에 돈을 주려고 돈 쓸 사람을 찾아다니고 있는 것입니다.

신용으로 발전하는 것은 개인이나 기업뿐만 아니라 국가도 마찬가지입니다. 그 나라의 외환보유고가 얼마다, 그 나라의 외환보유고가 10억 불 늘었다 하면 그 나라는 그보다 몇 배 되는 돈을 가장 싼 이자로 필요할 적에 얼마든지 빌릴 수가 있게 되는 것입니다. 이렇게 국가도 공신력으로 국제사회에서 행세를 하는 것입니다. 공신력이 얼마나 중요한가 하는 것은 정권이 바뀔 때 보면 압니다. 정권의 격변기에 제일 먼저 나오는 성명이 국제간의 모든 협약을 준수한다는 것입니다. 그것은 국제사회에서 신용없는 나라로 따돌림 당하면 그 나라 경제는 하루 아침에 몰락하고 그 나라의 위신은 한없이 내리막길을 걷게 되기 때문입니다.

우리가 이 사회에서 살아가면서 가장 중요한 것은 신뢰를 받는 것입니다. 여러분 한사람 한사람이 성실한 인간성과 올바른 자세를 가져야 '현대(現代)'의 공신력이 높아 가고 나라의 공신력이 높아 간다는 사실을 명심하여야 하겠습니다.

5. 노력해야 운을 잡는다

나는 인간이 자기 스스로 자기의 모든 기회나 여건을 불행하다고 생각하면 일이 불행한 계기밖에는 될 수 없고, 반면에 스스로 발전할 수 있는 행복한 기회라고 생각하면 모든 일은 행복한 계기가 될 것이라고 생각합니다. 나는 사람에게 생명이 남아 있는 한 실패란 있을 수 없다고 생각합니다. 그것은 왜냐? 모든 일에는 좋고 나쁜 면이 항상 공존하기 마련이고 또 그것은 항상 변하기 때문입니다. 어떤 사람들은 남이 좋은 위치에서 순조롭게 발전해 나가는 것을 보면 운이 좋다고 말합니다. 그리고 순조롭지 못할 때는 운이 나쁘다고 말합니다. 그러나 나는 그 좋은 운, 나쁜 운은 누구에게든지 공평하게 존재한다고 생각합니다. 운이 무엇입니까? 운은 바로 '때'를 말합니다. 그 '때'를, 자기에게 온 '때'를 놓치지 않고 잘 붙들면 성공할 수 있고 좋지 않을 '때'가 다가와도 열심히 생각하고 노력하면 비켜 나갈 수가 있습니다. 이 세상에서는 흔히 태어난 시(時)를 점치고, 달을 점쳐 가지고 사주를 만들어 운수가 좋으니 나쁘니 하는데 출생한 '때'가 일생을 좌우할 수는 없습니다. 출생한 그 '때'가 아니라 우리가 살아가는 모든 '때'에 우리가 어떻게 대처하느냐가 일생을 좌우하는 것입니다.

그래서 우리들 중에 노력하는 사람들은 좋은 '때'를 놓치지 않고 잘 잡고, 좋지 않은 '때'는 수습하면서 비켜 가는 것입니다. 그렇지 않고 게으른 사람들은 좋은 '때'가 와도 붙들 수 없기 때문에 항상 나쁜 '때'에 휩싸여 있고, 그 나쁜 '때'에 얽매여 있다 보면 또 좋은 '때'가 훌쩍 지나가 버리고 해서 항상 불운의 연속만이 있는 것입니다. 우리는 항상 노력함으로써 그 좋지 않은 불운을 넘길 수 있게 되고 좋은 '때'를 크게 성장시킴으로써 좋지 않은 '때'에도 아무 문제가 없게 하며 세상을 살아가야 합니다. 그리고 우리는 좋지 않은 일이 닥쳐오더라도 '이 시련은 나로 하여금 더 큰 일을 감당할 수 있도록 하기 위한 것이다' 이렇게 생각해야 합니다.

모든 생활 면에 있어서 긍정적이고, 모든 목표에 있어서 낙관적인 생각을 가지고 노력을 집중하면 여러분께서 발전하고자 하는 대로, 여러분께서 뜻한 대로 성공을 얻을 것이라고 나는 확신합니다.

(정주영, 『이 아침에도 설레임을 안고』)

Ⅶ. 역사의 길 자유의 길

김 동 길

김군, 우리가 같은 차에 실려 안양의 '큰 집'으로 가던 일이 바로 어제만 같은데 벌써 3년이라는 긴 세월이 흘렀구만! 좁은 창 너머로 코스모스가 피어 있었어. 가을이었지!

그 날들이 없었던들 오늘 우리가 존재하지는 못할 것이오. 그 세월은 결코 빼앗긴 세월은 아니었어. 그래도 거기서 민족을 생각하며 통일을 꿈꾸었고, 삶과 죽음, 영원과 절대 같은 차원 높은 주제들을 골똘하게 되씹어 볼 시간의 여유는 넉넉히 있었으니까. 그래서 우리가 이만큼 자랐다고 할 수도 있을 거요. 어떤 때는 오히려 그 세월이 아름답게 보여. 도를 닦으려고 산중 깊은 곳의 절을 찾아가 면벽(面壁) 9년까지는 아닐지라도 오랜 세월 난행고행(難行苦行)하는 사람의 동기나 심정도 이해 못할 바는 아니야. 식욕과 성욕을 최대한으로 억제하여 거기서 얻은 자유를 가지고 부한한 '생각'의 하늘, 즉 '이데아'의 세계를 마음껏 거닐어 본다는 거지. 다만 옥중 생활과 수도 생활의 다른 바가 있다면 후자는 순전히 자의(自意)에 의한 것이지만 전자는 대개 자의가 아니라 타의(他意)라는 바로 그 점이라고나 할까? 하여간 수도나 수양의 기간이 지나고 보면 그 날들이 아름답게 보이는 것은 사실이야.

그러나 수양을 통해 사람이 사람스럽게 되는 것이 아니라는 사실은 짧으나 기나 수양의 기간을 체험한 사람만이 알 수 있지. "사람이 의롭게 되는 것은 율법의 행위에 있지 않고 오직 듣고 믿음으로 된다"고 사도 바울이 잘라서 말한 것을 쉬운 말로 풀어보면 "사람이 사람답게 되는 길은 수양에 있는 것이 아니라 깨달음에 있다"는 거요. 이 말이 율법주의에 그토록 철저하던 바울의 입에서 나왔을 때 가치가 있고 어거스틴이나 루터가 되풀이할 때 비로소 힘이 있게 들리지, 수양의 '수'자도 모르는 기생오래비는 그런 말을 할 자격이 없어.

깨닫다니, 무엇을 깨달아? 역사를 깨달아야지. 동물과 인간이 수억만 년의 진화의 뒤끝에도 아직 판이하게 다른 것은 사람에겐 역사가 있는데 동물에겐 역사가 없다는 사실뿐이야. 갓난아기는 역사라는 유산을 안고 태어난 것뿐이지, 그 유산을 깨닫지 못하는 한 아직 제대로 사람이 된 것은 아니야. 그래서 '성숙하는 때(coming of age)'를 기다릴 수밖에 없어. 개인도 집단도 국가도 세계도 다 마찬가지야. 역사의식 없으면 결국 존재하지 않는 거나 다를 바 없으니까! 어제 없는 오늘이 있을 수도 없지만, 있어 보았자 큰 의미는 없을 거요.

어떤 이들은 역사를 뒷걸음질하는 것뿐이라고 해. 낙원은 아득한 옛날에 잠시 있었던 그림자뿐이고 사람의 살림은 점점 질적으로 저하되고 있다는 비관적 풀이야. 19세기 낭만주의자들의 중세취미(中世趣味)라는 것도 따지고 보면 일종의 그런 경향 같아.

어떤 사람들은 역사는 제자리 걸음만 한다는 거야. 오늘이 어제에 비해 나아진 것도 없고 나빠진 것도 없으니 낙관도 비관도 아니란 말이지. '역사는 되풀이한다(History repeats itself)'는 격언이 결국은 그런 뜻을 내포하고 있어. 어제 있었던 일이 오늘 있고, 오늘 있었던 일이 내일 또다시 반복되리라고 한다면 역사에 있어서의 진보의 개념은 완전히 배제될 수밖에 없겠지.

그러나 나는 그렇게 생각하지 않아. 다닐레프스키와 슈펭글러와 토인비를 앞세우고 여기까지 온 우리 시대이지만 역사의 미래에는 역시 희망이 있다고 나는 믿어. 이탈리아 사람들은 오늘도 로마 제국의 사라진 영광을 그리워한다고 하겠지. 그러나 오늘의 삶을 포기하고 로마 사람으로 변신하기를 정말 바라는 사람은 몇 되지 않을 걸. 그 시대를 산다면 다시 무엇이 되어? ―콘스탄틴 대제(大帝)가 되어, 아니면 그의 발을 씻던 하인이 되어? 그런데 오늘을 사는 이탈리아 사람들이 콘스탄틴이 될 확률보다는 그의 하인이 될 확률이 더 높다는 사실도 기억해야지.

한국사람은 지나간 역사의 어느 시대를 가장 동경하고 있을까? 아마도 고구려겠지. 그러나, 그 시대에 태어났어도 연개소문이 될 가능성보다는 그의 마부가 될 가능성이 천 배는 더 농후하다는 사실을 깨달으면 그는 대한민국에 사는 것을 매우 영광스럽게 생각할 것이오.

기억도 못할 아득한 옛일들은 그만두고 다만 인류역사의 지나간 5천 년만을 문제 삼는다 해도 오늘을 사는 만물의 영장이 반만년의 경험을 통해 배우고 깨닫고 얻은 바가 아주 없다고는 믿기 어려워. 한국 역사의 오늘을 어제와 견준다면, 오늘이 열 배는 더 훌륭하지.

진보의 근거를 어디다 두고 그런 말을 하느냐고? 물론 자유에 두는 거지. 한 사람만이 누리던 자유의 특권이 두 사람, 세 사람, 다섯 사람, 열 사람—마침내 귀족이라는 특권계급이 생겼어. 그들의 뭉친 힘이 어떻다는 것을 자기 혼자서만 자유를 차지하려던 존왕에게 과시한 것이 ‘마그나 카르타’야. 우리 인류가 프랑스 혁명에서 목격한 것은 그 따위 귀족들의 특권은 이미 낡은 것이라고 외치는 새로운 계급이 탄생하므로 자유의 가능성이 보다 많은 사람들에게 전달되었다는 거지.

클레오파트라를 향해 “당신의 여종은 당신과 꼭 같은 자유를 누릴 천부의 권리를 지녔습니다”라고 쏘아붙였다면, 이 교만한 여왕의 표정은 어떻게 되었을까? 쇠고랑을 차고 남부로 팔려 가는 검은 노예가 버지니아 대농장의 하얀 주인을 향해 “내 7대손이 장차 유엔 대사가 될 것이니 나를 함부로 다루지 말아요” 했다면, 그 백인이 그 흑인을 그대로 두었을까? 필시 그자의 갈빗대가 적어도 한두 개는 부러지고야 말았으리라. 대궐의 대문 밖을 쓸고 있던 노비가 때마침 입궐하는 영의정을 향하여 “대감의 증손이 장차 내 증손이 사장 노릇하는 회사에서 수위장을 하다가 정년퇴임할 거요” 했다면 영의정이 그 말을 가만히 듣고만 있었을까?

김군, 역사란 결국 자유인구의 저변확대라고 볼 수밖에 없어. 아무리 스탈린이 많은 정적들을 시베리아에 유형을 보내고, 아무리 히틀러가 반대자들을 모조리 잡아 강제수용소에 가두고, 아무리 프랑코가 수천 수만의 공화파를 처치하여도, 자유를 누리는 절대인구는 날로 증가하고 있다는 사실만은 의심의 여지가 없으니 역사의 방향은 출발 당시부터 '자유'로 이미 잡혔다는 말일세. 그것을 의심할 필요는 없다고 봐.

세상에 아무리 강한 사람이 나타나도 역사의 그 추세만은 막을 길이 없지. 나이아가라의 폭포를 거슬러 헤엄치는 모험은 아무리 수영을 잘 하는 사람에게도 불가능한 일일 걸세. 그러나 비록 역사의 방향은 정해졌다 하여도 우리가 힘쓰지 않으면 전진하기는 어려워. 남은 뛰기도 하고 날기도 하는데 우리는 굼벵이처럼 기어만 간다면 우리는 점점 뒤지다 마침내 이 역사의 쓰레기통에 처박히게 될 우려가 있지 않겠나!

우리가 살아서 역사를 창조하고 있다는 자부심—모든 사람의 완전한 자유를 향해 전진하고 있다는 전제의 유일한 증거는 이 현실의 도전(challenge)에 우리가 과감하게 대응(response)하고 있는가—그 사실 여부로 판가름하는 거요. 우리는 죽는 날까지 이 대응을 계속해야 해. 누가 뭐래도 이 길을 가야만 해. 자유로의 이 길을! 그렇지 못하면 우리들의 생존에는 이렇다 할 의미가 없어.

김군, 초겨울의 따스한 햇볕을 받으며 감방 한 구석에 쪼그리고 앉아서 내가 가르쳐 준 존 매크레이의 이 시 한 수를 아직도 기억하고 있는지. 이 시를 쓴 시인은 플랜더즈 전투에서 전사했다 하던데. 그는 먼저 플랜더즈 들판, 줄줄이 서 있는 전사자의 무덤, 십자가들 사이에 피어난 양귀비꽃을 노래하면서 스스로 그 어느 한 무덤에 묻혀 있는 자신을 상상해. 그리고는 공중에서 용감하게 노래하며 날아가는 종달새 소리가 저 밑의 총성 때문에 잘 들리지 않는다고 했지. 그 다음은 곧이어

우리는 이미 죽었느니라—며칠 전에도
우리는 살아서, 새벽을 느끼며 저녁놀 보았네
사랑하기도 하고 받기도 하였건만, 우리는 지금 누워만 있네
플랜더즈 들판에

적과의 우리 싸움 계속해 주게

손의 힘은 빠지나 들었던 횃불
그대 향해 던지니—굳게 잡아 높이 들리라
죽은 우리와의 신의를 저버리면
우리는 아예 잠들지 못하리, 설사
플랜더즈 들판에 양귀비는 자라도.

(김동길, 『사랑의 길 자유의 길』)

VIII. 21세기의 길목에서

김 수 환

3년 전 여름에 호주를 방문한 일이 있었습니다. 브리즈베인에서, 시드니에서 만난 교포 신자들이 내게 들려준 말 중에 가장 인상깊은 말은 "여기가 지상 낙원이다"라는 말이었습니다.

참으로 그 곳은 아름다운 고장이었습니다. 하늘, 땅, 바다, 공기가 다 공해 없이 깨끗하고 맑고 푸르렀습니다. 그런데 그들이 '낙원'이라고 한 데는 더 중요한 이유가 있었습니다. 그 곳에서 가장 소중히 여기는 존재는 어린이이고, 그 다음에 장애인, 노약자, 부녀자, 동물, 그리고 남자의 순서랍니다. 남자가 맨 끝에 온 것은 남자를 천히 생각해서가 아니라 그들은 앞선 모든 이들을 동물까지도 아끼고 보호해 주어야 할 책임을 누구보다도 먼저 지고 있는 사람들이기 때문이 아닌가 생각합니다. 또 응급환자나 교통사고로 다친 사람이 병원에 가면 우선 환자를 치료하고 돈은 그 다음이라고 합니다.

나는 사람이 우선되고 어린이를 비롯하여 약하고 힘없는 사람, 장애인들을 사랑하고 아끼는 마음, 동물까지도 사랑하고 보호하는 마음이 참으로 아름답게 느껴지고, 사회를 아름답게 보존하고 발전시키는 훌륭한 가치관이라는 생각이 들었습니다.

이제 20세기는 막을 내리고 21세기가 시작됩니다. 21세기가 어떤 시대일지는 정확히 알 수 없습니다. 그러나 확실한 것은 '정보화시대, 세계화시대'라는 것입니다. 여기서 우리는 우리 자신의 발전을 위해 어떤 나라가 되어야 하는지 생각해 보지 않을 수 없습니다.

세계화는 기회이면서 도전입니다. 많은 이들이 21세기는 이른바 '환태평양시대'가 될 것이라고 하고, 그 안에서 동북아가 중심적 역할을 하게 될 것이라고 말하고 있습니다. 그렇다면 우리 나라의 역할도 크리라는 것을 충분히 짐작할 수 있습니다. 동시에 무한경쟁 속에서 오직 일등만이 살아남는 무서운 도전에 직면하는 것이라고 생각합니다. 세계화는 분명 치열한 경쟁의 장이요, 때문에 이 경쟁에서 이겨 내는 능력과 기술을 갖추는 것이 필요합니다.

그런데 그 능력이 무엇입니까? 주로 나라의 힘을 뜻하겠는데, 일반적으로 이해되는 첨단 과학기술, 그 밖에 영어를 비롯한 외국어 실력이 좋고, 여러 분야에 대한 노하우를 아는 뛰어난 인재들이 많이 배출될 때, 21세기의 선진국 대열에 들게 되는 길이라고 이해되고 있는 것 같습니다. 그러나 나는 이런 의미의 세계화라는 말을 들을 때마다 근본적으로 인간에 대한 가치관 또는 철학이 결핍되어 있다는 느낌이 듭니다.

세계화란 먼저 '하나의 세계를 지향하는 것'이라고 생각합니다. 즉, 모든 나라와 민족이 각자 고유의 문화와 민족정체성을 지키면서, 동시에 민족, 인종, 피부 색깔, 빈부의 격차 등 모든 차별을 넘어서 하나로 될 때, 모두가 고루 잘 살고 어디를 가든지 인간으로 존중될 만큼 세계가 하나될 때, 그것이 참된 세계화라고 생각합니다. 한 마디로 온 인류세계가 인간존중과 사랑을 바탕으로 하나의 인류가족, 세계공동체를 지향할 때 참된 세계화의 길이라고 생각합니다. 에컨대, 유럽공동체는 단순히 공동의 이해관계 위에 서 있는 것만이 아니고 그 바탕에는 공통의 정신문화와 그 가치관을 전제로 하고 있는 줄로 알고 있습니다. 그것은 기독교적인 문화유산, 인간존중과 이웃사랑을 바탕으로 한다고 믿고 있습니다.

따라서 세계화를 위하여는 세계화에 걸맞는 인간관과 세계관이 필요하고, 여기에 기초한 정신적 가치관을 지닌 인재 양성이 있어야 한다고 생각합니다. 지적·기술적인 면에 있어서 우수할 뿐만 아니라 정신적인 면에서도 우수한 인재가 필요합니다. 즉, 모든 민족과 인종, 인류 전체를 향하여 열려 있는 마음, 모든 이를 사랑하고 품을 줄 아는 마음이 필요하고 이런 가치관이 전제되어야 합니다. 너무 윤리도덕적인 관념으로 들릴지 모르지만, 물신주의에서 나온 모든 것을 타파하고 새롭게 태어난 인간존중의 가치관, 정직과 성실, 그리고 이기주의가 아닌 이타주의, 이웃사랑과 희생정신, 그리고 지역간, 계층간 등 모든 차별과 갈등을 극복하는 화합의 정신이어야 합니다.

나는 우리 나라 사람들이 이런 가치관을 가질 때, 분명히 우리 안에 깊은 상처로 남은 지역감정도 극복하고 계층 간의 심화된 차별도 없이 하며, 남북한 간의 불신의 벽을 헐고 신뢰를 구축하여 마침내 우리 모두가 소망하는 남북통일을 이룩할 것이며, 우리 자신도 우리의 젊은이들도 세계화 속에서 참된 세계인이 될 것이라 믿습니다.

몇 년 전, 네팔 출신의 외국 노동자들이 명동성당에서 여러 날 동안 농성하며 자기들을 고용한 한국 기업들로부터 겪은 비인간적인 학대에 대하여 항의한 일이 있었습니다. 그 때 나는 그들의 이야기를 듣고는 너무나 마음이 아프고 분노를 느껴 청와대에 전화를 걸었습니다.

"이런 비인간적인 외국인 대우는 그 자체가 정의에 어긋날 뿐 아니라 우리 나라의 체면을 극도로 실추시키고 세계화를 부르짖는 대통령의 외침과도 어긋나는 것입니다. 세계화를 하려면 우리 안에 와 있는 외국인들부터 참으로 정의롭게 또 인간답게 대할 줄 알아야 합니다."

문제의 근본은 언제부터인지 우리가 수전노처럼 돈만 아는 사람들이 된데 있습니다. 한국 사람들은 부지런히 일하여 돈은 벌었지만 그 돈을 잘 쓸 줄 모르고 돈자랑만 할 뿐 아니라, 돈이 좀 있다고 하여 없는 사람을 업신여기는 교만한 태도를 세계 도처에서 하고 있습니다. 그래서 '한국인' 하면 돈만 아는 사람, 돈 때문에 몰인정한 사람, 이웃도 예의도 모르는 '추한 한국인'으로 비춰지고 있습니다. 이런 한국인상을 그대로 둔 채 21세기의 도전에 대처할 수 있겠습니까? 한국인은 나름대로 임기응변의 순발력이 있어서 단기적으로는 가능할지 모르지만 세월이 갈수록 한국인은 세계 속에서 멸시를 받고 소외될 수밖에 없을 것입니다.

나는 한국인의 장점을 모르는 바 아닙니다. 우리에게는 밟혀도 다시 일어나는 잔디처럼 끈기와 저력이 있습니다. 그 어떤 어려운 환경에 놓여도 시련과 고초를 이겨 내고 당당히 일어서는 강인함이 있습니다. 바로 그 때문에 일제의 탄압 아래서도 목숨을 걸면서 독립투쟁을 꾸준히 했고, 해방 후 오늘에 이르는 동안 6·25동란을 비롯하여 여러 가지 정치적·경제적 시련을 겪으며 오늘 이만큼의 발전을 이룩하였습니다. 내일도 그런 저력으로 계속 발전하리라 믿습니다. 그러나 우리는 돈을 벌기 위해 수단방법을 가리지 않는 한국인, 정직하지도 성실하지도 못한 한국인으로는 세계화의 경쟁에서 탈락될 수밖에 없다는 것도 함께 인식해야 합니다. 우리 모두 깊이 반성하고 참된 인간이 되어야 합니다. 특히 우리는 진실로 한사람 한사람이 이 어두움의 씨앗이 다른 데가 아닌 내 안에 있었음을 회개하고 우리 자신부터 마음자리를 다시 잡고 인동초(忍冬草)의 뿌리와 같은 강인한 힘으로 거듭나야 합니다. 지금과 같은 자기중심의 이기심, 물질주의, 이익추구를 위해 수단방법을 가리지 않는 황금만능주의를 그대로 두어서는 안 됩니다.

먼저 마음을 바꾸고 생각을 바꾸고 삶을 바꾸어야 합니다. 우리에게 필요한 것은 종교적으로 표현하면 회개하고, 인간적 차원으로는 정직과 성실입니다. 하나의 가정입니다만, 오늘날 우리 사회가 다 아는 대로 반사회적·반인륜적 범죄가 범람한다 해도 정직과 성실이 국민의 정신적 보루처럼 바탕에 있다면 결코 실망할 필요가 없을 것입니다. 거기다 남을 생각하고 협동할 줄 아는 마음이 자리잡을 때에는 어떤 난관도 극복할 수 있는 희망을 가질 수 있습니다.

모든 국민에게 이것을 기대할 수 없지만 적어도 이 나라 각계 지도자들한테서 기대할 수 있다면, 그리하여 정직과 성실이 지도자들의 철학이요 생활이라고 할 때, 우리의 정의와 선이 온갖 악을 물리치고 이길 것이고 우리 사회는 반드시 좋게 변화된다는 희망을 가질 수 있을 것입니다. 세계인들이 '한국인은 정직하다. 한국인은 성실하다. 그 때문에 한국인은 믿을 수 있다'고 평가하면, 한 걸음 더 나아가 '한국인은 이웃을 위하고 사랑할 줄 안다'고 한다면, 그야말로 우리 나라는 동방의 빛이 될 것입니다.

(김수환, 『우리가 서로 사랑한다는 것』)

Ⅸ. 신사조의 의의

후 스(胡適 : 1891~1962)

1

근래 신문지상에 '신사조(新思潮)'를 해석한 몇 편의 글이 실렸다. 나는 이 글들을 읽고 그들이 내세운 신사조의 성질은 혹은 너무 번쇄(煩碎)하고 혹은 너무 애매모호하여 신사조 운동의 참되고 정확한 해석으로 볼 수 없고 신사조의 장래의 추세를 지적하지도 못하였다고 생각한다. 예컨대 포세걸(包世傑) 선생의 「신사조란 무엇인가?」라는 장문(長文)의 글은 신사조의 내용을 열거하는 데 얼마나 상세한가? 그러나 그는 결국 저 여러 가지 신사조의 공동의의가 무엇인가를 명백히 해 준 바가 없다. 비교적 가장 간단한 해석은 나의 친구 진독수(陳獨秀) 선생이 내세운 「신청년의 양대 죄과(罪科)」—실은 신사조의 양대 죄과—라고 생각하는 바이니 하나는 '데모크라시(민주주의)' 선생을 옹호하고 또 다른 하나는 '사이언스(과학)' 선생을 옹호하는 것이다. 진 선생은 이렇게 말하였다.

> '데' 선생을 옹호하려면 공자교·예법·정절·구윤리·구정치를 반대하지 않을 수 없다. 또 '사' 선생을 옹호하려면 구예술·구종교를 반대하지 않을 수 없다. '데' 선생을 옹호해야 하고 또 '사' 선생을 옹호해야 하니 국수(國粹)와 구문학을 반대하지 않을 수 없다.

이 말은 비록 간명하기는 하나 너무 애매모호한 점이 좀 있어 꺼려진다. 가령 어떤 사람이 " '데' 선생과 '사' 선생을 옹호하려는데 왜 국수와 구문학을 반대해야 하는가?” 하고 물으면 그 대답은 물론 “국수와 구문학이 한 가지로 ‘네’ ‘사’ 두 선생이 반대하는 것이기 때문”이라고 하게 된다. 또 “‘데’ ‘사’ 선생이 함께 반대하는 것을 왜 모두 반대해야 하는가?” 하고 묻는다면 이는 몇 마디의 애매모호한 간단한 말로 대답할 수 있는 것이 아니다.

내 개인의 관찰에 따르면 신사조의 근본적 의의는 하나의 새로운 태도이다. 이러한 태도는 비판적 태도라고 할 수 있다.

비판적 태도란 간단히 말해서, 모든 일에 좋고 좋지 않음을 다시금 분별하는 것이다. 자세히 말하면 비판적 태도는 몇 가지 특별한 요구를 포함한다.

① 습속(習俗)이 전해 내려온 제도, 풍속에 대하여 ‘이러한 제도가 아직도 존재할 가치가 있는가?’ 하고 물어야 하고

② 고대로부터 전해 내려온 성현(聖賢) 교훈에 대하여 ‘이 말은 오늘날도 아직 옳은 말인가?’ 하고 물어야 하며

③ 사회적으로 그럭저럭 공인된 행위와 신앙에 대하여 ‘여러 사람이 공인하고 있는 것이 틀리지 않는가? 다른 사람이 이렇게 하는데 나도 그렇게 해야 하는가? 그것보다 더 좋고 더 이치에 맞고 더 유익한 길은 없을까?’ 하고 물어야 한다.

니체는 현대를 가리켜 ‘모든 가치를 재평가한(Trans-valuation of all Values)’ 시대라고 하였다. ‘모든 가치를 재평가한다’는 말은 비판적 태도의 가장 좋은 해석이다. 옛날 사람은 부녀(婦女)의 발이 작을수록 아름답다고 하였다. 현재 우리는 전족(纏足)을 ‘아름답다’고 보지 않을 뿐 아니라 쉽게 말해 ‘참혹하고 비인도적’이라고 말한다. 10년 전엔 개인 집이나 가게에서 모두 아편을 가지고 손님접대를 하였다. 현재 아편은 금지품이 되었다. 20년 전 강유위(康有爲)는 홍수·맹수나 마찬가지인 유신당(維新黨)이었다. 현재 강유위는 늙은 골동품으로 변하고 말았다. 강유위가 바뀐 것이 아니라 평가하는 사람이 변했기 때문에 그의 가치도 따라서 변한 것이다. 이것을 ‘모든 가치를 재평가’하는 것이라 한다.

내 생각으로는 현재 이른바 ‘신사조’는 아무리 서로 일치하지 않더라도

근본적으로 공통된 점—비판적 태도가 있다. 공자교에 대한 토론은 공자교의 가치를 재평가해야 한다. 문학의 평론은 구문학의 가치를 다시금 평가해야 한다. 정조(貞操)에 관한 논의는 현대사회에 있어서의 정조도덕의 가치를 재평가해야 한다. 구 희극에 대한 평론은 구 희극의 오늘날의 문학상의 가치를 재평가해야 한다. 예교(禮敎)에 대한 토론은 고대의 강상(綱常) 예교가 오늘날에도 아직 어떤 가치가 있는가를 토론해야 한다. 여자의 문제는 여자의 사회적 가치를 다시금 평가해야 한다. 유정부(有政府)와 무정부에 대한 토론, 재산 사유와 공유에 대한 토론은 정부 및 재산 등의 제도가 오늘날의 사회에 갖는 가치를 다시금 평가해야 한다. 더 내려갈 것 없이 위의 예로써 그러한 비판적 태도가 신사조의 공통정신임을 충분히 증명할 수 있다.

2

이 같은 비판적 태도가 실제로 표현될 때 두 가지 추세가 있다. 한편에서는 사회적·정치적·종교적·문학적인 여러 가지 문제를 논의하는 것이다. 다른 하나는 서양의 신사조·신학술·신문학·신신앙을 소개하는 것이다. 전자는 '문제의 연구'이고 후자는 '학리(學理)의 수입'이다. 이 두 가지가 신사조의 수단이다.

우리는 최근 2~3년 이래의 신잡지와 신문을 아무렇게나 뒤져 봐도 이 두 가지 추세를 찾아볼 수 있다. 문제의 연구라는 면에서 우리는 다음과 같은 것을 지적할 수 있다. ① 공자교 문제 ② 문학개혁 문제 ③ 국어통일 문제 ④ 여자해방 문제 ⑤ 정조 문제 ⑥ 예교 문제 ⑦ 교육개량 문제 ⑧ 혼인 문제 ⑨ 부자(父子) 문제 ⑩ 희극개량 문제 …… 등등. 학리 수입의 면에서는 『신청년』지의 '입센 특집', '마르크스 특집', 『민탁(民鐸)』지의 '현대사조 특집', 『신교육』지의 '듀이 특집', 『건설』지의 '전민정치(全民政治)의 학리', 그리고 『북경농보(北京農報)』, 『국민공보』, 『해주평론(海週評論)』, 『상해성기평론(上海星期評論)』, 『시사신보』, 『해방과 정치』, 『광주민풍주간(廣州民風週刊)』 등 잡지가 소개한 여러 가지 서양 신학설이다.

무엇 때문에 문제를 연구하는가? 우리의 사회는 현재 근본적으로 동요하고 있는데, 종전에는 문제를 발생하지 않았던 많은 풍속제도가 현재는 시세의 수요에 적응하지 못하여 사람들을 만족시키지 못하고 모두 점점 곤란한 문제로 변해 가고 있기 때문이다. 옛날의 해결법에 잘못이 있는가 없는가, 만약 잘못됐다면 어디가 잘못되었는가, 잘못이 밝혀지면 보다 나은 어떤 해결법이 있을 수 있는가, 현대의 요구에 적응할 수 있는 어떤 방법이 있는가를 철저히 연구하고 따져 보지 않을 수 없기 때문이다. 예컨대 공자교 문제 같은 것은 전에는 아무 문제가 안 되었다. 뒤에 동방문화와 서방문화가 접근하여 공자교의 세력이 점점 쇠퇴해 가고 이에 공자교를 믿는 사람들이 정부법령의 세력을 가지고 공자교의 존엄을 회복하고자 망상하되 그러한 고압적 수단이 일종의 회의적 반동을 불러오는 데 알맞는다는 것은 도리어 몰랐다. 그러므로 1915, 16년경 공자교회의 활동이 가장 컸을 때 공자교에 반대하는 사람도 가장 많았다. 공자교가 문제가 된 것은 이 무렵이었다. 현재 사리에 밝은 대다수 사람들은 이미 공자교의 미몽을 타파하였으니 이 문제는 또 점점 문제가 안 되게 되었다. 그러므로 안복(安福) 구락부의 의원들이 공자교를 수신의 대본으로 삼는다는 의안을 통과시켰을 때 국내에선 아무도 그것을 따지려 들지 않았다.

또한 문학혁명의 문제 같은 것도 종전에는 교육은 소수의 '독서인(讀書人)'의 특별한 권리로서 대다수 국민과는 무관계한 것이었으므로 문자의 어려움은 별로 문제가 되지 않았다. 근래에는 교육이 모든 국민의 공공권리가 되어 사람마다 교육보급을 소홀히 해서는 안 된다는 것을 알 수 있다. 그러므로 문언(文言)이 교육의 실제에 있어 적절하지 않다는 것을 사람들은 점점 알게 되었다. 이에 문언(文言)·백화(白話)가 문제가 된 것이다. 뒤에 백화만 가지고 교과서를 만드는 것은 소용 없는 일임을 깨닫게 되었다. 왜냐하면 세상 인심은 교과서 이외에는 쓸모가 없는 문자를 배우려 하지 않기 때문이다. 이들의 주장은 고문은 교육의 도구가 될 만하지 못할 뿐 아니라 문학의 도구가 될 만하지도 않다는 것이었다. 만약 국어의 교육을 제창하려면 먼저 국어의 문학을 제창해야 한다. 문학혁명의 문제는 이리하여 발생하였다. 현재 전국교육연합회는 이미 전체가 일치하여 초등학교 교과서를 국어로 개용(改用)하자는 안을 통과시켰다. 하물며 국어를 가지고 글을 쓰는 사람이 점점 많아지므로 이 문제는 점점 문제가 되지 않게 되었다.

무엇 때문에 학리를 수입하는가? 여기에 대해서는 대개 몇 가지 해석이 있다. 첫째, 일부 사람들은 중국은 포탄, 병선(兵船), 전보, 철로가 결핍되어 있을 뿐 아니라 신사상, 신학술이 결핍되어 있으므로 그들은 서양 근세의 학설을 흠뻑 수입한다는 것이다. 둘째, 어떤 사람은 어떤 학설을 깊이 믿고 있어 그것을 전파시키고 발전시키려고 하기 때문에 애써 그것을 제창한다는 것이다. 셋째, 어떤 사람은 자기 스스로는 구체적 연구노력을 하지 못하고 기성 학설의 번역을 비교적 쉽다고 생각하고, 그러므로 그러한 소매상을 즐겨한다는 것이다. 넷째, 구체적 사회문제 또는 정치문제를 연구하여 한편으로는 파괴를 하고 한편으로는 병세에 투약하는 일이 용이하지 않을 뿐 아니라 당국의 기휘(忌諱)를 범하여 화를 불러일으키기 쉬우므로 학설을 소개하는 것만 같지 않고, '학리 연구'의 미명을 얻게 되면 '과격파'라는 죄명을 피할 수 있다는 것이다. 또한 혁명의 씨도 얼마간 뿌려 놓을 수 있다는 것이다. 다섯째는 문제를 연구하는 사람이 문제 자체를 연구할 형편에 있지 않아 그 문제의 의의부터 생각하지 않을 수 없게 된다. 그런데 문제를 확대하여 그 의의에 이르게 되면 많은 학리를 가지고 비교하고 참고하는 재료로 삼지 않을 수 없다. 그러므로 학리의 수입은 간혹 문제의 연구를 도울 수가 있다는 것이다.

이 다섯 가지 동기는 비록 서로 같지 않으나 모두가 일종의 '비판적 태도'를 얼마간 갖게 되고 구래의 학술사상에 대한 불만족과 서방의 정신문명에 대한 일종의 새 각오를 표시하게 된다.

그러나 최근 2~3년의 신사조운동 역사에서 마땅히 유익한 교훈을 얻어야 한다. 어떤 교훈인가? 최근 2~3년 동안 신사조운동이 거둔 최대의 성적이란 거의 모두가 문제를 연구한 성과다. 가장 명백한 예의 하나가 신문학운동이다. 그 까닭은 아주 쉽게 설명할 수 있다. 무릇 사회적으로 문제가 되는 것은 반드시 많은 사람들과 밀접한 관계를 갖게 된다. 그 많은 사람이 비록 문제를 해결하지는 못한다 할지라도 그들은 평소 그 문제에 대하여 자연히 주의하지 않을 수 없다.

만약 어떤 사람이 그 문제의 여러 가지 측면을 자세히 분석하고 비판적 연구를 가하여 불만족스런 점이 어디 있는가를 지적하고 참신한 해결방법을 제기한다면 자연히 많은 사람의 주의를 끌게 될 것이다. 처음에는 물론 많은 사람이 반대할 것이다. 그러나 반대한다는 것은 곧 주의를 한다는 증거이고 관심의 표시다. 근일 신문지상에 실린 마르크스의 「잉여가치론」을 보자. 반대가 있었던가? 논의가 있었던가? 아무도 논의하지 않고 아무도 반대하지 않았다는 것은 사람들의 주의를 끌지 못했다는 증거다. 문제를 연구하는 글이 효과를 낼 수 있는 것은 그 문제가 반드시 사회·인생에 가장 요긴한 문제이고 사람들의 주의를 끌고 사람들을 크게 깨닫게 하기 때문이다. 「잉여가치론」 같은 전문적인 학설을 공공연히 소개해도 소수의 전문학자를 제외하면 달리 영향을 끼치지 못한다. 그러나 문제를 연구하면 얼마간 학리도 수입할 수 있고, 학리를 가지고 문제의 의의를 해석할 수 있으며 혹은 학리적으로 문제의 해결방법을 구할 수도 있다. 이런 방법으로 학리를 수입하여 부지불식중에 사람들에게 학리의 영향을 받을 수 있게 한다. 그뿐만 아니라 문제의 연구는 독자로 하여금 비판적 태도와 연구 의욕, 독립된 사상의 습관을 기르게 하는 데 가장 좋다. 「순수이성비판」 10부는 한 가닥의 비판적 태도보다 못하고, 「잉여가치론」 10편은 한 가닥의 연구의욕만 같지 못하며, 『전민정치론』 10종은 한 가닥의 독립된 사상의 습관보다 못한 것이다.

요약하여 말한다면, 문제의 연구가 단시일 내에 큰 효력을 발휘할 수 있는 것은 문제의 연구가 다음과 같은 몇 가지 장점을 갖고 있기 때문이다.

① 사회·인생에 요긴한 문제를 연구하는 것이 가장 쉽게 여러 사람의 주의를 끌 수 있다. ② 문제가 인생에 절실한 것이기 때문에 가장 쉽게 반대를 불러일으킨다. 그러나 반대는 곧 관심의 표현이기 때문에 환영해야

할 것이다. 더욱이 반대논의는 돈 한 푼 안 들이고 효과적으로 광고를 해 줄 뿐 아니라 논의의 결과 유익함을 얻게 되어 진리를 더욱 분명히 할 수 있다. ③ 문제가 사람들에게 절박하고 살아 있는 것이기 때문에 쉽게 사람들을 깨닫게 할 수 있고 쉽게 사람들을 믿고 따르게 할 수 있다. ④ 문제를 연구하면서 수입한 학리는 보통 사람의 학리에 대한 저항력을 쉽게 소멸시킬 수 있어 가장 쉽게 부지불식중에 사람들로 하여금 학리의 영향을 받을 수 있게 한다. ⑤ 문제를 연구하기 때문에 부지불식중에 연구적이고 비판적이고 독립사상적인 혁신적인 인재를 양성할 수 있다.

이는 근대 신사조운동의 대교훈이다! 내가 희망하는 것은 신사조의 지도자들이 앞으로 이 교훈을 이해하여 온 정력을 쏟아 문제를 연구하고, 모든 학리를 절대적인 진리로 보지 않고 단지 문제를 연구하는 참고자료로 삼으며, 모든 학리를 우리에게 절실한 여러 문제에 응용하여 문제를 연구하면서 학리의 수입에 노력하고, 문제를 연구하는 데 노력하고 문제를 연구하는 태도를 제창하여 문제를 연구하는 인재를 양성하는 것이다.

이것이 신사조운동에 대한 나의 해석이니, 이는 또한 신사조의 장래 취향에 대한 희망이다.

3

이상에서 말한 신사조의 '비판적 정신'은 현실적으로 두 가지 표현이 있다. "신사조운동이 중국 구유(舊有)의 학생사상에 대하여 어떤 태도를 가질 것인가?"라고 묻는다면, 나는 "그 또한 비판적 태도여야 한다"라고 답할 것이다.

구래의 학술사상에 대해 우리가 가져야 할 태도로서 크게 세 가지를 지적할 수 있겠다. 첫째 맹종 반대, 둘째 타협 반대, 셋째 국고정리(國故整理)다.

맹종은 비판의 반대다. 우리는 이미 '모든 가치를 재평가'할 것을 주장한 터이니, 맹종에 반대한다는 것은 말할 필요도 없다.

　타협에는 왜 반대하는가? 비판적 태도는 옳고 그른 것, 적당하고 부적당한 것만을 문제 삼지 고금중외의 타협 같은 것은 알지 못한다. 타협은 사회의 하나의 자연적 추세다. 인류사회는 수구적 타성을 갖고 있어 소수만이 극단적인 혁신으로 가려 한다. 대다수는 그저 아무나 따라 중간쯤 가다가 만다. 이것이 타협이다. 타협은 인류의 게으름의 자연적 추세로서, 우리가 제창할 것이 못 된다. 우리가 백 리 길을 간다면 대다수 사람들은 어거지로 3~4리는 따라올 것이다. 만약 먼저 타협을 해서 50리만 간다고 하면 그들은 한 걸음도 떼지 않을 것이다. 그러므로 혁신가의 책임은 단지 '옳음'만을 아는 방향을 잡고 가야지 고개를 돌려 타협을 해서는 안 된다. 사회에는 수많은 게으름뱅이와 겁쟁이가 있어 타협을 하기 쉽다.

　우리는 구래의 학술에 대하여 오직 한 가지를 적극 주장한다. 즉 국고(國故)의 정리다. 정리란 형편없이 헝클어진 속에서 일목요연한 맥락을 찾아내고, 생각없이 늘어진 데서 전인후과(前因後果)를 찾아내고, 황당하고 잘못된 견해 속에서 참 의의를 찾아내고, 무단적인 미신에서 진가를 찾아내는 것이다. 그렇다면 왜 정리를 해야 하는 것인가? 여지껏 고대의 학술사상이 조리도 없고, 두서도 없고, 계통도 없었기 때문으로, 먼저 해야 할 일이 이 계통적인 정리다. 옛날에는 고서를 연구하는 데 있어서 역사적 진화의 관점에서 본 사람이 극히 드물었으므로 학술의 연원과 사상의 전인후과를 따지지 않았다. 그러므로 누번째로 해야 할 일은 모는 학술사상이 어떻게 발생하였고, 발생 후에 어떤 영향을 미치고 어떤 효과를 냈는지를 찾는 것이다. 옛날 사람들은 책을 읽을 때 극소수의 학자를 제외하면 거의 대부분이 잘못된 견해를 전하였다―예컨대 태극도(太極圖)·효신(爻辰)·선천도(先天圖)·괘기(卦氣) 따위가 그것이다. 그러므로 세번째로는 과학적 방법을 가지고 정확한 고증을 하여 고인(古人)의 의의를 명백히 밝혀내야 한다. 고대의 학술사상에는 여러 가지 무단적 편견과 가소로운 미신이 들어 있기 때문에―예컨대 양주(楊朱)를 욕하고 묵책(墨翟)을 금수라 하고 공구(孔丘)는 높여 그 덕이 천지와 같고 그 도는 고금을 통하여 으뜸이라고 하는 따위―넷째로는 앞의 세 방법을 종합 연구하여 각가(各家)의 참 가치를 찾아 주어야 한다.

이것을 '국고의 정리'라고 한다. 현재 많은 사람이 국수(國粹)가 무엇인지도 모르면서 오히려 '국수를 보존하자'고 한다. 임금남(林琴南) 선생이 고문을 폐해서는 안 된다는 글을 지어 말하기를, "나는 그 도리를 알되 그것이 그렇게 된 까닭을 알지 못한다"고 하였다. 현재의 많은 국수파 가운데 이렇게 대강대강에 어리벙벙하지 않은 사람은 몇이나 될까? 이러한 사람이 어떻게 국수를 논할 자격이 있단 말인가? 무엇이 국수인지를 알려면 먼저 비판적인 태도와 과학적 정신을 갖고 무엇이 국사(國渣 : 나라의 찌꺼기)인지를 알고 국고를 정리해야 하는 것이다.

4

신사조의 정신은 하나의 비판적인 태도다.

신사조의 수단은 문제를 연구하고 학리를 수입하는 것이다.

신사조의 장래 추세에 대해 사견을 말한다면, 인생에 절실한 문제를 중시하여 연구해야 하고 문제를 연구하면서 학리를 소개하는 일을 해야 한다.

구문화에 대한 신사조의 태도는 소극적인 면에서는 맹종에 반대하고 타협에 반대할 것이며, 적극적인 면에서는 과학적 방법을 가지고 정리하는 노력이 있어야 한다.

신사조의 유일한 목적은 무엇인가? 그것은 문명(文明)을 재조(再造)하는 것이다.

문명은 한꺼번에 이루어진 것이 아니고 조금씩 조금씩 이루어진 것이다. 진화는 하룻밤 사이에 한꺼번에 된 것이 아니고 조금씩 조금씩 이루어진 것이다. 오늘날 사람들은 '해방과 개조(改造)'를 즐겨 말하는데, 해방이란 한꺼번에 되는 것이 아니며 개조도 한꺼번에 되는 것이 아님을 알아야 한다. 해방은 어떤 제도의 해방이건 여러 가지 사상의 해방이며, 여러 사람의 해방으로써 점진적으로 이루어지는 것이다. 개조는 여러 제도의 개조이고,

여러 사상의 개조이며, 여러 사람의 개조로써 조금씩 조금씩 이루어지는 것이다.

　문명재조에 착수하는 노력은 곧 여러 가지 문제를 연구하는 것이다. 문명재조의 진행은 곧 여러 문제의 해결이다.

1919년 11월 1일 새벽 3시
(민두기 편역, 『호적문선』)

X. 역사와 진보

랑 케(Leopold von Ranke : 1795~1886)

인류가 원시 상태에서 어떤 적극적 목적을 향해 전진해 왔다고 가정한다면, 그것은 두 가지 측면에서 생각할 수 있을 것이다. 그 하나는 인류 전체를 움직이고 이끄는 하나의 전체적인 의지가 인류를 하나의 점에서 다른 점으로 옮겨간다는 것이다. 또 다른 하나는 인간의 내면에 정신적인 불꽃 같은 것이 숨어 있어서 그것이 인류로 하여금 일정한 목적을 향해 필연적으로 몰려가게 만드는 것이라고 보는 쪽이다. 나는 두 견해 모두 철학적으로든 역사적으로든 성립될 수도, 실증될 수도 없는 것이라고 생각하고 싶다.

그 같은 견해는 우선 철학적으로 용납될 수 없다. 왜냐하면, 첫째의 가정에서는 인간의 자유를 전혀 고려하지 않아서 인간을 의지가 없는 도구로 보기 때문이고, 둘째의 가정은 인간이 곧 신(神)이나 아니면 무(無)가 되어야 하기 때문이다.

또한 이는 역사적으로도 실증되지 못한다. 첫째, 인류의 거의 태반이 아직도 원시 상태에 머물러 있다. 인류의 출발점인 바로 그 상태에 머물러 있는 것이다. 이러한 상황에서 진보란 무엇이며 어디에서 인류의 진보를 인정할 수 있는 존재를 찾아낼 수 있는가 하는 의문을 해결할 수 없다.

하기야 '라틴족이나 게르만족'에게서는 역사적 발전의 여러 요소가 존재함을 볼 수 있고, 거기에는 분명 한 단계에서 다음 단계로 발전하는 정신력이 존재하고 있다. 즉, 모든 역사를 통해서 인간정신이 갖는 이른바 역사력이라고도 할 수 있는 것이 존재한다는 점을 인정할 수 있다.

그런데, 그것은 원시시대부터 수집되어 온 어떤 항상성(恒常性)을 가지

고 끊임없이 계속되어 온 하나의 운동이다. 그러나 결론적으로 이 세계사
적인 운동에 참가하는 것은 전 인류 가운데 얼마 되지 않는 소수의 주민뿐
이다. 그리고 이 소수에 포함되지 않은 다른 다수의 주민이 있는 것이다.
그러므로 우리는 이 역사의 운동에 참가하고 있는 여러 민족이 모두 똑같
은 정도로 보편적으로 끊임없이 진보하고 있다고 볼 수는 없는 것이다. 그
한 예로서 '아시아'로 눈을 돌려보자. 우리는 아시아에도 문화가 발생하였
고 몇 개의 문화단계를 거쳤다는 사실을 알고 있다. 그러나 아시아에서의
역사의 흐름은 전체적으로 볼 때 퇴보적이었다. '아시아' 문화는 오히려 문
화발생의 시초였던 옛날이 오히려 전성기였다. 그리스적 요소나 로마적 요
소가 전성기를 맞았던 제2·3 시기에는 아시아 문화는 이미 대단한 것이
되지 못했다. 그리고 몽골족의 침입과 함께 아시아 문화는 종말을 고했던
것이다.

　이러한 사실(史實)을 놓고 사람들은 지리적으로 진보의 흐름이 옮겨 간
다는 가설을 세워 해석하고자 했다. 그러나, 예를 들어 피터 대제처럼 문화
는 지구를 회전하는 것으로서, 동방에서 와서 다시 동방으로 되돌아간다고
가정한다면 나는 그것을 처음부터 허황된 주장이라고 하지 않을 수 없다.

　둘째로, 이러한 지리적인 가설과 함께 피하지 않으면 안 될 또 하나의
잘못이 있다. 그것은 수세기 동안의 진보적 발전이라는 것이 마치 인간의
본질이나 능력의 모든 분야가 모두 계속해서 한 방향으로 발전한다고 생
각하는 과오다. 미술을 예로 들어보자. 미술이 15세기부터 16세기 전반까
지는 극도로 융성했으나 17세기 말부터 1725년경까지 극도로 쇠퇴하였다
는 사실은 주목해 볼 만하다. 이러한 사실은 시에서도 마찬가지다. 이러한
경우, 실제로 예술은 융성의 순간을 두세 번 맞이하였던 데 불과하며, 따라
서 시대의 흐름에 따라 진보의 속도가 더욱 가속화되어 간다고는 볼 수 없
다.

　이제 인류의 진보가 지리를 따라 옮겨 가는 것도 아니며 발전과 멸망이
반복된다는 점을 염두에 둔다면, 역사에 대해 보다 다른 안목을 갖게 될
것이다. 즉, 인류를 지배하는 커다란 정신적인 여러 경향이 어떤 때는 서로

분리되기도 하고 어떤 때는 서로 연결되기도 한다는 것이다. 그러나 이러한 여러 경향을 살펴보면, 항상 일정하게 특별한 방향이 존재하고 있어 그것이 압도적이고 추동적인 것이 되며, 그 밖의 것은 배후로 물러나 있게 마련이다. 예를 들면, 16세기 후반에는 종교적 요소가 압도적이었고 따라서 문학적 요소는 뒤로 물러나 있었다. 18세기에는 실용주의적 활동이 주류를 이루어 미술 등의 영역은 실용주의적인 과학에게 자리를 내놓지 않으면 안 되었다.

따라서 인류의 각 시대에는 일정하고도 뚜렷한 경향이 나타나 있다. 그리고 진보란 어떤 시기에 인간정신이 어떤 움직임을 보이고, 때에 따라 어떤 경향을 뚜렷이 드러내면서 자체의 독자적인 모습을 나타내는 것이다.

그러나 위에서 본 견해와는 반대로 인간생활은 계속 향상되어 왔다는 견해도 있다. 여기에 진보가 있는 것이며, 따라서 어떤 시대든 그 이전 시대를 완전히 능가해 왔다는 것이다. 그렇기 때문에 맨 마지막 시대가 항상 가장 뛰어난 시대가 된다. 선행하는 시대가 단지 후속되는 시대의 운반자에 지나지 않는다고 한다면, 그것은 신의 불공평한 대우라고나 할까? 이렇게 되면 매개화된 시대는 그 시대 자체로서 뜻을 지니지 못하는 것이 된다. 즉 선행하는 시대는 단지 다음 시대의 진보를 위해 연결된 단계로서만 의미를 가질 뿐, 그 시대 자체로서는 절대적인 의미를 갖지 못하는 것이다.

그러나 나는 주장한다. 모든 시대는 반드시 신의 뜻에 직결되는 것이며, 그 가치는 그 시대에 파생된 것이 무엇인가에 있는 것이 아니라 그것이 존재하는 그 자체 속에 존재하는 것이라고. 그로 말미암아 역사의 고찰, 특히 역사상 개체적인 생명에 대한 고찰은 비할 데 없이 독자적인 매력을 지니게 된다.

따라서 역사가는 첫째로, 어떤 역사에 접근할 때 그것이 어느 시대이건 간에 인간이 어떻게 생각하고 어떻게 생활했는가라는 점에 주안점을 두어야 한다. 그렇게 할 때 비로소 도덕적인 이념과 같은 일종의 영구불변한 기본이념을 떠나, 각 시대는 각기 특수한 의의와 경향을 갖고 있으며 또한 각기 고유한 이념을 갖고 있다는 사실을 알게 될 것이다. 한편 각 시대가 그 자체로서 어떤 이유와 가치를 갖는다고 인정하더라도, 다른 한편으로는 거기에서 파생된 것이 무엇인가를 간과해서는 안 된다. 둘째로 역사가는, 개개의 시대 사이에 가로놓인 차이점을 인식하여 그 전후관계의 내적 필연성을 고찰해야 한다. 물론 그 경우 어떤 종류의 진보가 인정된다. 그러나 내가 여기에서 주장하고 싶은 것은 이 진보는 일직선으로 곧게 전진하는 것이 아니라, 오히려 개울물이 온갖 굴곡을 헤치고 흘러가듯 나아가는 것이라는 점이다. 이렇게 말해도 된다면, 신 앞에는 시간이라는 것이 존재하지 않기 때문에 신은 역사상의 전 인류를 전체로서 바라보고 언제 어디에서나 평등한 가치를 인정하고 있는 것이다. 신 앞에서는 인류의 어느 시대든 모두 평등한 권리를 갖고 있고, 따라서 역사가도 사물을 그러한 눈으로 보지 않으면 안 되는 것이다.

　역사를 거슬러 올라가 살펴보다 보면, 물질적 영역에서 조건없는 진보나 결정적인 향상이 인정된다. 물질 면에서 이룩된 진보는 세상이 뒤집히지 않는 한 퇴보하지 않을 것이다. 그러나 도덕적인 면에서는 진보의 자취를 찾아볼 수가 없다. 물론 도덕적인 관념이란 것이 외면적으로 진보할 수는 없다. 정신적인 면에서도, 예컨대 미술이나 문학 같은 아름답고 도덕적인 작품을 오늘날에는 과거보다 많은 대중이 감상하고 있다고 주장할 수도 있다. 그러나 호머보다 위대한 서사시인이기를 바란다거나 혹은 소포클레스보다 위대한 비극작가는 현대에도 찾아보기 어려울 것이다.

　철학자들 중에서도 특히 헤겔학파는 이 점에 관해 나름대로의 관념을 세우고 있다. 즉, 인류의 역사는 마치 하나의 이론 전개과정과 같이 정립에 대한 반정립의 개념이 긍정·부정의 형태로 전개되어 간다고 말한다. 이러한 견해에 따르면, 이념만이 독립된 생명을 갖게 되고, 모든 인간은 이 이념에 의해 만들어진 그림자이거나 아니면 한 모형에 지나지 않게 될 것이다. 이러한 이론의 밑바탕에는 신과 인간을 업신여기려는 관념이 숨어 있다. 이러한 생각은 당연히 범신론 쪽으로 기울 수밖에 없다. 그럴 경우, 인간은 현재 형성되어 가고 있는 신이며, 그 본성 속에 갖추어져 있는 진보를 향한 정신 과정에 의해 스스로를 낳게 된다고 본다. 그렇기 때문에 나는 한 시대의 지도적인 이념이란 그 시대의 지배적인 경향일 수 밖에 없다고 생각하는 것이다. 이러한 경향은 다만 설명될 수 있을 뿐, 하나의 개념으로 요약한다는 것은 절대 불가능하다.

역사가는 여러 세기의 대국적인 경향들을 구별하고, 이들 경향의 혼합으로서 인류의 대역사를 열어 보여주어야 한다. 신의 이념이라는 입장에서 본다면, 나는 역사를 다음과 같이 생각할 수밖에 없다. 인류는 그 자체 안에 무한한 발전 가능성을 지니고 있으며, 그것은 천천히 그리고 또 우리에게는 알려지지 않은 법칙에 따라 사람들이 생각하는 것보다 훨씬 신비롭고 위대하게 구현되어 왔다고.

나는 여기서 서론적인 고찰로서 주로 진보의 개념을 논했는데, 진보의 개념이란 여러 가지 사건과 형태마다에 적용될 수는 없는 것이다. 진보란 일반적인 시대개념이라든가 요약된 결합체로 파악해서는 안 된다. 한 시대는 진보라는 이유로 다른 시대에 예속되어 있는 것이 아니기 때문이다. 뿐만 아니라, 이 개념은 미술이나 시, 학문 및 국가에 있어서 천재의 창조에도 적당하지 못하다. 이것들은 모두 신적인 것에 직접 연결되는 것이기 때문이다. 물론 여기에도 선후관계, 인과관계가 있다고는 하지만 진실로 창조적인 것은 그 전에 있었다거나 뒤에 오는 것과는 관계가 없다.

마찬가지로 도덕적 또는 종교적 진보라는 것도 인정할 수 없다. 왜냐하면 이것 역시 역사에 내재하는 신의 뜻과 직접 연결되어 있기 때문이다. 가령 옛날의 도덕적 관념이 불완전했다고 말할 수 있을는지 모른다. 그러나 기독교의 출현으로 진정한 도덕과 종교의 표본을 제시한 이래, 이 방면에서도 더 이상의 진보는 전혀 나타나지 않고 있다. 예를 들면 그리스인 사이에서는 원수에게는 꼭 보복을 해야 한다는 민족적인 관념이 통하였지만, 기독교에 의해 그러한 관습이 일소되고 말았다는 것은 확실한 사실이다. 그러나 이는 기독교의 본질이 이전의 불완전한 도덕체계에서 보다 도덕적인 면으로 사람의 성품을 개선시켜서가 아니고, 돌발적으로 나타난 신적인 현상이었다. 대체로 천재의 출현이란 신의 계시로서의 성격을 띠고 있다. 플라톤 뒤에는 다시 플라톤이 나타날 수 없다. 철학에 있어서의 쉐링의 공적을 경시하려는 것이 아니지만, 나는 그가 플라톤을 능가했다고는 생각하지 않는다. 플라톤은 언어와 문체와 그 시적 표현에서 누구보다도 우수했다. 물론 플라톤에 비해 쉐링이 훨씬 더 많은 선조들의 자료를 이용할 수 있었다는 점은 인정해야겠지만……

이에 반해, 자연에 대한 인식과 자연의 지배에 관한 면에서는 진보를 인정할 수 있다. 전자의 경우, 고대에는 유치한 단계에 있었으며 후자의 경우에도 고대인은 우리와는 비교도 안 될 정도로 수준이 낮았다. 이 사실은 우리가 말하는 보급과 관계가 있다. 도덕이나 종교상의 여러 이념의 보급, 아니 넓게 볼 때 인류의 이념의 보급은 끊임없는 진보의 도상에 있으며, 일단 문화의 중심이 어딘가에 뿌리를 내리게 되면 그 문화는 여러 방향으로 전파되어 가는 경향을 지니고 있다. 그러나 이 경우에도 진보는 절대로 멈춰 있는 일이 없는 것이라고는 잘라 말할 수는 없다. 어쨌든 물질적인 면, 즉 과학과 문명이 발전하고 따로따로 떨어져 있던 개개 종족이 인류나 민족이라는 테두리에 들어서게 된 것은 분명 인류사의 진보다.

그에 반해 본질적으로 인문·사회과학의 각 부문, 그 가운데서도 특히 철학 및 정치학에서도 과연 진보가 있었는지는 의심스럽다. 고백컨대, 철학의 경우 플라톤이나 아리스토텔레스에서 완성을 본 철학만으로도 충분하다고 생각한다. 형식적인 면에서 이제까지의 철학이 그 두 사람을 뛰어넘은 석이 없고, 노 내용 면에서도 근대의 철학은 또다시 아리스토텔레스로 복귀하고 있다.

정치학에서도 그 점은 마찬가지다. 역사가 시간의 흐름에 따라 경험이나 정치적인 시도에서 훨씬 다양해졌다고는 해도 일반적인 원리는 이미 고대인들이 확정해 놓은 것이다. 현재 우리의 행동을 규제하고 있는 정치도 근본적으로 보면 역사가 허용하는 환경에 의존하고 있다. 입헌적·대의적 군주제 같은 것은 지금의 우리에게 절실하게 다가서는 문제다. 그러나 결국 그것도 주어진 환경에 따라 결정되어야 할 것임에 틀림없다. 왜냐하면 대의제가 이미 이념상 군주제와 결부되어 있는 것이라고 아무도 주장할 수 없기 때문이다. 요컨대, 후세로 올수록 사람들의 경험이 풍부해지고 이를 통해 정치체제가 변했기 때문에 정치도 고대인보다 나아졌다고 말할 수 있을 뿐이다. 또한 주권이 군주에게 있는가, 아니면 인민에게 있는가 하는 문제는 학문으로 해결될 성질의 것이 아니고, 역사적인 발자취를 더듬어 봄으로써 그 근거를 추론해 볼 수 있다.

이는 역사서술에서도 마찬가지일 것이다. 누구도 투키디데스보다 뛰어난 역사가라고 자부할 수는 없다. 그러나 어떤 면에서 볼 때 나 자신은 역사서술에서 고대인과는 좀 색다른 임무를 수행하고 있다고 자부하고 있다. 그것은 우리의 현대사가 고대인의 그것보다 한층 풍부한 흐름을 갖고 있기 때문이다. 아울러 우리가 여러 종족의 전체적인 생활을 종합하려는 또 다른 힘을 역사기술 속에 끌어들이고자 하는, 한 마디로 말해 역사를 통일적으로 파악하고자 하고 있기 때문이다.

(이현희, 『역사는 무엇을 가르쳐 주는가』)

XI. 미래의 예측인가 미래의 형성인가

다니엘스(Robert V. Daniels)

현재는 과거의 사회세력들과 개인의 결정들 및 우연한 사건들의 산물이라 할 수 있다. 그러므로 미래 역시 현재 작용하고 있는 복잡한 요인들의 산물이 될 것이다. 역사학도들은 이런 과정의 형성 방식을 이해하는 방법을 배운다. 그리고 이와 동일한 방법으로 미래를 예측하고 싶어하게 된다.

그런데, 역사가의 입장에서 보면 미래의 예측은 앞을 훤히 내다볼 수 있는 유리와 같은 것이 아니다. 미래 예측은 앞으로 무엇이 현재와 같이 지속될 것인가, 현재의 상황에서 어떤 발전이 이루어질 것인가를 예견하고 미래의 문제들과 기회들을 예상해 보려는 진지한 노력이 있어야 한다. 실제로 사람들은 자신들이 의식하든 의식하지 않든 언제나 미래 예측을 하면서 살고 있다. 이들은 사건의 결과를 보다 나은 방향으로 변화시키려고 고민하거나 불행한 일이 생길 기회를 최소한으로 줄이는 방향으로 행동을 계획하려고 노력한다.

계획과 예견은 경험으로 배운 것에 의존한다. 정치가들의 경우 역사의 교훈을 활용하는데, 역사의 교훈들이 가르쳐 주는 것과 가르쳐 주지 않는 것에 대해 적절히 신경을 쓰게 된다. 그런데 새로운 상황이 과거의 상황과 비슷하게 진행되리라고 믿는 것은, 역사란 근본적으로 정태적(靜態的)이라고 가정하는 것이다. 그러나 현실 세계는 변화하고 있기 때문에 분명히 유사한 상황도 아주 판이한 상황으로 전개되는 수가 있다. 예를 들면, 1930년대의 미국은 유럽전쟁에 휘말려드는 것을 피하기 위한 중립법안을 통과시킴으로써 제1차 세계대전의 교훈을 활용하려고 노력했다. 그러나 그러한 노력은 나치의 도전이라는 새로운 상황 아래서 오히려 미국이 제2차 세계대전을 예방하는 데 실패하게 했고, 세계에 치명적인 손실을 입히면서 전쟁을 연장시킨 결과가 되어 버렸다. 어떤 사람은 이렇게 말한 바 있다. '역사란 교훈이 될 수 없다'라고.

경륜이니 역사의 교훈이니 하는 말을 사용할 때 우리는 과거와 현재에 관한 지식을 기반으로 하여 미래에 대해 현명한 결정을 내리려고 노력한다. 이것은 과거의 경험과 현재의 결정이 미래를 결정하는 데 영향을 미친다는 뜻이다. 미래는 사람들이 결정하기에 따라서, 사람들의 시도에 따라서, 또는 사람들의 우연한 성취나 실패에 따라서도 좌우된다. 이것이 미래에 대한 어떤 예측도 불확실하다는 현실적인 한계를 가져온다. 미래는 여전히 어느 정도 불확정적이다. 미래는 어떤 천리안을 가진 사람의 눈에도 확연히 드러나는 그런 것이 아니다. 미래는 아직도 결정되어 있지 않다.

미래를 결정하는 것은 여러 가지 요인들, 즉 우리가 측정하고 평가하려고 하는 과거와 현재의 역사적 세력과 상황들 및 아직도 이루어지지 않은 인간의 제반 결정과 대응방법들의 복합작용이다. 따라서 미래는 한편으로는 알 수 있을 것 같으나 한편으로는 알 수 없는 것이다. 그 비례에 관해서는 역사가들 사이에 의견이 서로 다를 것이다. 국민대중의 관심과 반응을 포함하며 경제적이고 사회적인 요인들을 강조하는 역사가들은, 미래는 과거부터 진행되어 온 역사적 경향의 운동량에 의해 어느 정도 미리 결정된다고 느낄 것이다. 지도자들의 역할, 정치적 상부구조, 또는 지적인 혁신의 역할을 강조하는 역사가들은 미래가 예견 불가능한 개인의 행동과 정신력에 지배를 받기 때문에 훨씬 더 예측하기 어려운 것이라고 생각하려 할 것이다.

어쨌든 미래의 형태가 적어도 부분적으로나마 인간의 행동과 의지의 지배를 받는 것이라 할 때, 문제는 우리가 예측하는 것이 아니고 우리가 바라는 것이다. 현재 진행되고 있는 역사발전의 힘을 전제로 하여, 우리는 미래의 흐름을 가장 유리한 방향으로 이끌 수 있도록 하기 위하여 어떤 결정을 내릴 수 있으며, 또 어떤 결정을 권장할 수 있는가? 이 질문은 역사학이 미래를 다루게 될 때, 한 사회가 달성하려고 하는 목적들의 선택과 추구를 위한 정책의 과학이 된다는 것을 뜻한다.

한 지도자가 미래의 모형을 선택할 수 있고 그것을 실현할 수 있는 위치를 차지할 때 우리는 그가 '역사를 만들' 능력을 지녔다고 말할 수 있게 된다.

한 지도자의 역할의 성공 여부는 물론 여러 가지 조건에 영향을 받으며 제약도 받을 것이다. 과거에서 비롯되는 모든 정치적·사회적 상황이 한 지도자에게 선택의 길을 제한한다. 한 지도자가 사회의 반응을 조정하고 사건의 흐름을 바꾸기 위해서는 정부라는 어떤 조직화된 힘의 수단을 가질 필요가 있다. 한 지도자의 힘은 자신의 명령이 곧 법인 전제적 성격을 띨 수도 있고, 자신의 수중에 어떠한 현실적 권력조직도 갖지 못하는 종교적 지도자나 문학 지도자와 같은 경우처럼 정신적인 지도자의 성격을 띨 수도 있다. 가장 위대한 정치지도자들은 정신적 권위와 정치적 권위를 결합시킨다. 여기서 히틀러는 정신적·전제적 지도자의 본보기고, 처칠은 정신적·민주적 지도자의 본보기다. 어쨌든 역사를 만드는 지도력은 지도하고 결정하기를 원하는 인물을 뽑는 방법, 이 인물의 의지를 사회 전체를 위한 역사적 변화로 옮겨 줄 수 있는 기구에 의존한다.

지도자의 이 같은 역할은, 정책이 의도한 것과는 다른 결과를 낳을 높은 확률의 가능성에 의해 여전히 제약을 받는다. 생각, 정책결정, 실천, 사회적 반응 및 역사적 결과 사이에는 잠재적 오차의 긴 연쇄판세가 있다. 히틀러는 '천년왕국'을 약속하였으나 그의 계산착오로 인하여 그 정권은 12년 3개월밖에 유지되지 못하였다. 어떤 지도자나 정부가 취하는 행동도 그것은 역사적인 여러 요인들의 만화경에 던져지는 또 하나의 요인에 불과하다. 아무리 훌륭한 식견과 선견지명을 가진 지도자라 할지라도 자신이 세운 계획이 바라는 대로 성과를 거두리라고는 확신할 수 없다. 마르크스의 동지였던 프리드리히 엥겔스는 이렇게 말한 적이 있다. "혁명을 이루어 놓았다고 자랑하였던 사람들은 언제나 그 다음 날에 가서는 자신들이 하고 있는 일이 전에는 전혀 예상치 못한 일이며, 이루어진 혁명은 자신이 이루고자 하였던 혁명과는 전혀 다르다는 사실을 깨닫게 되었다"라고. 가장 정교

한 정치적 강령들, 특히 공산주의의 혁명적 이데올로기도 그 본래의 목적에 비추어 볼 때 치명적인 실수를 범하였다. 그것은 이들 지도자가 자신들이 행동하고 있는 상황과 자신들의 행동이 가져올 결과를 충분히 알고 있지 못하였기 때문이다. 가장 훌륭한 지도자란 예측할 수 없는 사항과 아이러니컬한 것에 대해 훌륭한 역사적 감각을 지니고 있는 인물이다. 이런 인물은 성공하지 못할지도 모른다고 예상하면서도 가능한 한 최선을 다한다. 또 무엇보다도 열린 마음을 굳게 지키고 성공을 거두지 못하고 있는 정책들도 가볍게 바꾸는 일 없이 고집스럽게 고수함으로써 계획한 사항에 차질을 빚는 일이 없도록 한다. 케네디 대통령이 여기에 가까운 인물이었다.

(이현희, 『역사는 무엇을 가르쳐 주는가』)

XII. 미래문명의 전망

홉스봄(Eric Hobsbawm)
대담 : 김광일

—선생께서는 저서 『극단의 시대』에서 지난 20세기를 '파국의 시기'(1914~1950), '황금 시기'(1950~1973), '산사태의 시기'(1973~1991) 등으로 나누었다. 만약 이 책을 새로 쓴다면 1991년부터 지금까지의 시기에는 무슨 제목을 붙이겠는가.

1973년에 시작된 시기가 이미 완료되었다고 결론을 내릴 수 있을지 판단하기란 매우 어렵다. 세계 경제사적 의미에서 보건대 1973년은 하나의 경계선을 이루고 있다. 이 때부터 세계경제는 분명하게 다른 방향으로 발전하기 시작했다. 예를 들자면 1997년, 1998년에 세계가 겪었던 경제위기는 역사발전상 아직도 1970년대 초반에 시작되었던 것과 똑같은 단계에 머물러 있다고 할 수 있다. 나는 내가 『극단의 시대』를 통해 관측했던 같은 기조가 계속되고 있다고 확신한다.

—그러나 베를린 장벽이 무너진 1989년 이후에 세계적으로 엄청난 혼란이 있지 않았는가.

사실이다. 나는 80년대 말, 90년대 초에 있었던 어려움과 위기를 오로지 공산주의와 소련만 겪었던 것은 아니라고 본다. 그것은 세계의 모든 시스템에 영향을 끼쳤을 정도로 일반적인 위험이었다. 소련의 경제체제는 사라졌지만, 그 후로 세계경제가 되어 버린 서구경제 역시 전례 없는 대혼란의 시기에 돌입하게 되었다. 이상하게 보일지 모르지만, 소련체제의 붕괴는 어느 정도까지는 세계경제의 대혼란을 부채질했다. 왜냐하면 소련체제의 붕괴는 옛 소련 위성국가들을 포함한 대부분의 남동부 유럽 국가들에게도 정치적·경제적 붕괴를 야기했기 때문이다. 서구경제는 사실상 아무런 해결책도 마련하지 못했다. 자유시장경제를 도입해서 이 문제를 해결하려는 시도가 있었으나 이것은 소련 내부에 파국을 몰고 왔을 뿐이다. 그리고 결국 한국을 비롯한 동아시아의 경제위기가 서구로 번졌던 것처럼 위기의 확산을 부추겼던 것이다. 그래서 나는 『극단의 시대』 말미에서 관찰했던 현상들이 더 강화되고 세계적으로 퍼졌다고 본다.

─20세기를 마감하면서 최후의 승리는 누가 차지했는가. 자본주의자들인가, 기업의 오너들인가, 아니면 미국인인가. 우리는 도대체 역사에서 승자와 패자를 말할 수 있는가.

정치적으로 말한다면 승자가 있다. 흔히 20세기는 미국의 세기라고 할 수 있을 것이다. 미국인들은 경제적으로, 군사적으로 세계에서 유일한 메이저 강국으로 남았다. 그러나 나는 역사학자로서 세번째 천년의 벽두를 바라보면서, 그리고 지난 20세기를 되돌아보면서 뭐라고 말해야 좋을지 망설이지 않을 수 없다.

지난 17세기 유럽을 보자. 당시 사람들은 유럽의 최대 강국인 프랑스와 그 절대군주인 루이 14세를 승자로 보았다. 그러나 그로부터 여러 세기가 흐른 지금 우리는 그것을 17세기의 어떤 특별한 대표성으로 받아들이지 않고 있다. 역사학자들이 인상적으로 받아들이고 있는 20세기의 가장 큰 특징적 변화는 비약적으로 가속화한 경제·사회적 발전이다. 가상의 세계를 통해 지난 50년을 여행해 본다면 이 점이 가장 놀랄 만한 변화일 것이다. 그래도 정치적으로는 미국이 이겼다. 다만 나는 다음 세기에도 이것이 중요 요인이 될 것이라고는 생각하지 않는다. 다음 세기는 지구적 헤게모니를 차지하려는 민족국가들의 투쟁의 세기가 되지는 않을 것이기 때문이다.

승자를 말한다면, 패자도 말할 수 있다. 20세기에는 몇몇 패자가 있었다. 나는 단지 공산주의를 말하려는 것은 아니다. 러시아는 물론 패자다. 그들은 끔직하게 졌다. 일본도 패자라고 말하고 싶다. 우리가 만약 20세기 중반에 머물러 있다면 일본도 세계역사의 동인이 된다고 할 수 있었을 것이며, 그들이 세계의 메이저 강국으로서 아시아 대부분을 차지하고 있던 점도 인정해야 할 것이다. 일본은 20세기 전반부에 세계가 처했던 그러한 상황을 더 이상 갖지 못할 것이다. 물론 독일도 그들이 제1·2차 세계대전 때 유럽에서 군사적 메이저로 군림했던 것과 같은 그런 목표를 설정할 수 없다는 것은 확실하다.

그러나 다른 한편 독일은 경제적으로 충분히 제 역할을 할 수 있을 것으로 보이며, 그것은 유럽연합(EU)의 중추적 임무가 부여되어 있기 때문이다. 독일은 아마도 장차 유럽연합에서 헤게모니적 중심적 지배적 요인으로 남아 있을 것으로 보인다. 이것을 프랑스인들은 싫어하겠지만, 미국인들은 반길 것이다. (20세기를 길게 봤을 때) 러시아와 일본이 사라진 방식과는 달리 독일은 국제적 정치무대에서 결코 사라지지 않을 것이다. 일본이 정치적으로 사라졌다는 점은 한국에 영향을 미칠 것이다.

−21세기 첫 10년 동안 세계에는 누가, 어떤 계급이, 혹은 어떤 나라가 강자로 부상하겠으며, 인류에게는 무엇이 가장 중요한 가치가 될 것인가.

이것은 매우 광범위한 질문이다. 현재 일어나고 있는 것들은 전통적인 국가, 특히 민족국가가 19~20세기에 수행했던 그런 역할을 하지는 않을 것이라는 점을 보여주고 있다. 우리는 초국경적 기업이 없는 상황에서 서로 충돌하는 일련의 국가들을 발전시켜 왔다. 이들 가운데 많은 나라는 특별한 국가들, 가령 미국 같은 나라와 연대를 맺었다. 그러나 그들은 기능적으로, 구조적으로 서로 같지 않았다.

오늘날 우리는 전혀 다른 시스템 속에 살고 있는데, 여기서는 미국이나 일본 같은 국가 사이의 관계보다는 IBM, 소니 같은 초국경적 파워들의 관계가 더 중요해졌다. 이 초국경적 파워들은 자신들만의 국제적인 관계를 형성했다. 세계의 무역도 국가간 거래가 아니라 초국경적 파워들 사이의 거래로 봐야 옳다. 초국경적인 파워들의 장래를 점치는 것은 불가능에 가깝다. 그들의 자본축적과 자본집중이 너무 빠른 속도로 진행되고 있기 때문이다. 그러나 우리가 확실히 알 수 있는 것은 이 초국경적 파워들이 국가를 밀어내지는 않을 것이란 점이다.

따라서 우리가 예측할 수 있는 한도의 미래까지는 적어도 '이중적 세계(dual world)'에 살게 될 것이라고 나는 생각한다. 중요한 나라들, 예컨대 미국, 유럽연합, 중국, 일본, 브라질 등은 계속 중요한 국가로 남을 것이다. 그러나 우리는 이러한 국가들이 형성하는 세계와 매머드급 국제회사들이 형성하는 세계를 구별해야만 한다. 앞으로 21세기에 어떤 나라가 지배적인 국가가 될 것인지 점치는 것은 불가능하다. 20세기 말에 일어나고 있는 일들은 지난 수세기 동안 전혀 보지 못했던 일들이기 때문이다. 아울러 다음 세기에 세계질서가 앞에 말한 중요한 국가들의 개입 혹은 그들의 협상으로 지배되거나 결정될 것이라고 더 이상 기대해서는 안 될 것이다.

─유럽 지식인들 중 일부는 미국 경제학자들이 '자유시장 신'을 경배하고 있다고 비판하기도 한다. 세계화(globalization)는 제한없는 시장개방을 의미하는가. 그것은 종국적으로 인간행복에 이바지할 것인가.

나는 그것을 완전자유시장(pure free market)의 이데올로기이자 신학이라고 부른다. 그것은 1980년대에 지배적인 현상이 됐으며, 부분적으로 이데올로기적으로는 소련에 대한 반동이기도 했다.

동시에 1950~70년대 경제의 정책적 실패에 대한 반동이기도 했다. 그러나 나는 언제고 이 이데올로기적 '신학적' 개념이 경제적 순리성(rationality)에 의해 정당화됐다고 보지 않는다. 통제받지 않는 자유시장이 경제성장을 최대화한 것은 사실이다. 이것은 그 논리적 귀결로서 전체 주민의 배분과 번영을 최대화했다. 이것이 부분적으로 효력을 낸 것은 사실이지만 그렇다고 일반화할 수는 없다. 가령 한국을 예로 들어보자. 한국이 이룩했던 비약적인 경제발전은 통제받지 않은 완전자유시장 덕분이었는가. 아니었다.

사실 2차대전 이후 50년대, 60년대에 경제성장이 가속화됐던 지역, 그리고 70년, 80년대의 한국 등은 자유시장 때문에 그 같은 성취를 이루었던 것이 아니다. 그 때 통제받지 않는 자유시장이 있었다면 그 같은 성취가 가능했을지도 의문이다. 완전자유시장의 성공 사례는 홍콩이 거의 유일한 예다. 한국을 비롯한 다른 '아시아의 용'들은 계획경제와 자유기업의 콤비네이션이었다. 완전한 경제성장을 최대화하는 것도 특정 조건 하에서만 가능했다.

두번째 질문, 즉 자유시장에 의존해서 경제성장을 최대화하는 것이 복지증진을 최대화하느냐에 대해서는 그 정반대라는 것이 모든 증거에 의해 드러나고 있다. 완전자유시장이라는 이데올로기는 불평등을 가속화했고, 사회적 공공적 기능을 무시했다. 이것은 아담 스미스 자신도 인정했던 부분이다(홉스봄 교수는 이 대목에서 씁쓸하게 웃었다). 완벽하게 통제받지 않는 자유시장·자유무역이라는 이데올로기는 역사적으로 살피건대 헤게모니 국가에게 유용했다는 것을 알 수 있다. 19세기 영국도 이 이데올로기를 이용했고 이익을 얻었다. 영국은 산업제품을 수출하고 의존적 국가들로부터 원자재의 수입을 최대화하기 위해 자유무역을 필요로 했다. 마찬가지로 완전자유시장의 이데올로기는 오늘날 미국의 상황에 적합한 것이지 다른 나라들에게 꼭 필요한 것은 아니라고 본다.

─그 이유 때문에 오늘날 미국은 자신들의 완전자유시장 이데올로기를 그토록 확산시키려고 노력하고 있는 것인가.

미국은 역사적으로 자국 산업을 보호하려는 정책을 강력하게 선호해 왔다. 자유이동을 최대화하는 것은 현재 미국의 이익에 부합된다. 이 위기의 시기에도 우리는 미국인들이 세계적 자유무역 기구들을 이용해서 자국 산업을 보호하려고 하는 것을 목격할 수 있다. 그들(정책입안가)은 자유이동, 투명성, 자본의 무제한 이동 등을 장려하는 일반 정책을 펴는 한편, 일본을 비롯한 다른 경쟁자로부터 자국 산업을 보호하라는 압력을 받고 있다.

　-그렇다면 우리는 미국의 군사적·정치적 동맹국으로서, 동시에 경제적으로는 무자비한 경쟁자로서, 그리고 문화적으로 선택의 여지가 없는 헐리우드물의 소비자로서 앞으로 미국과 어떻게 살아 나가야 할 것인가.

　나는 한국의 군사적 상황이 10년 전과는 매우 다르다고 생각한다. 특히 마지막으로 살아남아 있는 옛날 스타일의 공산체제가 이웃하고 있는 관계로 한국은 특수한 상황에 있다. 나는 한반도 상황을 특별하게 전망할 수 있는 입장에 있지는 않지만, 북한이라는 독립적으로 유리된 공산체제가 항구적으로 존속하게 될 것이라는 생각은 들지 않는다.

　한국의 통일은 이루어질 것으로 보이며, 아마도 독일에서처럼 한국체제를 주축으로 한 통일이 있을 것이다. 따라서 남북 군사분계선에 포진하고 있는 미국의 군대에 어느 정도 의존해야 하는 한국의 군사적 상황은 바뀌게 될 것이다. 그러나 이것은 독일의 통일에서 보듯이 전혀 다른 문제들을 야기할 수도 있다. 정치적으로 제도적으로 한 나라를 통일하는 것이 모든 문제를 해결하는 것은 아니다. 남한과 북한은 서로 극단적으로 다른 방법에 의해 반세기 동안을 발전해 왔다. 한반도는 통일의 최적 조건을 갖고 있다고 할 수 없는 것이다. 독일인이 했던 것을 단순히 한국인들이 반복할 수는 없는 노릇이다.

　세계적으로 시야를 돌리면 근본적인 변화가 있다는 것을 알 수 있다. 왜냐하면 오늘날 군사적으로 지존무상인 미국에 대항할 수 있는 세력은 없기 때문이다. 20세기에 있었던 타입의 국가 간의 전쟁은 더 이상 없을 것이다. 중국의 부상과 도전을 제외한다면, 미국이 군사적으로 전면적인 대결을 각오해야 할 상황은 없을 것이다. 그래서 미국인과 유럽인은 나토(북

대서양조약기구)를 변혁하려는 것이다. 소련에 대적하여 스스로를 방위하려는 원래 기능은 사라졌다.

현재 미국은 나토에 대한 새로운 정당성을 찾아내려 하고 있고, 유럽인은 아직 그것을 받아들일 준비가 돼 있지 않다. 나토는 지금 코소보나 보스니아에서 보듯이 미국의 평화유지군처럼 활동하면서 본래의 목적과는 다르게 행동하고 있다. 이러한 문제들이 해결되면, 그리고 한국이 통일되면 한국의 군사적 장래에도 영향을 끼치게 될 것이다. 오늘날 모든 나라는 미국과 좋은 관계를 유지하고 있다.

그러나 미국은 다른 국지적 분쟁을 치르면서 세계적 헤게모니의 한계를 발견하고 있다. 미국과 군사적으로 경쟁할 수 있는 나라는 지금도 없고, 앞으로도 없을 것이다. 동시에 지상에서 일어나고 있는 일들을 결정짓기 위해 단지 그것만으로는 부족하다는 것을 미국은 깨달아야 할 것이다. 이라크가 그 좋은 예다. 미국은 9년 동안 이라크를 공격했고, 이라크는 철저히 부서졌지만 미국에게 더 나아진 것은 하나도 없다. 이것이 미국이 새로 발견해야 하는 상황이다. 미국은 어떤 상황에서 자신들이 이룰 수 있는 일, 이룰 수 없는 일을 알아야만 한다.

현재 미국은 지상의 누구에게나 언제든 폭격을 할 수 있다는, 이른바 80년대에 확립된 '부시 독트린'에 의존하고 있다. 미국은 최근 몇 년 동안 이러한 의지와 능력을 과시했다. 그러나 그 정치적 효과는 분명히 한계가 있는 것이다.

— 그뿐 아니라 미국은 현재 대중문화적으로도 세계를 지배하고 있지 않는가. 문화적 측면에서 조명해 보았을 때 장래의 모습은 미국과의 관계에서 어떤 방식으로 변화할 것인가.

나는 미래의 문화는 다음 세 가지 요소에 의해 지배될 것이라고 생각한다. 첫째는 모든 사람들이 문화에 대한 욕구가 비슷해진다는 것이다. 둘째는 현대적 커뮤니케이션 수단의 광범위한 발달에 의해 문화적 수요와 공급이 결정된다는 점이다. 셋째는 영어권 문화상품이 훨씬 빨리 수요되고 이해될 것이란 점이다.

나는 그러나 이것이 꼭 미국화를 의미한다고는 생각지 않는다. 미국의 문화생산품이 지배적이지도 않을 것이다. 일례로 몇몇 대형 미디어들은 오늘날까지도 국지적 혹은 지역적으로 살아남을 수 있다는 강력한 능력을 보여주고 있다. TV 프로그램이 국제화하고 있지만, 모든 것이 그렇게 되지는 않을 것이다. 여기에 영어가 갖는 광범위한 확산력이 중요한 역할을 하는 것은 당연하지만, 지역적인 전형성은 그대로 살아남을 것이다.

TV 광고를 보면, 갈수록 지역적 문화 차이를 고려하는 방향으로 가고 있다. 같은 영어권 지역인 미국과 영국에서도 같은 방식으로 광고를 하면 실패한다. 문화는 분명히 국제화·세계화에 한계가 있다. 영화 부문에서 미국이 질적으로 매우 높은 수준을 유지하고 있고, 거의 독점권을 행사하다시피 하고 있지만, 헐리우드는 갈수록 미국이 아닌 다른 지역의 주민들이 요구하는 것과 그들의 이익을 고려하는 쪽으로 변화하고 있지 않는가. 그것은 특별하게 미국적일 필요가 없을 것이며, 오히려 세계 공통의 취향 혹은 '국경을 초월하는 무엇'으로 변화하고 발전해 갈 것이다. 대중문화가 그렇다면, 소위 엘리트 문화는 더 말할 필요도 없이 미국화될 것이라고 생각할 하등의 이유가 없는 것이다.

─한국에서는 권력독점을 둘러싸고 동·서로 나뉜 지역감정이 사회 곳곳을 멍들게 하고 있으며 고질적인 '한국병'으로 악화됐다. 선생께서 어떤 처방을 할 수 있겠는가.

세계적으로 여러 지역에서 중앙국가의 표준어에 반발하면서 자체적인 지방 토속어를 강화하려는 움직임이 하나의 경향을 이루고 있다. 이것은 한국에서 보이는 것과는 다른 성격이지만, 일단 다른 많은 나라에서 나타나고 있는 현상으로 주목할 필요가 있다. 언어와 아울러 지역적 특성을 강조하는 운동도 병행되고 있다. 한국의 지역주의는 이와 별도로 좀더 극단적인 케이스로 변질된 것이라고 할 수 있을 것이다.

어떤 경우든 소수집단은 다수집단으로부터, 그리고 실권 측은 집권 측으로부터 자신들을 보호하려고 한다. 한국에서 특정 지역이 권력을 독점하고 있다던지 그 후 그 반작용이 있다던지 하는 것은 한국전쟁 이후에 특히 더 눈에 띄는 현상으로 이해된다. 대부분의 나라에서 지역주의가 강화되고 있는 것은 사실이지만, 이것이 모두 같은 정도로 중앙정치에 영향을 끼치고 있는 것은 아니다.

유럽에서는 강력한 중앙집권 이후 갈수록 지역적 독립과 자치 등을 요구하는 쪽으로 발전하고 있는 것을 볼 수 있을 것이다. 그리고 점차 국가를 어떤 연방정부 형태로 바꾸려는 움직임도 있다. 나는 개인적으로 이러한 경향의 장래를 믿지는 않는다. 나는 한국에서 극단적으로 변질된 지역주의가 매우 위험하다고 생각하고 있으며, 그것이 어떤 형태로든 국가정책에 대한 독점주의로 치닫게 되면 안 된다는 생각이다.

그것의 가장 위험한 사례는 스리랑카의 싱할리족과 타밀족 사이의 내전에서 찾을 수 있다. 물론 스리랑카와 한국을 비교하는 것은 절대 아니다. 나는 개인적으로 말씨가 다른 방언을 쓰는 식으로 구별되는 지역주의가 발전하는 것에 관심을 기울이고 있다. 여기에 대한 이상적인 해결책으로 스위스를 상정할 수도 있겠다. 자동적으로, 그리고 제도적으로 일정한 수의 정부공직자나 선출직 공인에 대해 인구비례로 쿼터를 나누어 놓는 것이다.

어떤 지역도 여기서 배제되지 않도록 하는 것이다. 스위스는 독일어권 인구의 권력독점을 막았고, 그 결과 오늘날의 번영을 누리고 있다. 또한 한국이 인구비례와는 전혀 관계없이 각 지방의 대표를 동수로 선정하는 미국식 상원제도를 도입하는 것도 고려할 수 있지 않을까 생각한다.

─북한이 핵개발을 가지고 최근 여러 가지 외교 전략적 목적에 따라 카드게임을 벌이고 있다. 북한 핵 문제를 어떻게 보는가.

현재 핵을 갖고 있는 나라는 미·영·중·러·불·인도·파키스탄·이스라엘 등이다. 나는 근본적으로 모든 종류의 핵에 반대한다. 북한 핵도 예외는 아니다. 나는 북한 핵이 본질적으로 전혀 다른 문제점을 야기하고 있다고 생각하지는 않는다. 물론 한국인들에게는 특별한 우려의 대상일 것이다. 모든 나라가 한꺼번에 핵을 폐기하는 것은 현재로서는 불가능한 일이다. 북한 핵을 별도로 어떻게 관리해야 하는 것인지 나로서는 잘 모르겠다.

─선생께서는 포스트모더니즘이 인류의 지적이고 과학적인 학문 기반을 어지럽힌 죄과가 있다고 공격했다.

그들의 위험은 지적인 상대주의에 있다. 그들은 우리가 학문을 진전시키기 위해 공통적으로 가지고 있는 약속들을 파괴하려고 시도했다. 나의 견해로는 과학 혹은 문명이라는 것은 서로 토론할 수 있고 서로 이해할 수 있는 하나의 우주가 존재했기에 가능했다. 포스트모더니즘은 이러한 가능성에 대한 믿음을 파괴했다. 내가 믿는 것이 네가 믿고 있는 것과 같은 유효성을 지니고 있어야만 우리는 이른바 객관적으로 학문적인 결정을 내릴 수가 있는 것이다. 포스트모더니즘은 정치적으로 이데올로기적으로 위험할 뿐 아니라 과학을, 그리고 합리적인 논의를 불가능하게 만들었다.

─선생께서는 평생을 대학에서 보냈고, 한국을 방문한 적도 있는데 이번 기회를 통해 한국의 젊은 대학생들에게 들려주고 싶은 메시지가 있는지.

나는 내 인생 전부를 대학에서 살았다. 그래서인지 나는 대학생들에게 일어나는 일이 막중하다는 것을 깊이 강조하고 싶다. 특히 좋은 대학에 다니는 학생들에게 중요한 일은 그들 자신이 오로지 자기 자신만을 위해서 공부를 하는 것이 아니라는 점을 인정해야 한다는 것이다. 지성적이고 야심만만한 대학생들은 자신의 인생을 풍요롭게 할 수 있는 기반을 대학에서 닦으려고 할 것이다. 그러나 이것이 전부는 아니다.

 그들은 앞으로 수십 년 후에 나라에서 가장 중요한 공적인 기능을 담당하게 될 수도 있다. 어디까지나 더 나은 사회를 만들기 위해 자신들이 존재한다는 것을 한시도 잊지 말아야 할 것이다.

(http : //www.chosun.com/w21data/html/news/199903/
199903040233.html)

참고문헌

강만길,『분단시대의 역사인식』, 창작과비평사, 1979.

강만길,『한국민족운동사론』, 한길사, 1985.

강만길,『21세기사의 서론을 어떻게 쓸 것인가』, 삼인, 1999.

강세구,『순암안정복의 학문과 사상 연구』, 혜안, 1996.

고려대 민족문화연구소 편간,『한국문화사대계 Ⅲ - 과학・기술사 - 』, 1968.

고려대 사학과 교수실,『역사란 무엇인가』, 고려대출판부, 1979.

곽삼근,『여성과 교육』, 박영사, 1998.

국사편찬위원회,『한국사론』6, 민족문화사, 1979.

김광언,『한국의 농기구』, 문화재관리국, 1969.

김기웅,『무기와 화약』, 세종대왕기념사업회, 1977.

김동길,『역사의 발자취』, 지학사, 1985.

김두종,『한국의학사』, 탐구당, 1966.

김두종,『한국 고인쇄 기술사』, 탐구당, 1974.

김영식・김근배 엮음,『근현대 한국사회의 과학』, 창작과비평사, 1998.

김영정,『변화와 도전』, 이화여대출판부, 1989.

김용옥,『노자와 21세기』, 통나무, 1999.

김용운,『한국수학사』, 인간과과학사, 1978.

김용준 외,『문명 그리고 화두』, 열린사회아카데미, 1998.

김응종,『아날학파』, 민음사, 1991.

김재근,『한국 선박사 연구』, 서울대출판부, 1984.

김재근,『우리 배의 역사』, 서울대출판부, 1989.

김정의,『한국소년운동사』, 민족문화사, 1992.

김정의,『역사의 시공을 넘나들며』, 혜안, 1995.

김정의,『한국의 소년운동』, 혜안, 1999.

김정의,『한국문명사』, 혜안, 1999.

김철준,『한국문화사론』, 지식산업사, 1976.

김형국,『한국의 미래와 미래학』, 나남, 1996.

김효근,『신지식인』, 매일경제신문사, 1999.

김희일, 『세계와 한국의 미래』, 백산출판사, 1997.
남주홍, 『한반도의 전쟁과 평화』, 학문사, 2000.
노승윤, 『박은식의 민족교육사상』, 양서원, 1999.
노태구, 『동학혁명연구』, 백산서당, 1982.
노태돈 외, 『현대 한국사학과 사관』, 일조각, 1991.
도광순, 『도교와 과학』, 비봉출판사, 1990.
도진순, 『한국 민족주의와 남북관계』, 서울대출판부, 1997.
라종일, 『세계사를 보는 시각과 방법』, 창작과비평사, 1992.
미래학회, 『미래를 묻는다』, 나남, 1988.
민석홍 외, 『인문과학의 새로운 방향』, 서울대출판부, 1984.
박성래, 『한국과학사』, 한국방송사업단, 1982.
박성수, 『역사학 개론』, 삼영사, 1977.
박성수, 『역사이해와 비판의식』, 종로서적, 1980.
박용숙, 『지중해 문명과 단군조선』, 집문당, 1996.
박이문, 『문명의 위기와 문화의 전화』, 민음사, 1996.
박이문, 『문명의 미래와 생태학적 세계관』, 당대, 1997.
박인호, 『한국사학사대요』, 이회문화사, 1996.
박정기, 『어느 할아버지의 평범한 문명 이야기』, 삶과꿈, 1995.
방기중, 『한국근현대사상사연구』, 역사비평사, 1992.
배유한, 『미래사회학』, 나남, 1995.
백낙준, 『시냇가에 심은 나무』, 휘문출판사, 1971.
변태섭, 『한국사의 성찰』, 삼영사, 1978.
서울신문사, 『이야기 한국과학사』, 서울신문사, 1984.
손보기, 『한국의 고활자』, 한국도서관학연구회, 1971.
손승철, 『조선시대 한일관계사 연구』, 지성의샘, 1994.
송건호, 『한국민족주의의 탐구』, 한길사, 1979.
신용하, 『한국근대사와 사회변동』, 문학과지성사, 1980.
양병우, 『역사의 방법』, 민음사, 1988.
양영식 외, 『남과 북 하나가 되는 길』, 대한매일신보사, 1999.
역사학회, 『한국사의 반성』, 신구문화사, 1980.
연세춘추사, 『민족사관 정립의 논리』, 연세대출판부, 1979.
오재길, 『새천년 맞이 생명을 위한 제언』, 홍익재, 1999.
오지영, 『동학사』 영창서관, 1940.
우실하, 『오리엔탈리즘의 해체와 우리 문화 바로 읽기』, 소나무, 1997.
원유한, 『홍이섭의 삶과 역사학』, 혜안, 1995.

윤명철, 『역사는 진보하는가』, 온누리, 1992.
윤용구, 『무명 노학사의 발자취』, 1999.
윤종영, 『국사교과서 파동』, 혜안, 1999.
윤혜원, 『사학개론』, 수도출판사, 1973.
이가종, 『기초과학과 21세기 한국』, 한울, 1980.
이강칠, 『한국의 화포』, 군사박물관, 1977.
이광래, 『미셀 푸코 - 광기의 역사에서 성의 역사까지 - 』, 민음사, 1989.
이광주 외, 『역사와 사회과학』, 한길사, 1981.
이광주·이민호, 『현대의 역사이론』, 한길사, 1987.
이광호, 『한국기술교육사』, 서문당, 1974.
이기동, 『전환기의 한국사학』, 일조각, 1999.
이기백, 『민족과 역사』, 일조각, 1971.
이기백, 『한국사학의 방향』, 일조각, 1978.
이기백·차하순, 『역사란 무엇인가』, 문학과지성사, 1978.
이만열, 『한국근대역사학의 이해』, 문학과지성사, 1981.
이민호, 『현대사회와 역사이론』, 문학과지성사, 1982.
이민호, 『역사주의 - 랑케에서 마이네케까지 - 』, 민음사, 1988.
이상신, 『역사학개론』, 신서원, 1994.
이상태, 『한국고지도발달사』, 혜안, 1999.
이양우, 『문명론이란 무엇인가』, 영남대출판부, 1986.
이어령, 『축소지향의 일본인』, 갑인출판사, 1982.
이용범, 『중세서양과학의 조선전래』, 동국대출판부, 1988.
이용범, 『한국과학사상사연구』, 동국대출판부, 1993.
이은성, 『한국의 책력』 상·하, 전파과학사, 1978.
이은성, 『역법의 원리분석』, 정음사, 1986.
이인호, 『지식인과 역사의식』, 문학과지성사, 1980.
이정우, 『시뮬라크르의 시대』, 거름, 1999.
이태진, 『한국사회사연구』, 지식산업사, 1986.
이현희, 『대한민국임시정부사』, 집문당, 1982.
이현희, 『동학혁명과 민중』, 대광서림, 1985.
이현희, 『역사는 무엇을 가르쳐 주는가』, 벽호, 1994.
인류사회재건연구원, 『종합문명의 시대』, 경희대출판국, 1989.
일본경제신문사, 『2000년 대예측』, 아름드리미디어, 1999.
임경순, 『21세기 과학의 쟁점』, 사이언스북스, 2000.
임지현·김원수 외 옮김, 『오늘날의 역사학』, 역사비평사, 1992.

임회완,『역사학의 이해』, 건국대출판부, 1994.

장회익 외,『굿모닝 밀레니엄』, 민음사, 1999.

전상운,『한국의 고대과학』, 탐구당, 1972.

전상운,『한국과학기술사』, 정음사, 1976.

전상운,『과학사의 길목에서』, 성신여대출판부, 1984.

전상운,『한국과학사의 새로운 이해』, 연세대출판부, 1998.

전해종 외,『역사의 이론과 서술』, 서강대 인문과학연구소, 1975.

정문교,『문화 발전과 행정』, 민속원, 1999.

정연태 외,『근현대 한국탐사』, 역사비평사, 1994.

정영희,『개화기 종교계의 교육운동 연구』, 혜안, 1999.

조동일,『문명권의 동질성과 이질성』, 지식산업사, 1999.

조지훈,『지조론』, 문공사, 1982.

차배근,『사회과학연구 방법』, 세영사, 1981.

차하순,『역사와 지성』, 탐구당, 1973.

차하순,『사관이란 무엇인가』, 청람문화사, 1983.

차하순,『현대의 역사사상』, 탐구당, 1994.

채연석,『조선초기 화기연구』, 일지사, 1981.

천혜봉,『한국금속활자본』, 범우사, 1993.

최남인,『과학·기술로 보는 한국사 열세마당』, 일빛, 1994.

최재희,『역사철학』, 청림사, 1971.

한국문화연구원,『새 천년의 한국문화 다른 것0 아름답다』, 이화여대출판부, 1999.

한국사회사연구회,『현대 한국의 생산력과 과학기술』, 문학과지성사, 1990.

한국철학회,『문명의 전환과 한국문화』, 철학과현실사, 1997.

한배호,『한국정치변동론』, 법문사, 19994.

한영우,『한국의 문화전통』, 을유문화사, 1988.

한영우,『미래를 위한 역사의식』, 지식산업사, 1997.

한일관계연구회,『독도와 대마도』, 지성의샘, 1996.

허선도,『한국화기발달사』, 육군사관학교군사박물관, 1969.

현각,『만행·하버드에서 화계사까지』, 열림원, 1999.

홍사석,『살아있는 지중해 신화와 전절』, 혜안, 1997.

홍이섭,『조선과학사』, 삼성당출판사, 1944.

홍이섭,『한국사의 방법』, 탐구당, 1968.

홍이섭,『한국정신사 서설』, 연세대출판부, 1975.

홍일식,『한국인에게 무엇이 있는가』, 정신세계사, 1996.

황상익,『문명과 질병으로 보는 인간의 역사』, 한울림, 1998.

황선희, 『한국근대사상과 민족운동1』, 혜안, 1996.

Agnes Heller 지음, 강성호 옮김, 『역사의 이론』, 문예출판사, 1988.
Alvin Toffler 지음, 이규행 옮김, 『권력이동』, 한국경제신문사, 1990.
Alvin Toffler 지음, 이규행 옮김, 『제3의 물결』, 한국경제신문사, 1980.
Alvin Toffler 지음, 장을병 옮김, 『미래의 충격』, 범우사, 1970.
Arnold J. Toynbee & G. R. Urban, *Toynbee on Toynbee*, New York : Oxford University Press, 1974.
B. Croce 지음, 이상신 옮김, 『역사의 이론과 역사』, 삼영사, 1978.
Claude Ake, *A Theory of Political Integration*, Homewood, IL. : The Doresey Press, 1967.
D. N. Michael 지음, 김여수 옮김, 『미래사회』, 을유문화사, 1973.
Daniel Bell 지음, 서규환 옮김, 『2000년대의 신세계 질서』, 디자인하우스, 1991.
David McClelland, *The Achieving Society*, Prinston, NJ : Van Nostrand., 1961.
E. H. Carr 지음, 길현모 옮김, 『역사란 무엇인가』, 탐구당, 1984.
E. Pies 지음, 남정우 옮김, 『인류의 미래』, 현대사상사, 1983.
Edward C. Stewaut 지음, 김성경 편역, 『문화차이와 인간관계』, 보성사, 1989.
Edward Cornish (ed.), *The Study of the Future*, Bethesda), MD : World Future Society, 1977.
Felipe Fernández-Armesto 지음, 허종열 옮김, 『밀레니엄』 상·하, 한국경제신문사, 1997.
Francis Fukuyama 지음, 이상훈 옮김, 『역사의 종말, 역사의 종점에 선 최후의 인간』, 한마음사, 1992.
G. Barraclough 지음, 김봉호 옮김, 『현대사의 성격』, 삼성문화재단출판부, 1977.
Herbert Spencer, *Principles of Sociology*, London : Williams and Norgate, 1897.
I. Rosow, *Socialization to Old Age*, Berkeley, LA, London : Univ. of California Press, 1974.
J. Chesneaux 지음, 주진오 옮김, 『실천을 위한 역사학』, 이론과실천, 1985.
Jack Knight, *Institution and Social Conflict*, NY : Cambridge University Press, 1992.
John Naisbitt and Aburdene Patricia 지음, 김홍기 옮김, 『메가트렌드 2000』, 한국경제신문사, 1990.
John Naisbitt 지음, 홍수원 옮김, 『메가트렌드 아시아』, 한국경제신문사, 1996.
Josep A. Schmpeter, *Capitalism, Socialism and Democracy* (3rd ed.), New York : Harper Torch Books, 1962.
Karl Löwith 지음, 이한우 옮김, 『역사의 의미』, 문예출판사, 1987.

Lewis A. Coser, *Function of Social Conflict*, Glencoe, IL : Free Press, 1964.

Lillian Biermann Wehmeyer, *Futuristics*, New York : Franklin Watts, 1986.

M. Bloch 지음, 『역사를 위한 변명』, 한길사, 1979.

M. E. Olsen, *Participatory Pluralism*, Chicago : Nelson-Hall, 1982.

Max Way, *Beyond Survival*, New York : Harper and Brothers, 1959.

Michel J. Crozier (ed), *The Crisis of Democracy*, New York : New York University Press, 1975.

Norbert Elias 지음, 박미애 옮김, 『문명화 과정』, 한길사, 1996.

Ossip K. Flechtheim 지음, 이동승 옮김, 『미래는 그래도 구원될 것인가?』, 탐구당, 1987.

Paul Kennedy 지음, 변도은 · 이왈수 옮김, 『21세기 준비』, 한국경제신문사, 1993.

Peter F. Drucker 지음, 김용국 옮김, 『새로운 현실』, 시사영어사, 1989.

Peter F. Drucker 지음, 이재규 옮김, 『자본주의 이후의 세계』, 한국경제신문사, 1993.

Peter F. Drucker 지음, 이재규 옮김, 『미래의 결단』, 한국경제신문사, 1995.

R. G. Collingwood 지음, 이상신 옮김, 『역사학의 이상』, 박문각, 1978.

Richard A. Slaughter, *Future Concept and Powerful Ideas*, Australia : The Future Study Center, 1991.

Rovert A. Dahl, *Polyarchy : Participation and Opposition*, New Haven : Yale University Press, 1971.

Samuel P. Huntington 지음, 이희재 옮김, 『문명의 충돌』, 김영사, 1997.

Talcott Parsons, *The Social System*, Glencoe, IL : Free Press, 1951.

Ulrich Beck 지음, 홍성태 옮김, 『위험사회 · 새로운 근대(성)를 향하여』, 새물결, 1997.

William Henry Gates III 지음, 이규행 옮김, 『빌 게이츠의 미래로 가는 길』, 도서출판 삼성, 1996.

World Future Society, *The Study of the Future*, Bethseda, MD, U.S.A., 1977.

찾아보기

김정의

4275년 7월 7일 경기도 포천생
생동고등학교 졸업
연세대학교 문과대학 사학과 및 동 대학원 졸업
성신여자대학교 대학원 사학과 졸업(문학박사)
교육부 국사교육심의회·국사교과서편찬심의회·교육과정심의회 위원,
대학입학학력고사 출제위원 및 서경대·배화여대·성신여대·서울여대 강사 역임
현재 : 한양여자대학 여성인력개발과 교수, 한국민족운동사연구회 평의원,
　　　　동학학회 상임이사, 무악실학회 회장, 한국 문명학회 회장
저서 :『한국소년운동사』,『한국의 소년운동』,『역사의 시공을 넘나들며』,
　　　　『한국문명사』외 다수
E-mail : jekim@hywoman.ac.kr

신문명 지향론

김정의 지음

초판 1쇄 인쇄 · 2000년 2월 15일
초판 1쇄 발행 · 2000년 2월 21일

발행처 · 도서출판 혜안
발행인 · 오일주
등록번호 · 제22 - 471호
등록일자 · 1993년 7월 30일
121 - 210 서울 마포구 서교동 326 - 26
전화 · 02) 3141 - 3711, 3712
팩시밀리 · 02) 3141 - 3710

값 10,000원

ISBN 89 - 85905 - 94 - 5 03910